Die Übernahme der Essential-Facilities-Doktrin aus dem US-amerikanischen Kartellrecht in das europäische Wettbewerbsrecht

Europäische Hochschulschriften

Publications Universitaires Européennes
European University Studies

Reihe II
Rechtswissenschaft

Série II Series II
Droit
Law

Bd./Vol. 4562

PETER LANG
Frankfurt am Main · Berlin · Bern · Bruxelles · New York · Oxford · Wien

Martin Ibsch

Die Übernahme der Essential-Facilities-Doktrin aus dem US-amerikanischen Kartellrecht in das europäische Wettbewerbsrecht

Eine rechtsvergleichende Untersuchung der Anwendungspraxis der Essential-Facilities-Doktrin im US-amerikanischen und europäischen Rechtssystem unter besonderer Berücksichtigung geistiger Eigentumsrechte

PETER LANG
Internationaler Verlag der Wissenschaften

Bibliografische Information der Deutschen Nationalbibliothek
Die Deutsche Nationalbibliothek verzeichnet diese Publikation in der Deutschen Nationalbibliografie; detaillierte bibliografische Daten sind im Internet über <http://www.d-nb.de> abrufbar.

Zugl.: Münster (Westfalen), Univ., Diss., 2006

D 6
ISSN 0531-7312
ISBN 978-3-631-56684-8

www.peterlang.de

Meinen Eltern

Vorwort

Die Arbeit wurde im Sommersemester 2006 von der Rechtswissenschaftlichen Fakultät der Westfälischen Wilhelms-Universität Münster als Dissertation angenommen. Sie berücksichtigt Gesetzgebung, Literatur und Rechtsprechung bis Mai 2006.

Meinem Doktorvater, Herrn Prof. Dr. Thomas Lundmark, danke ich für die persönliche und wissenschaftliche Förderung meiner Arbeit. Nach meiner Rückkehr aus den USA war er sofort bereit, meine Promotion zu begleiten; er stand mir stets mit Rat und Tat zur Seite. Herrn Prof. Dr. Thomas Hoeren danke ich für die zügige Erstellung des Zweitgutachtens.

Tiefe Dankbarkeit empfinde ich gegenüber meiner Frau, Dr. Carolin Eva Breloer, für ihre unermüdliche Aufmunterung und unerschütterliche Zuversicht während der gesamten Zeit meiner Doktorarbeit. Sie ist das größte Glück meines Lebens.

Besonderer Dank gilt meinem Schwiegervater, Bernd Jobst Breloer, für seine kritischen Fragen und Anmerkungen, die meine Arbeit bereichert haben. Sein steter Ansporn trug maßgeblich zu ihrer Fertigstellung bei. Meiner Schwiegermutter, Anne Breloer, danke ich für viele geschenkte Stunden, in denen sie meine Promotion mit größter Sorgfalt Korrektur gelesen hat.

Abschließend bedanke ich mich von Herzen bei meinen Eltern, Elke und Hans-Rudolf Ibsch, für ihre unendliche Unterstützung – nicht nur während dieser Promotion. Ihre Motivation, ihre Fürsorge und ihr Verständnis sind unerreicht. Mit großer Freude widme ich ihnen diese Arbeit.

Köln, im Februar 2007 *Martin Ibsch*

Inhaltsverzeichnis

Literaturverzeichnis

ABERMANN, JOHANNES: Die essential facilities doctrine im europäischen und österreichischen Kartellrecht, Linz 2003

AHERN, PATRICK J.: Refusals to deal after Aspen, 63 Antitrust Law Journal 1994, S. 153 ff.

AREEDA, PHILLIP E.: Essential facilities: An epithet in need of limiting principles, 58 Antitrust Law Journal 1989, S. 841 ff.

AZCUENAGA, MARY L.: Essential facilities and regulation: Court or agency jurisdiction?, 58 Antitrust Law Journal 1989, S. 879 ff.

BARTL, ULRICH: Immaterialgüterrechtliche Marktzutrittsschranken im System des Art. 82 EG, Baden-Baden 2005

BARTOSCH, ANDREAS: Der Zugang zu einer wesentlichen Einrichtung – eine Zwischenbilanz nach dem Beschluss des EuG-Präsidenten vom 22.12.2004 in der Rechtssache Microsoft, Recht der Internationalen Wirtschaft 2005, S. 241 ff.

BECHTOLD, RAINER: Anmerkung zu EuGH, Urt. v. 06.04.1995, Rs. C-241/91 u. C-242/91P–Magill, Europäische Zeitschrift für Wirtschaftsrecht 1995, S. 345 ff.

BECHTOLSHEIM, SEBASTIAN FREIHERR VON/BRUDER, FLORIAN: Die Essential Facilities Doktrin und § 19 (4) Nr. 4 GWB, Wettbewerb in Recht und Praxis 2002, S. 55 ff.

BECKMERHAGEN, AXEL: Die essential facilities doctrine im US-amerikanischen und europäischen Kartellrecht, Baden-Baden 2002

BEIER, FRIEDRICH-KARL: Missbrauch einer beherrschenden Stellung durch Ausübung gewerblicher Schutzrechte?, Festschrift für Karlheinz Quack, Berlin 1991, S. 15 ff.

BEIER, FRIEDRICH-KARL: Ausschließlichkeit, gesetzliche Lizenzen und Zwangslizenzen im Patent- und Musterrecht, Gewerblicher Rechtsschutz und Urheberrecht 1998, S. 185 ff.

BERGMANN, MATS A.: The Bronner Case – A turning point for the Essential Facilities Doctrine, 21 European Competition Law Review 2000, S. 59 ff.

BLECKMANN, ALBERT: Europarecht, 6. Auflage, Köln u.a., 1997

BLUMENTHAL, WILLIAM: Three vexing issues under the Essential Facilities Doctrine: ATM Networks as illustration, 58 Antitrust Law Journal 1989, S. 855 ff.

BÖCK, ALEXANDER: Die Zwangslizenz im Spannungsfeld von gewerblichem Rechtsschutz und Kartellrecht, Tübingen 1992

BOUDIN, MICHAEL: Antitrust doctrine and the sway of metaphor, 75 Georgetown Law Journal 1986, S. 395 ff.

BÜCKING, JENS: Liberalisierung im Vergabewesen deutscher Domainadressen? – DENIC und die „Essential Facilities"-Doktrin, Gewerblicher Rechtsschutz und Urheberrecht 2002, S. 27 ff.

BUHROW, ASTRID/NORDEMANN, JAN BERND: Grenzen ausschließlicher Rechte geistigen Eigentums durch Kartellrecht, Gewerblicher Rechtsschutz und Urheberrecht, Auslands- und Internationaler Teil 2005, S. 407 ff.

BUNTE, HERMANN-JOSEF: 6. GWB-Novelle und Missbrauch wegen Verweigerung des Zugangs zu einer „wesentlichen Einrichtung", Wirtschaft und Wettbewerb 1997, S. 302 ff.

BURLING, JAMES C./LEE, WILLIAM F./KRUG, ANITA K.: The antitrust duty to deal and intellectual property rights, 24 Iowa Journal of Corporation Law 1999, S. 527 ff.

CAPOBIANCO, ANTONIO: The essential facility doctrine: similarities and differences between the American and the European approach, 26 European Law Review 2001, S. 548 ff.

CASPER, MATTHIAS: Die wettbewerbsrechtliche Begründung von Zwangslizenzen, Zeitschrift für das gesamte Handels- und Wirtschaftsrecht 2002, S. 685 ff.

COHEN JEHORAM, HERMAN/MORTELMANS, KAMIEL: Zur „Magill"-Entscheidung des Europäischen Gerichtshofs, Gewerblicher Rechtsschutz und Urheberrecht, Auslands- und Internationaler Teil 1997, S. 11 ff.

COTTER, THOMAS F.: Intellectual property and the Essential Facilities Doctrine, The Antitrust Bulletin 1999, S. 211 ff.

CREUSS, ANTONIO/AGUSTINOY, ALBERT: The operative system as an essential facility: An open door to Windows?, 23 World Competition 2000, S. 57 ff.

CROWTHER, PETER: Compulsory licensing of intellectual property rights, 20 European Law Review 1995, S. 521 ff.

DECKER, ERIC: Das Europäische Missbrauchsverbot im Verhältnis zu den Immaterialgüterrechten, Dresden 2000

DESELAERS, WOLFGANG: Die „Essential Facilities" – Doktrin im Lichte des Magill-Urteils des EuGH, Europäische Zeitschrift für Wirtschaftsrecht 1995, S. 563 ff.

DITTMANN, KERSTIN: Öffnung von Märkten durch kartellrechtlichen Kontrahierungszwang, Frankfurt am Main 2004

DOHERTY, BARRY: Just what are essential facilities?, Common Market Law Review 2001, S. 397 ff.

DONAHEY, TEAGUE I.: Terminal Railroad revisited: Using the Essential Facilities Doctrine to ensure accessibility to internet software standards, 25 American Intellectual Property Law Association Quarterly Journal 1997, S. 277 ff.

DOUTRELEPONT, CARINE: Missbräuchliche Ausübung von Urheberrechten?, Gewerblicher Rechtsschutz und Urheberrecht, Auslands- und Internationaler Teil 1994, S. 302 ff.

DRATLER, JAY: Microsoft as an antitrust target: IBM in software?, 25 Southwestern University Law Review 1996, S. 671 ff.

DREHER, MEINRAD: Die Verweigerung des Zugangs zu einer wesentlichen Einrichtung als Missbrauch der Marktbeherrschung, Der Betrieb 1999, S. 833 ff.

DREXL, JOSEF: Intellectual property and antitrust law – IMS Health and Trinko – antitrust placebo for consumers instead of sound Economics in refusal-to-deal cases, International Review of Industrial Property and Copyright Law 2004, 788 ff.

EASTERBROOK, FRANK H.: On identifying exclusionary conduct, 61 Notre Dame Law Review 1986, S. 972 ff.

EBENROTH, CARSTEN THOMAS/BOHNE, MICHAEL: Gewerbliche Schutzrechte und Art. 86 EG-Vertrag nach der Magill-Entscheidung, Europäische Zeitschrift für Wirtschafts- und Steuerrecht 1995, S. 397 ff.

EDGAR, FRANK A.: The Essential Facilities Doctrine and public utilities: Another layer of regulation?, 29 Idaho Law Review 1992, S. 283 ff.

EHLE, DIRK: Anmerkung zu EuGH, Urt. v. 26.11.1998, Rs. C-7/97 – Bronner, Europäische Zeitschrift für Wirtschaftsrecht 1999, S. 89 f.

EILMANSBERGER, THOMAS: Der Umgang marktbeherrschender Unternehmen mit Immaterialgüterrechten im Lichte des Art. 86 EWGV, Europäische Zeitschrift für Wirtschaftsrecht 1992, S. 625 ff.

EILMANSBERGER, THOMAS: How to distinguish good from bad competition under Article 82 EC: In search of clearer and more coherent standards for anticompetitive abuses, Common Market Law Review 2005, S. 129 ff.

EILMANSBERGER, THOMAS: Abschlusszwang und Essential Facility Doktrin nach Art. 82 EG, Europäische Zeitschrift für Wirtschafts- und Steuerrecht 2003, S. 12 ff.

EMMERICH, VOLKER: Kartellrecht, 9. Auflage, München 2001

ETZIONI, MICHAEL R.: Monopolization: Intellectual property as an essential facility and requisite market shares for attempts to monopolize and monopolization, American Law Institute – American Bar Association Continuing Legal Education 1995, S. 263 ff.

FINE, FRANK: NDC/IMS: A logical application of Essential Facilities Doctrine, 708 Practising Law Institute 2002, S. 735 ff.

FLEISCHER, HOLGER/KÖRBER, TORSTEN: Der Einfluss des US-amerikanischen Antitrustrechts auf das Europäische Wettbewerbsrecht, Wirtschaft und Wettbewerb 2001, S. 6 ff.

FLEISCHER, HOLGER/WEYER, HARTMUT: Neues zur „essential facilities"-Doktrin im Europäischen Wettbewerbsrecht, Wirtschaft und Wettbewerb 1999, S. 350 ff.

FURSE, MARK: The „Essential Facilities" Doctrine in Community Law, 8 European Competition Law Review 1995, S. 469 ff.

GASTER JENS L.: Kartellrecht und geistiges Eigentum: Unüberbrückbare Gegensätze im EG-Recht? Computer und Recht 2005, S. 247 ff.

GEIGER, ANDREAS: Patents, trade marks, copyrights – a mission for Article 82 EC?, European Competition Law Review 2004, S. 311 ff.

GEIGER, RUDOLF: EUV/EGV – Vertrag über die Europäische Union und Vertrag zur Gründung der Europäischen Gemeinschaft, 4. Auflage, München 2004

GERBER, DAVID J.: Rethinking the monopolist's duty to deal: A legal and economic critique of the doctrine of „essential facilities", 74 Virginia Law Review 1988, S. 1069 ff.

GITTER, DONNA M.: The conflict in the European Community between competition law and intellectual property rights: A call for legislative clarification of the Essential Facilities Doctrine, 40 American Business Law Journal 2003, S. 217 ff.

GIUDICI, GIUSEPPE: Die Anwendbarkeit der essential-facilities-Doktrin auf die Immaterialgüterrechte, Frankfurt am Main 2004

GLASL, DANIEL: Essential Facilities Doctrine in EC Anti-trust Law: A contribution to the current debate, 6 European Competition Law Review 1994, S. 306 ff.

GLAZER, KENNETH L./LIPSKY, ABOTT B.: Unilateral refusals to deal under section 2 of the Sherman Act, 63 Antitrust Law Journal 1995, S. 749 ff.

GÖTTING, HORST-PETER: Anmerkung zu EuGH, Urt. v. 06.04.1995 – C-241 u. 242/91 P – Magill, Juristenzeitung 1996, S. 307 ff.

GORINSON, STANLEY M.: Overview: Essential facilities and regulation, 58 Antitrust Law Journal 1989, S. 871 ff.

GRABITZ, EBERHARD/HILF, MEINHARD: Das Recht der Europäischen Union, Band I und II, Stand Oktober 2005

GRASSLEY, MARY JANE: Gesetzliche Grundlagen und rechtstatsächliche Erscheinungsformen in der Bekämpfung der Monopole und der Unternehmenskonzentration im Antitrustrecht der USA unter Berücksichtigung der Rechtsprechung des Obersten Bundesgerichtes, Mainz 1965

GREAVES, ROSA: Magill est arrivé ... RTE and ITP v Commission of the European Communities, 4 European Competition Law Review 1995, S. 244 ff.

GREAVES, ROSA: The Herchel Smith Lecture 1998: Article 86 of the E.C. Treaty and intellectual property rights, European Intellectual Property Review 1998, S. 379 ff.

VON DER GROEBEN, HANS/THIESING, JOCHEN/EHLERMANN, CLAUS-DIETER: Kommentar zum EU-/EG-Vertrag, Band 1 und 2/I, 5. Auflage, Baden-Baden, 1997 und 1999

GUPTA, PAUL R.: Multimedia and Anti-Trust: When worlds collide, Entertainment Law Review 1995, S. 242 ff.

HAAS, JOACHIM C.: „Essential Facilities Doctrine“ und offene Netze, Dissertation, Baden-Baden 2000

VON HAHN, HELMUTH/U.A.: Frankfurter Kommentar zum Kartellrecht, Band I, Stand Juni 2005

HARRINGTON, JUSTIN: Access to intellectual property in the light of convergence: Should new rules apply, Entertainment Law Review 2001, S. 133 ff.

HARTLEY, JAMES E.: The Essential Facility Doctrine and the requisite market shares for monopolization and attempt cases, American Law Institute – American Bar Association Continuing Legal Education 1998, S. 249 ff.

HARZ, MERCER H.: Dominance and duty in the European Union: A look through Microsoft Windows at the Essential Facilities Doctrine, 11 Emory International Law Review 1997, S. 189 ff.

HAWKER, NORMAN W.: Open Windows: The Essential Facilities Doctrine and Micrososft, 25 Ohio Northern University Law Review 1999, S. 115 ff.

HEINEMANN, ANDREAS: Kartellrechtliche Zwangslizenzen im Patentrecht, Zeitschrift für Wettbewerbsrecht 2005, S. 198 ff.

HEITZ, SIMONE E.: Anmerkung zu EuGH, Urt. v. 29.04.2004, Rs. C-418/01 – IMS-Health, Zeitschrift für europäisches Sozial- und Arbeitsrecht 2005, S. 146 f.

HENS, JÖRG-RAINER: Das Monopolisierungsverbot in Sec. 2 Sherman Act und der Behinderungsmissbrauch in § 22 Abs. 4 S. 2 Nr. 1 GWB, Göttingen 1983

HIRTE, HERIBERT/ROTH, GREGOR: Anmerkung zu EuGH, Urt. v. 29.04.2004, Rs. C-418/01 – IMS Health, Entscheidungen zum Wirtschaftsrecht 2005, S. 211 f.

HÖPPNER, THOMAS: Die Pflicht interne Produktionsmittel zu vermarkten – zugleich Anmerkung zum EuGH-Urteil-IMS –, Europäische Zeitschrift für Wirtschaftsrecht 2004, S. 748 ff.

HÖPPNER, THOMAS: Missbräuchliche Verhinderung „neuer“ Produkte durch Immaterialgüterrechte, Gewerblicher Rechtsschutz und Urheberrecht, Auslands- und Internationaler Teil 2005, S. 457 ff.

HOEREN, THOMAS: Anmerkung zu EuGH, Urt. v. 29.04.2004, Rs. C-418/01 – IMS-Health, Multimedia und Recht 2004, S. 459 f.

HOHMANN, HOLGER: Die essential facility doctrine im Recht der Wettbewerbsbeschränkungen, Baden-Baden 2001

HOVENKAMP, HERBERT: Exclusive joint ventures and antitrust policy, Columbia Business Law Review 1995, S. 1 ff.

HYLAND, MARK/DUMORTIER, JOS: The Ericsson/Qualcomm dispute and the Essential Facilities Doctrine in the mobile telecoms sector, Computer and Telecommunications Law Review 1999, S. 150 ff.

HYLTON, KEITH N.: Economic rents and essential facilities, Brigham Young University Law Review 1991, S. 1243 ff.

IMMENGA, ULRICH/MESTMÄCKER, ERNST-JOACHIM: EG-Wettbewerbsrecht, Kommentar, Band I, München 1997

JACOBI, PHILIPP: Third-Party-Access im Europäischen Wettbewerbsrecht, Baden-Baden, 2002

JEBSEN, PER/STEVENS, ROBERT: Assumptions, goals and dominant undertakings: The regulation of competition under Article 86 of the European Union, 64 Antitrust Law Journal 1996, S. 443 ff.

JESTAEDT, THOMAS: Anmerkung zu EuGH, Urt. v. 06.04.1995, Rs. C-241/91 u. C-242/91P–Magill, Wirtschaft und Wettbewerb 1995, S. 483 ff.

JONES, BRYCE J./TURNER, JAMES R.: Can an operating system vendor have a duty to aid its competitors?, 37 Jurimetrics Journal 1997, S. 355 ff.

JUNG, PETER: Die Zwangslizenz als Instrument der Wettbewerbspolitik, Zeitschrift für Wettbewerbsrecht 2004, S. 379 ff.

KAESTNER, JAN: Missbrauch von Immaterialgüterrechten, München 2005

KAHN, ALFRED E./TAYLOR, WILLIAM E.: The pricing of inputs sold to competitors: A comment, 11 Yale Journal on Regulation 1994, S. 225 ff.

KAPEN, ALON Y.: Duty to cooperate under section 2 of the Sherman Act: Aspen Skiing's slippery slope, 72 Cornell Law Review 1987, S. 1047 ff.

KAUFFMAN, MICHAEL H.: Image Technical Services, Inc. v. Eastman Kodak Co.: Taking one step forward and two steps back in reconciling intellectual property rights and antitrust liability, 34 Wake Forest Law Review 1999, S. 471 ff.

KAUPER, THOMAS E.: The road to 1992: Article 86, excessive prices, and refusals to deal, 59 Antitrust Law Journal 1990, S. 441 ff.

KEZSBOM, ALLEN/GOLDMAN, ALAN V.: No shortcut to antitrust analysis: The twisted journey of the „Essential Facilities" Doctrine, Columbia Business Law Review 1996, S. 1 ff.

KLAUE, SIEGFRIED: Zur Rezeption der amerikanischen „essential-facility-doctrine" in das europäische und deutsche Kartellrecht, Recht der Energiewirtschaft 1996, S. 51 ff.

KLIMISCH, ANNETTE/LANGE, MARKUS: Zugang zu Netzen und anderen wesentlichen Einrichtungen als Bestandteil der kartellrechtlichen Missbrauchsaufsicht, Wirtschaft und Wettbewerb 1998, S. 15 ff.

KOBAK, JAMES B.: Running the gauntlet: Antitrust and intellectual property pitfalls on the two sides of the Atlantic, 64 Antitrust Law Journal 1996, S. 341 ff.

KOBAK, JAMES B.: Antitrust treatment of refusals to license intellectual property, 708 Practising Law Institute 2002, S. 577 ff.

KOENIG, CHRISTIAN/LOETZ, SASCHA: Bedeutung der Essential facilities-Doktrin für den Zugang zu Netzinfrastrukturen im europäischen Telekommunikationsrecht, Europäische Zeitschrift für Wirtschafts- und Steuerrecht 2000, S. 377 ff.

KÖRBER, TORSTEN: Geistiges Eigentum, essential facilities und "Innovationsmissbrauch", Recht der Internationalen Wirtschaft 2004, S. 881 ff.

KORAH, VALENTINE: The Ladbroke saga, 4 European Competition Law Review 1998, S. 169 ff.

KORAH, VALENTINE: The interface between intellectual property and antitrust: The European experience, 69 Antitrust Law Journal 2002, S. 801 ff.

KÜBEL, CONSTANZE: Zwangslizenzen im Immaterialgüter- und Wettbewerbsrecht, Köln u.a. 2004

LADD, DANIEL W.: The efficiency defense: Section two limits on monopolist conduct after Aspen, 86 Columbia Law Review 1986, S. 1712 ff.

LAMPERT, THOMAS: Der EuGH und die essential facilities-Lehre, Neue Juristische Wochenschrift 1999, S. 2235 ff.

LANDE ROBERT H./SOBIN, STURGIS M.: Reverse engineering of computer software and U.S. antitrust law, 9 Harvard Journal of Law and Technology 1996, S. 237 ff.

LANGEN, EUGEN/BUNTE, HERMANN-JOSEF: Kommentar zum deutschen und europäischen Kartellrecht, 9. Auflage, Neuwied u.a. 2001

LEISTNER, MATTHIAS: Intellectual property and competition law: The European development from Magill to IMS Health compared to recent German and US case law, Zeitschrift für Wettbewerbsrecht 2005, S. 138 ff.

LENZ, CARL OTTO (HRSG.): EG-Vertrag, 2. Auflage, Köln u.a. 1999

LEUPOLD, HENNING/PAUTKE, STEPHANIE: IMS Health vs. Microsoft – Befindet sich die Kommission bei kartellrechtlichen Zwangslizenzen (erneut) auf Konfrontationskurs mit dem EuGH?, Europäische Zeitschrift für Wirtschafts- und Steuerrecht 2005, S. 108 ff.

LIPSKY, ABBOTT B./SIDAK, J. GREGORY: Symposium: Essential facilities, 51 Stanford Law Review 1999, S. 1187 ff.

LOBER, ANDREAS: Die IMS-Health-Entscheidung der Europäischen Kommission: Copyright K.O.?, Gewerblicher Rechtsschutz und Urheberrecht, Auslands- und Internationaler Teil 2002, S. 7 ff.

MAILÄNDER, PETER K.: Schranken für das Vertragsdiktat zu Lasten der Träger wesentlicher Einrichtungen, Festschrift für Ingo Schmidt 1997, S. 271 ff.

MAKAR, SCOTT D.: The Essential Facility Doctrine and the health care industry, 21 Florida State University Law Review 1994, S. 913 ff.

MARKERT, KURT: Die Verweigerung des Zugangs zu „wesentlichen Einrichtungen" als Problem der kartellrechtlichen Missbrauchsaufsicht, Wirtschaft und Wettbewerb 1995, S. 560 ff.

MARKERT, KURT: Die Anwendung des US-amerikanischen Monopolisierungsverbots auf Verweigerungen des Zugangs zu „wesentlichen Einrichtungen", Festschrift für Ernst-Joachim Mestmäcker 1996, S. 661 ff.

MARQUARDT, PAUL D./LEDDY, MARK: The Essential Facilities Doctrine and intellectual property rights: A response to Pitofsky, Patterson, and Hooks, 70 Antitrust Law Journal 2003, S. 847 ff.

MARTENCZUK, BERND: Die „essential-facilities"-Doktrin im Europäischen Wettbewerbsrecht und der Zugang zu Vertriebsnetzen, Europarecht 1999, S. 565 ff.

MCCURDY, GREGORY V.S.: Intellectual property and competition: Does the Essential Facilities Doctrine shed any new light, 25 European Intellectual Property Review 2003, S. 472 ff.

MCGOWAN DAVID: Regulating competition in the information age: Computer software as an essential facility under the Sherman Act, 18 Hastings Communications and Entertainment Law Journal 1996, S. 771 ff.

MEINHARDT, MARCEL: Die Beschränkung nationaler Immaterialgüterrechte durch Art. 86 EG-Vertrag, Bern u.a. 1998

MENNICKE, PETRA: „Magill" – Von der Unterscheidung zwischen Bestand und Ausübung von Immaterialgüterrechten zur „essential facilities"-Doktrin in der Rechtsprechung des Europäischen Gerichtshofes?, Zeitschrift für das gesamte Handels- und Wirtschaftsrecht 1996, S. 626 ff.

VAN MIERT, KAREL: Probleme der wettbewerblichen Öffnung von Märkten mit Netzstrukturen aus europäischer Sicht, Wirtschaft und Wettbewerb 1998, S. 7 ff.

MILLER, SAMUEL R./SEFTON, RAQUEL L.: The "Essential Facilities Doctrine" applied to intellectual property, 708 Practising Law Institute 2002, S. 623 ff.

MILLS, JOHN G.: Possible defenses to complaints for copyright infringement and reverse engineering of computer software: Implications for Antitrust and I.P. Law, 80 Journal of the Patent and Trademark Office Society 1998, S. 101 ff.

MÖSCHEL, WERNHARD: Anpassung des GWB an das europäische Wettbewerbsrecht, Europäische Zeitschrift für Wirtschaftsrecht 1995, S. 817 ff.

MONTAG, FRANK: Gewerbliche Schutzrechte, wesentliche Einrichtungen und Normung im Spannungsfeld zu Art. 86 EGV, Europäische Zeitschrift für Wirtschaftsrecht 1997, S. 71 ff.

MONTAG, FRANK/LEIBENATH, CHRISTOPH: Aktuelle Entwicklungen im Bereich des Art. 82 EG, Europäische Zeitschrift für Wirtschafts- und Steuerrecht 1999, S. 281 ff.

MÜLLER, MATTHIAS: Die „Essential Facilities"-Doktrin im Europäischen Kartellrecht, Europäische Zeitschrift für Wirtschaftsrecht 1998, S. 232 ff.

NARCISO, ALESSANDRA: IMS Health or the question whether intellectual property still deserves a specific approach in a free market economy, 4 Intellectual Property Quarterly 2003, S. 445 ff.

NIKOLINAKOS, NIKOS: Access agreements in the telecommunications sector – Refusal to supply and the Essential Facilities Doctrine under E.C. competition law, 20 European Competition Law Review 1999, S. 399 ff.

NOWICKI, ELIZABETH: Competition in the local telecommunications market: Legislate or litigate?, 9 Harvard Journal of Law & Technology 1996, S. 353 ff.

O'DELL, JUSTIN: Trouble abroad: Microsoft's antitrust problems under the law of the European Union, 30 Georgia Journal of International and Comparative Law 2001, S. 101 ff.

OPI, SERGIO BACHES: The application of the Essential Facilities Doctrine to intellectual property licensing in the European Union and the United States: Are Intellectual Property Rights still sacrosanct?, 11 Fordham Intellectual Property, Media & Entertainment Law Journal 2001, S. 409 ff.

O'ROURKE, MAUREEN A.: Striking a delicate balance: Intellectual property, antitrust, contract, and standardization in the computer industry, 12 Harvard Journal of Law & Technology 1998, S. 1 ff.

OVERD, ALAN/BISHOP, BILL: Essential facilities: The rising tide, 4 European Competition Law Review 1998, S. 183 ff.

OWEN, BRUCE M.: Determining optimal access to regulated essential facilities, 58 Antitrust Law Journal 1989, S. 887 ff.

PAPCIAK, W. GREG: Essential Facilities Doctrine: Intergraph Corp. v. Intel Corp., 14 Berkeley Technology Law Journal 1999, S. 323 ff.

PAULWEBER, MICHAEL/WEINAND, ARMIN: Europäische Wettbewerbspolitik und liberalisierte Märkte, Europäische Zeitschrift für Wirtschaftsrecht 2001, S. 232 ff.

PERLSTEIN, ABRAHAM: Microsoft and its antitrust violations, 11 Journal of the Suffolk Academy of Law 1996, S. 85 ff.

VON PIERER, HEINRICH: Patente – ein wichtiger Rohstoff der globalen Wissensgesellschaft, Gewerblicher Rechtsschutz und Urheberrecht 1999, S. 818 f.

PILNY, KARL H.: Missbräuchliche Marktbeherrschung gemäß Art. 86 EWGV durch Immaterialgüterrechte, Gewerblicher Rechtsschutz und Urheberrecht, Auslands- und Internationaler Teil 1995, S. 954 ff.

PIRAINO, THOMAS A.: An antitrust remedy or monopoly leveraging by electronic networks, 93 Northwestern University Law Review 1998, S. 1 ff.

PIROPATO, MARISSA A.: Open access and the Essential Facilities Doctrine: Promoting competition and innovation, The University of Chicago Legal Forum 2000, S. 369 ff.

PITOFSKY, ROBERT: The Essential Facilities Doctrine under United States antitrust law, 708 Practising Law Institute 2002, S. 775 ff.

PITOFSKY, ROBERT/PATTERSON, DONNA/HOOKS, JONATHAN: The Essential Facilities Doctrine under U.S. antitrust law, 70 Antitrust Law Journal 2002, S. 443 ff.

PREOVOLOS, PENELOPE A.: Antitrust, intellectual property and interoperability, 566 Practising Law Institute 1999, S. 251 ff.

RATNER, JAMES R.: Should there be an Essential Facility Doctrine?, 21 University of California at Davis Law Review 1988, S. 327 ff.

REEVES, BARBARA/ARNEY, NEIL L./BOYKO, DAVID R.: Unilateral refusal to license intellectual property rights, 449 Practising Law Institute 1996, S. 401 ff.

RIDYARD, DEREK: Essential facilities and the obligation to supply competitors under UK and EC Competition Law, 8 European Competition Law Review 1996, S. 438 ff.

RITTNER, FRITZ: Wettbewerbs- und Kartellrecht, 6. Auflage, Heidelberg 1999

ROBINSON, GLEN O.: On refusing to deal with rivals, 87 Cornell Law Review 2002, S. 1177 ff.

SCHERER, JOACHIM: Das Bronner-Urteil des EuGH und die Essential facilities-Doktrin im TK-Sektor, Multimedia und Recht 1999, S. 315 ff.

SCHILL, MARY ELLEN: Refusal to deal by single-firm monopolists – Should we rob Peter to save Paul?, 63 Notre Dame Law Review 1988, S. 214 ff.

SCHINDLER, KATHARINA: Wettbewerb in Netzen als Problem der kartellrechtlichen Missbrauchsaufsicht, Bern 1998

SCHNELLE, ULRICH: Die Öffnung von leistungsnotwendigen Einrichtungen für Dritte und der Schutz des Eigentums, Europäische Zeitschrift für Wirtschaftsrecht 1994, S. 557 ff.

SCHOMMER, TIM: Die „essential facility“-Doktrin im Europäischen Wettbewerbsrecht, München 2003

SCHWARZ VAN BERK, PHILIP: Der Zugang zu wesentlichen Einrichtungen nach europäischem und deutschem Kartellrecht, Berlin 2003
SCHWARZE, JÜRGEN: Der Schutz des geistigen Eigentums im europäischen Wettbewerbsrecht, Europäische Zeitschrift für Wirtschaftsrecht 2002, S. 75 ff.
SCHWARZE, JÜRGEN: Urheberrechte und deren Verwaltung im Lichte des europäischen Wettbewerbsrechts, Zeitschrift für Urheber- und Medienrecht 2003, S. 15 ff.
SCHWARZE, JÜRGEN (HRSG.): EU-Kommentar, 1. Auflage, Baden-Baden 2000
SCHWINTOWSKI, HANS PETER: Der Zugang zu wesentlichen Einrichtungen, Wirtschaft und Wettbewerb 1999, S. 842 ff.
SEELEN, CHRISTOPHER M.: The Essential Facilities Doctrine: What does it mean to be essential?, 80 Marquette Law Review 1997, S. 1117 ff.
SHEEHAN, EILEEN: Unilateral refusals to deal and the role of the Essential Facility Doctrine, 22 World Competition 1999, S. 67 ff.
SHIN, DONG-KWEON: Die „Essential-Facilities"-Doktrin im europäischen Kartellrecht, Mainz 2003
SKINNER, TOM: The oral hearing of the Magill case, 2 European Competition Law Review 1994, S. 103 ff.
SMITH, JONATHAN: Television guides: The European Court doesn't know "there's so much in it", 3 European Competition Law Review 1992, S. 135 ff.
SOMA, JOHN T./FORKNER, DAVID A./JUMPS, BRIAN P.: The Essential Facilities Doctrine in the deregulated telecommunications industry, 13 Berkeley Technology Law Journal 1998, S. 565 ff.
SPETA, JAMES B.: Tying, essential facilities, and network externalities: A comment on Piraino, 93 Northwestern University Law Review 1999, S. 1277 ff.
SPINDLER, GERALD/APEL, KATHARINA: Urheber- versus Kartellrecht – Auf dem Weg zur Zwangslizenz?, Juristenzeitung 2005, S. 133 ff.
SPRICKMANN KERKERINCK, PETER: Die Essential-Facilities-Doktrin unter besonderer Berücksichtigung des geistigen Eigentums – dargestellt am Beispiel des Eisenbahnsektors –, Frankfurt am Main 2002
STAPPER, THILO: Das essential facility Prinzip und seine Verwendung zur Öffnung immaterialgüterrechtlich geschützter de facto Standards für den Wettbewerb, Berlin 2003
STERN, RICHARD H.: Refusals to license intellectual property rights and monopoly leverage, European Intellectual Property Review 1998, S. 390 ff.
STOLLHOFF, FRANK: Der Ausschluss von Marktrisiken durch Essential Facilities unter Art. 82 EGV, Baden-Baden 2000
STOTHERS, CHRISTOPHER: Refusals to supply as abuse of a dominant position: Essential facilities in the European Union, European Competition Law Review 2001, S. 256 ff.

STOTHERS, CHRISTOPHER: The end of exclusivity? Abuse of intellectual property rights in the E.U., European Intellectual Property Review 2002, S. 86 ff.

SUBIOTTO, ROMANO: The right to deal with whom one pleases under EEC competition law: A small contribution to a necessary debate, 6 European Competition Law Review 1992, S. 234 ff.

SULLIVAN, THOMAS E.: The confluence of antitrust and intellectual property at the new century, 1 Minnesota Intellectual Property Review 2000, S. 101 ff.

TAYLOR, ROBERT P.: Intellectual property as "essential facility", 658 Practising Law Institute 2001, S. 681 ff.

TAYLOR, SIMON M.: Copyright versus right to compete: The judgement of the ECJ in Magill, Computer and Telecommunications Law Review 1995, S. 99 ff.

TEMPLE LANG, JOHN: Defining legitimate competition: Companies' duties to supply competitors and access to essential facilities, 18 Fordham International Law Journal 1994, S. 437 ff.

THOMPSON, JAMES E.: Mandatory Licensing under Article 86?, Europäische Zeitschrift für Wirtschafts- und Steuerrecht 1992, S. 178 ff.

THYRI, PETER: Immaterialgüterrechte und Zugang zur wesentlichen Einrichtung, Wirtschaft und Wettbewerb 2005, S. 388 ff.

TRÄNKLE, CLAUDIA: Die „essential facilities"- Doktrin im europäischen Wettbewerbsrecht, Tübingen 2001

TRAVERS, ARTHUR H.: Does a monopolist have a duty to deal with its rivals? Some thoughts on the Aspen skiing case, 57 University of Colorado Law Review 1986, S. 727 ff.

TREACY, PAT: Essential Facilities – Is the tide turning?, 8 European Competition Law Review 1998, S. 501 ff.

TROY, DANIEL E.: Unlogging the bottleneck: A new Essential Facility Doctrine, 83 Columbia Law Review 1983, S. 441 ff.

TURNBULL, SARAH: Barriers to entry, Article 86 EC and the abuse of a dominant position: An economic critique of European Community competition law, 2 European Competition Law Review 1996, S. 96 ff.

VENIT, JAMES S./ KALLAUGHER, JOHN J.: Essential facilities: A comparative law approach, Fordham Corporate Law Institute 1994, S. 315 ff.

VERMUT, RICHARD S.: A synthesis of the intellectual property and antitrust laws: A look at refusals to license computer software, 22 Columbia-VLA Journal of Law and the Arts 1997, S. 27 ff.

VRINS, OLIVIER: Intellectual property licensing and competition law: Some news from the front – The role of market power and double jeopardy in the E.C. Commission's new deal, European Intellectual Property Review 2001, S. 576 ff.

VON WALLENBERG, GABRIELA: Kartellrecht, 2. Auflage, Neuwied u.a. 2002
WERDEN, GREGORY J.: The law and economics of the Essential Facility Doctrine, 32 Saint Louis University Law Journal 1987, S. 433 ff.
WHITE, STEWART: Is there a role for an "Essential Facilities Doctrine" in Europe, 1 Computer and Telecommunications Law Review, S. 110 ff.
WIRTZ, MARKUS M./HOLZHÄUSER MICHAEL: Die kartellrechtliche Zwangslizenz, Wettbewerb in Recht und Praxis 2004, S. 683 ff.
WOOLDRIDGE, FRANK: The Essential Facilities Doctrine and Magill II: The decision of the ECJ in Oscar Bronner, Intellectual Property Quarterly 1999, S. 256 ff.
ZIMMERLICH, ANTJE: Der Fall Microsoft, Wettbewerb in Recht und Praxis 2004, S. 1260 ff.

Abkürzungsverzeichnis

a.A.	anderer Ansicht
ABl.EG	Amtsblatt der Europäischen Gemeinschaften
Abs.	Absatz
AIPLA Q.J.	American Intellectual Property Law Association Quarterly Journal
ALI-ABA	American Law Institute – American Bar Association Continuing Legal Education
Am. Bus. L.J.	American Business Law Journal
Antitrust Bull.	The Antitrust Bulletin
Antitrust L.J.	Antitrust Law Journal
Art.	Artikel
Bd.	Band
Berkeley Tech. L.J.	Berkeley Technology Law Journal
BGBl.	Bundesgesetzblatt
BGH	Bundesgerichtshof
B.Y.U.L. Rev.	Brigham Young University Law Review
bzw.	beziehungsweise
Cir.	Circuit Court of Appeal
C.M.L.R.	Common Market Law Reports
CML Rev.	Common Market Law Review
Co.	Company
Colum. Bus. L. Rev.	Columbia Business Law Review
Colum. L. Rev.	Columbia Law Review
Colum.-VLA J.L. & Arts	Columbia-VLA Journal of Law and the Arts
Cong. Rec.	Congressional Record
Cornell L. Rev.	Cornell Law Review
Corp.	Corporation
CR	Computer und Recht
C.T.L.R.	Computer and Telecommunications Law Review
DB	Der Betrieb
d.h.	das heisst
ECLR	European Competition Law Review

EG	Vertrag zur Gründung der Europäischen Gemeinschaft
E.I.P.R.	European Intellectual Property Review
E.L. Rev.	European Law Review
Emory Int'l L. Rev.	Emory International Law Review
Ent. L. Rev.	Entertainment Law Review
EU	Europäische Union
EuG	Europäisches Gericht erster Instanz
EuGH	Europäischer Gerichtshof
EuR	Europarecht
EuZW	Europäische Zeitschrift für Wirtschaftsrecht
EWiR	Entscheidungen zum Wirtschaftsrecht
EWS	Europäische Zeitschrift für Wirtschafts- und Steuerrecht
f.	und folgende (Seite)
ff.	und folgende (Seiten)
F.	Federal Reporter
F. Supp.	Federal Supplement
Fed. Cir.	Federal Circuit
Fla. St. U. L. Rev.	Florida State University Law Review
Fn.	Fußnote
Fordham Corp. L. I.	Fordham Corporate Law Institute
Fordham Int'l L. J.	Fordham International Law Journal
Fordham I. P., Media & Ent. L.J.	Fordham Intellectual Property, Media & Entertainment Law Journal
FK	Frankfurter Kommentar zum Kartellrecht
FS	Festschrift
Ga. J. Int'l & Comp. L.	Georgia Journal of International and Comparative Law
Geo. L.J.	Georgetown Law Journal
GRUR	Gewerblicher Rechtsschutz und Urheberrecht
GRUR Int.	Gewerblicher Rechtsschutz und Urheberrecht, Auslands- und Internationaler Teil
GWB	Gesetz gegen Wettbewerbsbeschränkungen
Harv. J.L. & Tech.	Harvard Journal of Law and Technology
Hastings Comm. & Ent. L.J.	Hastings Communications and Entertainment Law Journal
Idaho L. Rev.	Idaho Law Review
i.E.	im Ergebnis

IIC	International Review of Industrial Property and Copyright Law
Inc.	Incorporation
Iowa J. Corp. L.	Iowa Journal of Corporation Law
I.P.Q.	Intellectual Property Quarterly
J. Pat. & Trademark Off. Soc'y	Journal of the Patent and Trademark Office Society
J. Suffolk Acad. L.	Journal of the Suffolk Academy of Law
Jurimetrics J.	Jurimetrics Journal
JZ	Juristenzeitung
lit.	litera
MarkenG	Markengesetz
Marq. L. Rev.	Marquette Law Review
Minn. Intell. Prop. Rev.	Minnesota Intellectual Property Review
MMR	Multimedia und Recht
m.w.N.	mit weiteren Nachweisen
NJW	Neue Juristische Wochenschrift
Notre Dame L. Rev.	Notre Dame Law Review
Nr.	Nummer
Nw. U.L. Rev.	Northwestern University Law Review
Ohio N.U.L. Rev.	Ohio Northern University Law Review
OLG	Oberlandesgericht
PLI	Practising Law Institute
RdE	Recht der Energiewirtschaft
RIW	Recht der Internationalen Wirtschaft
Rn.	Randnummer
Rs.	Rechtssache
S.	Seite
Sec.	Section
Slg.	Entscheidungssammlung der Gemeinschafts-gerichte
sog.	sogenannte
St. Louis U. L.J.	Saint Louis University Law Journal
Stan. L. Rev.	Stanford Law Review
Sw. U. L. Rev.	Southwestern University Law Review
Tz.	Textzeichen
u.	und
U.C. Davis L. Rev.	University of California at Davis Law Review
U. Chi. Legal F.	The University of Chicago Legal Forum
U. Colo. L. Rev.	University of Colorado Law Review

UrhG	Urheberrechtsgesetz
Urt.	Urteil
U.S.	United States
U.S.C.A.	United States Code Annotated
v.	versus
v.	vom
Va. L. Rev.	Virginia Law Review
verb. Rs.	verbundene Rechtssache
Vgl.	Vergleiche
W. Comp.	World Competition
Wake Forest L. Rev.	Wake Forest Law Review
WRP	Wettbewerb in Recht und Praxis
WuW	Wirtschaft und Wettbewerb
Yale J. on Reg.	Yale Journal on Regulation
ZESAR	Zeitschrift für europäisches Sozial- und Arbeitsrecht
ZHR	Zeitschrift für das gesamte Handels- und Wirtschaftsrecht
ZUM	Zeitschrift für Urheber- und Medienrecht
ZWeR	Zeitschrift für Wettbewerbsrecht

1. Kapitel: Einführung in die Problemstellung

„The successful competitor, having been urged to compete, must not be turned upon when he wins.“[1]

A. Einleitung

Sowohl in den Vereinigten Staaten von Amerika als auch in der Europäischen Union werden marktbeherrschende Unternehmen und in noch ausgeprägterem Maße Monopolisten mit großen Vorbehalten betrachtet.[2] Das Motiv des ihnen entgegengebrachten Argwohns liegt in der Sorge vor einem drohenden Missbrauch ihrer Marktmacht und den damit einhergehenden negativen Auswirkungen auf wirksamen Wettbewerb begründet.[3] Einer zunehmenden Marktdominanz eines Unternehmens wird das gesteigerte Gefährdungspotential zugeschrieben, dass Wettbewerber in ihrem unternehmerischen Handlungsspielraum stark eingeschränkt oder gar ganz vom Marktzugang ausgeschlossen werden. Dem amerikanischen und europäischen Kartellrechtssystem[4] ist daher das Bestreben gemein, marktdominanten Unternehmen wirkungsvoll missbräuchliche Verhaltensweisen zu versagen, allerdings ohne ihnen die Möglichkeit zu nehmen, sich aktiv am Wettbewerbsgeschehen zu beteiligen.

Als Ergebnis dieser Zielsetzung stieg in der europäischen Gemeinschaft in den letzten Jahren infolge der Privatisierung zahlreicher ehemals regulierter In-

---

1 Richter Hand in *United States v. Aluminium Co. of America*, 148 F.2d 416, 430 (2d Cir. 1945).

2 Vgl. *Eastman Kodak Co. v. Image Technical Services, Inc.*, 504 U.S. 451, 488 (1992): „Where a defendant maintains substantial market power, his activities are examined through a special lens: Behavior that might otherwise not be of concern to the antirust laws – or that might even be viewed as procompetitive – can take on exclusionary connotations when practiced by a monopolist.“; Turnbull, ECLR 1996, 96, 96 spricht in diesem Zusammenhang von einem „European fundamental dislike of bigness“.; Stollhoff, S. 16.

3 Ratner, U.C. Davis L. Rev. 1988, 327, 328; Dittmann, S. 52.

4 Die Regelungen der Art. 81 ff. EG werden in juristischen Kreisen zuweilen als „europäisches Wettbewerbsrecht“ und teilweise als „europäisches Kartellrecht“ bezeichnet. Im Verlaufe dieser Untersuchung werden die Begriffe „Wettbewerbsrecht“ und „Kartellrecht“ daher auch synonym verwandt.

dustriesektoren[5] die Anzahl solcher Rechtsstreitigkeiten merklich an, in denen die Behinderung eines potentiellen Konkurrenten beim Zutritt auf die neu geschaffenen Märkte und die damit verbundene Unterdrückung aufkeimenden Wettbewerbs durch ein marktdominantes Unternehmen Streitgegenstand der Verhandlungen waren. Als Folge sahen sich die Europäische Kommission[6], das Europäische Gericht erster Instanz und der Europäische Gerichtshof veranlasst, insbesondere den Anwendungsbereich der für die Missbrauchsaufsicht marktbeherrschender Unternehmen relevanten Vorschrift des Art. 82 EG[7] den neuen Herausforderungen anzupassen, um die angestrebte Deregulierung und Liberalisierung des Wettbewerbs sicherzustellen.[8]

Ein augenscheinlicher Aspekt dieser Rechtsentwicklung war dabei die begriffliche und inhaltliche Adaption eines Instruments aus der Kartellrechtslehre der Vereinigten Staaten von Amerika, der sogenannten Essential-Facilities-Doktrin[9].[10] Ihren transatlantischen Ausgangspunkt fand die auch als Bottleneck-Theorie[11] bezeichnete Doktrin im Jahre 1912 in der mittlerweile berühmt gewordenen *Terminal Railroad*-Entscheidung des U.S. Supreme Court.[12]

5 Beispielhaft genannt seien nur die seit dem 01.01.1998 liberalisierten Bereiche der Telekommunikation, der Post sowie der Versorgung mit Elektrizität und Erdgas.

6 Die Begriffe „Kommission der Europäischen Gemeinschaften“ (obligatorisch bis zum Umbenennungsbeschluss vom 17.11.2003), „Europäische Kommission“ und „Kommission“ werden im Rahmen der vorliegenden Arbeit unabhängig vom Zeitpunkt einer zitierten Entscheidung synonym verwandt.

7 Ehemals Art. 86 EGV. Im folgenden zitierte Vorschriften des EG-Vertrages entsprechen der Umnummerierung und Neufassung des Vertrages zur Gründung der Europäischen Gemeinschaft durch den Vertrag von Amsterdam v. 2.10.1997 in seiner durch den Vertrag von Nizza und zuletzt durch die EU-Beitrittsakte 2003 geänderten Fassung, in Kraft getreten am 1.5.2004.

8 Montag, EuZW 1997, 71, 78, spricht gar von einer „Renaissance“ des Art. 82 EG.

9 Als europäischer Ursprung gelten die drei „Hafenentscheidungen“ der Europäischen Kommission: Entscheidung v. 11.06.1992 (nicht im ABl.EG veröffentlicht), 5 C.M.L.R. 1992, 255 ff. – *B&I/Sealink*; Entscheidung v. 21.12.1993, ABl.EG 1994 Nr. L 15/8 – *Sea Containers/Stena Sealink*; Entscheidung v. 21.12.1993, ABl.EG 1994 Nr. L 55/52 – *Hafen von Rødby*.

10 Bunte, WuW 1997, 302, 308; Lampert, NJW 1999, 2235, 2235.

11 Boudin, Geo. L.J. 1986, 395, 397; Gerber, Va. L. Rev. 1988, 1069, 1069, Fn. 1; Glasl, ECLR 1994, 306, 307; Makar, Fla. St. U. L. Rev. 1994, 913, 913, Fn. 1; Piropato, U. Chi. Legal F. 2000, 369, 370.

12 *United States v. Terminal Railroad Association*, 224 U.S. 383 (1912).

B. Hintergrund des Rechtsvergleichs

Unternehmerisches Handeln macht immer weniger an nationalen oder europäischen Grenzen halt. Als Konsequenz zunehmender grenzüberschreitender wirtschaftlicher Verflechtungen ist eine Auseinandersetzung mit spezifischen Eigenarten anderer Rechtssysteme unausweichlich geworden, zumal sich auch das europäische Wettbewerbsrecht nicht zuletzt unter dem Eindruck dieser Globalisierungsbewegung unter Berührung und im Austausch mit fremden Rechtsordnungen stetig fortentwickelte. Innerhalb dieses Entwicklungsprozesses besaß vor allem das Kartellrecht der Vereinigten Staaten aufgrund seiner langen Tradition eine gewichtige Vorbildfunktion.[13] Auch gegenwärtig wird im europäischen Wettbewerbsrecht zur Lösung neuartiger Fallgestaltungen noch immer auf den bereits vorhandenen amerikanischen Erfahrungsschatz zurückgegriffen, um die transatlantischen Erkenntnisse möglichst fruchtbar und gewinnbringend auf europäischer Ebene zu verwerten.[14]

Auf diesem Wege fand auch die aus dem amerikanischen Kartellrecht stammende Essential-Facilities-Doktrin Einzug in die Entscheidungspraxis der Europäischen Kommission, des Europäischen Gerichts erster Instanz sowie des Europäischen Gerichtshofs und wurde schließlich durch die sechste Novelle des Gesetzes gegen Wettbewerbsbeschränkungen (GWB), namentlich in § 19 Abs. 4 Nr. 4 GWB, als neues Regelbeispiel des Missbrauchsverhaltens marktbeherrschender Unternehmen in das deutsche Kartellrecht übernommen.

Bei einer rechtsvergleichenden Betrachtung der Essential-Facilities-Doktrin ist jedoch einschränkend zu beachten, dass sich die Ergebnisse der amerikanischen Kartellrechtslehre nicht ohne weiteres in den europäischen Rechtskreis übertragen lassen. Denn es mangelt an einer Kompatibilität der Kartellrechtssysteme, die in ihrer konkreten Ausgestaltung und in den ihnen zugrundeliegenden wettbewerbspolitischen Leitbildern teilweise beträchtlich voneinander abweichen.[15] Während das europäische Wettbewerbsrecht vornehmlich gleichermaßen soziale, politische und ökonomische Anliegen in den Vordergrund rückt,

---

13 Möschel, EuZW 1995, 817, 818; Klaue, RdE 1996, 51, 52 bezeichnet das amerikanische Kartellrecht sogar als „Mutter" des europäischen Wettbewerbsrechts; Bleckmann, Rn. 1788 weist auf die in Anlehnung an Sec. 1 und Sec. 2 Sherman Act ebenfalls generalklauselartig gefassten Art. 81 und Art. 82 EG hin.

14 Kobak, Antitrust L.J. 1996, 341, 343; Fleischer/Körber, WuW 2001, 6, 6; Stollhoff, S. 15; Abermann, S. 1.

15 Kobak, Antitrust L.J. 1996, 341, 341; Jebsen/Stevens, Antitrust L.J. 1996, 443, 447; Harz, Emory Int'l L. Rev. 1997, 189, 189; Schwintowski, WuW 1999, 842, 843; Markert, FS Mestmäcker, 661, 662 f.

treten gesellschaftspolitische Motive in der amerikanischen Kartellrechtspraxis hinter wirtschaftlichen Effizienzüberlegungen zurück.[16]

Doch unabhängig von wettbewerbspolitischen Leitbildern oder dem konkreten Wortlaut und der genauen Ausgestaltung der jeweils zugrundeliegenden Rechtsvorschriften ist letztlich ausschlaggebend, wie eine Rechtsordnung insgesamt mit wettbewerblichen Sachverhalten umgeht, sie analysiert und entscheidet.[17] Daher können aus den Erkenntnissen des folgenden Rechtsvergleichs Anregungen und Hinweise erwachsen, wie etwaigen Anwendungs- und Auslegungsschwierigkeiten in Bezug auf die Essential-Facilities-Doktrin im europäischen Kartellrecht wirkungsvoll begegnet werden sollte. Denn unstreitig liegt der Doktrin ein rechtssystemübergreifendes Ausgangsproblem zugrunde, das aus durchaus vergleichbaren und von politischen Grenzen unabhängigen Sachverhalten resultiert.

C. Überblick über die Entwicklungsstufen der Essential-Facilities-Doktrin

Im kartellrechtlichen Sprachgebrauch der Vereinigten Staaten werden bestimmte Infrastrukturen, Netze und andere betriebliche Ressourcen, die für einen Einstieg in den Wettbewerb oder für dessen Aufrechterhaltung als unerlässlich und gleichzeitig als nicht duplizierbar[18] angesehen werden, unter dem Oberbegriff „essential facilities" (wesentliche Einrichtungen) zusammengefasst.[19] Auf Grundlage der Essential-Facilities-Doktrin kann, vereinfacht ausgedrückt, einem marktbeherrschenden Unternehmen unter bestimmten Voraussetzungen gerichtlich auferlegt werden, einem potentiellen Konkurrenten diskriminierungsfreien Zugang zu einer ihm gehörenden wesentlichen Einrichtung zu gewähren, um diesem letztlich zu ermöglichen, als Mitwettbewerber auf einem bestimmten Markt in Erscheinung zu treten.[20]

Unter Berücksichtigung dieser simplifizierenden Definition und bei einer rein oberflächlichen Betrachtung könnte der Essential-Facilities-Doktrin zunächst durchaus die Fähigkeit zugesprochen werden, einen spürbaren Beitrag zur Förde-

---

16 Schindler, S. 3.

17 Möschel, EuZW 1995, 817, 818.

18 Von mangelnder Duplizierbarkeit ist auszugehen, wenn für Dritte keine tatsächliche, rechtliche oder sonst zumutbare Möglichkeit der Schaffung einer gleichwertigen Einrichtung besteht.

19 Klimisch/Lange, WuW 1998, 15, 15; Bücking, GRUR 2002, 27, 29; Stollhoff, S. 31.

20 Vgl. *Alaska Airlines, Inc. v. United Airlines, Inc.*, 948 F.2d 536, 542 (9th Cir. 1991); Temple Lang, Fordham Int'l L. J. 1994, 437, 486; Piraino, Nw. U.L. Rev. 1998, 1, 22; Wirtz/Holzhäuser, WRP 2004, 683, 684.

rung wirksamen Wettbewerbs zu leisten. Eine große Anzahl konkurrierender Unternehmen lässt eher den Rückschluss auf einen verbraucherorientierten Wettbewerb um das hochwertigste Produkt zum günstigsten Preis auf einem bestimmten Markt zu, als dies bei nur wenigen Wettbewerbern oder gar einem Monopolisten der Fall wäre.[21] Denn mit zunehmendem Beherrschungsgrad eines Marktes ist naturgemäß eine abnehmende Wettbewerbsintensität dieses oder anderer Märkte zu erwarten, so dass die Schlussfolgerung nahe liegt, vorhandene Ressourcen würden nicht optimal genutzt und verteilt.

Dennoch verbergen sich unter dem Gewand der Doktrin eine Vielzahl rechtlicher und wirtschaftlicher Probleme, die erst auf den zweiten Blick offenbar werden und denen, insbesondere im Zusammenhang mit immaterialgüterrechtlich geschützten Positionen, im Verlauf der folgenden Untersuchung vertiefend nachgegangen werden soll.

I. Ursprünglicher Anwendungsbereich

Die Entwicklung der Essential-Facilities-Doktrin vollzog sich ursprünglich anhand von Rechtsproblemen im Zusammenhang mit Zugangsbegehren potentieller Wettbewerber zu ehemals staatlich regulierten, wirtschaftlich sehr bedeutenden physischen Einrichtungen, wie beispielsweise Eisenbahnsystemen, Hafenanlagen, Strom- und Gasleitungen oder Telekommunikationsnetzen marktdominanter Unternehmen.[22] Diesen technik- und kostenintensiven Infrastrukturen haftet die besondere Gefahr an, dass ihr Eigentümer, der seine Einrichtung bereits auf einem Primärmarkt (z.B. Betrieb einer Hafenanlage) nutzt, versuchen wird, auch auf einem damit verbundenen Sekundärmarkt (z.B. Betrieb einer Schiffahrtslinie zum Personen- und Güterverkehr) eine marktbeherrschende Stellung zu behalten oder zu gewinnen, indem er potentiellen Konkurrenten die Bereitstellung seiner Einrichtung verweigert, auf deren Nutzung letztere jedoch unbedingt angewiesen sind, um als Teilnehmer auf dem Sekundärmarkt in Erscheinung treten zu kön-

---

21 Kapen, Cornell L. Rev. 1987, 1047, 1048; Eilmansberger, CML Rev. 2005, 129, 135; Dittmann, S. 49; anschaulich auch Schwarz van Berk, S. 11 ff.

22 Areeda, Antitrust L.J. 1989, 841, 841; Azcuenaga, Antitrust L.J. 1989, 879, 880; Glasl, ECLR 1994, 306, 311; Kahn/Taylor, Yale J. on Reg. 1994, 225, 225; Hovenkamp, Colum. Bus. L. Rev. 1995, 1, 110; Soma/Forkner/Jumps, Berkeley Tech. L. J. 1998, 565, 581; Speta, Nw. U.L. Rev. 1999, 1277, 1280; Piropato, U. Chi. Legal F. 2000, 369, 390.

nen.[23] Dieser Grundgedanke verdeutlicht zugleich den wettbewerbspolitischen Hintergrund der Essential-Facilities-Lehre, der in der Annahme begründet liegt, dass es dem über eine wesentliche Einrichtung verfügenden marktbeherrschenden Unternehmen bei der Ablehnung eines Zugangsbegehrens zum Primärmarkt im Kern um die Aufrechterhaltung oder Übertragung seiner marktbeherrschenden Stellung auf den Sekundärmarkt geht, um letztlich auch dort Wettbewerbsvorteile zu erhalten oder zu gewinnen.[24]

Unter Berücksichtigung allgemeiner Liberalisierungs- und Deregulierungsbemühungen kann es zumindest in der Übergangsphase von einem ehemals staatlich regulierten Monopol zum funktionstüchtigen Wettbewerb einer Regelung von Zugangsbegehren Dritter zu wesentlichen Infrastruktureinrichtungen bedürfen, um einen Missbrauch von Marktmacht zu verhindern und damit der angestrebten Marktöffnung langfristig zum Erfolg zu verhelfen.[25] Anderenfalls ist zu erwarten, dass Unternehmen einige der Vorteile, die ihnen aufgrund der zuvor gewährten Sonder- oder Ausschließlichkeitsrechte in einem reglementierten Sektor zugesprochen wurden, auch weiterhin für sich beanspruchen. Diese Unternehmen verfügen in der Regel über mit staatlicher Hilfe errungene Infrastrukturen, auf die sich neue Wettbewerber stützen müssen, um nicht in eine zu ungünstige Startposition für ihren Markteintritt zu kommen. Um überhaupt Voraussetzungen für echten Wettbewerb zu schaffen, kann es also notwendig sein, den Unternehmen, die eine solch zentrale Stellung innehaben, bestimmte Pflichten aufzuerlegen.

Als geeignetes Regelungsinstrument zur effektiven Öffnung bislang verschlossener Märkte und zur Verhinderung der Übertragung von Marktmacht wird die Essential-Facilities-Doktrin angesehen.[26] Ihre ursprüngliche kartellrechtliche Intention liegt demnach in der Sicherstellung von Freiheit und Funktionsfähigkeit

---

23 Nowicki, Harv. J.L. & Tech. 1996, 353, 365. Eigentliches Zielobjekt des Zugangspetenten ist in den meisten Fällen also der Sekundärmarkt, für den allerdings der Zutritt zum Primärmarkt unabdingbare Voraussetzung ist.

24 Piraino, Nw. U.L. Rev. 1998, 1, 21; Müller, EuZW 1998, 232, 235; Paulweber/Weinand, EuZW 2001, 232, 234.

25 Temple Lang, Fordham Int'l L. J. 1994, 437, 483; Müller, EuZW 1998, 232, 234; v. Miert, WuW 1998, 7, 11; Paulweber/Weinand, EuZW 2001, 232, 233.

26 Glasl, ECLR 1994, 306, 314; Ridyard, ECLR 1996, 438, 452; Schwintowski, WuW 1999, 842, 848; Paulweber/Weinand, EuZW 2001, 232, 234; v. Bechtolsheim/Bruder, WRP 2002, 55, 59; Wirtz/Holzhäuser, WRP 2004, 683, 683; vgl. auch *Advanced Health-Care Services, Inc. v. Radford Community Hospital*, 910 F.2d 139, 150 (4th Cir. 1990): "[...] the central concern in an essential facilities claim is whether market power in one market is being used to create or further a monopoly in another market."; sinngemäß auch *Twin Laboratories, Inc. v. Weider Health & Fitness*, 900 F.2d 566, 568 (2d Cir. 1990).

wirksamen Wettbewerbs auf zwei zwar eigenständig abgegrenzten, aber doch aufeinander bezogenen Märkten, dem Primär- und dem Sekundärmarkt.[27] Hervorzuheben ist in diesem Zusammenhang, dass die Wettbewerbsverhältnisse auf den Märkten, auf denen die Essential-Facilities-Doktrin zunächst angewendet wurde, entscheidend durch eine originäre und langjährige staatliche Regulierung bzw. durch natürliche Monopole[28] geprägt worden waren.[29]

II. Zunehmende Ausweitung des Anwendungsbereichs

Der Ruf nach einer vor Gericht erzwungenen Zugangsgewährung, eingebettet in das kartellrechtliche Gewand der Essential-Facilities-Doktrin, erfreute sich in den Vereinigten Staaten und innerhalb der Europäischen Union trotz zahlreicher kritischer Töne stetig steigender Beliebtheit.[30] Eine Beschränkung ihres Anwendungsbereiches auf vormals sektoral regulierte Bereiche erfolgte nicht.[31]

Schließlich hatten sich sowohl die amerikanischen als auch die europäischen Rechtskreise mit dem Problem auseinanderzusetzen, wie den durch die zunehmende gesamtwirtschaftliche Bedeutung der Informationstechnologie veränderten Gegebenheiten des Wettbewerbs auf kartellrechtlicher Ebene wirksam begegnet werden konnte. Durch die allmähliche Anpassung des Rechts an den fortgeschrittenen Wandel der Industrielandschaften wurde unter anderem der Anwendungsbereich der Essential-Facilities-Doktrin von klassischen physischen Infrastrukturen auch auf unkörperliche Einrichtungen wie beispielsweise Informationen, Schnittstellen, Computerprogramme, Datensammlungen oder Technologien ausgedehnt, zu denen die Konkurrenten mittlerweile Zugang begehrten.[32] Als

---

27 Glazer/Lipsky, Antitrust L.J. 1995, 749, 775; White, C.T.L.R. 1995, 110, 110; v. Bechtolsheim/Bruder, WRP 2002, 55, 60.

28 Sog. „natürliche Monopole“ bestehen auf Märkten, in denen die betrieblichen Kosten eines Anbieters (z.B. für die Errichtung und den Betrieb eines Schienennetzes) derart hoch sind, dass auf Dauer ein einziges Unternehmen die relevante Nachfrage kostengünstiger befriedigen kann als jede größere Anzahl von Anbietern; Wettbewerb unter mehreren Anbietern wäre volkswirtschaftlich ineffizient und würde (langfristig) nicht entstehen.

29 McGowan, Hastings Comm. & Ent. L.J. 1996, 771, 781 f.; Schwarz van Berk, S. 5 f.

30 Ratner, U.C. Davis L. Rev. 1988, 327, 327 f.; Overd/Bishop, ECLR 1998, 183, 183; Lampert, NJW 1999, 2235, 2235; Lipsky/Sidak, Stan. L. Rev. 1999, 1187, 1189.

31 Werden, St. Louis U. L.J. 1987, 433, 460; Koenig/Loetz, EWS 2000, 377, 377; Pitofsky/Patterson/Hooks, Anitrust L.J. 2002, 443, 454.

32 Gupta, Ent. L. Rev. 1995, 242, 243; Piraino, Nw. U.L. Rev. 1998, 1, 6; v. Miert, WuW 1998, 7, 12; Piropato, U. Chi. Legal F. 2000, 369, 390; Creuss/Agustinoy, W. Comp. 2000, 57, 68; Pitofsky/Patterson/Hooks, Anitrust L.J. 2002, 443, 444; McCurdy, E.I.P.R. 2003, 472, 472; Schindler, S. 128.

Rechtfertigung dieser Ausweitung diente die pauschale Feststellung, es bestünden vergleichbare Missbrauchspotentiale, da der wettbewerbliche Effekt einer Zugangsverweigerung zu leistungsnotwendigen Informationen oder Technologien im Prinzip der gleiche sei wie der eines verweigerten Zugangs zu ehemals regulierten Bereichen oder natürlichen Monopolen.[33]

Zuzugestehen ist dieser Begründung, dass bestimmte Bereiche der modernen Informationstechnologie heutzutage durchaus den volkswirtschaftlichen Stellenwert klassischer Industrien erreicht haben. Allerdings übersieht dieser Standpunkt den beachtenswerten Aspekt, dass die begehrten Informationen oder Technologien großteils urheber- oder patentrechtlich geschützt sind und daher nicht einfach losgelöst von ihrer Schutzfähigkeit unter den Anwendungsbereich der Essential-Facilities-Doktrin subsumiert werden können.

III. Vorläufiger Höhepunkt der Ausweitung des Anwendungsbereichs

Einen vorläufigen Gipfel dieser Ausdehnungsphase im europäischen Kartellrecht markierte ein inzwischen eingestelltes kartellbehördliches Anordnungsverfahren der Europäischen Kommission vom 03. Juli 2001.[34] Im Rahmen einer einstweiligen Anordnung verpflichtete die Kommission ein Marktforschungsunternehmen, Mitwettbewerbern die Nutzung seiner urheberrechtlich geschützten Datenstruktur zu gestatten, mit der es seinen Kunden aus dem Gesundheitswesen aufbereitete Marktdaten für deren Marktforschungszwecke zur Verfügung stellte.[35]

Die Entscheidungsgründe ließen den Rückschluss zu, dass in den Augen der Kommission allein die Ausübung der von einem Ausschließlichkeitsrecht grundsätzlich mitumfassten Befugnis zur Lizenzverweigerung genügte, um – unabhängig vom Vorliegen weiteren missbräuchlichen Verhaltens des Schutzrechtsinhabers – einen Verstoß gegen Art. 82 EG anzunehmen. Damit brach die Entscheidung auf den ersten Blick mit der bisher als gesichert erachteten Grundhaltung

---

33 Crowther, E.L. Rev. 1995, 521, 524 f.: "[T]here is no conceptual difference between a tangible and intangible facility."; Piraino, Nw. U.L. Rev. 1998, 1, 30; vgl. auch *Bellsouth Advertising & Publishing Corp. v. Donelley Information Publishing, Inc.*, 719 F. Supp. 1551, 1566 (S.D. Fla. 1988).

34 Entscheidung v. 03.07.2001, ABl.EG 2002 Nr. L 59/18 – *NDC Health/IMS Health.*

35 Zuvor hatte das OLG Frankfurt, MMR 2002, S. 687 ff. rechtskräftig festgestellt, der fraglichen Bausteine-Struktur komme gemäß § 4 Abs. 2 UrhG urheberrechtlicher Schutz zu und die Geltendmachung des Unterlassungsanspruchs durch den Schutzrechtsinhaber gegenüber nachahmenden Wettbewerbern sei auch nicht als missbräuchliches Verhalten im Sinne des Art. 82 EG zu bewerten.

des europäischen Wettbewerbsrechts zum Immaterialgüterrecht[36], wonach für die Auferlegung einer Zwangslizenz zumindest ein missbräuchliches Verhalten des Ausschließlichkeitsberechtigten notwendig gewesen ist. Im Ergebnis schien die Kommission das grundsätzliche Recht des Schutzrechtsinhabers, über die Nutzung seines geistigen Eigentums frei und ausschließlich verfügen zu können, zu ignorieren.

Dieser durch die Europäische Kommission unter Berufung auf die Essential-Facilities-Doktrin – scheinbar selbstverständlich – vorgenommenen Neudefinition des Verhältnisses zwischen Wettbewerbs- und Immaterialgüterrecht begegnen einige rechtliche und wirtschaftliche Bedenken, auf die als ein Schwerpunkt dieser Untersuchung im vierten Kapitel vertiefend eingegangen wird.

Das Europäische Gericht erster Instanz setzte in einer einstweiligen Anordnung die sofortige Vollziehbarkeit der Kommissionsentscheidung bis zum Abschluss des Hauptsacheverfahrens aus.[37] Die Aussetzung wurde im nachfolgenden Beschwerdeverfahren auch durch den Europäischen Gerichtshof bestätigt.[38] Schließlich zog die Kommission selbst ihre Entscheidung zurück, wobei sie jedoch lediglich darauf hinwies, einstweilige Maßnahmen seien aufgrund veränderter Umstände auf dem relevanten Markt nicht mehr erforderlich.[39]

Allerdings hat der Europäische Gerichtshof im Rahmen eines Vorabentscheidungsverfahrens nach Art. 234 EG in einem parallel vor dem LG Frankfurt anhängigen Verfahren zwischenzeitlich ein vielbeachtetes Urteil gefällt, in dem er zum einen seine Rechtsprechung bezüglich des Zusammenspiels von Ausschließlichkeitsrechten und europäischem Wettbewerbsrecht weiter konkretisierte und zum anderen – zumindest implizit – der Rechtsauffassung der Kommission eine deutliche Absage erteilte.[40]

---

36 In dieser Untersuchung werden die Begriffe Immaterialgüterrechte, Ausschließlichkeitsrechte, gewerbliche Schutzrechte und Rechte des geistigen Eigentums synonym verstanden. Sie umfassen die Gesamtheit der gewerblichen Schutzrechte wie bspw. Urheber-, Marken-, Geschmacksmuster- oder Patentrechte. Nur soweit es erforderlich ist, werden spezifische Charakteristika einzelner Schutzrechte gesondert herausgestellt; eine kurze Übersicht über die Unterschiede bietet Beier, GRUR 1998, 185, ff.

37 Beschlüsse des Präsidenten des EuG vom 10.08.2001 – *IMS Health Inc./Kommission*, Rs. T-184/01 R – Slg. 2001, II-2351, 2366 und vom 26.10.2001, Slg. 2001, II-3193, 3260.

38 Beschluss des Präsidenten des EuGH vom 11.04.2002 – *NDC Health/IMS Health und Kommission* – Rs. C-481/01 P (R), Slg. 2002, I-3401, 3437.

39 Entscheidung v. 13.08.2003, ABl.EG 2003 Nr. L 268/69 – *NDC Health/IMS Health*. Aus diesem Grund wird im Verlaufe der Untersuchung verfahrensrechtlichen Zweifeln am Einsatz des Instruments der einstweiligen Anordnung nicht weiter nachgegangen; vgl. hierzu beispielsweise Schwarze, EuZW 2002, 75, 79 f.

40 EuGH, 29.04.2004 – *IMS Health/NDC Health*, Rs. C-418/01 – Slg. 2004, I – 5069.

D. Probleme einer umfassenden Anwendung der Essential-Facilities-Doktrin

Die unterschiedlichen Entscheidungen der Europäischen Kommission und der Gemeinschaftsgerichte in der Rechtssache *IMS Health* deuten bereits an, dass eine unreflektierte Anwendung der Essential-Facilities-Doktrin nennenswerte Probleme nach sich ziehen könnte, die im folgenden kurz umrissen werden sollen.

I. Doktrinspezifische Bedenken

Weder diesseits noch jenseits des Atlantiks wurde bislang die grundsätzliche Frage nach der wettbewerbstheoretischen Begründbarkeit der Essential-Facilities-Doktrin abschließend beantwortet. Daher hat die Europäische Kommission durch die Rezeption dieser Lehre aus den Vereinigten Staaten gleichzeitig deren konzeptionelle Unsicherheiten und tatbestandliche Unschärfen mitimportiert.[41]

Der U.S. Supreme Court und der Europäische Gerichtshof haben es bis heute vermieden, Anhaltspunkte zu notwendigen Anwendungsvoraussetzungen oder gar eine exakte Definition der Doktrin zu unterbreiten. Mangels höchstrichterlicher Stellungnahme ist es somit nicht weiter verwunderlich, dass in amerikanischen und europäischen Kommentierungen weder die grundsätzliche Existenzberechtigung dieser kartellrechtlichen Lehre an sich, noch ihr Bedeutungsgehalt sowie die Reichweite des Terminus „essential facilities" ausreichend geklärt sind.[42]

II. Wirtschaftliche Bedenken

Einhergehend mit den doktrinspezifischen Unsicherheiten drängen sich unter Berücksichtigung der Prinzipien einer freien Marktwirtschaft und des Schutzes von persönlichem Eigentum weitere Gründe auf, die allenfalls eine restriktive Anwendung dieses Rechtsinstruments sinnvoll erscheinen lassen.[43] Denn auch von

41 Fleischer/Körber, WuW 2001, 6, 18.

42 Areeda, Antitrust L.J. 1989, 841, 841; Seelen, Marq. L. Rev. 1997, 1117, 1118; Soma/Forkner/Jumps, Berkeley Tech. L. J. 1998, 565, 581; Treacy, ECLR 1998, 501, 505; Schwintowski, WuW 1999, 842, 847; Hawker, Ohio N.U.L. Rev. 1999, 115, 132; Sheehan, W. Comp. 1999, 67, 72; Burling/Lee/Krug, Iowa J. Corp. L. 1999, 527, 533; Doherty, CML Rev. 2001, 397, 435; Eilmansberger, CML Rev. 2005, 129, 156.

43 Bergmann, ECLR 2000, 59, 63; Taylor, PLI 2001, 681, 683.

einem ökonomischen Blickwinkel aus betrachtet, droht eine unreflektierte Anwendung der Doktrin mehr Schaden als Nutzen zu bringen.[44]

So könnte eine zu liberal gehandhabte Zugangsgewährung durch die angerufenen Gerichte nicht die erhofften wettbewerbsfördernden Konsequenzen nach sich ziehen. Wünschenswerter Wettbewerb entsteht auf einem bestimmten Markt vornehmlich dann, wenn alle Marktteilnehmer einem dauerhaften System von Anreiz und Druck unterliegen. Durch eine prinzipielle Anerkennung von Wettbewerbsvorteilen, die z.B. einem Pionier einen Vorsprung vor anderen Marktteilnehmern vermitteln und möglicherweise auch eine beherrschende Stellung verschaffen, besteht für die Mitwettbewerber der Anreiz, durch qualitativ hochwertigere und preislich attraktivere Leistungen gegenzuhalten. Diese Mitwettbewerber üben damit ihrerseits einen spürbaren Druck aus, der wiederum das marktbeherrschende Unternehmen dazu veranlasst, eigene Leistungen fortwährend zu verbessern. Es wird sich dann nur schwerlich zum Nachteil der Verbraucher auf seiner einmal erlangten dominanten Stellung ausruhen können.

Vor diesem Hintergrund droht eine zu leichtfertig angewandte Essential-Facilities-Doktrin zahlreiche Leistungs- und Innovationsanreize als die entscheidenden Faktoren wirksamen Wettbewerbs zu zerstören.[45] Eine große Anzahl von Unternehmen könnte versucht sein, eigene Investitionen auf ein Minimum zurückzuschrauben in der Hoffnung, kostengünstiger und vor allem auch risikoärmer von den vorangegangenen Kapitaleinsätzen ihrer Wettbewerber zu profitieren.[46] Eine derartige Absicht führt aber wiederum zu einer insgesamt abkühlenden Innovationstätigkeit, da sie Unternehmen daran hindert, risikoreiche und kapitalintensive Investitionen vorzunehmen, wenn sie sich dafür keiner Pioniergewinne mehr sicher sein können.[47] Letzten Endes leiden unter dem skizzierten Szenario die Verbraucher, da sie zwar kurzfristig in den Genuss zunehmenden

---

44 Vgl. diesbezügliche Andeutungen bei Werden, St. Louis U. L.J. 1987, 433, 473; Kahn/Taylor, Yale J. on Reg. 1994, 225, 234; Overd/Bishop, ECLR 1998, 183, 185; Opi, Fordham I. P., Media & Ent. L. J. 2001, 409, 423.

45 Vgl. Schlussanträge des Generalanwalts Jacobs, 28.05.1999 – *Bronner*, C-7/97 – Slg. 1998, I – 7791, 7811, Tz. 57; Lober, GRUR Int. 2002, 7, 16.

46 Kezsbom/Goldman, Colum. Bus. L. Rev. 1996, 1, 2: "The concept of an essential facility has been used by would-be competitors who do not have the skill or drive to "blaze their own path", but instead simply wish to appropriate, under the guise of requiring "fair" access to "essential" facilities, the capital investment and business efforts of their successful predecessors in the relevant market."; Seelen, Marq. L. Rev. 1997, 1117, 1124; Soma/Forkner/Jumps, Berkeley Tech. L. J. 1998, 565, 582.

47 Ahern, Antitrust L.J. 1994, 153, 158; Soma/Forkner/Jumps, Berkeley Tech. L. J. 1998, 565, 582; Overd/Bishop, ECLR 1998, 183, 183; Piropato, U. Chi. Legal F. 2000, 369, 371.

Wettbewerbs kommen, indes langfristig um die Vorzüge hochentwickelter Produkte und Innovationen gebracht werden.

Daher sollte in einer einzelfallbezogenen Abwägung bezüglich der Anwendbarkeit der Essential-Facilities-Doktrin vordringlich berücksichtigt werden, ob sich die auferlegte Pflicht zur Zugangsgewährung langfristig kontraproduktiv und damit wettbewerbshemmend auswirken könnte.[48]

III. Wettbewerbspolitische Bedenken

Soweit für den Abbau vermeintlicher Zutrittsschranken zu einem bestimmten Markt keine gesetzlichen Sonderregelungen bestehen, stellt sich zwangsläufig – ein Rückgriff auf die allgemeingültigen Grundprinzipien des Kartellrechts ist in derartigen Situationen unausweichlich[49] – die klärungsnotwendige Frage nach der Reichweite des allgemeinen Kartellrechts zur Öffnung dieses zutrittsbeschränkten Marktes.[50] Insbesondere die eingangs erwähnte Kommissionsentscheidung erweckt aber den Eindruck, dass bereits die alleinige Verfügungsmacht eines marktbeherrschenden Unternehmens über rechtmäßig erworbene, wichtige Wirtschaftsressourcen Zugangsansprüche anderer Unternehmen nach sich ziehen kann. Damit bestünde allerdings eine, allein durch das Eigentum begründete, generelle Pflicht des Marktbeherrschers zur Unterstützung von Konkurrenzunternehmen. Sofern das marktstarke Unternehmen die nachgefragte Leistung bisher ausschließlich selbst genutzt hat, würde es darüber hinaus gezwungen, diese Leistung gegen seinen Willen erstmals in den Handel mit Nachfragern zu bringen. Die Statuierung einer derart weitreichenden, die ursprünglichsten Rechte eines Eigentümers außer acht lassenden aktiven Förderungspflicht von Konkurrenten könnte die ordnungspolitische Grundlage der europäischen Wettbewerbsordnung berühren.[51] Denn sie durchbräche die Grundsätze der Privatautonomie und der Eigentumsgarantie[52] und damit zwei der obersten Rechtsprin-

48 In diese Richtung auch Turnbull, ECLR 1996, 96, 103; Schwarz van Berk, S. 17.

49 Soma/Forkner/Jumps, Berkeley Tech. L. J. 1998, 565, 566.

50 Piropato, U. Chi. Legal F. 2000, 369, 370; Dittmann, S. 11.

51 Stollhoff, S. 16; a.A. Dittmann, S. 96 ff., die derartige marktstrukturverändernde Effekte bereits in der dem EG-Vertrag zu entnehmenden europäischen Wettbewerbspolitik angelegt sieht.

52 Zu Unrecht bezeichnen Pitofsky/Patterson/Hooks, Anitrust L.J. 2002, 443, 443 diese Befürchtung als „rather ideological complaint.“; vgl. insbesondere zur Beeinträchtigung des Eigentums Schnelle, EuZW 1994, 556, 557 ff.; Stollhoff, S. 232 ff.; Shin, S. 207 ff.; zur möglichen Verletzung nationaler und gemeinschaftsrechtlicher Grundrechte sehr ausführlich auch Dittmann, S. 152 ff., 218 ff.; Schwarz van Berk, S. 246 ff. sowie Schommer, S. 195 ff.

zipien der Privatrechtsordnung, auf denen das europäische Wirtschaftssystem beruht.[53]

Zwar ist es eine vornehmliche Aufgabe des Rechts gegen Wettbewerbsbeschränkungen, die Privatautonomie so zu begrenzen, dass sie sich nicht selber aufhebt. Und überall dort, wo wirtschaftliche Abläufe im wesentlichen privatautonom geregelt werden, existiert unausweichlich die Gefahr, dass die Privatautonomie dazu verwandt wird, die Wettbewerbsfreiheit zu beschränken.[54] Doch angesichts des unbestrittenen hohen Ranges der Privatautonomie muss zunächst einmal, sofern keine erschwerenden Begleitumstände ersichtlich sind, auch einem marktbeherrschenden Unternehmen die grundsätzliche Freiheit zur Verweigerung eines Geschäftsabschlusses zugesprochen werden.

Darüber hinaus muss der Inhaber der Einrichtung auch nicht irgendjemandem sein Wirtschaftsgut zur Mitbenutzung überlassen, sondern einem Wettbewerber. Somit trifft die mittels der kartellrechtlichen Verhaltenskontrolle über marktmächtige Unternehmen ausgesprochene Aufforderung zum Geschäftsabschluss auf den grenzüberschreitenden Grundsatz, dass niemand verpflichtet ist, einen Konkurrenten zu seinem eigenen Schaden zu fördern.[55] Dem Interesse eines potentiellen Mitwettbewerbers, an einem bestimmten Markt teilzunehmen, steht damit immer das Interesse des Einrichtungsinhabers gegenüber, seine unternehmerische Tätigkeit so zu gestalten, wie er es für wirtschaftlich richtig und sinnvoll erachtet. Hierzu zählen insbesondere die positive und die negative Vertragsfreiheit, also das Recht, selbst zu bestimmen, ob und mit wem er in vertragliche Beziehungen tritt.

Folglich ist bei der Abwägung der Interessen eines marktstarken Unternehmens gegenüber dem Konkurrenzinteresse eines (potentiellen) Mitwettbewerbers zunächst zu berücksichtigen, dass ein Kontrahierungszwang einen schweren Ein-

---

53 Vgl. Schlussanträge des Generalanwalts Jacobs, 28.05.1998 – *Bronner*, C-7/97 – Slg. 1998, I – 7791, 7810, Tz. 53: „ In den Rechtsordnungen der Mitgliedstaaten wird die Kontrahierungsfreiheit [...] als ein wesentliches Element des freien Handels angesehen."

54 Rittner, S. 117, Rn. 5.

55 Kapen, Cornell L. Rev. 1987, 1047, 1047: "A monopolist is under no general duty to help its rivals to survive in the market."; Bunte, WuW 1997, 302, 312 f.; Schwintowski, WuW 1999, 842, 848; beispielhaft für die amerikanische Rechtsprechung *Olympia Equipment Leasing Co. v. Western Union Telegraph Co.*, 797 F.2d 370, 375 (7th Cir. 1986): "[…] a firm with lawful monopoly power has no general duty to help its competitors, whether by holding a price umbrella over their heads or by otherwise pulling its competitive punches."; beispielhaft auf europäischer Ebene Entscheidung der Europäischen Kommission v. 29.07.1987, ABl.EG 1987 Nr. L 286/41, Tz. 19 – *BBI/Boosey & Hawkes*: "Ein marktbeherrschender Hersteller ist nicht verpflichtet, den gegen ihn gerichteten Wettbewerb zu subventionieren."

griff in die unternehmerische Vertragsfreiheit darstellt. Daher sollte das Markteintrittsinteresse eines Konkurrenten gegenüber der Vertragsfreiheit eines marktstarken Unternehmens nur ausnahmsweise als mindestens gleichwertig bewertet werden. Ein denkbarer Ansatz hierfür könnte sein, den Markteintritt nur in solchen Fällen zu befördern, in denen die Dominanz des Marktbeherrschers auf die Existenz eines natürlichen bzw. ehemaligen staatlichen Monopols zurückzuführen ist, da nur in diesen Situationen auf den fraglichen Marktbereichen zu keinem Zeitpunkt chancengleicher Wettbewerb stattfinden konnte. Das Recht, einen auf Marktmacht beruhenden Wettbewerbsvorsprung zu behalten, besteht aber um so weniger, je mehr die betroffenen Unternehmen ihre Vormachtstellung durch die Einräumung und Ausnutzung ausschließlicher Rechte und je weniger sie diese durch eigene Leistung im Wettbewerb erworben haben.[56]

IV. Immaterialgüterrechtliche Bedenken

Die im folgenden in der gebotenen Kürze aufgezeigten Bedenken gegen eine ausufernde Anwendung der Essential-Facilities-Doktrin beziehen sich, wie die Überschrift schon zeigt, speziell auf Gesichtspunkte geistiger Eigentumsrechte und damit vor allem auf die Kommissionsentscheidung in der Rechtssache *IMS Health*.

Ein Hauptmerkmal des Urheberrechts als gewerbliches Schutzrecht liegt in seiner Exklusivität. Damit spricht zunächst einmal alles dafür, dass der Inhaber dieses Ausschließlichkeitsrechts jedweden Mitwettbewerber auch tatsächlich von dessen Nutzung ausschließen darf. Dieser Grundsatz ist auch vom Europäischen Gerichtshof anerkannt.[57] Eben dieses Prinzip scheint die Kommission unter Zuhilfenahme der Essential-Facilities-Doktrin in das genaue Gegenteil zu verkehren. Damit droht sie aber gleichzeitig, die Schnittstelle zwischen Immaterialgüterrecht und Wettbewerbsrecht zu überschreiten und letzterem eindeutig den Vorrang einzuräumen.

Mit ihrer Vorgehensweise schlägt die Europäische Kommission einen Weg ein, der im Ursprungsland der Essential-Facilities-Doktrin auf breite Ablehnung

---

56 Zustimmend wohl Hyland/Dumortier, C.T.L.R. 1999, 150, 156; Bergmann, ECLR 2000, 59, 63; a.A. und einen generellen Vorrang der Newcomerinteressen fordernd Dittmann, S. 137 ff.

57 Vgl. EuGH, 05.10.1988 – *Volvo/Veng*, Rs. 238/87 – Slg. 1988, 6211, 6235, Tz. 8ff.; EuGH, 05.10.1988 – *CICRA u. Maxicar/Renault*, Rs. 53/87 – Slg. 1988, 6039, 6072, Tz. 15.

stößt.[58] Somit ist ihr im vorliegenden Fall die Legitimierung ihres eigenen Rechtsverständnisses durch Hinweis auf die als Vorbild dienende Rechtsentwicklung im amerikanischen Kartellrecht, wie sie ansonsten von der Kommission im Zusammenhang mit der Doktrin gerne in Anspruch genommen wurde, verwehrt.[59]

E. Erkenntnisziel und Gang der Untersuchung

Die Essential-Facilities-Doktrin bewegt sich in einem offensichtlichen Spannungsverhältnis. Auf der einen Seite befindet sich das wirtschaftliche Interesse des Inhabers der wesentlichen Einrichtung, geschützt durch die gesetzlich garantierte Privatautonomie. Demgegenüber steht das Streben nach wirksamem Wettbewerb, dem durch die gerichtlich erzwungene Zugangsgewährung Geltung verschafft werden soll. Es ist daher nicht weiter verwunderlich, dass die Doktrin sowohl in den Vereinigten Staaten als auch in Europa zu zahlreichen Problemen in der Rechtspraxis geführt hat und auf ein vielfältiges und geteiltes Echo in der rechtswissenschaftlichen Literatur gestoßen ist.[60] Während einige die Doktrin als willkommenes Instrument zur Liberalisierung, Schaffung und Aufrechterhaltung von Wettbewerb ansehen,[61] kritisieren andere, die Doktrin bestrafe willkürlich erfolgreiche Unternehmen, indem sie deren legitime Rechte beschneide.[62]

Vor diesem Hintergrund ist es ein maßgebliches Bestreben dieser Untersuchung, anhand einer an dem gegenwärtigen Stand der amerikanischen und europäischen Rechtsprechung orientierten Auseinandersetzung transparente und in-

58 Werden, St. Louis U. L.J. 1987, 433, 479; Stern, E.I.P.R. 1998, 390, 393; Piraino, Nw. U.L. Rev. 1998, 1, 26, Fn. 147: "The courts and enforcement agencies have, however, declined to extend the essential facilities doctrine to require the compulsory licensing of intellectual property."; Lipsky/Sidak, Stan. L. Rev. 1999, 1187, 1219: "[...] essential facilities principles are inherently inconsistent with intellectual property protection."; Casper, ZHR 2002, 685, 697; Körber, RIW 2004, 881, 885.

59 Marquardt/Leddy, Antitrust L.J. 2003, 847, 872; a.A. Pitofsky/Patterson/Hooks, Antitrust L.J. 2002, 443, 445: „[...] the EC's ruling is consistent with U.S. jurisprudence on the subject of essential facilities."

60 Ridyard, ECLR 1996, 438, 438; Kezsbom/Goldman, Colum. Bus. L. Rev. 1996, 1, 3; Sheehan, W. Comp. 1999, 67, 71; Dreher, DB 1999, 833, 833; Stothers, ECLR 2001, 256, 260; Markert, FS Mestmäcker, 661, 661.

61 Kahn/Taylor, Yale J. on Reg. 1994, 225, 233; Donahey, AIPLA Q.J. 1997, 277, 279; Hawker, Ohio N.U.L. Rev. 1999, 115, 128.

62 Werden, St. Louis U. L.J. 1987, 433, 480: „The lower courts should reject the doctrine."; Kezsbom/Goldman, Colum. Bus. L. Rev. 1996, 1, 3; Ridyard, ECLR 1996, 438, 438: "[...] the essential facilities doctrine is indeed an assault on the property rights of successful firms [...]".

haltlich bestimmte Kriterien aufzuzeigen, nach denen eine Zugangsgewährung unter Berufung auf die Essential-Facilities-Doktrin bei gleichzeitiger Berücksichtigung aller rechtlichen und wirtschaftlichen Interessen der beteiligten Parteien sinnvoll erscheint.

Speziell unter dem Eindruck der angesprochenen *IMS Health*-Entscheidung, in der sich die Kommission ebenfalls auf das umstrittene Marktöffnungsinstrument stützte, erscheint eine nähere Auseinandersetzung mit dem komplexen Themenkreis des Verhältnisses von Immaterialgüter- und Kartellrecht nicht nur geboten, sondern unausweichlich. Ein Hauptaugenmerk liegt dabei auf einer Bestimmung der Funktion, die der Essential-Facilities-Doktrin in dem Spannungsfeld der unterschiedlichen Wettbewerbsinteressen potentieller Lizenzgeber und Lizenznehmer zukommen könnte. Eine Beseitigung der Zweifel, ob die Doktrin insbesondere auf dem Gebiet des Immaterialgüterrechts Leitlinien und Beurteilungskriterien zur Abgrenzung von wettbewerbskonformem und wettbewerbswidrigem Verhalten liefern kann, ist im Hinblick auf das Bedürfnis nach Rechtsklarheit und Rechtssicherheit unbedingt erforderlich.

Im folgenden zweiten Kapitel werden zunächst die kartellrechtlichen Grundlagen und das Anwendungsspektrum der Essential-Facilities-Doktrin im Kartellrechtssystem der Vereinigten Staaten anhand der einschlägigen Rechtsprechung nachgezeichnet. Die dortige Rechtsentwicklung bezüglich einer auf möglichst viel Wettbewerb ausgerichteten marktwirtschaftlichen Ordnung ist im Vergleich zur Europäischen Union weiter vorangeschritten, so dass es nicht verwundert, dass die Vereinigten Staaten gemeinhin als Ursprungsland der Doktrin gelten und neben einer Vielzahl von Gerichtsentscheidungen auch eine umfassende literarische Auseinandersetzung mit dieser Rechtsfigur aufweisen.[63]

Auch die in den letzten Jahren im europäischen Schrifttum aufgekommenen und zum Teil sehr kontrovers geführten Auseinandersetzungen um dieses Marktöffnungsinstrumentarium sind auf einen amerikanischen Ursprung zurückzuverfolgen.[64] Daher ermöglicht die Analyse der amerikanischen Judikatur sowohl eine nähere Bestimmung der einzelnen Tatbestandsvoraussetzungen der Doktrin als auch die notwendige Abstraktion von spezifischen Sachverhaltselementen. Darüber hinaus fungiert die umfangreiche amerikanische Rechtsanwendungspraxis im weiteren Verlauf der Untersuchung als Leitmuster, mit dem die Anwendung der Doktrin im europäischen Kartellrecht verglichen werden soll.

Im dritten Kapitel werden sodann die rechtlichen Grundlagen und die bisherige Entwicklung der Essential-Facilities-Doktrin im Rahmen des europäischen Wettbewerbsrechts ermittelt. Der Umfang und die spezifische Funktion der Dok-

---

63 Sheehan, W. Comp. 1999, 67, 68; Tränkle, S. 13; Schindler, S. 3.

64 Deselaers, EuZW 1995, 563, 563; Fleischer/Körber, WuW 2001, 6, 10.

trin werden anhand der gegenwärtigen Entscheidungspraxis der Europäischen Kommission und der europäischen Gemeinschaftsgerichte zum Missbrauchstatbestand des Art. 82 EG näher bestimmt.

Das vierte Kapitel befasst sich mit dem spannungsreichen Verhältnis des Kartellrechts zum Immaterialgüterrecht. Nach einer einführenden Darstellung zum Zusammenspiel beider Rechtsgebiete wird die Anwendung der Essential-Facilities-Doktrin im Zusammenhang mit immaterialgüterrechtlich geschützten Positionen sowohl im Rahmen der amerikanischen als auch im Rahmen der europäischen Spruchpraxis erörtert. Ein besonderes Augenmerk liegt hierbei auf der Analyse der eingangs erwähnten Entscheidungen in der Rechtssache *IMS Health*. Um aufzuzeigen, ob und inwiefern die Gemeinschaftsorgane hier rechtliches Neuland betreten haben, werden sie mit vorangegangenen Entscheidungen verglichen und bewertet. Mit Blick auf die Folgewirkung für zukünftige Fälle werden anschließend Rolle und Anwendungsvoraussetzungen der Rechtsfigur bei der Bewältigung des Spannungsfelds zwischen Immaterialgüterrecht und Wettbewerbsrecht bestimmt.

Im abschließenden fünften Kapitel werden die Ergebnisse der Untersuchung noch einmal übersichtlich zusammengefasst.

2. Kapitel: Die Essential-Facilities-Doktrin im amerikanischen Kartellrecht

Die europäische Entscheidungspraxis zur Essential-Facilities-Doktrin orientiert sich in ihren Formulierungen sehr eng an den Vorgaben des amerikanischen Kartellrechts als der eigentlichen Wurzel dieser Lehre. Aus diesem Grund ist es angebracht, zunächst auf das sehr viel ältere Recht der Vereinigten Staaten einzugehen. Eine genauere Betrachtung der Besonderheiten des amerikanischen Kartellrechts zu Beginn der Analyse ist dabei für das umfassende Verständnis dieser Rechtsfigur, ihrer rechtshistorischen und rechtstheoretischen Begründbarkeit sowie ihrer kartellrechtlichen Bedeutung von erheblichem Wert.

A. Die Zielsetzung des amerikanischen Kartellrechts

Das gesamte Kartellrecht der Vereinigten Staaten setzt sich aus einigen wenigen Gesetzen und einem umfangreichen, historisch gewachsenen Richterrecht zusammen. Der Kern der kodifizierten kartellrechtlichen Regelungen ist in den drei wesentlichen Normenkomplexen des Sherman Act[65], des Clayton Act[66] und des Federal Trade Commission Act[67] zusammengefasst. Gemeinsames Ziel der Gesetzeswerke ist, wenn auch in unterschiedlicher Art und Weise, die Sicherung freien Wettbewerbs auf den innerstaatlichen Wirtschaftsmärkten.[68] Um diesem hohen Anspruch gerecht werden zu können, wird eine Gesetzgebung zur Einschränkung übermächtiger Wirtschaftsmacht und damit zur Beseitigung privater Restriktionen gemeinhin für das geeignete Mittel gehalten.[69]

Die vorbezeichnete Zielsetzung wird mit einem kurzen Seitenblick auf die Geschichte der Wirtschaftsordnung der Vereinigten Staaten leichter verständlich. Im ausgehenden 19. Jahrhundert spielten „trusts“ die dominierende Rolle im amerikanischen Wirtschaftsleben. Unter dem Einfluss dieser infolge zunehmen-

65 Act of July 2, 1890, 15 U.S.C.A., § 1 ff.
66 Act of October 15, 1914, 15 U.S.C.A., § 12 ff.
67 Act of September 26, 1914, 15 U.S.C.A., § 41 ff.
68 Gorinson, Antitrust L.J. 1989, 871, 871; Nowicki, Harv. J.L. & Tech. 1996, 353, 372; Hawker, Ohio N.U.L. Rev. 1999, 115, 126; für nähere Einzelheiten zu den genannten Gesetzen siehe Blechman/Bernstein in FK, Band I, U.S. Antitrust Recht, Rn. 7 ff.
69 Gorinson, Antitrust L.J. 1989, 871, 871; Soma/Forkner/Jumps, Berkeley Tech. L. J. 1998, 565, 581.

der Konzentrationsprozesse entstandenen Unternehmensverbindungen standen mit den Schlüsselindustrien des Eisenbahnwesens sowie der Stahl-, Mineralöl-, Tabak- und Zuckerproduktion die damaligen Kernbereiche der amerikanischen Wirtschaft.[70] Angesichts des damit einhergehenden immensen Macht- und Gefährdungspotentials, wurde innerhalb des Wirtschaftsrechts der Vereinigten Staaten fortan oberste Priorität auf die Einengung des Wirkungsbereichs der „trusts" gesetzt, um deren handels- und produktionshemmende Einwirkungen auf das amerikanische Wirtschaftsleben zu unterbinden.[71]

Im Vordergrund des Kartellrechts der Vereinigten Staaten stehen wohlfahrtsökonomische Aspekte.[72] Jeder kartellrechtliche Verstoß wird primär unter dem Gesichtspunkt betrachtet, ob seine Sanktionierung auf lange Sicht dem Wohle der Verbraucher zugute kommt.[73] Diesem wirtschaftspolitischen Ansatz liegt die Annahme zugrunde, dass dem langfristigen Interesse der Konsumenten vorrangig die Sicherstellung eines unbehinderten Wettbewerbsprozesses entspricht, nicht aber der besondere Schutz einzelner Wettbewerber vor marktwirtschaftlichen Risiken.[74]

B. Die kartellrechtliche Beurteilung der Geschäftsabschlussverweigerung

Der Verfügungsberechtigte über eine wesentliche Einrichtung gestattet interessierten Dritten in aller Regel die Nutzung seiner Ressource im Rahmen freiwilliger Vertragsbeziehungen gegen Zahlung eines vereinbarten Entgelts. Die Ablehnung eines Zugangsbegehrens stellt somit eine schlichte Form der Geschäftsab-

---

70 Hens, S. 3; Grassley, S. 3; Schommer, S. 5.

71 Grassley, S. 3; Jebsen/Stevens, Antitrust L.J. 1996, 443, 454.

72 Vgl. *Fishman v. Estate of Wirtz*, 807 F.2d 520, 570 (7th Cir. 1986): "[...] the purpose of antitrust is to protect consumers' welfare [...]"; *Reiter v. Sonotone Corp.*, 442 U.S. 330, 343 (1979): "[...] Congress designed the Sherman Act as a "consumer welfare prescription."; Nowicki, Harv. J.L. & Tech. 1996, 353, 362, Fn. 41; Piraino, Nw. U.L. Rev. 1998, 1, 39; Lipsky/Sidak, Stan. L. Rev. 1999, 1187, 1188.

73 Vgl. *Fishman v. Estate of Wirtz*, 807 F.2d 520, 564 (7th Cir. 1986): "Antitrust law condemns results harmful to consumers"; *Olympia Equipment Leasing Co. v. Western Union Telegraph Co.*, 797 F.2d 370, 379 (7th Cir. 1986); Jebsen/Stevens, Antitrust L.J. 1996, 443, 449.

74 Vgl. *Brunswick Corp. v. Pueblo Bowl-O-Mat, Inc.*, 429 U.S. 477, 488 (1977): "The antitrust laws, however, were enacted for the "protection of competition, not competitors", unter Hinweis auf *Brown Shoe Co. v. United States*, 370 U.S. 294, 320 (1962); Schill, Notre Dame L. Rev. 1988, 214, 232: "The protection of individual competitors should be the goal of tort law, not antitrust law."; Azcuenaga, Antitrust L.J. 1989, 879, 886; Kezsbom/Goldman, Colum. Bus. L. Rev. 1996, 1, 2; Seelen, Marq. L. Rev. 1997, 1117, 1123; Nikolinakos, ECLR 1999, 399, 401.

schlussverweigerung dar.[75] Ihre rechtliche Beurteilung anhand der einschlägigen kartellrechtlichen Vorschriften bildete den Ausgangspunkt der Essential-Facilities-Doktrin in den Vereinigten Staaten, derzufolge der Inhaber einer wesentlichen Einrichtung bei Hinzutreten besonderer Umstände einem Kontrahierungszwang unterworfen werden kann.[76]

Die gerichtliche Anordnung zur Nutzungsbereitstellung beinhaltet einen empfindlichen Eingriff in die Privatautonomie des Einrichtungsinhabers. Im gesamten amerikanischen Rechts- und Wirtschaftssystem gilt der Grundsatz der Vertragsfreiheit, so dass keine generelle Pflicht für marktbeherrschende Unternehmen besteht, mit aktuellen oder potentiellen Wettbewerbern in geschäftliche Beziehungen treten zu müssen.[77] Im Lichte der *Colgate*-Entscheidung des U.S. Supreme Court[78] wird vielmehr allen Wirtschaftsteilnehmern gleichermaßen – vorbehaltlich einer fehlenden Monopolisierungsabsicht – ein großzügiger Ermessensspielraum hinsichtlich der Auswahl ihrer Geschäftspartner zugebilligt.

Nichtsdestotrotz erblicken amerikanische Distrikts- und Berufungsgerichte in verschiedenen Sachverhaltskonstellationen wiederkehrende Grundstrukturen, die eine unmittelbare Verpflichtung zum Geschäftsabschluss begründen und ein ansonsten rechtmäßiges unternehmerisches Verhalten im Einzelfall kartellrechtswidrig erscheinen lassen.[79] Damit begeben sich die Gerichte auf den sehr schmalen Grat zwischen dem Schutz der anerkannten „free trader values“ der Colgate-Doktrin auf der einen und der Sicherung wirksamen Wettbewerbs auf der anderen Seite.[80]

Obgleich jetzt ein zur Vermeidung einseitiger Gewichtsverlagerung langfristig durchzuhaltender Balanceakt der Judikative erforderlich wäre, wird die Festlegung verallgemeinerungsfähiger Kriterien, die eine Verpflichtung zum Vertragsabschluss unter bestimmten Umständen begründen können, zuweilen als

---

75 Markert, FS Mestmäcker, 661, 662; Haas, S. 85.

76 Donahey, AIPLA Q.J. 1997, 277, 308; Pitofsky, PLI 2002, 775, 778.

77 Troy, Colum. L. Rev. 1983, 441, 443; Hawker, Ohio N.U.L. Rev. 1999, 115, 121.

78 Vgl. *United States v. Colgate & Co.*, 250 U.S. 300, 307 (1919): “In the absence of any purpose to create or maintain a monopoly, the [Sherman A]ct does not restrict the long recognized right of trader or manufacturer engaged in an entirely private business, freely to exercise his own independent discretion as to parties with whom he will deal […]“.

79 Vgl. *Caribbean Broadcasting Sys., Ltd. v. Cable & Wireless PLC*, 148 F.3d 1080, 1088 (D.C. Cir. 1998): „A monopolist has no general duty to share his essential facility, although there are certain circumstances in which he must do so.“; Kapen, Cornell L. Rev. 1987, 1047, 1054.

80 Troy, Colum. L. Rev. 1983, 441, 463; Schill, Notre Dame L. Rev. 1988, 214, 232; Kezsbom/Goldman, Colum. Bus. L. Rev. 1996, 1, 13.

eher lästiges Rechtsproblem abgetan.[81] Der daraus resultierenden uneinheitlichen Rechtsprechung der unteren Gerichtsinstanzen, die sich gegenüber den mannigfaltigen Klarstellungsaufforderungen der akademischen Literatur verschlossen gezeigt haben, ist es zuzuschreiben, dass es bislang keine einheitlichen Richtlinien in der amerikanischen Rechtsanwendungspraxis gibt, an denen die Voraussetzungen und Grenzen eines möglichen Kontrahierungszwangs festzumachen sind.[82]

C. Die Rechtsgrundlage der Essential-Facilities-Doktrin im amerikanischen Kartellrecht

Dem amerikanischen Kartellrechtssystem lässt sich weder eine spezialgesetzliche Regelung der Geschäftsabschlussverweigerung noch eine dem europäischen Wettbewerbsrecht entsprechende allgemeine Missbrauchsaufsicht über marktbeherrschende Unternehmen entnehmen. Dementsprechend ist grundsätzlich zwar vorstellbar, dass sich die rechtliche Beurteilung einer Geschäftsabschlussverweigerung anhand verschiedener Kartellrechtsvorschriften bemessen kann. Dennoch kristallisierten sich zwei Vorschriften des Sherman Act als die vorrangigen rechtlichen Beurteilungsmaßstäbe für Geschäftsabschlussverweigerungen heraus und ermöglichten der amerikanischen Judikative aufgrund ihrer weitgefassten Formulierungen die Schaffung der Essential-Facilities-Doktrin.

I. Der Sherman Act

Dieses grundlegende Gesetzeswerk, bei seiner Verabschiedung im Jahre 1890 offiziell als „Antitrust"-Gesetz bezeichnet, vereinheitlichte das bis dahin lediglich einzelstaatlich existierende Common Law, um die sich immer stärker ausweitende Machtstellung der „trusts" auf Bundesebene wirksamer eindämmen zu können.[83] Beabsichtigt war, durch entsprechende staatliche Kontrollmechanismen individuelle Wirtschaftsfreiheiten und die Funktionsfähigkeit des freien zwischenstaatlichen Wettbewerbs vor übermächtiger privater Machtanhäufung zu

81 Vgl. *Byars v. Bluff City News Co., Inc.*, 609 F.2d 843, 846 (6th Cir. 1979), wonach dieses Problem als "most unsettled and vexatious in the antitrust field" gilt.

82 Lipsky/Sidak, Stan. L. Rev. 1999, 1187, 1187; Hawker, Ohio N.U.L. Rev. 1999, 115, 120.

83 *MCI Communications Corp. v. American Telephone and Telegraph Co.*, 708 F.2d 1081, 1177 (7th Cir. 1983); Grassley, S. 5.

beschützen.[84] Noch bis heute gilt dieses Bundesgesetz als wichtigstes Kartellgesetz der angloamerikanischen Rechtsordnung.[85]

In der amerikanischen Rechtsprechungspraxis zur Problematik der Zugangsverweigerung zu einer wesentlichen Einrichtung kommt den aufeinander bezogenen und sich gegenseitig ergänzenden Generalklauseln Sec. 1 und Sec. 2 Sherman Act seit jeher die entscheidende Rolle zu. Die Darstellung der Entwicklung und Reichweite der Essential-Facilities-Doktrin in den Vereinigten Staaten kann daher auch nur anhand dieser beiden Vorschriften erfolgen.

Den Anstoß zur Entwicklung der Rechtsfigur gaben Gerichtsverfahren über die Zulässigkeit kollektiver Zugangsverweigerungen im Rahmen des Sec. 1 Sherman Act.[86] Die grundlegenden wettbewerbspolitischen Wertungen dieser Entscheidungen wurden schließlich auf Konstellationen einseitiger Geschäftsabschlussverweigerungen und damit in das Anwendungsgebiet des Sec. 2 Sherman Act übertragen, in dessen Wirkungsbereich die Doktrin heutzutage hauptsächlich herangezogen wird.[87] Diese eindeutige Gewichtung spiegelt sich auch in der folgenden Darstellung des gesetzlichen Gerüsts der Essential-Facilities-Doktrin wider, in der Sec. 2 Sherman Act größere Aufmerksamkeit zuteil wird.

1. Sec. 1 Sherman Act[88]

Diese Vorschrift verbietet sämtliche wettbewerbsbeschränkenden Kartellabsprachen horizontaler wie vertikaler Art sowie aufeinander abgestimmte Verhaltensweisen mehrerer Marktteilnehmer, die zu einer Beschränkung wirtschaftlicher Betätigungsfreiheiten führen. Damit untersagt die Verbotsnorm beispielsweise ein einverständliches Zusammenwirken bei der Absprache von Preisen, der Aufteilung von Märkten, der Ablehnung von Geschäftsbeziehungen sowie der Kopplung von Geschäften. Einseitiges oder unabhängiges (Parallel-) Verhalten

---

84 Vgl. *Paramount Famous Lasky Corp. v. United States*, 282 U.S. 30, 42 (1930): "The purpose of the Sherman Act is to prohibit monopolies, contracts and combinations which probably would unduly interfere with the free exercise of their rights by those engaged, or who wish to engage, in trade and commerce – in a word to preserve the right of freedom to trade."

85 Vgl. *Northern Pacific Ry. Co. v. United States*, 356 U.S. 1, 4 (1958), in dem das Gesetz als "charter of economic liberty" angesehen wird; Sullivan, Minn. Intell. Prop. Rev. 2000, 101, 106; Stollhoff, S. 36.

86 Hartley, ALI-ABA 1998, 249, 251; Papciak, Berkeley Tech. L.J. 1999, 323, 329 f.

87 Kezsbom/Goldman, Colum. Bus. L. Rev. 1996, 1, 4; Tränkle, S. 5.

88 15 U.S.C.A., § 1, (2004): „Every contract, combination in the form of trust or otherwise, or conspiracy, in restraint of trade or commerce among the several States, or with foreign nations, is declared to be illegal [...]."

wird hingegen nicht von Sec. 1 Sherman Act erfasst.[89] Konzeptionell kommt dieser Norm also eine ähnliche Bedeutung wie Art. 81 EG zu.[90]

2. Sec. 2 Sherman Act[91]

Aus dem Gesetzeswortlaut des an Einzelunternehmen adressierten und als Schutzgesetz ausgestalteten Sec. 2 Sherman Act tritt das Tatbestandsmerkmal „to monopolize" besonders eindringlich hervor. Jedoch fehlt sowohl in den weiteren Normen des Regelwerks als auch in den die Vorschrift betreffenden historischen Gesetzesmaterialien eine detailliertere Definition dieses Begriffs. Sec. 2 Sherman Act enthält somit auf den ersten Blick zunächst einmal drei selbständige und gleichrangige Tatbestandsalternativen.[92] Verboten ist die Monopolisierung, der Monopolisierungsversuch und das bewusste Zusammenwirken mehrerer zur Erlangung einer Monopolstellung. Da eine weitere Konkretisierung des Monopolisierungstatbestandes entsprechend der beispielhaften Aufzählung in Art. 82 EG fehlt, oblag es der amerikanischen Judikative, die einzelnen Gesetzesmodalitäten mit genaueren Konturen zu versehen.[93]

So muss für eine Monopolklage unter Berufung auf die erste Alternative der Monopolisierung das in Rede stehende Unternehmen im Einklang mit einer Grundsatzentscheidung des U.S. Supreme Court zum einen Monopolmacht besitzen und sich zum anderen bewusst kartellrechtswidrig verhalten.[94] Konsequenterweise ist das Innehaben einer Monopolstellung für sich allein daher nicht verboten.[95] Zwar wird Monopolmacht als wettbewerbsschädlich angesehen, jedoch ist das Streben der Marktteilnehmer nach einer Monopolstellung gerade kennzeichnend für das System freien Wettbewerbs. Auch eine nicht final erstrebte

89 Vgl. *Monsanto Co. v. Spray-Rite Service Corp.*, 465 U.S. 752, 761 (1984); *Fisher v. City of Berkeley, Cal.*, 475 U.S. 260, 266 (1986); Hens, S. 5; Stollhoff, S. 47.

90 Schwintowski, WuW 1999, 842, 843; Hohmann, S. 25; Tränkle, S. 7; Abermann, S. 32.

91 15 U.S.C.A., § 2, (2004): „Every person who shall monopolize, or attempt to monopolize, or combine or conspire with any other person or persons, to monopolize any part of the trade or commerce among the several States, or with foreign nations, shall be deemed guilty of a felony [...]."

92 Schill, Notre Dame L. Rev. 1988, 214, 214 Fn. 1; Hohmann, S. 26.

93 Schill, Notre Dame L. Rev. 1988, 214, 215; Furse, ECLR 1995, 469, 470.

94 Vgl. *United States v. Grinnel Corp.*, 384 U.S. 563, 570 f. (1966): „The offense of monopoly under Sec. 2 of the Sherman Act has two elements: (1) the possession of monopoly power in the relevant market and (2) the willful acquisition or maintenance of that power as distinguished from growth or development as a consequence of a superior product, business acumen, or historic accident."

95 Werden, St. Louis U. L.J. 1987, 433, 458; Makar, Fla. St. U. L. Rev. 1994, 913, 915; Müller, EuZW 1998, 232, 233; Hens, S. 4.

Monopolmacht, die ein Unternehmen kraft Gesetzes, aufgrund natürlicher Umstände oder infolge überlegenen Geschäftsgeschicks – also auf wettbewerbseigenen Handlungsweisen beruhend – erreicht, verstößt nicht gegen Sec. 2 Sherman Act.[96]

Das Vorliegen der notwendigen Monopolstellung wird durch eine Abgrenzung des relevanten Marktes und der Messung des Monopolgrades auf diesem Markt bestimmt.[97] Der sachlich relevante Markt definiert sich – vergleichbar mit dem europäischen Wettbewerbsrecht – nach der Bedarfsmarktkonzeption. Die Abgrenzung erfolgt also nach Merkmalen der funktionellen Austauschbarkeit und der Kreuzpreiselastizität der Nachfrage.[98] Monopolmacht im Sinne des Sec. 2 Sherman Act beinhaltet die Fähigkeit eines dominanten Unternehmens, das Marktgeschehen einseitig zu diktieren, also von allgemeinen Marktzwängen unabhängig, die Preise oder den Ausschluss von Wettbewerb auf dem relevanten Markt kontrollieren zu können.[99]

Von entscheidender Bedeutung ist darüber hinaus, ob ein Unternehmen seine marktbeherrschende Stellung unter Einsatz rechtswidriger Mittel erworben bzw. aufrechterhalten hat.[100] In diesem Zusammenhang wird nämlich allein das schlichte Ausüben einer rechtmäßig erlangten Monopolmacht, beispielsweise durch das Verlangen hoher Monopolpreise, noch nicht als Verstoß gegen Sec. 2 Sherman Act qualifiziert.[101]

---

96 Ahern, Antitrust L.J. 1994, 153, 158.

97 *Spectrum Sports, Inc. v. McQuillan*, 506 U.S. 447, 455 (1993); Grassley, S. 73.

98 Vgl. *United States v. E. I. du Pont de Nemours & Co.*, 351 U.S. 377, 391, 404 (1956): "Th[e] market is composed of products that have reasonable interchangeability [...]"; *Brown Shoe Co. v. United States*, 370 U.S. 294, 325 (1962): "The outer boundaries of a product market are determined by the reasonable interchangeability of use or the cross-elasticity of demand between the product itself and substitutes for it."

99 Vgl. *United States v. E. I. du Pont de Nemours & Co.*, 351 U.S. 377, 391 (1956): „Monopoly power is the power to control prices or to exclude competition."

100 Areeda, Antitrust L.J. 1989, 841, 846 bringt es auf die Formel "monopoly power plus exclusionary conduct"; Sheehan, W. Comp. 1999, 67, 80; Markert, FS Mestmäcker, 661, 662.

101 Vgl. *Verizon Communications Inc. v. Law Offices of Curtis V. Trinko, LLP.*, 540 U.S. 398, 407 (2004): "The mere possession of monopoly power, and the concomitant charging of monopoly prices, is not only not unlawful, it is an important element of the free market system."; ebenso *Blue Cross & Blue Shield United of Wisconsin v. Marshfield Clinic*, 65 F.3d 1406, 1413 (7th Cir. 1995): "[...] the antitrust laws are not a price-control statute [...]."; Travers, U. Colo. L. Rev. 1986 727, 731; Ratner, U.C. Davis L. Rev. 1988, 327, 345; Areeda, Antitrust L.J. 1989, 841, 847; Kahn/Taylor, Yale J. on Reg. 1994, 225, 230.

Die zweite Tatbestandsalternative des Sec. 2 Sherman Act setzt bereits im Vorfeld an und verbietet den Versuch des Erlangens einer Monopolstellung auf einem bestimmten Markt unter Einsatz unangemessener Mittel. Darüberhinaus wird sowohl eine besondere Monopolisierungsabsicht des betreffenden Unternehmens als auch eine gewisse Wahrscheinlichkeit des Erreichens einer Monopolstellung verlangt.[102] Im Unterschied zum Tatbestand der Monopolisierung sind die Anforderungen im Hinblick auf die spezifische Intention zur Monopolisierung höher, während sie bezüglich der erfoderlichen Marktmacht niedriger gehalten sind.[103]

Da der dritten Tatbestandsalternative, dem bewussten Zusammenwirken mehrerer zur Erlangung einer Monopolstellung, im Hinblick auf die Essential-Facilities-Doktrin kaum Bedeutung zukommt, wird auf ihre detaillierte Darstellung verzichtet.

Der gesetzliche Sanktionskatalog des Sec. 2 Sherman Act beinhaltet vier unterschiedliche Rechtsfolgen.[104] Neben Schadensersatzansprüchen in dreifacher Höhe des eingetretenen Schadens und der Möglichkeit der Untersagung unlauterer monopolfördernder Verhaltensweisen sowie der Verhängung von Kriminalstrafen besteht als ultima ratio auch die Befugnis, eine mit unangemessenen Mitteln erlangte Monopolstellung durch Entflechtungsmaßnahmen zu beseitigen.[105]

Ausgehend von der Formulierung des U.S. Supreme Court in der *Grinnel*-Entscheidung[106] haben amerikanische Gerichte eine Vielzahl spezifischer Fallgruppen entwickelt, die sich jeweils durch verbotene, monopolisierende Verhaltenselemente im Sinne der ersten Tatbestandsalternative auszeichnen.[107] Für die vorliegende Untersuchung ist dabei insbesondere die Kategorie der einseitigen Geschäftsabschlussverweigerung relevant, in deren Rahmen die Essential-Facilities-Doktrin zum Tragen kommen kann.[108]

---

102 Vgl. *Swift & Co. v. United States*, 196 U.S. 375, 396 (1905); *Spectrum Sports, Inc. v. McQuillan*, 506 U.S. 447, 456 (1993); *Thurman Industries, Inc. v. Pay 'N Pak Stores, Inc.*, 875 F.2d 1369, 1378 (9th Cir. 1989); Makar, Fla. St. U. L. Rev. 1994, 913, 916; Lipsky/Sidak, Stan. L. Rev. 1999, 1187, 1200.

103 *Lorain Journal Co. v. United States*, 342 U.S. 143, 153 (1951); Hens, S.26.

104 Zu den einzelnen Sanktionsformen siehe Hens, S. 7 ff.

105 Vgl. beispielhaft für letztgenannte Sanktionsform *United States v. AT&T Co.*, 552 F. Supp. 131 (D.C. 1982).

106 Vgl. Fußnote 94.

107 Tränkle, S. 9; Stollhoff, S. 52; Schommer, S. 24 ff.

108 Nowicki, Harv. J.L. & Tech. 1996, 353, 364; Schindler, S. 5.

Sec. 1 und Sec. 2 Sherman Act bilden nur den normativen Rahmen, in dem sich der für diese Untersuchung relevante Teilbereich des amerikanischen Kartellrechts entwickelt hat. Inhalt und Form der Essential-Facilities-Doktrin sind Schöpfungen der Bundesgerichte, die in einzelfallbezogener Anwendung der beiden weit gefassten gesetzlichen Bestimmungen Rechtsgrundsätze aufgestellt haben, die in der Folgezeit von späteren Entscheidungen weiterentwickelt worden sind.[109]

Die Privatautonomie als grundlegendes Fundament des amerikanischen Wirtschaftslebens billigt auch einem Monopolunternehmen grundsätzlich die freie Wahl seiner Geschäftspartner zu. Die durch die Colgate-Doktrin[110] aus dem Jahre 1919 höchstrichterlich verankerte allgemeine Vertragsfreiheit genießt jedoch keinen absoluten Geltungsanspruch.[111] Vielmehr entstanden in der Rechtsanwendungspraxis verschiedene Ansätze zur Bestimmung der Umstände, unter denen eine Geschäftsabschlussverweigerung ausnahmsweise kartellrechtswidrig und somit als Verstoß gegen Sec. 2 Sherman Act einzustufen sein kann.

Im Ergebnis gingen aus diesem Entwicklungsprozess drei Prüfungsmethoden hervor, die sich in etlichen Punkten überschneiden, so dass ihre eindeutige Abgrenzung unmöglich erscheint und sie daher von den Gerichten teilweise in kombinierter Form angewandt werden.[112] Nicht zuletzt dieser Missstand hat dazu beigetragen, dass alle Denkmodelle bis heute in der amerikanischen Gerichtspraxis und in der Lehre kontrovers geblieben sind.[113]

Um die Funktion der Essential-Facilities-Doktrin im Rahmen des Monopolisierungsverbotes einordnen zu können, erscheint es sinnvoll, einen kurzen Über-

---

109 Shin, S. 13 f.; Schommer, S. 30.

110 *United States v. Colgate & Co.*, 250 U.S. 300, 307 (1919).

111 *Lorain Journal Co. v. United States*, 342 U.S. 143, 155 (1951) stellte klar, das in der Colgate-Doktrin statuierte Recht sei „neither absolute nor exempt from regulation"; Troy, Colum. L. Rev. 1983, 441, 443; Nowicki, Harv. J.L. & Tech. 1996, 353, 364.

112 Vgl. *Aspen Highlands Skiing Corp. v. Aspen Skiing Co.*, 738 F.2d 1509, 1518, Fn. 11 (10th Cir. 1984):" [...] no bright line can be drawn between the bottleneck and intent cases."; *Byars v. Bluff City News Co., Inc.*, 609 F.2d 843, 856 (6th Cir. 1979): "In theory, the distinction between the „intent" theory and the „bottleneck" theory is that the former focuses on the monopolist's state of mind while the latter examines the detrimental effect on competitors. In practice, however, there exist many overlapping considerations."; ebenso *Soap Opera Now, Inc. v. Network Publishing Corp.*, 737 F. Supp. 1338, 1343 (S.D.N.Y. 1990); Kapen, Cornell L. Rev. 1987, 1047, 1056; Sheehan, W. Comp. 1999, 67, 74; Burling/Lee/Krug, Iowa J. Corp. L. 1999, 527, 531; Schommer, S. 39.

113 Sheehan, W. Comp. 1999, 67, 73, Fn. 26.

blick über die drei Prüfungsmethoden der verbotenen Geschäftsabschlussverweigerung im Rahmen des Sec. 2 Sherman Act zu geben.

1. Der Intent Test

Die Entstehung des Intent Test, auf den sich insbesondere die ältere Rechtsprechung stützt, ist maßgeblich auf die höchstrichterliche Formulierung der Colgate-Doktrin zurückzuführen.[114] Ihrem Wortlaut nach steht die unternehmerische Privatautonomie hinsichtlich der Geschäftspartnerwahl oder einer eventuellen Geschäftsabschlussverweigerung ausdrücklich unter dem Vorbehalt fehlender Monopolisierungsabsicht.[115] Eine Verletzung von Sec. 2 Sherman Act kommt also nur dann in Betracht, wenn eine – im Prozess nur sehr schwer zu beweisende – Intention zur Monopolisierung die Grundlage für den Nichtabschluss des Vertrages bildet.[116]

Aufgrund dieser Herangehensweise tendiert die Prüfungsmethode insgesamt zu einem Zirkelschluss. Jeder Marktteilnehmer, der einem Konkurrenten Zugang zu einer wesentlichen Einrichtung verwehrt, beabsichtigt damit, den Wettbewerb auf einem bestimmten Marktabschnitt zu minimieren, um dadurch eigene Gewinne zu maximieren. Da aber keine generelle Schutzpflicht gegenüber einzelnen Wettbewerbern existiert, kann die Vermutung unternehmenstypischen Gewinnstrebens für sich allein betrachtet nur wenig Licht ins Dunkel der Auslegung des Sec. 2 Sherman Act bringen.[117]

Nicht von ungefähr tendieren daher neuere Gerichtsentscheidungen zu einer objektivierten Betrachtungsweise. Zusätzlich zum Element der Monopolisierungsabsicht bedarf es zumindest der Feststellung einer objektiven Wettbewerbsbehinderung, um einen Verstoß gegen Sec. 2 Sherman Act zu begründen.[118]

---

114 Kapen, Cornell L. Rev. 1987, 1047, 1054; Ahern, Antitrust L.J. 1994, 153, 165; Glazer/Lipsky, Antitrust L.J. 1995, 749, 754.

115 Vgl. *United States v. Colgate & Co.*, 250 U.S. 300, 307 (1919): „In the absence of any purpose to create or maintain a monopoly [...]".

116 Vgl. *Byars v. Bluff City News Co., Inc.*, 609 F.2d 843, 859 (6th Cir. 1979): "Indeed, the very basis of the "intent theory", [...] is specific intent to monopolize."

117 Travers, U. Colo. L. Rev. 1986, 727, 735 f.; Ladd, Colum. L. Rev. 1986, 1712, 1725 f.; Kapen, Cornell L. Rev. 1987, 1047, 1064; Dratler, Sw. U. L. Rev. 1996, 671, 685; Vermut, Colum.-VLA J.L. & Arts 1997, 27, 34.

118 Vgl. *Byars v. Bluff City News Co., Inc.*, 609 F.2d 843, 860 (6th Cir. 1979): "[...] what should matter is not the monopolist's state of mind, but the overall impact of the monopolist's practices."; *Ball Memorial Hospital, Inc. v. Mutual Hospital Ins., Inc.*, 784 F.2d 1325, 1339 (7th Cir. 1986): "The focus must be on the objective basis not the mental state."; *Rural Telephone Service Co., Inc. v. Feist Publications,*

Darüber hinaus werden Rechtfertigungsgründe des sich weigernden Unternehmens im Urteilsfindungsprozess berücksichtigt, bei deren Vorliegen selbst einer offensichtlichen Monopolisierungsabsicht keine verletzungsbegündende Funktion mehr zukommt.[119]

In Anlehnung an die aktuelle Rechtsprechung erfordert diese Prüfungsmethode mittlerweile also weit mehr als nur den Nachweis einer Monopolisierungsabsicht des den Zugang verweigernden Unternehmens. Insofern ist ihre trotz allem fortwährende Bezeichnung als Intent Test missverständlich.[120] Darüber hinaus verschwimmen, wie sich noch zeigen wird, die Grenzen zur Essential-Facilities-Doktrin, die als Voraussetzung für die gerichtliche Auferlegung einer Geschäftsabschlusspflicht allein auf die wettbewerblichen Auswirkungen der diesbezüglichen Weigerung abstellt.[121]

2. Die Monopoly Leveraging Theorie

Diese als Monopolausdehnungsverbot zu verstehende Lehre bildet eine zweite Ausnahme zum Grundsatz der Statthaftigkeit von Geschäftsabschlussverweigerungen.[122] Ihr zur Folge verletzt ein Unternehmen Sec. 2 Sherman Act, wenn es ohne sachliche Rechtfertigung seine marktmächtige Stellung in einem bestimmten Markt dazu einsetzt, um auch in einem zweiten Markt Wettbewerbsvorteile zu erlangen, selbst wenn bezüglich des Zweitmarkts keine Monopolisierungsabsicht vorliegt.[123]

Ob allerdings schon die einfache Erlangung von Wettbewerbsvorteilen auf einem nachgelagerten Markt eine Haftung aus Sec. 2 Sherman Act begründen

---

Inc., 957 F.2d 765, 768 (10th Cir. 1992); Troy, Colum. L. Rev. 1983, 441, 445; Dratler, Sw. U. L. Rev. 1996, 671, 687.

119 Vgl. *Olympia Equipment Leasing Co. v. Western Union Telegraph Co.*, 797 F.2d 370, 379 (7th Cir. 1986): "[...] if conduct is not objectively anticompetitive the fact that it was motivated by hostility to competitors [...] is irrelevant."; ebenso *Oahu Gas Service., Inc. v. Pacific Resources, Inc.*, 838 F.2d 360, 370 (9th Cir. 1988); Glazer/Lipsky, Antitrust L.J. 1995, 749, 763.

120 Glazer/Lipsky, Antitrust L.J. 1995, 749, 754, bezeichnen wohl daher den Begriff Intent Test als „misnomer".

121 Troy, Colum. L. Rev. 1983, 441, 470; Glazer/Lipsky, Antitrust L.J. 1995, 749, 753; verwirrend und ungenau daher auch Pitofsky/Patterson/Hooks, Anitrust L.J. 2002, 443, 451, die einen wettbewerbsfeindlichen Vorsatz des Monopolisten gar als Anwendungsvoraussetzung der Doktrin ansehen.

122 *United States v. Griffith*, 334 U.S. 100, 107 (1948); *Lorain Journal v. United States*, 342 U.S. 143, 155 (1951); *Eastman Kodak Company v. Image Technical Services, Inc., et al.*, 504 U.S. 451 (1992).

123 *Berkey Photo, Inc. v. Eastman Kodak Co.*, 603 F.2d 263, 284 (2d Cir. 1979); Piraino, Nw. U.L. Rev. 1998, 1, 20; Shin, S. 35 f.

sollte, begegnet unter Berücksichtigung der ratio legis dieser Vorschrift ernstlichen Zweifeln. Vielmehr sollte es der Feststellung einer vollständigen oder zumindest versuchten Monopolisierung des nachgelagerten Marktes bedürfen.[124] Inwieweit dann allerdings dieser Prüfungsmethode noch eine eigenständige Bedeutung zukommen kann, ist angesichts des generellen Verbots der vollständigen oder versuchten Monopolisierung gem. Sec. 2 Sherman Act zweifelhaft.[125]

Die Rechtsprechung beschränkte den Anwendungsbereich der beiden vorgestellten Prüfungsmethoden bislang auf Sachverhaltskonstellationen, in denen ein horizontales Wettbewerbsverhältnis zwischen den Beteiligten bestand, wobei sich die jeweilige wettbewerbshindernde Auswirkung als augenfälliges Differenzierungsmerkmal herausgebildet hat. Während der Intent Test die Ausschlusswirkung auf dem Markt, in dem das betreffende Unternehmen eine Monopolstellung innehat, in den Vordergrund rückt, befasst sich die Monopoly Leveraging Theorie mit den Vorteilen, die der Monopolist im nachgelagerten Markt erlangt.[126]

3. Die Essential-Facilities-Doktrin

Gleichberechtigt neben Intent Test und Monopoly Leveraging Theorie steht das Rechtsinstitut der Essential-Facilities-Doktrin den amerikanischen Gerichten für die rechtliche Bewertung einer Geschäftsabschlussverweigerung anhand von Sec. 2 Sherman Act zur Verfügung.[127] Angesichts der sich anschließenden genaueren Untersuchung soll der Inhalt der Rechtsfigur vorerst nur kurz umschrieben werden.

Die Doktrin begründet unter bestimmten Voraussetzungen einen faktischen Abschlusszwang für den Inhaber einer wesentlichen Einrichtung, indem dieser verpflichtet wird, potentiellen Wettbewerbern diskriminierungsfreien Zugang zu seiner betrieblichen Ressource zu gewähren.[128] Im Ergebnis wird das marktdominante Unternehmen damit seiner Freiheit beraubt, seine Geschäftspartner frei wählen und den Geschäftsabschluss mit potentiellen Konkurrenten ablehnen zu können.

Vergleichbar mit den beiden vorgenannten Prüfungsmodellen wird auch der Wert der Essential-Facilities-Doktrin als eigenständiges Rechtsinstitut stark angezweifelt. Verantwortlich für die ihr entgegengebrachte Skepsis ist eine weit-

---

124 *Alaska Airlines, Inc. v. United Airlines, Inc.*, 948 F.2d 536, 544 f. (9th Cir. 1991); *Spectrum Sports, Inc. v. McQuillan*, 506 U.S. 447, 459 (1993).

125 So auch Hohmann, S. 28.

126 Schindler, S. 8; Haas, S. 138.

127 Kezsbom/Goldman, Colum. Bus. L. Rev. 1996, 1, 5; Opi, Fordham I. P., Media & Ent. L. J. 2001, 409, 421.

128 Cotter, Antitrust Bull. 1999, 211, 211; Piropato, U. Chi. Legal F. 2000, 369, 370.

verbreitete Ansicht im amerikanischen Schrifttum, wonach eine sachgerechte Lösung der mit der Doktrin in Zusammenhang gebrachten Fallkonstellationen gleichermaßen auf Grundlage traditioneller Rechtstheorien möglich gewesen wäre.[129] Diese Bedenken werden durch die uneinheitliche Handhabung der drei Testmethoden zur Feststellung einer Verletzung von Sec. 2 Sherman Act seitens der Gerichte bestärkt. In einigen Urteilen[130] findet sich eine parallele Anwendung einzelner Prüfungsmaßstäbe als jeweils eigenständige Klagegrundlage, während in anderen eine Vermischung der verschiedenen Bewertungsmethoden stattfindet.[131]

Gleichermaßen werden zahlreiche Argumente für ihre eigenständige Existenzberechtigung ins Feld geführt. Zum einen beinhalte die Essential-Facilities-Doktrin gegenüber den anderen Bewertungsmaßstäben für eine Verletzung des Sec. 2 Sherman Act eine Beweiserleichterung auf Seiten des Klägers. Er habe nicht mehr unter großen Schwierigkeiten wie beim Intent Test die Monopolstellung und die Monopolisierungsabsicht des marktbeherrschenden Unternehmens zu beweisen. Vielmehr werde dem Beklagten auferlegt, einen Rechtfertigungsgrund für die Zugangsverweigerung aufzuzeigen, um seiner kartellrechtlichen Haftung zu entgehen.[132] Und gerade die Anzahl der Rechtfertigungsgründe sei gegenüber dem Intent Test und der Monopoly Leveraging Theorie auf wenige Möglichkeiten begrenzt.[133]

129 Troy, Colum. L. Rev. 1983, 441, 448 misst der Doktrin eine „independent legal significance" zu; a.A. Travers, U. Colo. L. Rev. 1986 727, 738, der betont "even the use of the word "doctrine" is a bit grandiose"; ebenso bewerten Kezsbom/Goldman, Colum. Bus. L. Rev. 1996, 1, 21, die Doktrin schlicht als „empty label".

130 Bspw. *Aspen Highlands Skiing Corp. v. Aspen Skiing Co.*, 738 F.2d 1509, 1520 ff. (10th Cir. 1984), in dem das Gericht sein Urteil auf den Intent Test und alternativ auf die Essential-Facilities-Doktrin stützte.

131 *In re Air Passenger Computer Reservations Systems Antitrust Litigation*, 694 F. Supp. 1443, 1455 (C.D. Cal. 1988): "[W]hen applying the essential facilities doctrine in the context of section 2 of the Sherman Act, a facility should be deemed essential to the downstream market only where control of the facility by a competitor poses a danger of monopolization of the downstream market."; *Alaska Airlines, Inc. v. United Airlines, Inc.*, 948 F.2d 536, 544 f. (9th Cir. 1991): "A facility that is controlled by a single firm will be considered „essential" only if control of the facility carries with it the power to eliminate competition in the downstream market." Beide Urteile deuten auf eine gewisse Integration der Essential-Facilities-Doktrin in die Monopoly Leveraging Theorie hin.

132 Boudin, Geo. L.J. 1986, 395, 402; Hartley, ALI-ABA 1998, 249, 252; Stapper, S. 25.

133 Opi, Fordham I. P., Media & Ent. L. J. 2001, 409, 422; Tränkle, S. 17; Schwarz van Berk, S. 24.

D. Die Entscheidungspraxis amerikanischer Gerichte

In den folgenden Abschnitten wird anhand einer auszugsweisen Untersuchung einschlägiger Entscheidungen amerikanischer Gerichte versucht, den Anwendungsbereich der Essential-Facilities-Doktrin im amerikanischen Kartellrechtssystem näher zu bestimmen. Die genaue Analyse von Urteilen und ihren Kommentierungen in der Literatur dient dabei der Herausstellung eines verallgemeinerungsfähigen Inhalts der Doktrin samt ihrer einzelnen Anspruchsvoraussetzungen.

I. Die Rechtsprechungspraxis des U.S. Supreme Court

Die umstrittene Existenzberechtigung der Essential-Facilities-Doktrin als eigenständiges Rechtsinstitut wird von ihren Befürwortern überwiegend unter Berufung auf zahlreiche Entscheidungen des Obersten Gerichtshofs belegt. In diesem Zusammenhang haben sich in Schrifttum und Rechtsprechung zwei verschiedene Fallgruppen herauskristallisiert, die grundlegende Gemeinsamkeiten in ihren Auswirkungen auf den Wettbewerb aufweisen und daher gleichermaßen dem Einfluss der Doktrin unterliegen sollen.[134]

Sachverhaltskonstellationen, in denen mehrere Marktteilnehmer gemeinsamen Einfluss auf eine wesentliche Einrichtung ausüben, werden anhand von Sec. 1 Sherman Act überprüft. Die individuelle Geschäftsabschlussverweigerung eines über eine wesentliche Einrichtung verfügenden Unternehmens wird dagegen allein an Sec. 2 Sherman Act gemessen.

1. Kollektive Zugangsverweigerung

Den Anstoß für die Entwicklung der Essential-Facilities-Doktrin in den Vereinigten Staaten gaben zwei Urteile des U.S. Supreme Court zur rechtlichen Problematik der kollektiven Zugangsverweigerung, die einer richterlichen Beurteilung nach Sec. 1 Sherman Act unterlagen. In beiden Leitentscheidungen war die streitgegenständliche Geschäftsabschlussverweigerung eine Folge abgestimmter Verhaltensweisen unter Wettbewerbern, die den Beteiligten Beschränkungen im Geschäftsverkehr mit dritten Unternehmen auferlegten. Mit dem Abschluss derartiger horizontaler Vereinbarungen beabsichtigen die Vertragsparteien zumeist,

---

134 Gerber, Va. L. Rev. 1988, 1069, 1076; Areeda, Antitrust L.J. 1989, 841, 842 ff.; Hylton, B.Y.U.L. Rev. 1991, 1243, 1267; Soma/Forkner/Jumps, Berkeley Tech. L. J. 1998, 565, 583.

Dritten den Zugang zu einem bestimmten Markt zu versperren oder zumindest erheblich zu erschweren. Dieses Gefährdungspotential realisierend, begegnet das amerikanische Kartellrecht konzertierten Aktionen mehrerer Wettbewerber seit jeher mit besonderem Argwohn.[135]

a) United States v. Terminal Railroad Association of St. Louis[136]

Entgegen anderslautender Behauptungen[137] ist die Diskussion um die Essential-Facilities-Doktrin keineswegs ein jüngeres Phänomen des amerikanischen Kartellrechts.[138] Vielmehr wird bereits dieser frühe Fall aus dem Jahre 1912 als Geburtsstunde und Kernentscheidung der Doktrin angesehen.[139] Hinzuweisen ist in diesem Zusammenhang allerdings darauf, dass der Oberste Gerichtshof diesen Rechtsstreit nur hinsichtlich des Kartellverbots im Sinne von Sec. 1 Sherman Act entschied. Verschiedene Aspekte, die auch eine Verletzung des Sec. 2 Sherman Act wahrscheinlich machten, erläuterte er hingegen nicht näher.

aa) Sachverhalt

Durch den vertraglichen Zusammenschluss von vierzehn vormals selbständigen Eisenbahngesellschaften entstand 1889 die Terminal Railroad Association of St. Louis. Nach dem Erwerb zahlreicher Infrastruktureinrichtungen in der Region besaß dieses Konsortium im Jahre 1902 alle wichtigen Eisenbahninfrastrukturen in der Umgebung, d.h. die Gleisanlagen und Bahnhöfe in und um St. Louis, die

---

135 Gerber, Va. L. Rev. 1988, 1069, 1078.

136 224 U.S. 383 (1912).

137 *Flip Side Productions, Inc. v. Jam Productions, Ltd.*, 843 F.2d 1024, 1032 (7th Cir. 1988); *TCA Building Co. v. Northwestern Resources Co.*, 873 F. Supp. 29, 39 (S.D. Tex. 1995); Schindler, S. 14, Fn. 67.

138 *City of Anaheim v. Southern California Edison Co.*, 955 F.2d 1373, 1379 (9th Cir. 1992): „The essential facility doctrine has a long history, although its contours are still far from clear."; Papciak, Berkeley Tech. L.J. 1999, 323, 329: „The essential facilities doctrine has a long and contentious history [...]."

139 Vgl. nur Troy, Colum. L. Rev. 1983, 441, 449; Schill, Notre Dame L. Rev. 1988, 214, 219; Areeda, Antitrust L.J. 1989, 841, 842; Glasl, ECLR 1994, 306, 307; Kezsbom/Goldman, Colum. Bus. L. Rev. 1996, 1, 4; Müller, EuZW 1998, 232, 233; Soma/Forkner/Jumps, Berkeley Tech. L. J. 1998, 565, 583; Piraino, Nw. U.L. Rev. 1998, 1, 6; Sheehan, W. Comp. 1999, 67, 76; Schwintowski, WuW 1999, 842, 843; Hawker, Ohio N.U.L. Rev. 1999, 115, 118; Lipsky/Sidak, Stan. L. Rev. 1999, 1187, 1190; Stothers, E.I.P.R. 2002, 86, 88; Azcuenaga, Antitrust L.J. 1989, 879, 883 charakterisiert die Entscheidung daher als „granddaddy of all essential facilities cases".

zwei einzigen Eisenbahnbrücken über den Mississippi sowie sämtliche Fährgesellschaften auf beiden Seiten des Flusses.[140]

Für konkurrierende Eisenbahngesellschaften, die nicht Mitglieder der Vereinigung waren, war es aufgrund der besonderen geographischen Gegebenheiten in der Gegend um St. Louis finanziell unerschwinglich und somit praktisch unmöglich, eigene Eisenbahnbrücken über den Mississippi zu bauen.[141] Darüber hinaus gestattete der Gesellschaftsvertrag des Konsortiums jedem einzelnen Mitglied, ein Vetorecht gegen die Benutzung der Infrastrukturanlagen durch Dritte auszuüben oder Dritten den Zugang zu den Einrichtungen nur unter ungünstigen Bedingungen zu gewähren.[142] Folglich kontrollierte die Terminal Railroad Association den Eisenbahnverkehr von und nach St. Louis vollends und konnte potentielle Wettbewerber von der Teilhabe an dem industriellen und wirtschaftlichen Leben der Region nach Belieben ausschließen.[143]

bb) Urteil

Der U.S. Supreme Court stellte zu Beginn seiner Entscheidungsgründe fest, der Zusammenschluss mehrerer Unternehmen zu einer einzigen Gesellschaft und die damit einhergehende Zusammenfassung einzelner Eisenbahninfrastruktureinrichtungen unter ein gemeinsames Dach könne nicht von vornherein als Verletzung von Bestimmungen des Sherman Act eingestuft werden. Vielmehr müsse zunächst die hinter einer derartigen Zusammenführung steckende Intention ermittelt werden. Rückschlüsse auf diese Absicht ergäben sich aus einer Gesamtbetrachtung verschiedener Faktoren, wie beispielsweise dem Ausmaß und der Ausübung von Kontrollmöglichkeiten oder den angewandten Methoden zur Erlangung der umfassenden Kontrolle.[144]

In Anbetracht der vorgetragenen Fakten zur Gründung, Struktur und Organisation der Terminal Railroad Association sowie unter Berücksichtigung der topographischen und geographischen Besonderheiten der Region um St. Louis bewertete der Oberste Gerichtshof die Vereinigung als ein marktbeherrschendes Kartell, das in seiner Gesamtheit gegen Sec. 1 („contract or combination in restraint of commerce among the States“) und Sec. 2 („attempt to monopolize commerce among the States“) Sherman Act verstieß.[145] Das Gericht verurteilte daraufhin die Terminal Railroad Association zu einer Änderung ihrer vertragli-

---

140 224 U.S. 383, 394 (1912).
141 224 U.S. 383, 395 (1912).
142 224 U.S. 383, 400 (1912).
143 224 U.S. 383, 397 (1912).
144 224 U.S. 383, 395 (1912).
145 224 U.S. 383, 409 (1912).

chen Grundstrukturen. Allen Eisenbahnunternehmen müsse zukünftig freigestellt werden, entweder selbst Mitglied der Vereinigung zu werden oder aber die Infrastruktureinrichtungen der Vereinigung diskriminierungsfrei, also zu gleichen Bedingungen wie ihre Mitglieder, zu nutzen. Im Falle der Zuwiderhandlung drohe die vollständige Zerschlagung des Konsortiums.[146]

cc) Rechtliche Einordnung

Die *Terminal Railroad*-Entscheidung wird allgemein als Leitentscheidung[147] für die Entwicklung der Essential-Facilities-Doktrin im amerikanischen Kartellrecht betrachtet. Hintergrund dieser Einschätzung ist, dass sich aus ihr offensichtlich gleich mehrere Tatbestandsmerkmale dieses kartellrechtlichen Instruments ableiten lassen.[148] Herausragendes Merkmal der Sachverhaltskonstellation war die gemeinschaftliche Kontrolle der in dem Konsortium zusammengeschlossenen Unternehmen über zahlreiche Eisenbahninfrastruktureinrichtungen, die aus tatsächlichen Gründen nicht duplizierbar waren und deren Nutzungsmöglichkeit eine unverzichtbare Voraussetzung für eine Aufnahme konkurrierender Geschäftstätigkeit auf dem Sekundärmarkt der Transportdienstleistungen in der Region um St. Louis bildete.

dd) Würdigung der Entscheidung

Angesichts der Aktenlage war deutlich, dass die Terminal Railroad Association durch ihre Gründung und die darauf folgenden, gezielten Zukäufe plante, das gesamte Eisenbahnwesen in der Region um St. Louis zu monopolisieren. Dieser Umstand allein begründete bereits eine offensichtliche Verletzung von Sec. 1, Sec. 2 Sherman Act und Sec. 7 Clayton Act, für deren Behebung die zu diesen Vorschriften bereits ergangenen traditionellen Kartellrechtsprinzipien adäquaten Rechtsschutz geboten hätten.[149] Somit spricht gegen die vorgenannte rechtliche Einordnung zunächst, dass es der Zuhilfenahme eines neuen kartellrechtlichen Instrumentariums in Gestalt der Essential-Facilities-Doktrin zur Lösung des Rechtsstreits nicht unbedingt bedurft hätte.[150]

---

146 224 U.S. 383, 411 f. (1912).

147 Klaue, RdE 1996, 51, 52 bezeichnet die Entscheidung als „Nukleus" für die Doktrin.

148 Edgar, Idaho L. Rev. 1992, 283, 295 f.; Shin, S. 18; Schommer, S. 16, Fn. 68; Schwarz van Berk, S. 26.

149 Azcuenaga, Antitrust L.J. 1989, 879, 883 f.

150 Troy, Colum. L. Rev. 1983, 441, 477; Boudin, Geo. L.J. 1986, 395, 399, Fn. 30 f.; Ratner, U.C. Davis L. Rev. 1988, 327, 336 f.

Darüber hinaus verwundert die durch den Obersten Gerichtshof gegenüber der Vereinigung ausgesprochene Verpflichtung zur Aufnahme weiterer Mitgesellschafter und zur Bereitstellung ihrer Einrichtungen an Dritte. Denn eine tatsächliche Zugangsverweigerung gegenüber anderen Eisenbahngesellschaften oder die Einräumung diskriminierender Benutzungsmöglichkeiten gegenüber Nichtmitgliedern erfolgte nachweislich nicht.[151] Insofern verkörpert das Urteil lediglich eine Bestätigung des zum entscheidungserheblichen Zeitpunkt in der Judikative vorherrschenden Gedankens, insbesondere öffentliche Verkehrs- und Versorgungsbetriebe unterlägen einem generellen Kontrahierungszwang mit jedermann.[152]

Insgesamt erfordert die seitens des Gerichts angebotene Lösung zur Beilegung des Rechtsstreits eine genauere Betrachtung. Die von der klagenden Regierung geforderte vollständige Zerschlagung der Vereinigung wurde vom Gericht lediglich als ultima ratio in Erwägung gezogen. So wurde im Ergebnis das kartellrechtliche Monopolproblem nicht durch eine strukturelle Neuordnung des Eisenbahnsektors, die in jedem Fall zur Herstellung aktiven Wettbewerbs beigetragen hätte, sondern lediglich durch die generelle Erweiterung des Eisenbahnkonsortiums gelöst.[153] Diese Konzession an ein bestehendes Monopol steht jedoch im direkten Gegensatz zum übergeordneten Zweck des Kartellrechts, die Fortdauer unrechtmäßiger Marktmacht zu begrenzen, und damit insbesondere zum Ziel der Essential-Facilities-Doktrin. Auch unter diesem Gesichtspunkt erscheint die schematische Einstufung dieses Falles als beispielhafte Anwendung der Doktrin zumindest fragwürdig.

Zugestanden werden muss allerdings, dass das Eisenbahninfrastruktursystem der Terminal Railroad Association aufgrund des damaligen Mangels an Duplizierungsmöglichkeiten als natürliches Monopol bezeichnet werden konnte.[154] Sowohl Eisenbahnen als auch Spediteure, die in der Region um St. Louis geschäftlich tätig werden wollten, waren auf die Benutzung der Einrichtungen der Vereinigung angewiesen. Zweifelhaft ist allerdings, wozu das Gericht potentiellen Kunden neben dem Anspruch auf diskriminierungsfreie Benutzung, das deren Begehren schon ausreichend befriedigt hätte, auch noch die Möglichkeit ein-

151 224 U.S. 383, 400 (1912): "That other companies are permitted to use the facilities of the terminal company upon paying the same charges paid by the proprietary companies seems to be conceded"; Beckmerhagen, S. 43; a.A. Tränkle, S. 20, die für Dritte erhöhte Nutzungsgebühren festgestellt haben will.

152 Hovenkamp, Colum. Bus. L. Rev. 1995, 1, 111; Seelen, Marq. L. Rev. 1997, 1117, 1131.

153 Lipsky/Sidak, Stan. L. Rev. 1999, 1187, 1197.

154 Donahey, AIPLA Q.J. 1997, 277, 284; Soma/Forkner/Jumps, Berkeley Tech. L. J. 1998, 565, 584.

räumte, Mitgesellschafter des Konsortiums zu werden. Hier drängt sich der Verdacht auf, dass es dem Gericht insgesamt weniger um Zugangsfragen zu den Infrastrukturen, als vielmehr um die Vermeidung hoher Monopolprofite der Gesellschafter ging, die sich letztlich wiederum zum Nachteil von Nichtmitgliedern hätten auswirken können.[155] Indes übersah das Gericht, dass das Verlangen erhöhter Entgelte durch ein marktdominantes Unternehmen im amerikanischen Kartellrecht grundsätzlich nicht als monopolistischer Missbrauch eingestuft wird.[156]

Im Ergebnis genügte dem U.S. Supreme Court also allein die denkbare ausschließliche Bedienung des Sekundärmarktes durch die Mitglieder des Konsortiums, verbunden mit ihrer theoretischen Fähigkeit zur vollständigen Marktabschottung sowie ihrer möglicherweise profitorientierten Preispolitik als Entscheidungsgrundlage. Eine Bezeichnung der vorliegenden Sachverhaltskonstellation als Anwendungsfall der Essential-Facilities-Doktrin oder gar die Herausbildung einer allgemeinen Rechtsregel für das ausgesprochene Unzulässigkeitsverdikt erfolgte durch den U.S. Supreme Court hingegen nicht.[157]

Dieser Aspekt ist insofern interessant, da der Gerichtshof in seiner Entscheidungsfindung den Begriff „facilities“ zwar sehr oft benutzt, er es jedoch vermeidet das Wort „essential“ dazu im direkten Zusammenhang zu nennen.[158] Dabei wäre die Umschreibung der gesamten Eisenbahninfrastruktureinrichtungen der Terminal Railroad Association als „essential facilities“ durchaus eine adäquate Charakterisierung gewesen und insgeheim behandelte der Supreme Court das Eigentum der Vereinigung wohl auch als wesentliche Einrichtung.[159] Die offensichtliche Zurückhaltung des Gerichts ließe sich allerdings dadurch erklären, dass

---

155 Gerber, Va. L. Rev. 1988, 1069, 1109; Hovenkamp, Colum. Bus. L. Rev. 1995, 1, 35; Soma/Forkner/Jumps, Berkeley Tech. L. J. 1998, 565, 584; Sheehan, W. Comp. 1999, 67, 77, Fn. 46.

156 Vgl. *Blue Cross & Blue Shield United of Wisconsin v. Marshfield Clinic*, 65 F.3d 1406, 1412 f. (7th Cir. 1995): "[...] the antitrust laws do not regulate the prices of natural monopolists. A natural monopolist [...] can therefore charge any price that it wants [...], for the antitrust laws are not a price-control statute or a public-utility or common-carrier rate-regulation statute."; Kahn/Taylor, Yale J. on Reg. 1994, 225, 230.

157 Ratner, U.C. Davis L. Rev. 1988, 327, 336; Hylton, B.Y.U.L. Rev. 1991, 1243, 1275; Sheehan, W. Comp. 1999, 67, 77; Schindler, S. 10; Stollhoff, S. 69; Beckmerhagen, S. 43.

158 Troy, Colum. L. Rev. 1983, 441, 452, Fn. 67; Edgar, Idaho L. Rev. 1992, 283, 295; Sheehan, W. Comp. 1999, 67, 77; Schwarz van Berk, S. 26; diesen Aspekt übersehen Schwintowski, WuW 1999, 842, 844 und Creuss/Agustinoy, W. Comp. 2000, 57, 67.

159 Schill, Notre Dame L. Rev. 1988, 214, 220; Glasl, ECLR 1994, 306, 307; Soma/Forkner/Jumps, Berkeley Tech. L. J. 1998, 565, 585.

die Umstände des Falles wohl zu außergewöhnlich und faktenspezifisch waren.[160] Nicht zuletzt vor diesem Hintergrund erscheint zwar eine uneingeschränkte Verallgemeinerung dieser Entscheidung problematisch.[161] Dennoch können dem Urteil zumindest mittelbar erste Ansätze der heutigen Essential-Facilities-Doktrin entnommen werden.

Die Möglichkeit für die Terminal Railroad Association, Wettbewerb zu unterbinden, bestand aufgrund der Tatsache, dass sich die für den Eisenbahnverkehr notwendigen Anlagen infolge der besonderen topographischen Bedingungen nicht erweitern oder duplizieren ließen. Insofern ist zuzugeben, dass die geographischen Besonderheiten des Falles eine für die Essential-Facilities-Doktrin typische Situation herbeigeführt hatten, in der es für die Schaffung von Wettbewerb auf einem nachgelagerten Markt maßgeblich auf den Zugang zu einer wesentlichen Einrichtung ankam. Damit veranschaulicht diese Entscheidung zumindest in Teilen den hinter der Doktrin stehenden Gedanken, einen Kontrahierungszwang für solche Fälle vorzusehen, in denen ein Monopolist einen Engpass ausnutzt, um das Entstehen von Wettbewerb auf benachbarten Märkten zu verhindern.

Die vorliegende Sachverhaltskonstellation hätte dem geltenden europäischen Wettbewerbsrecht keine größeren Probleme bereitet.[162] So wären zum einen das Kartellverbot des Art. 81 EG verletzt und zum anderen der Zusammenschluss der Eisenbahngesellschaften wegen des Entstehens einer marktbeherrschenden Stellung im Rahmen der Fusionskontrolle zu untersagen.[163] Die Auflage eines Drittzugangs unter Zuhilfenahme einer Essential-Facilities-Doktrin würde sich demnach nicht stellen.

b) Associated Press et al. v. United States[164]

Auch dieser Fall, der wiederum ein vertraglich vereinbartes Zusammenwirken mehrerer Unternehmen betraf, wird als Grundsatzentscheidung auf dem Entwicklungsweg der Essential-Facilities-Doktrin im amerikanischen Kartellrecht angesehen.[165]

---

160 224 U.S. 383, 405 (1912): „But the [physical and topographical] situation at St. Louis is most extraordinary, and we base our conclusion in this case, in a large measure, upon that fact.“

161 Im Ergebnis auch Cotter, Antitrust Bull. 1999, 211, 212, Fn. 4.

162 Klaue, RdE 1996, 51, 52.

163 Sheehan, W. Comp. 1999, 67, 79; Schwintowski, WuW 1999, 842, 844.

164 326 U.S. 1 (1945).

165 Boudin, Geo. L.J. 1986, 395, 397, Fn. 11; Lipsky/Sidak, Stan. L. Rev. 1999, 1187, 1198; Schwintowski, WuW 1999, 842, 844; Papciak, Berkeley Tech. L.J. 1999, 323, 330, Fn. 62; Doherty, CML Rev. 2001, 397, 399.

aa) Sachverhalt

Associated Press, der zur Zeit des Rechtsstreits größte und renommierteste landesweite Nachrichtendienst,[166] setzte sich aus insgesamt 1200 Zeitungsagenturen zusammen. Jedes Mitglied der Nachrichtenvereinigung konnte jederzeit auf Informationen und Korrespondenzdienste der anderen Mitglieder zurückgreifen. Die Regelungen in der Gesellschaftssatzung von Associated Press gewährten ihren etablierten Mitgliedern ein Vetorecht bezüglich der Aufnahme neuer Partner in die Vereinigung, mit denen sie gleichzeitig auf dem Pressemarkt in einer bestimmten Region konkurrierten. Ferner verboten die Satzungsregelungen jegliche Weitergabe von Nachrichten an Nichtmitglieder des Nachrichtendienstes.[167]

bb) Urteil

Der U.S. Supreme Court bestätigte mit seinem Urteil drei erstinstanzliche Entscheidungen, die bereits gegen Associated Press ergangen waren. Er stellte fest, dass die Statuten des Nachrichtendienstes gegen Sec. 1 Sherman Act verstießen, da sie zielgerichtet darauf ausgelegt seien, jedwede Form freien Wettbewerbs auf dem Zeitungssektor zu verhindern. Potentiellen Wettbewerbern würde ein fairer Konkurrenzkampf auf dem Zeitungsmarkt erschwert, indem ihnen durch die restriktiven Aufnahmebedingungen die Chance verwehrt werde, gleichwertig mit den Zeitungen zu konkurrieren, die als Mitglieder von Associated Press auf ein viel umfangreicheres System von Informationsnetzwerken und Korrespondenzdiensten zurückgreifen könnten.[168] Es sei einem Zeitungsunternehmen allein praktisch nicht möglich, die notwendigen Voraussetzungen zu schaffen, um alle weltweit relevanten Nachrichten zusammen zu tragen. Neben verwaltungstechnischen und organisatorischen Schwierigkeiten entstünden derart hohe Kosten, dass ein einzelner Zeitungsverlag diese nicht allein tragen könne.[169] Die Nachrichtenagentur wurde daher angehalten, ihr Informationssystem auch den Wettbewerbern ihrer Mitglieder diskriminierungsfrei zugänglich zu machen.[170]

cc) Rechtliche Einordnung

Dieses Urteil wird zuweilen als zweite höchstrichterliche Leitentscheidung zur Essential-Facilities-Doktrin im Zusammenhang mit einer kollektiven Zugangs-

---

166 326 U.S. 1, 13, Fn. 7 (1945).
167 326 U.S. 1, 3 f. (1945).
168 326 U.S. 1, 12 f. (1945).
169 326 U.S. 1, 14, Fn. 10 (1945).
170 326 U.S. 1, 21 (1945).

verweigerung zu wesentlichen Ressourcen betrachtet.[171] Zur Begründung wird auf die Überlegung eines Richters des entscheidenden Senats hingewiesen, der Associated Press mit einem öffentlichen Versorgungsunternehmen verglich,[172] das aufgrund des an ihm herrschenden öffentlichen Interesses prinzipiell weitreichenden Zugangsverpflichtungen unterliege.[173]

dd) Würdigung der Entscheidung

Ernstzunehmende Zweifel an der Einordnung dieses Urteils als passendes Anwendungsbeispiel der Essential-Facilities-Doktrin sind allerdings bei genauerer Vergegenwärtigung der Fakten des Sachverhalts begründet. So war Associated Press zum entscheidungserheblichen Zeitpunkt bereits Wettbewerb mit anderen Agenturen auf dem Markt für Pressenachrichten ausgesetzt. Zwar war der beklagte Nachrichtendienst dort zu einem gewissen Grad marktbeherrschend, jedoch besaß er keine vollkommene Monopolstellung. Insbesondere mit United Press und International News Service bestanden weitere, durchaus ebenbürtige Pressevereinigungen[174], die wiederum Nichtmitglieder der Associated Press mit gleichwertigen Informationen versorgen konnten.[175] Trotz der restriktiven Satzungsgestaltung war es Associated Press somit faktisch unmöglich, etwaigen Nichtmitgliedern den Erhalt aktueller Nachrichten zu verwehren. Vor diesem Hintergrund wird der Entscheidung dann auch ihre Beispielsrolle für die Anwendung der Doktrin abgesprochen.[176]

Unter einem weiteren Gesichtspunkt ist ebenfalls fraglich, ob die Mitgliedschaft in der Nachrichtenagentur tatsächlich eine wesentliche Voraussetzung für den Zugang zum Zeitungsmarkt darstellte. So betrachtete die Richtermehrheit das streitgegenständliche Informations- und Korrespondenznetz von Associated Press indirekt als wesentliche Einrichtung, ohne deren Mitbenutzung ein wirksamer

171 Ratner, U.C. Davis L. Rev. 1988, 327, 338, Fn, 63; Etzioni, ALI-ABA 1995, 265, 265; Stollhoff, S. 71; Schindler, S. 11.

172 326 U.S. 1, 28 f. (1945), Frankfurter, J. concurring.

173 Areeda, Antitrust L.J. 1989, 841, 843; Soma/Forkner/Jumps, Berkeley Tech. L. J. 1998, 565, 587; Shin, S. 20.

174 326 U.S.1, 39 (1945): "[...] comparable to AP "in size, scope of coverage and efficiency."

175 Hovenkamp, Colum. Bus. L. Rev. 1995, 1, 42; Jones/Turner, Jurimetrics J. 1997, 355, 377.

176 Troy, Colum. L. Rev. 1983, 441, 451, Fn. 65; Boudin, Geo. L.J. 1986, 395, 399; Schwintowski, WuW 1999, 842, 845; Lipsky/Sidak, Stan. L. Rev. 1999, 1187, 1201.

Wettbewerb zwischen den Zeitungsverlagen ausgeschlossen sei,[177] ohne eingehend zu überprüfen, ob Nichtmitglieder von Associated Press eventuell gemeinsam in der Lage gewesen wären, einen eigenen Nachrichtendienst zu gründen.[178] Um so überraschender ist vor diesem Hintergrund, dass dem Urteil keine Verpflichtung der Associated Press zu Aufnahme eines jeden Wettbewerbers zu entnehmen ist.[179]

Darüber hinaus ist zu beachten, dass die restriktive Satzungspolitik von Associated Press lediglich das legitime Ziel verfolgte, die Früchte der langjährigen Aufbauarbeit des Informationsnetzes zu ernten. Eine derartige Absicht selbst marktstarker Unternehmen schon als Verletzung des Sherman Act einzustufen, obgleich keine weiteren missbrauchsbegründenden Umstände ersichtlich sind, hieße, die Kartellrechte ad absurdum zu führen. Die Intention des Sherman Act liegt in der Förderung und Sicherstellung erfolgreichen und innovativen Wettbewerbs, nicht aber in seiner Bestrafung. Da keine Anhaltspunkte für zusätzliche unfaire Verhaltensweisen von Associated Press ersichtlich waren, die den gewünschten freien Wirtschaftsverkehr hätten unterdrücken können, kann der Zugang zur Mitgliedschaft in der Nachrichtenagentur auch nicht als wesentlich für die Wettbewerbsfähigkeit anderer Zeitungen eingestuft werden.[180] Das in der Entscheidung fortwährend hervorgehobene öffentliche Interesse an der Aufrechterhaltung freien Wettbewerbs[181] war unter Berücksichtigung gegebener Ausweichmöglichkeiten und des Fehlens missbräuchlicher Verhaltensweisen nicht verletzt.

Als Ergebnis einer genaueren Analyse des Rechtsstreits lässt sich somit festhalten, dass sich der Oberste Gerichtshof im Prinzip mit einem einfachen Verstoß

---

177 326 U.S. 1, 13 (1945): "Inability to buy news from the largest news agency [...] can have most serious effects on the publication of competitive newspapers, both those presently published and those which [...] might be published in the future."; 326 U.S. 1, 17 f. (1945): "[...] a newspaper without AP service is more than likely to be at a competitive disadvantage."

178 In einem rechtsvergleichenden Zusammenhang ist insbesondere die später noch detailliert dargestellte Entscheidung EuGH, 26.11.1998 – *Bronner*, C-7/97 – Slg. 1998, I – 7791, zu nennen. Dort urteilte der EuGH, eine marktbeherrschende Tageszeitung müsse das von ihr entwickelte, landesweit einzigartige Hauszustellungssystem nicht einem Konkurrenten öffnen, da dieser selbst ein vergleichbares Zustellungssystem entwickeln könne.

179 Vgl. 326 U.S. 1, 24 (1945): "The decree which we approve does not direct Associated Press to serve all applicants."

180 So auch Troy, Colum. L. Rev. 1983, 441, 451, Fn. 65.

181 326 U.S. 1. 18 (1945).

gegen Sec. 1 Sherman Act befasste.[182] Die Notwendigkeit zum Einsatz der Essential-Facilities-Doktrin war nicht gegeben.[183] Letztlich weist der Sachverhalt aus der Perspektive des europäischen Kartellrechts keine Besonderheiten auf, da er unter den Behinderungsmissbrauch des Art. 82 EG fiele.[184]

2. Ergebnis der Urteile zur kollektiven Zugangsverweigerung

Die rechtliche Würdigung der beiden Fälle zur kollektiven Zugangsverweigerung lässt weder auf eine Anerkennung noch auf eine konkrete Ausgestaltung der Essential-Facilities-Doktrin schließen. Gemeinsam war den Rechtsstreitigkeiten lediglich eine außergewöhnliche Sachverhaltskonstellation. Gerade diese Tatsache erschwert aber die Herausstellung eines verallgemeinerungsfähigen Kerns der Entscheidungen und lässt ihre Einordnung als historische Beispielsfälle der Doktrin zumindest fragwürdig erscheinen. Der U.S. Supreme Court benötigte die Rechtsfigur für eine interessengerechte Lösung der ihm zugetragenen Problematiken jedenfalls nicht.

3. Individuelle Zugangsverweigerung

Eine zweite Fallgruppe, die im Zusammenhang mit dem Entstehen der Essential-Facilities-Doktrin zu untersuchen ist, besteht aus Geschäftsabschlussverweigerungen einzelner, in aller Regel vertikal integrierter Unternehmen[185]. Diese kontrollieren Einrichtungen, die von Wettbewerbern als Verbindungsstellen zweier benachbarter Märkte angesehen werden, auf denen das in Anspruch genommene Unternehmen in aller Regel gleichzeitig tätig ist. Die aktuellen oder potentiellen Konkurrenten führen als Begründung ihres Zulassungsbegehrens regelmäßig an, entweder ohne den Zugang zur fraglichen Einrichtung nicht wettbewerbsfähig sein zu können oder aber ohne die Nutzung am Zutritt zu einem der beiden Märkte gehindert zu werden.

---

182 Vgl. 326 U.S. 1, 15 (1945), als das Gericht ausdrücklich „the collective power of an unlawful combination" verurteilte, die den Mitgliedern von Associated Press große wettbewerbliche Vorteile verschaffte.

183 Ratner, U.C. Davis L. Rev. 1988, 327, 338; Hovenkamp, Colum. Bus. L. Rev. 1995, 1, 111; Robinson, Cornell L. Rev. 2002, 1177, 1206; Schommer, S. 18.

184 Schwintowski, WuW 1999, 842, 844.

185 Vertikal integrierte Unternehmen verfügen über zwei oder mehr separierbare Produktions- oder Handelsstufen und besitzen dadurch vollständige Kontrolle über den gesamten Produktions- und Vertriebsprozess. Sie verfügen daher über volle Flexibilität bzgl. Investitions-, Produktions- und Vertriebsentscheidungen auf allen Stufen ihres betrieblichen Umfelds.

Anhand der nachfolgend untersuchten Leitentscheidungen des U.S. Supreme Court, denen die vorbezeichnete Sachverhaltskonstellation zugrunde lag, soll wiederum versucht werden, der noch immer nebulösen Essential-Facilities-Doktrin klarere Konturen zu verleihen.

a) Otter Tail Power Co. v. United States[186]

Diese aus dem energiewirtschaftlichen Sektor stammende Entscheidung löste eine grundlegende Schwerpunktverschiebung des Anwendungsbereichs der Essential-Facilities-Doktrin in die Sphäre von Sec. 2 Sherman Act aus. Gleichzeitig bildete sie den Ausgangspunkt für eine Reihe kartellrechtlicher Klagen, denen allesamt angebliches wettbewerbsschädigendes Verhalten marktmächtiger Einzelunternehmen zugrunde lag.[187]

aa) Sachverhalt

Das öffentlich regulierte Elektrizitätsunternehmen Otter Tail Power Co. (Otter Tail) verfügte innerhalb seines Versorgungsgebietes über das natürliche Monopol der Stromerzeugung und Stromverteilung.[188] Nach dem Auslaufen langjähriger Konzessionsverträge mit dem Regionalversorger entschieden sich verschiedene, innerhalb des Versorgungsgebiets liegende Gemeinden für den Aufbau einer kommunalen Energieversorgung. In Kenntnis dieser Pläne weigerte sich Otter Tail, den betreffenden Kommunen weiterhin Strom zu Großabnehmerpreisen zu liefern und die von den Gemeinden begehrte Durchleitung für einen Strombezug von Fremdversorgern über seine Fernleitungsnetze zu gestatten.[189] Schließlich versuchte der vertikal integrierte Monopolist, die beabsichtigte Errichtung kommunaler Eigenerzeugungsanlagen und die in einigen Fällen mögliche Herstellung von Verbindungsleitungen zu anderen Stromlieferanten durch diverse Klageerhebungen zu verhindern.[190]

bb) Urteil

Der U.S. Supreme Court bekräftigte mit seiner Entscheidung die Rechtsauffassung der Vorinstanz und verurteilte den Netzbetreiber zur diskriminierungsfreien

---

186 410 U.S. 366 (1973).
187 Vgl. Ratner, U.C. Davis L. Rev. 1988, 327, 339, Fn. 72; Kezsbom/Goldman, Colum. Bus. L. Rev. 1996, 1, 5.
188 410 U.S. 366, 369 (1973).
189 410 U.S. 366, 371 (1973).
190 410 U.S. 366, 372 (1973).

Stromdurchleitung. Sec. 2 Sherman Act sei verletzt, da das Verhalten des Stromversorgers offenkundig von Monopolisierungsabsicht getragen und nur darauf ausgerichtet sei, unter wettbewerbsschädlicher Ausnutzung seiner strategischen Marktdominanz drohenden Wettbewerb auf dem Energiesektor auszuschalten.[191] Es gebe keine technischen Gründe, die der fortgesetzten Belieferung der Kommunen zu Großhandelskonditionen oder aber der begehrten Durchleitung von Fremdstrom entgegenstünden.[192] Zudem sei die vom Monopolisten vorgetragene Sorge um die negativen Auswirkungen der Erfüllung der Zugangsbegehren auf seine eigenen wirtschaftlichen Interessen nicht höher zu bewerten als das öffentliche Interesse an einem funktionierenden Wettbewerb auf dem Energiemarkt.[193]

cc) Rechtliche Einordnung

Die überwiegende Auffassung in der kartellrechtlichen Rechtsprechung und der kommentierenden Literatur der Vereinigten Staaten betrachtet diesen Fall als bedeutenden Meilenstein für die Entwicklung der Essential-Facilities-Doktrin in der Fallgruppe der individuellen Zugangsverweigerung.[194] Durch den Urteilsspruch des Obersten Gerichtshofs habe die Rechtsfigur endgültig die Hürde übersprungen, die ihren Anwendungsbereich ausschließlich auf Konstellationen kollektiver Geschäftsabschlussverweigerungen im Rahmen von Sec. 1 Sherman Act begrenzt hatte.[195]

dd) Würdigung der Entscheidung

Von den Befürwortern der vorbezeichneten rechtlichen Einordnung wird überwiegend geltend gemacht, die zugrundeliegenden Sachverhaltsumstände des Falles offenbarten eine „typische Anwendungssituation" für die Essential-Facili-

---

191 410 U.S. 366, 377 (1973).

192 410 U.S. 366, 378 (1973).

193 410 U.S. 366, 380 (1973).

194 Seelen, Marq. L. Rev. 1997, 1117, 1124; Papciak, Berkeley Tech. L.J. 1999, 323, 331, Fn. 70; Lipsky/Sidak, Stan. L. Rev. 1999, 1187, 1205 sprechen von einer "high-water mark of the essential facilities doctrine"; Opi, Fordham I. P., Media & Ent. L. J. 2001, 409, 436; Shin, S. 20; Schwarz van Berk, S. 27.

195 *Alaska Airlines, Inc. v. United Airlines, Inc.*, 948 F.2d 536, 543 (9th Cir. 1991): "The sole Supreme Court case involving a single firm's control of an "essential facility" is Otter Tail [...]"; Glazer/Lipsky, Antitrust L.J. 1995, 749, 756; Kezsbom/Goldman, Colum. Bus. L. Rev. 1996, 1, 6; Vermut, Colum.-VLA J.L. & Arts 1997, 27, 48; Soma/Forkner/Jumps, Berkeley Tech. L. J. 1998, 565, 587; Doherty, CML Rev. 2001, 397, 400.

ties-Doktrin.[196] Otter Tail besitze aufgrund ihrer alleinigen Verfügungsberechtigung über sämtliche Energieverteilungs- und Erzeugungseinrichtungen eine natürliche Monopolstellung auf dem regionalen Strommarkt. Die fraglichen Netze und technischen Installationen seien als wesentliche Einrichtungen zu qualifizieren, da der Zugang zum Fernversorgungsnetz des Elektrizitätsunternehmens mangels zumutbarer Duplizierungsmöglichkeiten für die Kommunen eine unverzichtbare Voraussetzung für den potentiellen Marktzutritt anderer Versorgungsunternehmen auf lokale Endabnehmermärkte darstelle.[197] Nicht zuletzt hierdurch würden starke Parallelen zur *Terminal Railroad*-Entscheidung, also zur Geburtsstunde der Essential-Facilities-Doktrin, deutlich.[198]

Dieser plakativen Einstufung des Rechtsstreits begegnen zunächst insofern Bedenken, als dass im Verlaufe der bisherigen Untersuchung einschlägiger Leitentscheidungen des U.S. Supreme Court keine konkreten Merkmale einer „typischen" Sachverhaltskonstellation zur Anwendung der Essential-Facilities-Doktrin nachgewiesen werden konnten. Darüber hinaus enthielt sich der Oberste Gerichtshof in seiner Begründung einer Stellungnahme hinsichtlich der durch die Vorinstanz noch ausdrücklich angedeuteten Doktrin.[199] Angesichts dieses höchstrichterlichen Stillschweigens, das im Rahmen der Entscheidungsfindung selbst die Verwendung der Begriffe „essential facilities" vermissen ließ, ist zumindest fraglich, ob dieser Fall tatsächlich als Anwendungsbeispiel einer eigenständigen Doktrin bezeichnet werden kann.[200]

Weiter bestärkt werden diese Zweifel bei näherer Vergegenwärtigung der dogmatischen Begründung des Gerichtshofs für den vorliegenden Verstoß gegen Sec. 2 Sherman Act, in der er vorrangig auf die durch das wettbewerbsschädigende Verhalten Otter Tails offenkundig zu Tage getretene Monopolisierungsabsicht des Unternehmens abstellte.[201] Folglich beurteilte das Gericht die Geschäftsabschlussverweigerung des Monopolisten nicht unter Zuhilfenahme einer

196 Schindler, S. 12.

197 Schill, Notre Dame L. Rev. 1988, 214, 220; Glasl, ECLR 1994, 306, 307; Stollhoff, S. 75.

198 Schwintowski, WuW 1999, 842, 846; Tränkle, S. 24.

199 Vgl. *United States v. Otter Tail Power Co.*, 331 F. Supp. 54, 61 (D. Minn. 1971): "[I]t is an illegal restraint of trade for a party to foreclose others from the use of a scarce facility."

200 Troy, Colum. L. Rev. 1983, 441, 451, Fn. 62; Areeda, Antitrust L.J. 1989, 841, 848; Bunte, WuW 1997, 302, 309.

201 410 U.S. 366, 379 (1973): "[...] Otter Tail had the purpose of delaying and preventing the establishment of municipal electric systems "with the expectation that this would preserve its dominant position in the sale and transmission of electric power in the area."

neuartigen Essential-Facilities-Doktrin, sondern allein unter Rückgriff auf den traditionellen Intent Test.[202]

Auch die Berücksichtigung der durch das Urteil ausgesprochenen Reichweite der Geschäftsabschlusspflicht spricht für eine Beibehaltung traditioneller Behandlungsmethoden. Die Prozessparteien standen miteinander bereits seit Jahren in vertraglichen Geschäftsbeziehungen über den Bezug von Energie. Somit stellte die Weigerung des Monopolisten, die Kommunen auch zukünftig mit Strom zu Großabnehmerpreisen zu beliefern, lediglich eine Abänderung der langjährigen vertraglichen Lieferbeziehungen dar. Gerichtlich wurde Otter Tail nicht mehr auferlegt, als zu ihrem früheren Geschäftsgebaren zurückzukehren, auf das sich die Gemeinden verlassen hatten. Die Essential-Facilities-Doktrin soll im amerikanischen Kartellrecht aber als Marktöffnungsinstrument in Konstellationen fungieren, in denen es bislang an einer eingespielten Geschäftspraxis zwischen den beteiligten Parteien fehlte.[203] Wettbewerbern soll also erstmalig diskriminierungsfreier Zugang zu wesentlichen Einrichtungen gebahnt werden. Diese doktrinspezifische Besonderheit spiegelt das in Rede stehende Urteil gerade nicht wider. Eine generelle Zugangsgewährungspflicht für einen marktbeherrschenden Inhaber einer wichtigen betrieblichen Ressource ist der Entscheidung vor diesem Hintergrund dann auch nicht zu entnehmen.[204]

Differenzierend wird schließlich vertreten, der Fall stelle zumindest bezüglich des Durchleitungsbegehrens der Kommunen einen klassischen Anwendungsfall der Essential-Facilities-Doktrin dar.[205] Doch auch diesbezüglich erschweren die sehr speziellen Umstände des Sachverhalts seine Verallgemeinerung als Beispielsfall, da sie weit über die eng gesteckten Grenzen regulierter Industriebereiche hinausgingen, denen sich die vorliegende Entscheidung jedoch zu unterwerfen hatte.[206] Otter Tails natürliches Monopol im regionalen Stromversorgungsmarkt unterlag staatlicher Regulierung. Als öffentliches Elektrizitätsunternehmen war Otter Tail bereits automatisch verpflichtet, mit sämtlichen, an seinen Dienstleistungen interessierten Dritten auf einer diskriminierungsfreien Ebene zu verhandeln. Eine spezielle Regulierungsbehörde (Federal Power Commission) überwachte in diesem Zusammenhang zwar die Preis- und Vertragspolitik des Energieversorgers, überließ diesem aber etliche unternehmerische Freiräume hin-

---

202 Ebenso Boudin, Geo. L.J. 1986, 395, 400, Fn. 44; Werden, St. Louis U. L.J. 1987, 433, 441; Gerber, Va. L. Rev. 1988, 1069, 1080, 59; Schindler, S. 11, Fn. 55; Stollhoff, S. 74.

203 Müller, EuZW 1998, 232, 233.

204 Ratner, U.C. Davis L. Rev. 1988, 327, 341; Furse, ECLR 1995, 469, 470.

205 Hohmann, S. 32.

206 Areeda, Antitrust L.J. 1989, 841, 848.

sichtlich der konkreten Vertragsausgestaltungen.[207] Eine eventuell zum finanziellen Nachteil der Endabnehmer wirkende vertikale Integration des Versorgungsunternehmens war demnach in gewissen Grenzen nicht von vornherein ausgeschlossen.

Doch selbst unterstellt Otter Tail beabsichtigte trotz der gesetzlich eingeräumten Freiheiten bezüglich ihrer Vertragsgestaltung die Grenzen einer etwaigen regulativen Preiskontrolle zu umgehen, bleibt fraglich, inwieweit einzelne Gesichtspunkte des Urteils auf Sachverhaltskonstellationen transferiert werden können, die sich mit regulierungsfreien Wirtschaftsbereichen befassen.[208] Die Entscheidung lässt keinen Rückschluss darauf zu, unter welchen Umständen einem marktbeherrschenden Privatunternehmen, das sich – im Gegensatz zu Otter Tail – seine dominante Stellung allein durch überlegene wettbewerbliche Fähigkeiten aufgebaut hat, eine Pflicht zum Vertragsabschluss aufgebürdet werden kann.

Es zeigt sich also, dass auch diese Entscheidung für die Schärfung der Konturen einer eigenständigen, allgemeingültigen Essential-Facilities-Doktrin nicht ohne weiteres brauchbar ist.[209] Die ihr zugeschriebene beispielhafte Funktion für den sich in Deutschland öffnenden Strommarkt und den damit einhergehenden Durchleitungsproblematiken soll ihr indes, bei aller gebotenen Vorsicht, nicht vollends abgesprochen werden.[210]

b) Aspen Skiing Co. v. Aspen Highlands Skiing Corp.[211]

Als grundlegend für die Statuierung von Kooperationspflichten marktbeherrschender Unternehmen sorgte diese Entscheidung des U.S. Supreme Court für besonderes Aufsehen in den interessierten Fachkreisen.[212]

---

207 Vgl. die abweichende Meinung 410 U.S. 366, 386 (1973): "This legislative history [...]indicates a clear congressional purpose to allow electric utilities to decide for themselves whether to wheel or to sell at wholesale as they see fit."; Ratner, U.C. Davis L. Rev. 1988, 327, 340; Areeda, Antitrust L.J. 1989, 841, 848; Lipsky/Sidak, Stan. L. Rev. 1999, 1187, 1206.

208 Troy, Colum. Bus. L. Rev. 1983, 441, 451; Gerber, Va. L. Rev. 1988, 1069, 1080, Fn. 59; Piropato, U. Chi. Legal F. 2000, 369, 381; Beckmerhagen, S. 47.

209 Boudin, Geo. L.J. 1986, 395, 400 ist daher der Auffassung, dieser Fall "offers more harm than help to the bottleneck doctrine"; Werden, St. Louis U. L.J. 1987, 433, 477; Edgar, Idaho L. Rev. 1992, 283, 299; Robinson, Cornell L. Rev. 2002, 1177, 1206.

210 Vgl. insofern bereits Schwintowski, WuW 1999, 842, 845; Tränkle, S. 23.

211 472 U.S. 585 (1985).

212 Ahern, Antitrust L.J. 1994, 153, 154; Schwintowski, WuW 1999, 842, 846.

aa) Sachverhalt

Aspen Skiing besaß und betrieb drei Skianlagen in der Wintersportregion Aspen, Colorado, und kontrollierte damit nahezu 80 % des gesamten Skigebietes. Als einziges Konkurrenzunternehmen in der Region unterhielt Aspen Highlands die verbleibende Skiliftanlage samt Abfahrtseinrichtungen auf einem vierten Berg. Seit 1962 boten beide Unternehmen zur besseren Vermarktung des Skigebietes zusammen das „All-Aspen-Ticket“ an, einen vergünstigten Skipass, der seine Inhaber dazu berechtigte, jedes der vier Skigebiete nach freiem Belieben zu nutzen.[213] Aufgrund eines ungelösten Disputs über die anstehende Neuverteilung der gemeinsamen Einnahmen weigerte sich Aspen Skiing letztlich die langjährige Vereinbarung mit Aspen Highlands fortzusetzen.[214] Anstelle des gemeinsamen Skipasses offerierte Aspen Skiing alsdann den Besuchern der Wintersportregion eine preisgünstige, aber auf seine drei Skianlagen begrenzte Alternative und erschwerte seinem ehemaligen Geschäftspartner die Entwicklung und Vermarktung reizvoller Skipassangebote.[215] Als Folge dieser Maßnahmen war der Umsatz von Aspen Highlands in existenzbedrohendem Ausmaß rückläufig.[216]

bb) Urteil

Der U.S. Supreme Court bestätigte im Ergebnis die Rechtsauffassungen der beiden Vorinstanzen und verurteilte Aspen Skiing zur Fortsetzung des gemeinsamen Skipassangebots sowie zur Zahlung von Schadensersatz in Höhe von $ 7.500.000. Zwar bestehe im Einklang mit altbewährten Rechtsgrundsätzen für Normadressaten des Sec. 2 Sherman Act keine generelle Kontrahierungspflicht, jedoch gelte dieser weitreichende Grundsatz nicht absolut.[217] Unter dem Gesichtspunkt der Monopolisierungsabsicht komme es für einen Verstoß gegen Sec. 2 Sherman Act vielmehr darauf an, ob das streitgegenständliche Verhalten eines dominanten Unternehmens insgesamt wettbewerbsfeindlich sei, was entscheidend davon abhänge, ob die Geschäftsabschlussverweigerung auf berechtigten Geschäftsinteressen beruhe. Vorliegend sei Sec. 2 Sherman Act verletzt, da der un-

---

213 472 U.S. 585, 589 (1985).
214 472 U.S. 585, 592 f. (1985).
215 472 U.S. 585, 610 (1985).
216 472 U.S. 585, 595 (1985).
217 472 U.S. 585, 601 (1985): "The high value that we have placed on the right to refuse to deal with other firms does not mean that the right is unqualified."

gerechtfertigte Abbruch der gemeinschaftlichen Zusammenarbeit vornehmlich auf eine Vernichtung von Aspen Highlands abziele.[218]

cc) Rechtliche Einordnung

Auch diese Entscheidung wird der Fallgruppe der Essential-Facilities-Doktrin zugeschrieben, obwohl sie allenfalls implizit mit ihr im Zusammenhang stehen kann.[219] Zur Begründung wird überwiegend auf administrative und wirtschaftliche Besonderheiten des Sachverhalts hingewiesen, aufgrund derer eine Duplizierbarkeit der fraglichen Skianlagen verneint werden müsse. Damit besäßen die Skianlagen den Charkter wesentlicher Einrichtungen. Eine gemeinsame Fortführung des „All-Aspen-Tickets" sei Aspen Skiing ohne weiteres zumutbar, da aus der vorherigen Zusammenarbeit auch ein zukünftiges reibungsloses Miteinander der Wettbewerber gefolgert werden könne.

dd) Würdigung der Entscheidung

Auch diese Einordnung kann nicht unwidersprochen bleiben. So erwarteten die Fachkreise zwar mit der Annahme des Falles zur Revision endlich eine erste klärende Stellungnahme des Obersten Gerichtshofs hinsichtlich der Rolle der Essential-Facilities-Doktrin im Gefüge des Sec. 2 Sherman Act, wurden im Ergebnis allerdings enttäuscht.[220]

Noch die Vorinstanz hatte das Verhalten der beklagten Aspen Skiing sowohl mittels der Essential-Facilities-Doktrin als auch mittels des Intent Test analysiert und unter beiden Gesichtspunkten eine Verletzung von Sec. 2 Sherman Act festgestellt.[221] Der Supreme Court hingegen bestätigte die vorinstanzliche Beurteilung, ohne es für erforderlich zu erachten, zur Essential-Facilities-Doktrin Stellung zu nehmen, da er aufgrund der Aktenlage die wettbewerbsschädlichen Absichten der Beklagten als erwiesen und für seine abschließende Beurteilung aus-

218 Vgl. 472 U.S. 585, 610 f. (1985): "Thus the evidence supports an inference that Ski Co. was not motivated by efficiency concerns and that it was willing to sacrifice short-run benefits and consumer goodwill in exchange for a perceived long-run impact on its rival."

219 Furse, ECLR 1995, 469, 470; Schindler, S. 12; Tränkle, S. 28; Schwarz van Berk, S. 28; a. A.: Sheehan, W. Comp. 1999, 67, 82; Shin, S. 16 f.

220 Travers, U. Colo. L. Rev. 1986, 727, 728; Kapen, Cornell L. Rev. 1987, 1047, 1062; Schill, Notre Dame L. Rev. 1988, 214, 221; Ahern, Antitrust L.J. 1994, 153, 157.

221 Aspen Highlands Skiing Corp. v. Aspen Skiing Co., 738 F.2d 1509, 1520 f. (10th Cir. 1984).

reichend erachtete.[222] Eine Stellungnahme wäre aber insbesondere vor dem Hintergrund wünschenswert gewesen, dass ein Berufungsgericht sein Urteil erstmals auf die Doktrin gestützt hatte, ohne dass – im Einklang mit früheren Anwendungsbeispielen – eine vertikale Integration des marktbeherrschenden Unternehmens vorlag. Vorliegend konkurrierten beide Parteien nämlich auf ein und derselben Ebene des Marktes beim Angebot von Skipisten.

Der Blick des Gerichts richtete sich entscheidend auf die Überprüfung der Unbilligkeit der Begleitumstände der fraglichen Geschäftsabschlussverweigerung, um eine Monopolisierung zu bejahen. In diesem Zusammenhang waren Interessen der Verbraucher, eine mögliche Behinderung funktionsfähigen Wettbewerbs und etwaige legitime wirtschaftliche Gründe des beklagten Unternehmens für dessen Verhaltensweise von Bedeutung.[223] Die ausdrückliche Zurückhaltung des Gerichtshofs, sich die auf die Essential-Facilities-Doktrin gestützte Urteilsbegründung der Vorinstanz insgesamt zu eigen zu machen, offenbart somit eher seine ablehnende Haltung gegenüber dieser Rechtsfigur als ihre stillschweigende Billigung.[224]

Erneut spricht auch die Berücksichtigung der durch das Urteil ausgesprochenen Reichweite der Geschäftsabschlusspflicht gegen die Verallgemeinerungsfähigkeit der vorliegenden Entscheidung als Anwendungsbeispiel der Essential-Facilities-Doktrin. Da beide Parteien bereits jahrelang miteinander in Geschäftsverbindung standen, ist zweifelhaft, ob die Kernelemente der Entscheidung auch auf Sachverhaltskonstellationen entstehender Geschäftsbeziehungen übertragbar sind.[225] Gerichtlich auferlegt wurde lediglich die Fortsetzung des Kooperationsverhältnisses zwischen Aspen Skiing und Aspen Highlands, so dass die Doktrin der ihr zugeschriebenen Rolle als Marktöffnungsinstrument – vergleichbar zur *Otter Tail*-Entscheidung – erneut nicht gerecht wird.

Darüber hinaus lag dem vorstehenden Fall nicht das Begehren eines Wettbewerbers auf Mitbenutzung einer wesentlichen Einrichtung in einem engeren physischen Sinne zugrunde, das ansonsten charakteristisch für Konstellationen aus der Fallgruppe der Essential-Facilities-Doktrin ist. Vielmehr wurde dem marktbeherrschenden Unternehmen auferlegt, eine Kooperation mit einem kleineren Wettbewerber einzugehen.[226] Auf diese Weise könnte allerdings ein örtliches Preis- und Konditionenkartell entstehen, was angesichts des Wortlauts von Sec. 1 Sherman Act wiederum sehr bedenklich ist, weil mit dieser Verpflichtung zu-

222 472 U.S. 585, 611 Fn. 44 (1985): „[...] we find it unnecessary to consider the possible relevance of the „essential facilities" doctrine [...]."
223 472 U.S. 585, 605 (1985).
224 Boudin, Geo. L.J. 1986, 395, 400; Nowicki, Harv. J.L. & Tech. 1996, 353, 368.
225 Ahern, Antitrust L.J. 1994, 153, 164 f.
226 Markert, FS Mestmäcker, 661, 665.

gleich die Möglichkeit von Preisabsprachen geschaffen wird.[227] Zudem wird mit dieser Kooperationsverpflichtung sowohl bestehender als auch potentieller Wettbewerb um neue Skianlagen in der Wintersportregion Aspen endgültig unterdrückt.[228] Folglich widerspricht das Urteil dem klassischen Kartellrechtsverständnis, Märkte soweit wie möglich zu öffnen, und damit auch der der amerikanischen Essential-Facilities-Doktrin beigemessenen Funktion eines Marktöffnungsinstruments.

Eine Verallgemeinerung der Entscheidung erscheint aufgrund der ausgesprochenen Rechtsfolge auch aus einem weiteren Grund bedenklich. So erweckt das Urteil den Anschein, ein langjähriger Geschäftspartner besäße selbst dann einen Anspruch auf Zugangsgewährung und damit auf Fortsetzung eines Kooperationsverhältnisses, wenn sein marktbeherrschender Vertragspartner, der über eine wesentliche Einrichtung verfügt, infolge einer internen Belastung der Geschäftsbeziehung eine Auflösung der Zusammenarbeit wünscht. Die gerichtliche Anordnung derart weitreichender Kooperationspflichten für marktbeherrschende Unternehmen liefe jedoch in die falsche Richtung, da sie zu einer unbegrenzten Ausweitung des Haftungsmaßstabs marktbeherrschender Unternehmen unter Sec. 2 Sherman Act führen würde.[229]

Denn unabhängig von der Tatsache, ob zwischen dem Zugangspetenten und dem Monopolisten jemals zuvor eine Geschäftsbeziehung bestanden hat, entstünde bereits immer dann eine positive Verpflichtung zum Geschäftsabschluss, wenn das marktdominante Unternehmen keinen Rechtfertigungsgrund für seine Zugangsverweigerung vorweisen könnte.[230] Damit würden zugleich die wirtschaftlichen Grundfreiheiten marktstarker Unternehmen, die es ihnen ermöglichen sollen, gleichberechtigt am Wettbewerbsgeschehen teilzuhaben und die ihnen in den höchstrichterlichen Urteilen in den Rechtssachen *Colgate* und *Grinnel* eingeräumt wurden, gegenstandslos.[231]

Darüber hinaus bekäme Sec. 2 Sherman Act den Charakterzug einer „antidivorce statute“ zugeschrieben, was Unternehmen veranlassen würde, von Ko-

227 Bereits 1971 wurde ein Verfahren gegen die Streitparteien mit dem Vorwurf kartellrechtswidriger Preisabsprachen eingeleitet; vgl. 472 U.S. 585, 591, Fn. 9 (1985).

228 Easterbrook, Notre Dame L. Rev. 1986, 972, 973 Fn. 2; Schwintowski, WuW 1999, 842, 847; Robinson, Cornell L. Rev. 2002, 1177, 1196.

229 Gerber, Va. L. Rev. 1988, 1069, 1082; Robinson, Cornell L. Rev. 2002, 1177, 1183 betont “this approach perversely prioritizes competitor cooperation over competitive rivalry”; Stollhoff, S. 84.

230 Ahern, Antitrust L.J. 1994, 153, 158.

231 Vgl. die Feststellung in *Olympia Equipment Leasing Co. v. Western Union Telegraph Co.*, 797 F.2d 370, 377 (7th Cir. 1986), wonach eine derartige Betrachtung der Aspen Entscheidung “goes the furthest of any case we know toward imposing [...] a duty under antitrust law to help a competitor.”

operationen jeglicher Art Abstand zu nehmen, um spätere Rechtsstreitigkeiten mit ihren ehemaligen Geschäftspartnern im Falle eines Auseinandergehens zu vermeiden.[232] Eine unüberschaubare Klageflut, gestützt auf Sec. 2 Sherman Act wäre somit wahrscheinliche Folge dieser extensiven Urteilsauslegung.[233]

Demnach erscheint allein eine sehr restriktive Interpretation der vorliegenden Entscheidung sinnvoll.[234] Nur so wird ein unangemessener Eingriff in die Privatautonomie marktbeherrschender Unternehmen vermieden, die auch vom entscheidenden Senat ausdrücklich anerkannt wurde.[235] Mithin sollte einem Unternehmen nur dann die Pflicht zum Geschäftsabschluss auferlegt werden, wenn seine diesbezügliche Weigerung oder die Beendigung einer bestehenden Kooperation signifikant negative Auswirkungen auf den funktionsfähigen Wettbewerb als Ganzes hätte, unter dem endlich auch die Konsumenten zu leiden hätten.[236] Vor diesem Hintergrund müssen etwaige Schwierigkeiten eines einzelnen Wettbewerbers, im Falle der Beendigung einer langjährigen Geschäftsbeziehung mit dem Marktbeherrscher zukünftig konkurrieren zu können, unbeachtlich bleiben.[237]

4. Ergebnis der Urteile zur individuellen Zugangsverweigerung

Die Analyse der beiden Rechtsstreitigkeiten hat gezeigt, dass der Oberste Gerichtshof die Essential-Facilities-Doktrin im Rahmen seiner Urteilsfindungen erneut nicht angewendet hat. Seine ausdrückliche Weigerung in der *Aspen*-Entscheidung, sich eingehender mit der Rechtsfigur auseinanderzusetzen, erschüttert

---

232 Kapen, Cornell L. Rev. 1987, 1047, 1070; Areeda, Antitrust L.J. 1989, 841, 850.

233 Die Folgen dieser Entscheidung zeigten sich bereits in *Eastman Kodak Company v. Image Technical Services, Inc.*, 504 U.S. 451, 483, Fn. 32, als der Supreme Court feststellte, das Recht einer Geschäftsabschlussverweigerung existiere nur, sofern dafür legitime Rechtfertigungsgründe vorlägen; nicht von ungefähr betonen daher Lipsky/Sidak, Stan. L. Rev. 1999, 1187, 1207: "The Supreme Court's 1985 decision [...] casts a long and unfortunate shadow over the essential facilities doctrine cases."

234 Travers, U. Colo. L. Rev. 1986 727, 745; Kapen, Cornell L. Rev. 1987, 1047, 1071 ff.; Schill, Notre Dame L. Rev. 1988, 214, 225; Areeda, Antitrust L.J. 1989, 841, 850.

235 472 U.S. 585, 600 (1985): "[...] even a firm with monopoly power has no general duty to engage in a joint marketing program with a competitor."

236 Vgl. *Olympia Equipment Leasing Co. v. Western Union Telegraph Co.*, 797 F.2d 370, 379 (7th Cir. 1986): "If [Aspen] stands for any principle that goes beyond its unusual facts, it is that a monopolist may be guilty of monopolization if it refuses to cooperate with a competitor in circumstances where some cooperation is indispensable to effective competition."

237 Kapen, Cornell L. Rev. 1987, 1047, 1069; Ahern, Antitrust L.J. 1994, 153, 160.

zudem die vorbehaltlose Einordnung der Fälle als höchstrichterliche Anwendungsbeispiele der Doktrin.

II. Gesamtwürdigung der Rechtsprechung des U.S. Supreme Court

Die amerikanische Essential-Facilities-Doktrin entbehrt bis heute einer ausdrücklichen Bestätigung seitens des U.S. Supreme Court und damit ihrer höchstrichterlichen Legitimierung.[238] Nicht eine einzige seiner bisherigen Entscheidungen, die von den Instanzgerichten und Teilen des Schrifttums als Anwendungsfälle dieses Rechtsinstituts betrachtet werden, hat der Oberste Gerichtshof unter explizitem Bezug auf die Essential-Facilities-Doktrin gefällt.[239] Auch aus den untersuchten Urteilen kann mangels ausdrücklicher Ausführungen über die Doktrin weder auf ihre endgültige Anerkennung und noch viel weniger auf ihre konkrete Ausgestaltung geschlossen werden. Allenfalls mittels einer Abstraktion auf höchstem Niveau lassen sich den dargestellten Rechtsstreitigkeiten Hinweise auf die Existenz der Rechtsfigur entnehmen.[240] Diese Tatsache sollte als beachtenswertes Warnsignal vor einer unreflektierten und vorbehaltlosen Anwendung der Doktrin als eigenständiges Rechtsinstrument verstanden werden.[241]

III. Der Einfluss der Instanzgerichte

Trotz dieses Schwachpunktes trieben die Instanzgerichte und zahlreiche Vertreter des Schrifttums die Entwicklung eines Konzepts der Essential-Facilities-Doktrin als eigenständige Haftungsgrundlage für einen Verstoß gegen Sec. 2 Sherman Act in einem bemerkenswerten Umfang unter uneingeschränkter Berufung auf

---

238 Vgl. zuletzt *American Telephone & Telegraph Corp. v. Iowa Utilities Board*, 525 U.S. 366, 428 (1999), die Essential-Facilities-Doktrin sei eine „antitrust doctrine that this Court has never adopted.“; in Anbetracht dieser Aussage sind die Ausführungen von Pitofsky, PLI 2002, 775, 777, der eine durchgehende Anwendungspraxis der Doktrin seitens des Supreme Court feststellt, nicht nachzuvollziehen.

239 Boudin, Geo. L.J. 1986, 395, 398; Werden, St. Louis U. L.J. 1987, 433, 480; Ratner, U.C. Davis L. Rev. 1988, 327, 328; Areeda, Antitrust L.J. 1989, 841, 841; Glazer/Lipsky, Antitrust L.J. 1995, 749, 759; Kezsbom/Goldman, Colum. Bus. L. Rev. 1996, 1, 5; Seelen, Marq. L. Rev. 1997, 1117, 1119; Sheehan, W. Comp. 1999, 67, 75; Piropato, U. Chi. Legal F. 2000, 369, 380; Schindler, S. 13.

240 Areeda, Antitrust L.J. 1989, 841, 841; in diese Richtung argumentiert auch Beckmerhagen, S. 50 f.

241 Vgl. auch Ratner, U.C. Davis L. Rev. 1988, 327, 335: „[...] commentators may have overstated the reach of those cases.“

die vorgestellten Entscheidungen des U.S. Supreme Court voran.[242] Die wichtigsten Urteile im Verlaufe dieses Entwicklungsprozesses, auf die vielfach ebenfalls die Existenzberechtigung der Essential-Facilities-Doktrin gestützt wird, werden im folgenden untersucht.

1. Hecht v. Pro-Football, Inc.[243]

In dieser Entscheidung aus dem Jahre 1977 – mehr als sechs Jahrzehnte nach dem Supreme Court Urteil in der Rechtssache *Terminal Railroad* – wurde die Essential-Facilities-Doktrin erstmals explizit als eigenständige Haftungsgrundlage zum Nachweis eines Kartellrechtsverstoßes gegen Sec. 2 Sherman Act von einem Gericht angewandt.

a) Sachverhalt

Pro-Football, Inc., Eigentümerin der Washington Redskins, der einzigen professionellen Footballmannschaft der Stadt, hatte mit dem Eigentümer des Robert F. Kennedy Stadions, des einzigen Footballstadions Washingtons, einen Mietvertrag mit dreißigjähriger Laufzeit abgeschlossen. Aufgrund einer mietvertraglichen Klausel war jede weitere Vermietung des Stadions an ein anderes professionelles Footballteam ausgeschlossen.[244] Eine Gruppe von Investoren, die den Aufbau eines konkurrierenden Footballteams in Washington beabsichtigte, begehrte von dem Eigentümer des RFK-Stadions ebenfalls die Einräumung von Nutzungsrechten für die anstehenden Heimspiele. Denn um überhaupt die Lizenz für die Aufnahme professionellen Spielbetriebs mit einer neuen Mannschaft in Washington erlangen zu können, verlangte der Dachverband American Football League von jedem Lizenzbewerber – mithin auch von den Investoren – den Nachweis über ein verfügbares Stadion.[245] Obwohl keine Ausweichmöglichkeiten für die geplante Mannschaft bestanden, wurde das Zugangsbegehren der In-

---

242 Vgl. beispielsweise *Hecht v. Pro-Football, Inc.*, 570 F.2d 982, 992 (D.C. Cir. 1977): "This principle of antitrust law derives from the Supreme Court's 1912 decision in United States v. Terminal R.R. Ass'n, and was recently reaffirmed in Otter Tail Power Co. v. United States; the principle has regularly been invoked by the lower courts."; Sheehan, W. Comp. 1999, 67, 72; Piropato, U. Chi. Legal F. 2000, 369, 382; Marquardt/Leddy, Antitrust L.J. 2003, 847, 849, Fn. 6.

243 570 F.2d 982 (D.C. Cir. 1977).

244 570 F.2d 982, 985 (D.C. Cir. 1977): "[...] at no time during the term of this lease agreement shall the Stadium be let or rented to any professional football team other than the Washington Redskins."

245 570 F.2d 982, 986 (D.C. Cir. 1977).

teressenten in Anbetracht der mietvertraglichen Ausschließlichkeitsbindung negativ beschieden.[246]

b) Urteil

Das Gericht betrachtete die Ausschließlichkeitsklausel des Mietvertrages als rechtswidrige Kartellvereinbarung im Sinne von Sec. 1 und Sec. 3 Sherman Act.[247] Unter besonderer Berücksichtigung der Essential-Facilities-Doktrin stehe die Klausel darüber hinaus in einem offensichtlichen Widerspruch zu Sec. 2 Sherman Act.[248] Das fragliche Stadion sei für die Austragung professioneller Footballspiele das einzig geeignete in der näheren Umgebung Washingtons, da aufgrund der tatsächlichen Gegebenheiten ein alternativer Spielort vergleichbaren Ausmaßes von Wettbewerbern faktisch nicht neu errichtet werden könne. Ferner verfüge das RFK-Stadion über ausreichend freie Kapazitäten, so dass eine Mitbenutzung durch eine zweite Mannschaft ohne Minderung der Gebrauchsmöglichkeiten für die Redskins möglich sei.[249] Durch diese gerichtliche Einschätzung wurde das RFK-Stadion als wesentliche Einrichtung qualifiziert und seine ungerechtfertigte Nichtbereitstellung als Verletzung von Sec. 2 Sherman Act angesehen.

c) Rechtliche Einordnung

Die Entscheidung markiert einen bedeutenden Einschnitt in der amerikanischen Entwicklungsgeschichte der Essential-Facilites-Doktrin.[250] Zahlreichen Auffassungen zur Folge überschritt die Rechtsfigur mit dem Urteil die Schwelle zu ihrer rechtlichen Unabhängigkeit und fungierte fortan als eigenständige Haftungsgrundlage im Rahmen von Sec. 2 Sherman Act.[251]

d) Würdigung der Entscheidung

Wie nicht anders zu erwarten, fügt sich jedoch auch dieses Urteil nicht zweifelsfrei in die vorgenannte Einstufung ein. Die gerichtliche Instruktion der Jury be-

---

246 570 F.2d 982, 987 (D.C. Cir. 1977).
247 570 F.2d 982, 993 (D.C.Cir. 1977).
248 570 F.2d 982, 993, Fn. 44 (D.C.Cir. 1977).
249 570 F.2d 982, 993 (D.C.Cir. 1977).
250 Troy, Colum. L. Rev. 1983, 441, 454.
251 Troy, Colum. L. Rev. 1983, 441, 448; Schwintowski, WuW 1999, 842, 846; Markert, FS Mestmäcker, 661, 669, Fn. 38; Piropato, U. Chi. Legal F. 2000, 369, 382; Hohmann, S. 34.

fasste sich allein mit der Bedeutung von Sec. 1 und Sec. 3 Sherman Act für den zu entscheidenden Fall und lenkte den Fokus auf das Vorliegen einer horizontalen Absprache.[252] Schon hierdurch zeigt sich, dass der Rechtsstreit auch allein unter Hinweis auf Sec. 1 Sherman Act (Kartellcharakter des vereinbarten Mietvertrages) lösbar gewesen wäre.[253] Diesen Passagen lässt sich dann auch der Anwendungsbereich der Essential-Facilities-Doktrin nicht mit Bestimmtheit entnehmen. Vor einer vorschnellen Generalisierung dieser Entscheidung sollte zudem die Besonderheit beachtet werden, dass es sich bei dem Stadion um eine Einrichtung handelte, die öffentlich-rechtlich kontrolliert und nicht gewinnorientiert verwaltet wurde.[254]

Allerdings merkte das Gericht im obiter dictum an, zweifelsohne sei auch eine Verletzung von Sec. 2 Sherman Act unter Berücksichtigung der Essential-Facilities-Doktrin festzustellen, allein die Klage sei nicht auf diesen Klagegrund gestützt gewesen.[255] Zuvor hatte der entscheidende Senat bereits seine Definition der Essential-Facilities-Doktrin unter Berufung auf die Supreme Court Entscheidungen *Terminal Railroad* und *Otter Tail* formuliert.[256] Demnach sei das RFK-Stadion als wesentliche Einrichtung einzustufen, da seine Nutzung für die Aufnahme des Spielbetriebs einer professionellen Footballmannschaft unverzichtbar sei, seine Duplizierung für Wettbewerber nicht möglich sei und es ferner genügend freie Kapazitäten aufweise. Mithin stelle die Zugangsverweigerung des Beklagten eine unüberwindbare Hürde für den Marktzutritt potentieller Wettbewerber dar.[257]

Im europäischen Wettbewerbsrecht hätte man hier einerseits auf den Kartellcharakter des Mietvertrages und andererseits auf die offensichtliche Diskriminierung der den Zugang begehrenden Sportmannschaft abgestellt. Die Essential-Facilities-Doktrin wäre zur interessengerechten Lösung des Rechtsstreits nicht notwendig gewesen.[258]

---

252 570 F.2d 982, 993 (D.C.Cir. 1977).

253 Ebenso Schwintowski, WuW 1999, 842, 846; Stollhoff, S. 76.

254 Lipsky/Sidak, Stan. L. Rev. 1999, 1187, 1203.

255 570 F.2d 982, 993, Fn. 44 (D.C.Cir. 1977).

256 Vgl. 570 F.2d 982, 992 (D.C.Cir. 1977): "The essential facilities doctrine, also called the „bottleneck principle", states that where facilities cannot practically be duplicated by would-be competitors, those in possession of them must allow them to be shared on fair terms. It is illegal restraint of trade to foreclose the scarce facility."

257 570 F.2d 982, 992 f. (D.C.Cir. 1977).

258 Schwintowski, WuW 1999, 842, 846.

2. *MCI Communications Corporation v. American Telephone & Telegraph Company*[259]

Dieser Rechtsstreit, in dem ein amerikanisches Gericht sein Urteil erstmals allein unter Berufung auf die Essential-Facilities-Doktrin fällte, steht sowohl für ihre endgültige Rezeption als auch für die gegenwärtig noch immer maßgebliche Konkretisierung ihrer einzelnen Anwendungsvoraussetzungen innerhalb des amerikanischen Kartellrechts.[260]

a) Sachverhalt

Das Telekommunikationsunternehmen American Telephone & Telegraph Co. (AT&T) besaß die marktbeherrschende Stellung über sämtliche nationalen Telekommunikationsnetze im Orts- und Ferngesprächsbereich der Vereinigten Staaten. Während es ihrem Konkurrenten MCI Communications Corp. (MCI) nach Jahren gelang, ein eigenes Leitungsnetz für nationale Fernsprechdienste aufzubauen, kontrollierte AT&T durch firmeneigene Schaltstationen den Zugang zu allen örtlichen Privat- und Geschäftsanschlüssen. Um ihren Kunden einen umfassenden und damit wettbewerbsfähigen Telefonservice anbieten zu können, war aber MCI unabdingbar auf die Mitbenutzung dieser örtlichen Verteilungsnetze zur Zusammenschaltung mit den firmeneigenen Fernleitungen angewiesen.[261] AT&T weigerte sich jedoch, ihre Ortsdienste mit den von MCI betriebenen Fernleitungen zu verschalten. Dieses Verhalten stand in offenem Widerspruch zur damaligen bundesstaatlichen Regulierungspolitik auf dem amerikanischen Telekommunikationssektor. Denn schon in den Jahren 1971 und 1974 hatte die Federal Communications Commission (FCC) entschieden, dass AT&T potentiellen Wettbewerbern die Nutzung ihrer Schaltstationen gestatten müsse.

b) Urteil

Der angerufene Senat betrachtete die streitgegenständliche Geschäftsabschlussverweigerung von AT&T als eindeutige Verletzung von Sec. 2 Sherman Act, die dem Anwendungsbereich der Essential-Facilities-Doktrin unterfalle.[262] Die Heranziehung der Rechtsfigur im Falle einer individuellen Zugangsverweigerung

259 708 F.2d 1081 (7th Cir. 1983).

260 Jebsen/Stevens, Antitrust L.J. 1996, 443, 508; Sheehan, W. Comp. 1999, 67, 75; Creuss/Agustinoy, W. Comp. 2000, 57, 67; Tränkle, S. 25.

261 708 F.2d 1081, 1131 (7th Cir. 1983).

262 708 F.2d 1081, 1132 (7th Cir. 1983): "A monopolist's refusal to deal under these circumstances is governed by the so-called essential facilities doctrine."

begründete das Gericht mit der den Essential-Facilities-Konstellationen typischerweise innewohnenden Gefahr der Ausdehnung von in einem relevanten Markt bestehender Monopolmacht auf benachbarte Wettbewerbsmärkte. Gerade die Kontrolle über eine wesentliche Einrichtung ermögliche einem Monopolisten, seine Macht von einer Produktionsstufe auf eine andere oder von einem Markt auf einen anderen zu transferieren.[263]

Die Essential-Facilities-Doktrin verlange vier Voraussetzungen, bei deren Vorliegen die Rechtswidrigkeit einer Geschäftsabschlussverweigerung angenommen werden könne. Erforderlich sei die Kontrolle einer wesentlichen Einrichtung durch einen Monopolisten, die fehlende Duplizierbarkeit dieser Einrichtung für Wettbewerber, die ausgesprochene Zugangsverweigerung sowie die Zumutbarkeit einer gemeinsamen Nutzung der fraglichen Einrichtung.[264] Darüber hinaus trage der Kläger die Beweislast hinsichtlich der Erfüllung dieser Merkmale und auf Beklagtenseite dürften keine technischen oder geschäftsbedingten Gründe zur Rechtfertigung der Geschäftsabschlussverweigerung vorliegen.[265]

Unter Bejahung der vier ausgebildeten Voraussetzungen und unter detaillierter Feststellung des Fehlens von Rechtfertigungsgründen für die Zugangsverweigerung verpflichtete das Gericht AT&T zur Zusammenschaltung. Seiner Auffassung nach besaß das Telekommunikationsunternehmen die vollständige Kontrolle über die Ortsdienste zur Teilnehmerverschaltung, die angesichts des damaligen Technologiestandes als natürliches Monopol und mithin als wesentliche Einrichtung zu qualifizieren seien. Für MCI sei es einerseits wirtschaftlich unmöglich, die streitgegenständlichen örtlichen Schaltzentralen mit den dazu erforderlichen unzähligen Kilometern an Kabeln und Leitungen zu den einzelnen Haushalten nachzubauen. Zum anderen würde die für eine solch unwirtschaftliche Duplizierung notwendige aufsichtsbehördliche Genehmigung wahrscheinlich nicht erreicht werden.[266] Die gleichzeitige Geschäftstätigkeit von AT&T auf dem potentiellen Wettbewerbsmarkt für schaltbare Fernsprechverbindungen ließ das Gericht zu der Überzeugung kommen, dass die Gesellschaft die Zusammenschaltung

---

263 Vgl. 708 F.2d 1081, 1132 (7th Cir. 1983): "Such a refusal may be unlawful because a monopolist's control of an essential facility (sometimes called a "bottleneck") can extend monopoly power from one stage of production to another, from one market into another. Thus, the antitrust laws have imposed on firms controlling an essential facility the obligation to make the facility available on non-discriminatory terms."

264 708 F.2d 1081, 1132 f. (7th Cir. 1983): "The case law sets forth four elements necessary to establish liability under the essential facility doctrine: (1) control of an essential facility by a monopolist; (2) a competitor's inability practically or reasonably to duplicate the essential facility; (3) the denial of the use of the facility to a competitor; and (4) the feasibility of providing the facility."

265 708 F.2d 1081, 1133 (7th Cir. 1983).

266 708 F.2d 1081, 1133 (7th Cir. 1983).

insbesondere verweigere, um MCI die Erbringung von Ferngesprächsdienstleistungen unmöglich zu machen und damit letztlich potentiellen Wettbewerb auf diesem Markt zu eliminieren.

c) Rechtliche Einordnung

Dieses Urteil aus dem Jahre 1983 gilt als der Klassiker unter den Beispielsfällen für die korrekte Anwendung und Ausgestaltung der Essential-Facilities-Doktrin im amerikanischen Kartellrecht. Nicht von ungefähr ist der vierstufige Test der Entscheidung in diesem Zusammenhang die von Gerichten[267] und Literatur[268] am häufigsten zitierte Belegstelle zur Untermauerung der Eigenständigkeit dieser Rechtsfigur. Das Gericht hob zudem erstmalig, aber dafür besonders eindringlich hervor, dass die Doktrin im rechtlichen Gefüge von Sec. 2 Sherman Act im Falle einer individuellen Zugangsverweigerung anwendbar sei.[269]

d) Würdigung der Entscheidung

Der vorgenannte vierstufige Test bildet den Kern einer heute weitgehend gefestigten Begründungspraxis der Instanzgerichte zur Beantwortung der Frage, wann eine Geschäftsabschlussverweigerung im Zusammenhang mit einer wesentlichen Einrichtung eine verbotene Monopolisierung im Sinne von Sec. 2 Sherman Act darstellt.[270]

Dennoch blieb auch dieses Urteil nicht ohne Widerspruch im amerikanischen Schrifttum. So werden die ausgebildeten Anwendungsvoraussetzungen der Essential-Facilities-Doktrin als zu unbestimmt kritisiert. Weder definiere das Ge-

---

267 Bspw. *City of Anaheim v. Southern California Edison Co.*, 955 F.2d 1373, 1380 (9th Cir. 1992); *Ferguson v. Greater Pocatello Chamber of Commerce, Inc.*, 848 F.2d 976, 983 (9th Cir. 1988); *William v. Heartland Hospital East*, 34 F.3d 605, 613 (8th Cir. 1994); *McKenzie v. Mercy Hospital*, 854 F.2d 365, 369 (10th Cir. 1988).

268 Blumenthal, Antitrust L.J. 1989, 855, 857; Edgar, Idaho L. Rev. 1992, 283, 303; Glazer/Lipsky, Antitrust L.J. 1995, 749, 756; Piraino, Nw. U.L. Rev. 1998, 1, 25; Soma/Forkner/Jumps, Berkeley Tech. L. J. 1998, 565, 594; Hawker, Ohio N.U.L. Rev. 1999, 115, 119; Piropato, U. Chi. Legal F. 2000, 369, 384.

269 Vgl. 708 F.2d 1081, 1147 (7th Cir. 1983): "Where a monopolist controls essential services, however, its refusal to allow potential competitors to use those services gives rise to antitrust liability where the purpose of the denial is to restrain competition, even if the monopolist is the only one that controls the facility. Otherwise, a monopolist would be able unreasonably to choke off all competition, yet escape sanctions simply because it was the only one in position to do so."

270 Hawker, Ohio N.U.L. Rev. 1999, 115, 121; Taylor, PLI 2001, 681, 697; Tränkle, S. 25.

richt den zentralen Begriff der Wesentlichkeit, noch offeriere es irgendwelche Hinweise, welcher Typus von Einrichtungen dem Test generell unterfallen könne. Der Test unterliege ferner einem Zirkelschluss: So soll eine Einrichtung im Ergebnis als wesentlich eingestuft werden, wenn alle vier Voraussetzungen erfüllt seien. Allerdings könne eine Einrichtung nur dann die Merkmale erfüllen, wenn vorab festgelegt wurde, dass sie überhaupt wesentlich sei.[271] Im Endeffekt habe die Entscheidung daher eher zu weiterer Konfusion hinsichtlich der Essential-Facilities-Doktrin, denn zur der erhofften Klärung beigetragen.[272]

Weiterhin erschweren erneut die sehr speziellen Umstände des Sachverhalts eine Verallgemeinerung des Urteils. Das Gericht gründete seine Entscheidung vornehmlich auf den vom U.S. Supreme Court entschiedenen Fall *Otter Tail.* Das lokale Telefonnetz zur Teilnehmerverschaltung war angesichts des damaligen Standes der Technologie als natürliches Monopol zu qualifizieren.[273] Als solches unterlag es einer staatlichen Regulierung durch die Federal Communications Commission (FCC). Mithin ist denkbar, dass der vierstufige Test auch nur auf vergleichbare Fälle natürlicher Monopole anzuwenden ist, die bereits der Aufsicht von Regulierungsbehörden unterfallen. Letztlich setzte das Gericht auch lediglich die vorherigen Entscheidungen der FCC aus den Jahren 1971[274] und 1974[275] durch, die potentiellen Wettbewerbern von AT&T die Nutzung ihrer Schaltstationen bereits eingeräumt hatten.

Vor dem aufgezeigten Regulierungshintergrund lässt die Entscheidung keinen sicheren Rückschluss darauf zu, unter welchen Umständen einem marktbeherrschenden Privatunternehmen in einem regulierungsfreien Wirtschaftsbereich eine Pflicht zum Vertragsabschluss aufgebürdet werden kann.[276] Jedenfalls scheint das Konzept einer eigenständigen Essential-Facilities-Doktrin nur in sehr begrenzten und überschaubaren Sachverhaltskonstellationen anwendbar zu sein.

3. Ergebnis der instanzgerichtlichen Entscheidungspraxis

Die Essential-Facilities-Doktrin stellt eine in der jüngeren amerikanischen Rechtsprechung der Instanzgerichte entwickelte Rechtsfigur zur Konkretisierung von

---

271 Seelen, Marq. L. Rev. 1997, 1117, 1118 f.

272 Kezsbom/Goldman, Colum. Bus. L. Rev. 1996, 1, 18.

273 Owen, Anitrust L.J. 1989, 887, 887; Nowicki, Harv. J.L. & Tech. 1996, 353, 355; Soma/Forkner/Jumps, Berkeley Tech. L. J. 1998, 565, 571: „[...] the local networks were textbook examples of natural monopolies"; Piropato, U. Chi. Legal F. 2000, 369, 372.

274 29 F.C.C. 2d 870 (1970).

275 46 F.C.C. 2d 413 (1974).

276 Kezsbom/Goldman, Colum. Bus. L. Rev. 1996, 1, 18.

Geschäftsabschlussverpflichtungen unter dem weitgefassten Sec. 2 Sherman Act dar.[277] Die Versuche der Gerichte, einschlägige Präzedenzfälle des U.S. Supreme Court für ihre Zwecke einer eingehenden Analyse zu unterziehen, um eine einheitliche und vorhersehbare Grundstruktur der Doktrin herauszustellen, endeten jedoch in dem Hervorbringen neuer, miteinander im Konflikt stehender und sich zum Teil erheblich widersprechender Kommentare.[278] Im Ergebnis spiegeln sie letztlich nur unterschiedliche wettbewerbspolitische Ansichten wider und lassen größtenteils einheitliche Grundprinzipien vermissen.[279]

Auch die beispielhafte Untersuchung der beiden instanzgerichtlichen Entscheidungen hat verdeutlicht, dass die Essential-Facilities-Doktrin keine Zauberformel der amerikanischen Rechtsanwendungspraxis ist. Eine Haftung des marktbeherrschenden Unternehmens für eine Geschäftsabschlussverweigerung in den mit der Doktrin in Zusammenhang gebrachten Sachverhaltskonstellationen wäre gleichermaßen sachgerecht allein unter Anwendung traditioneller Konzepte des Sherman Act zu erreichen gewesen. Dies ist auch der Grund für zahlreiche Zweifel an einer eigenständigen Existenzberechtigung der Doktrin innerhalb des amerikanischen Kartellrechts.[280]

IV. Zwischenergebnis zur amerikanischen Rechtsanwendungspraxis

Allen kritischen Äußerungen zum Trotz ist die Essential-Facilities-Doktrin im amerikanischen Kartellrecht ein fester Bestandteil der Diskussionen sogenannter „bottleneck situations“ und der damit möglicherweise verbundenen Kontrahierungspflicht marktbeherrschender Unternehmen geworden. Gemeinsames Element dieser Sachverhaltskonstellationen ist die Kontrolle eines oder mehrerer Unternehmen über eine besondere betriebliche Ressource, deren Nutzung für die Geschäftstätigkeit auf einem bestimmten Markt unverzichtbar ist, und die durch eine

277 Ratner, U.C. Davis L. Rev. 1988, 327, 329; Makar, Fla. St. U. L. Rev. 1994, 913, 915; Schwintowski, WuW 1999, 842, 847.

278 Soma/Forkner/Jumps, Berkeley Tech. L. J. 1998, 565, 592.

279 Vgl. nur *SAS of Puerto Rico, Inc. v. Puerto Rico Telephone Co.*, 48 F.3d 39, 46 (1st. Cir. 1995): „[T]he purported „essential facilities“ doctrine is something less than a self-executing formular.“; *Viacom Intern., Inc. v. Time Inc.*, 785 F. Supp. 371, 376, Fn. 12 (S.D.N.Y. 1992): „[T]he doctrine is more properly characterized as a label that may aid in the analysis of a monopoly claim, not a statement of a separate violation of law.“; ebenso *Kramer v. Pollock-Krasner Foundation*, 890 F. Supp. 250, 257 (S.D.N.Y. 1995).

280 Ratner, U.C. Davis L. Rev. 1988, 327, 382; Kezsbom/Goldman, Colum. Bus. L. Rev. 1996, 1, 34; Schwintowski, WuW 1999, 842, 842; Hawker, Ohio N.U.L. Rev. 1999, 115, 122; Markert, FS Mestmäcker, 661, 671.

Zugangsverweigerung zu dieser Einrichtung bewirkte Verhinderung des Marktzutritts von Konkurrenten. Vor diesem Hintergrund hatte sich die amerikanische Rechtsprechung in den letzten Jahren mit vielen Zugangsbegehren zu unterschiedlichsten Einrichtungen zu befassen.[281] Beispielhaft seien nur Elektrizitäts-, Erdgas- und Erdölnetze, Raffinerien, Tankvorratslager, Flughäfen, Krankenhauseinrichtungen, Zeitschriften oder Telefonteilnehmerinformationen genannt.

V. Voraussetzungen der amerikanischen Essential-Facilities-Doktrin

Zahlreiche Instanzgerichte verbinden eine Anwendbarkeit der Doktrin mit der Erfüllung des vierstufigen MCI-Tests. Erforderlich ist demnach (1) die Kontrolle einer wesentlichen Einrichtung durch einen Monopolisten, (2) die fehlende Duplizierbarkeit dieser Einrichtung für Wettbewerber, (3) die ausgesprochene Zugangsverweigerung sowie (4) die Zumutbarkeit einer gemeinsamen Nutzung der fraglichen Einrichtung.[282] Sofern nur eines der vier Merkmale fehlt, kann eine auf diese Rechtsfigur gestützte Klage keinen Erfolg haben.[283] Die Beweislast für das Vorliegen der Voraussetzungen trägt der Kläger.[284] Ein gesonderter Nachweis der Monopolisierungsabsicht des Beklagten ist nicht erforderlich.[285]

1. Kontrolle eines Monopolisten über eine wesentliche Einrichtung

Die erste Anwendungsvoraussetzung der Essential-Facilities-Doktrin ist für ein besseres Verständnis in drei weitere Elemente zu untergliedern:

---

281 Boudin, Geo. L.J. 1986, 395, 397; Kezsbom/Goldman, Colum. Bus. L. Rev. 1996, 1, 4; vgl. die ausführlichen Auflistungen bei Lipsky/Sidak, Stan. L. Rev. 1999, 1187, 1191 ff.; Stollhoff, S. 87 ff. und Shin, S. 28 ff.

282 Vgl. 708 F.2d 1081, 1132 f. (7th Cir. 1983).

283 *City of Chanute v. William Natural Gas Co.*, 955 F.2d 641, 648 (10th Cir. 1992); *Laurel Sand & Gravel, Inc. v. CSX Transp., Inc.*, 924 F.2d 539, 544 (4th Cir. 1991); *Flip Side Productions, Inc. v. Jam Productions, Ltd.*, 843 F.2d 1024, 1032 ff. (7th Cir. 1988); weitere Fallbeispiele bei Kezsbom/Goldman, Colum. Bus. L. Rev. 1996, 1, 17, Fn. 61.

284 *Ferguson v. Greater Pocatello Chamber of Commerce, Inc.*, 848 F.2d 976, 983 (9th Cir. 1988); Nowicki, Harv. J.L. & Tech. 1996, 353, 369, Fn. 79; Piraino, Nw. U.L. Rev. 1998, 1, 33 f.; Pitofsky, PLI 2002, 775, 781.

285 *United States v. Griffith*, 334 U.S. 100, 105 (1948): "It is, however, not always necessary to find a specific intent to restrain trade or to build a monopoly in order to find that the anti-trust laws have been violated."; Schill, Notre Dame L. Rev. 1988, 214, 216; a.A. Kezsbom/Goldman, Colum. Bus. L. Rev. 1996, 1, 18 ff.; Pitofsky, PLI 2002, 775, 784.

a) Existenz einer Einrichtung

Eine allgemeingültige Definition des Begriffs „Einrichtung" lässt sich der amerikanischen Rechtsanwendungspraxis nicht entnehmen.[286] Der Oberbegriff wird jedoch ganz überwiegend extensiv ausgelegt, so dass zum einen physische Objekte und zum anderen auch unkörperliche Rechtspositionen unter ihn subsumierbar sind.[287] Dass Einrichtungen nicht notwendigerweise körperlicher Natur sein müssen, ergibt sich aus der Tatsache, dass zuweilen auch Informationen für die Wettbewerbsfähigkeit eines Unternehmens eine unerlässliche Ressource darstellen können.[288] Insgesamt zeichnen sich Einrichtungen im Zusammenhang mit der Essential-Facilities-Doktrin durch ihre spezifische Einmaligkeit und ihre wirtschaftliche Brauchbarkeit zur Erbringung bestimmter Leistungen aus.[289]

b) Wesentlichkeit der Einrichtung

Dem dehnbaren Begriffselement „Wesentlichkeit" kommt bezüglich der Eingrenzung des Anwendungsbereichs der Essential-Facilities-Doktrin entscheidende Bedeutung zu. Nicht von ungefähr bereitet seine nähere Bestimmung den Gerichten große Schwierigkeiten.[290]

Überwiegend wird anhand einer einzelfallorientierten Entscheidung untersucht, ob die Einrichtung in einem Umfang einzigartig ist, dass für sie kein gleichwertiger Ersatz zur Verfügung steht und der ausgeschlossene Kläger ohne sie nicht konkurrenzfähig sein kann.[291] Dabei hat der zugangssuchende Konkur-

---

286 Werden, St. Louis U. L.J. 1987, 433, 452; Schindler, S. 19; Schwarz van Berk, S. 32.

287 Hawker, Ohio N.U.L. Rev. 1999, 115, 129; Pitofsky, PLI 2002, 775, 789; Stollhoff, S. 87; vgl. auch *Bellsouth Advertising & Publishing Corp. v. Donelley Information Publishing, Inc.*, 719 F. Supp. 1551, 1566 (S.D. Fla. 1988); a.A. *North American Soccer League v. National Football League*, 465 F.Supp. 665, 676 Fn. 20 (S.D.N.Y. 1979): "[...] tangible physical objects [...]".

288 *Bellsouth Advertising & Publishing Corp. v. Donnelley Information Publishing, Inc.*, 719 F. Supp. 1551, 1566 (S.D.Fla. 1988): "Although the doctrine of essential facilities has been applied predominantly to tangible assets, there is no reason why it could not apply [...] to information wrongfully withheld. The effect in both situations is the same: a party is prevented from sharing something essential to compete."

289 Werden, St. Louis U. L.J. 1987, 433, 470; Stollhoff, S. 89.

290 Azcuenaga, Antitrust L.J. 1989, 879, 881; Makar, Fla. St. U. L. Rev. 1994, 913, 922; Seelen, Marq. L. Rev. 1997, 1117, 1118.

291 Troy, Colum. L. Rev. 1983, 441, 463; Areeda, Antitrust L.J. 1989, 841, 852; Soma/Forkner/Jumps, Berkeley Tech. L. J. 1998, 565, 596; Hawker, Ohio N.U.L. Rev. 1999, 115, 134.

rent nachzuweisen, dass für ihn eine Duplizierung der betrieblichen Ressource unter praktischen und vernünftigen Gesichtspunkten ausscheidet[292] und ihre Nutzung für sein wettbewerbliches Überleben auf einem nachgelagerten Markt unverzichtbar ist.[293] Erscheint dem Gericht allerdings eine denkbare Ausweichmöglichkeit als zumutbar, wird eine Wesentlichkeit der Einrichtung verneint.[294]

Diese gerichtliche Beurteilungspraxis konzentriert den Kern ihrer kartellrechtlichen Analyse vorrangig auf die Bedürfnisse des zugangsbegehrenden Konkurrenten. Dem übergeordneten Ziel des Kartellrechts, namentlich der Sicherstellung der Funktionsfähigkeit des Wettbewerbs insgesamt, kommt in diesem Zusammenhang augenscheinlich nur eine untergeordnete Rolle zu. Der Fokus der Instanzgerichte bei der Feststellung der Wesentlichkeit einer Einrichtung war zumeist allein auf deren vitaler Bedeutung für die Wettbewerbsfähigkeit des Konkurrenten auf einem bestimmten Markt gerichtet.

c) Kontrolle durch einen Monopolisten

Unbestritten ist, dass die aus Eigentum oder einem ausschließlichen vertraglichen Nutzungsrecht an einer wesentlichen Einrichtung fliessende Verfügungsbefugnis einen bestimmenden Einfluss über die betriebliche Ressource ermöglicht. Der darüberhinausgehende erforderliche Grad an Monopolmacht für eine Verantwortlichkeit im Rahmen der Essential-Facilities-Doktrin ist in der amerikanischen

292 Vgl. *MCI Communications Co. v. American Telephone and Telegraph Co.*, 708 F.2d 1081, 1132 (7th Cir. 1983): „[...] a competitor's inability practically or reasonably to duplicate the essential facility [...]".

293 Vgl. *Hecht v. Pro-Football, Inc.*, 570 F.2d 982, 992 (D.C. Cir. 1977): „To be „essential" a facility need not be indispensable; it is sufficient if duplication of the facility would be economically infeasible and if denial of its use inflicts a severe handicap on potential market entrants."; *In re Air Passenger Computer Reservations Systems Antitrust Litigation*, 694 F. Supp. 1443, 1451 (C.D. Cal. 1988): „A facility or resource is „essential" when competitors must have access to the facility to meaningfully be able to compete with the firm controlling the facility." ; ebenso *Covad Communications Co. v. Bellsouth Corp.* , 299 F. 3d 1272, 1284 (11th Cir. 2002).

294 *Twin Laboratories, Inc. v. Weider Health & Fitness*, 900 F.2d 566, 570 (2d Cir. 1990): "As the word „essential" indicates, a plaintiff must show more than inconvenience, or even some economic loss; he must show that an alternative to the facility is not feasible."; ebenso *City of Anaheim v. Southern California Edison Co.*, 955 F.2d 1373, 1381 (9th Cir. 1992); *Midwest Gas Services, Inc. v. Indiana Gas Co., Inc.*, 317 F. 3d 703, 714 (7th Cir. 2003): "[...] the most economical route is not an essential facility when other routes are available."; Blumenthal, Antitrust L.J. 1989, 855, 860; Nowicki, Harv. J.L. & Tech. 1996, 353, 366.

Rechtsanwendungspraxis hingegen nur uneinheitlich bestimmt.[295] Überwiegend prüfen die Gerichte jedoch den Monopolgrad des Einrichtungsinhabers auf einem der leistungsnotwendigen Ressource vor- oder nachgelagerten Markt, um im Einzelfall seine Monopolstellung im Sinne des Sec. 2 Sherman Act nachweisen zu können.[296] Auf diesem abgegrenzten Markt muss die fragliche Machtstellung des beklagten Unternehmens in Verbindung mit der wesentlichen Einrichtung so stark ausgeprägt sein, dass eine konkrete Beeinträchtigungsgefahr des Wettbewerbs auf diesem Markt besteht.[297]

2. Fehlende Duplizierbarkeit der Einrichtung

Amerikanische Instanzgerichte lassen häufig eine eigenständige Prüfung dieses Merkmals der Essential-Facilities-Doktrin vermissen, da die erforderliche Nichtduplizierbarkeit der Einrichtung bereits Bestandteil des Erfordernisses der Wesentlichkeit ist.[298] Grundsätzlich gilt diese Voraussetzung als erfüllt, wenn für keinen Wettbewerber eine tatsächliche[299], rechtliche[300] oder sonst zumutbare[301] Möglichkeit der Schaffung einer gleichwertigen Einrichtung besteht.[302] An die Erfüllung dieser Voraussetzung werden erhöhte Anforderungen gestellt, um negative Auswirkungen auf Innovations- und Leistungsanreize durch eine vorschnelle Begünstigung von Trittbrettfahrern zu vermeiden.[303]

---

295 Werden, St. Louis U. L.J. 1987, 433, 454.

296 Vgl. *Oahu Gas Service, Inc. v. Pacific Resources, Inc.*, 838 F.2d 360, 369, Fn. 4 (9th Cir. 1988).

297 Vgl. *Alaska Airlines, Inc. v. United Airlines, Inc.*, 948 F.2d 536, 543 (9th Cir. 1991); Stollhoff, S. 93.

298 Gerber, Va. L. Rev. 1988, 1069, 1073; Makar, Fla. St. U. L. Rev. 1994, 913, 922; Stollhoff, S. 94.

299 Vgl. die topographischen Besonderheiten in *United States v. Terminal Railroad Association of St. Louis*, 224 U.S. 383 (1912).

300 Vgl. die nicht zu erhaltende behördliche Genehmigung in *MCI Communications Corp. v. American Telephone and Telegraph Co.*, 708 F.2d 1081, 1133 (7th Cir. 1983).

301 Vgl. den unverhältnismäßigen wirtschaftlichen Aufwand in *Fishman v. Estate of Wirtz*, 807 F.2d 520, 540 (7th Cir. 1986): „The Chicago Stadium was not duplicable without an expenditure that would have been unreasonable in light of the size of the transaction such duplication would have facilitated.“; ebenso *City of Chanute v. Williams Natural Gas Co.*, 955 F.2d 641, 648 (10th Cir. 1992).

302 Blumenthal, Antitrust L.J. 1989, 855, 860; Soma/Forkner/Jumps, Berkeley Tech. L. J. 1998, 565, 595.

303 Troy, Colum. L. Rev. 1983, 441, 462; McCurdy, E.I.P.R. 2003, 472, 474; Schwarz van Berk, S. 34.

Vor diesem Hintergrund kann insbesondere bei natürlichen Monopolen, öffentlich-rechtlichen Zugangsbeschränkungen oder Einrichtungen öffentlich subventionierter Unternehmen von einer mangelnden Duplizierbarkeit ausgegangen werden.[304] In diesen Fällen beruht die Monopolstellung des Einrichtungsinhabers zudem regelmäßig nicht auf eigenen Leistungen.[305]

3. Verweigerung des Zugangs

Dem überwiegenden Teil der ergangenen Urteile lag ein vollkommener Ausschluss eines Wettbewerbers von der als wesentlich eingestuften Einrichtung zugrunde. Gleichgestellt wird dieser umfassenden Zugangsverweigerung die rechtsgeschäftliche Gewährung des Zutritts unter diskriminierenden Bedingungen.[306] Es ist zwar keine absolute Gleichbehandlung von Einrichtungsinhaber und Zugangspetent erforderlich.[307] Die Nutzungskonditionen müssen sich aber in einem vernünftigen und zumutbaren Rahmen bewegen.[308]

4. Zumutbarkeit der Zugangsgewährung

Das vierte wesentliche Kriterium des MCI-Tests befasst sich mit der Frage der technischen und wirtschaftlichen Realisierbarkeit der Zugangseinräumung auf Seiten des beklagten Einrichtungsinhabers.[309] Dieser verstößt mit seiner Geschäftsabschlussverweigerung nur dann gegen das Monopolisierungsverbot des

---

304 *Fishman v. Estate of Wirtz*, 807 F.2d 520, 574 (7th Cir. 1986): "All of the essential facility cases involve natural monopolies."; vgl. auch *Twin Labaratories, Inc. v. Weider Health & Fitness*, 900 F.2d 566, 569 (2d Cir. 1990); Soma/Forkner/Jumps, Berkeley Tech. L. J. 1998, 565, 583; McCurdy, E.I.P.R. 2003, 472, 474.

305 Markert, FS Mestmäcker, 661, 667; Schommer, S. 54.

306 *Delaware & Hudson Railway Co. v. Consolidated Rail Corp.*, 902 F.2d 174, 180 (2d Cir. 1990); *Fishman v. Estate of Wirtz*, 807 F.2d 520, 541 (7th Cir. 1986): „Agreeing to deal on unreasonable terms is merely a type of refusal to deal."; Werden, St. Louis U. L.J. 1987, 433, 456; Makar, Fla. St. U. L. Rev. 1994, 913, 924; Soma/Forkner/Jumps, Berkeley Tech. L. J. 1998, 565, 599; Kobak, PLI 2002, 577, 585.

307 Vgl. *Southern Pacific Communications Co. v. American Telephone and Telegraph Co.*, 740 F.2d 980, 1009 (D.C. Cir. 1984): „Absolute equality of access to essential facilities, however, is not mandated by the antitrust laws".

308 Vgl. *United States v. Terminal Railroad Association of St. Louis*, 224 U.S. 383, 411 (1912): „[...] just and reasonable terms [...]."; *MCI Communications Corp. v. American Telephone and Telegraph Co.*, 708 F.2d 1081, 1132 (7th Cir. 1983): „[...] non-discriminatory terms [...]".

309 Soma/Forkner/Jumps, Berkeley Tech. L. J. 1998, 565, 602; Tränkle, S. 31; Hohmann, S. 37.

Sec. 2 Sherman Act, soweit er im Prozess für sein Verhalten keine sachlichen Rechtfertigungsgründe vorbringen und beweisen kann.[310] In diesem Zusammenhang benutzen die amerikanischen Instanzgerichte die urprünglich getrennten Termini „business justification" für den Intent Test und „feasibility" für die Essential-Facilities-Doktrin mittlerweile unterschiedslos.[311]

Dem Inhaber der wesentlichen Einrichtung steht eine reichhaltige Palette möglicher Einwände zu.[312] Beispielhaft genannt seien die fehlende Kapazität für eine zusätzliche Einrichtungsnutzung[313], die Beeinträchtigung des technisch-qualitativen Standards des Betriebes[314] sowie die fehlende Bereitschaft oder Fähigkeit des Anspruchstellers zur Entrichtung eines angemessenen Nutzungsentgelts.[315] Im Falle einer Infrastruktureinrichtung aus regulierten Industriebereichen kann zusätzlich der entgegenstehende öffentliche Regulierungszweck die Zugangsverweigerung legitimieren.[316] Lediglich das offenkundige Bestreben des Beklagten, allein eigene wirtschaftliche Interessen schützen zu wollen, kann eine Geschäftsabschlussverweigerung nicht rechtfertigen.[317] Sofern der Einrichtungsinhaber die tatsächlichen Voraussetzungen für den vorgetragenen Rechtferti-

---

310 Vgl. *Hecht v. Pro-Football, Inc.*, 570 F.2d 982, 992 f. (D.C. Cir. 1977): „ [...] the antitrust laws do not require that an essential facility will be shared if such sharing would be impractical or would inhibit the defendant's ability to serve its customers adequately."; Ahern, Antitrust L.J. 1994, 153, 166; Kezsbom/Goldman, Colum. Bus. L. Rev. 1996, 1, 32.

311 Hohmann, S. 37; Kezsbom/Goldman, Colum. Bus. L. Rev. 1996, 1, 23 bezeichnen unter diesem Aspekt die Essential-Facilities-Doktrin als überflüssig, da ihr materieller Inhalt nicht über die traditionelle Analyse einer Verletzung von Sec. 2 Sherman Act hinausgehe.

312 Werden, St. Louis U. L.J. 1987, 433, 461; Gerber, Va. L. Rev. 1988, 1069, 1076, Fn. 32: "Courts have recognized valid business justifications in a wide range of circumstances."; Soma/Forkner/Jumps, Berkeley Tech. L. J. 1998, 565, 602, Fn. 265; a.A. Markert, FS Mestmäcker, 661, 667 und Tränkle, S. 17, die mögliche Rechtfertigungsgründe allein auf fehlende Kapazitäten oder Betriebsstörungen begrenzen wollen.

313 Vgl. *City of Anaheim v. Southern California Edison Co.*, 955 F.2d 1373, 1381 (9th Cir. 1992).

314 Vgl. *Town of Massena v. Niagara Mohawk Power Corp.*, 1980-2 Trade Cas. (CCH) 63,526 (N.D.N.Y. 1980).

315 Vgl. auch Troy, Colum. L. Rev. 1983, 441, 474; Ahern, Antitrust L.J. 1994, 153, 172 ff.; Nowicki, Harv. J.L. & Tech. 1996, 353, 366; Lipsky/Sidak, Stan. L. Rev. 1999, 1187, 1201 f.

316 *MCI Communications Corp. v. AT&T Co.*, 708 F.2d 1081, 1137 (7th Cir. 1983): „[...] antitrust liability should not be imposed when a firm acts in compliance with its regulatory obligations".

317 *United States Football League v. National Football League*, 842 F.2d 1335, 1361 (2d Cir. 1988); Soma/Forkner/Jumps, Berkeley Tech. L. J. 1998, 565, 604.

gungsgrund glaubhaft machen konnte, verlagert sich die Beweislast zur Entkräftung des Beklagtenvortrags auf den zugangsbegehrenden Kläger.[318]

VI. Zunehmender Einfluss restriktiver Tendenzen

Seit einiger Zeit sind sowohl im Schrifttum als auch in der Judikative der Vereinigten Staaten Versuche zu verzeichnen, die einzelnen Voraussetzungen des MCI-Tests näher zu konkretisieren.[319] Hintergrund dieser Entwicklung ist das Bemühen um eine sinnvolle Eingrenzung und das Streben nach einer Vereinheitlichung des Anwendungsbereichs der Essential-Facilities-Doktrin. Die besondere Berücksichtigung dieser restriktiven Tendenzen ermöglicht eine genauere Bestimmung der gegenwärtigen Reichweite der Doktrin im amerikanischen Kartellrecht.

1. Nachweis negativer Auswirkungen auf den Wettbewerb

Zunehmend wird verlangt, dass die streitgegenständliche Geschäftsabschlussverweigerung eines Marktbeherrschers empfindliche wettbewerbsschädigende Auswirkungen nach sich ziehen müsse.[320] Im Sinne des Kartellrechts erscheine ein gerichtlich auferlegter Kontrahierungszwang nur dann gerechtfertigt, wenn durch ihn der Wettbewerb als Ganzes spürbar verbessert werde.[321]

---

318 Vgl. *City of Vernon, California v. Southern California Edison Co.*, 955 F.2d 1361, 1366 f. (9th Cir. 1992); Areeda, Antitrust L.J. 1989, 841, 852; Ahern, Antitrust L.J. 1994, 153, 166 f.

319 Hohmann, S. 41; Schommer, S. 61.

320 *Rural Telephone Service Co., Inc. v. Feist Publications, Inc.*, 957 F.2d 765, 768 (10th Cir. 1992): „First, we look at the effects of the monopolist's conduct. Second, we look at its motivation. [...] When examining the effects of Rural Telephone's conduct, we must determine whether its refusal to deal is likely to enable it to foreclose competition, to gain a competitive advantage, or to destroy competition."; *City of Anaheim v. Southern California Edison Co.*, 955 F.2d 1373, 1380 (9th Cir. 1992): „[...] unless it can be used and is used to improperly interfere with competition, [a facility] cannot be called essential."; ebenso *Gas Utilities Co. of Alabama, Inc. v. Southern Natural Gas Co.*, 1993-2 Trade Cas. (CCH), P 70, 316 (11th Cir. 1993); Kapen, Cornell L. Rev. 1987, 1047, 1050; Ahern, Antitrust L.J. 1994, 153, 154.

321 Troy, Colum. L. Rev. 1983, 441, 445; Gerber, Va. L. Rev. 1988, 1069, 1071; Areeda, Antitrust L.J. 1989, 841, 852: „No one should be forced to deal unless doing so is likely substantially to improve competition in the marketplace [...].";Edgar, Idaho L. Rev. 1992, 283, 308; Soma/Forkner/Jumps, Berkeley Tech. L. J. 1998, 565, 593; Sheehan, W. Comp. 1999, 67, 75, Fn. 34; Robinson, Cornell L. Rev. 2002, 1177, 1212.

Diese Einschränkung geht von der Prämisse aus, dass die Essential-Facilities-Doktrin lediglich der Konkretisierung des weit gefassten Tatbestands von Sec. 2 Sherman Act dienen, aber nicht zu einer unbegrenzten Ausweitung des Haftungsmaßstabs für marktbeherrschende Unternehmen führen soll.[322] Auch marktstarke Inhaber wesentlicher Einrichtungen genießen wirtschaftliche Grundfreiheiten, die ihnen generell eine gleichberechtigte Teilhabe am Wettbewerbsgeschehen einräumen.[323] Im Einklang mit der amerikanischen Kartellrechtstradition, die sich in mehreren Grundsatzurteilen des U.S. Supreme Court manifestiert hat, unterliegen sie grundsätzlich keiner Rechtspflicht, Wettbewerb zu schaffen und mithin auch keiner obligatorischen Handelspflicht.[324] Demnach kann eine Zugangsverweigerung niemals per se rechtswidrig sein.[325]

Fokussieren die Gerichte ihren Blick aber zu sehr auf die im Falle einer Zugangsverweigerung dem zugangsbegehrenden Konkurrenten verbleibende individuelle Wettbewerbsfähigkeit, bestünde im Widerspruch zur Tradition und zur intendierten Funktion der Essential-Facilities-Doktrin bereits immer dann eine positive Verpflichtung zum Geschäftsabschluss, wenn das marktdominante Unternehmen keinen Rechtfertigungsgrund für seine diesbezügliche Weigerung vorweisen kann.[326]

Zur Sicherung von Leistungs- und Innovationsanreizen sollten die Gerichte daher einem zweistufigen Test folgen, der für die Verletzung von Sec. 2 Sherman Act zuvorderst den Nachweis negativer wettbewerblicher Effekte verlangt und sich erst dann mit dem Vorhandensein etwaiger Rechtfertigungsgründe für die Zugangsverweigerung auseinandersetzt.[327] Auf das Schicksal eines einzelnen Wettbewerbers kann es in diesem Zusammenhang nicht ankommen, da das Kartellrecht grundsätzlich nicht die Existenzsicherung ineffizienter Unternehmen bezweckt, die notwendige unternehmerische Fähigkeiten und Ressourcen vermissen

---

322 Ladd, Colum. L. Rev. 1986, 1712, 1713 betont vor diesem Hintergrund: "Virtually any successful competitive activity has a detrimental effect on competitors."

323 Edgar, Idaho L. Rev. 1992, 283, 294.

324 Troy, Colum. L. Rev. 1983, 441, 467; Gerber, Va. L. Rev. 1988, 1069, 1078; Areeda, Antitrust L.J. 1989, 841, 852; Makar, Fla. St. U. L. Rev. 1994, 913, 917; Lipsky/Sidak, Stan. L. Rev. 1999, 1187, 1224.

325 Edgar, Idaho L. Rev. 1992, 283, 308; Nowicki, Harv. J.L. & Tech. 1996, 353, 372.

326 Ahern, Antitrust L.J. 1994, 153, 158; diese leistungs- und innovationsfeindliche Herangehensweise repräsentierend *Oahu Gas Service, Inc. v. Pacific Resources, Inc.*, 838 F.2d 360, 368 (9th Cir. 1988), wonach eine Geschäftsabschlusspflicht schon immer dann bestehen soll, wenn es keinen Grund für die Ablehnung gegenüber dem Konkurrenten gibt. Diese Entscheidung rückt den Fokus zu sehr auf den einzelnen Wettbewerber und lässt den Blick für das Gesamte vermissen. In diese Richtung argumentiert auch Perlstein, J. Suffolk Acad. L. 1996, 85, 109 f.

327 Ahern, Antitrust L.J. 1994, 153, 163; i.E. auch Schommer, S. 56 f.

lassen, um sich Zutritt auf gewöhnlich umworbene Märkte zu verschaffen.[328] Anderenfalls wäre die Essential-Facilities-Doktrin nicht mehr als ein populistisches Relikt, das das kartellrechtliche Denken in früheren Jahren beeinflusst hat.[329]

2. *Erfordernis einer marktmächtigen Stellung im nachgelagerten Markt*

Im Gegensatz zur früheren Entscheidungspraxis zeichnet sich nunmehr in der amerikanischen Judikatur eine Tendenz dahingehend ab, eine streitgegenständliche Einrichtung nur noch dann als wesentlich im Sinne der Essential-Facilities-Doktrin anzusehen, wenn sie ihrem verfügungsberechtigten Inhaber die Möglichkeit verleiht, seine Marktmacht auch auf einem nachgelagerten Markt auszuüben bzw. den Wettbewerb auf diesem Markt vollkommen auszuschließen.[330] Dabei muss das marktdominante Unternehmen den Zweitmarkt nicht notwendigerweise beherrschen. Ausreichend ist bereits, dass der Wettbewerb auf dem benachbarten Markt erheblich beeinträchtigt wird, weil damit bereits die Funktionsfähigkeit des Wettbewerbs im Sinne der Zielsetzungen des Kartellrechts in Frage gestellt ist.[331]

Diese strengere Prüfung des Begriffsmerkmals der Wesentlichkeit geht über die bisher überwiegend verlangte vitale Bedeutung der Einrichtung für die Wettbewerbsfähigkeit des Konkurrenten weit hinaus. Denn sie abstrahiert ausdrücklich von der individuellen Einschätzung der unternehmerischen Fähigkeiten des Konkurrenten und betrachtet vorrangig den vor- oder nachgelagerten Markt, auf dem der Infrastrukturinhaber Monopolmacht besitzen muss, als solchen.[332]

---

328 Troy, Colum. L. Rev. 1983, 441, 481; Ladd, Colum. L. Rev. 1986, 1712, 1714 unterstreicht "a dominant firm is encouraged to compete aggressively on the merits, even though a successful effort harms its smaller rivals"; Gerber, Va. L. Rev. 1988, 1069, 1093 kritisiert "courts mistakenly rely on a refusal's effect on a particular user"; Dratler, Sw. U. L. Rev. 1996, 671, 683 zustimmend "antitrust law does not care whether individual firms survive, as long as competition itself thrives and prospers."

329 Hovenkamp, Colum. Bus. L. Rev. 1995, 1, 110.

330 *In re Air Passenger Computer Reservations Systems Antitrust Litigation*, 694 F.Supp. 1443, 1455 (C.D. Cal. 1988). „A facility shoud be deemed essential to the downstream market only where control of the facility by a competitor poses a danger of monopolization of the downstream market."; *Alaska Airlines, Inc. v. United Airlines, Inc.*, 948 F.2d 536, 544 (9th Cir. 1991): "A facility that is controlled by a single firm will be considered "essential" only if control of the facility carries with it the power to eliminate competition in the downstream market."; ebenso *City of Anaheim v. Southern California Edison Co.*, 955 F.2d 1373, 1380, Fn. 5 (9th Cir. 1992); Harz, Emory Int'l L. Rev. 1997, 189, 222, Fn. 212; Opi, Fordham I. P., Media & Ent. L. J. 2001, 409, 440.

331 Schwintowski, WuW 1999, 842, 850; Nikolinakos, ECLR 1999, 399, 407.

332 Hohmann, S. 38.

Gleichzeitig offenbart diese Sichtweise deutliche Parallelen zu den Kernaussagen der Monopoly Leveraging Theorie, so dass die kartellrechtliche Legitimation der Essential-Facilities-Doktrin wohl mittlerweile ausschließlich noch in der Verhinderung des möglichen Transfers von Monopolmacht auf einen Zweitmarkt zu sehen ist.[333] Somit tritt in Sachverhaltskonstellationen, in denen die Anwendbarkeit der Doktrin diskutiert wird, die zunächst einmal vordergründig in Rede stehende wesentliche Einrichtung immer hinter das eigentliche Ziel der Sicherung der Funktionsfähigkeit von Wettbewerb auf zwar eigenständig abgegrenzten, aber doch aufeinander bezogenen Märkten zurück.[334]

3. Wettbewerbsverhältnis zwischen Einrichtungsinhaber und Zugangspetent

Ferner scheint sich die Praxis der amerikanischen Gerichte dahingehend zu verfestigen, die Essential-Facilities-Doktrin nur noch auf Fallgestaltungen anzuwenden, in denen zwischen dem Inhaber der wesentlichen Einrichtung und dem Zugangsinteressenten auf einem bestimmten Markt ein aktuelles oder potentielles Wettbewerbsverhältnis besteht.[335] Dadurch wird gleichzeitig ein Einsatz der Rechtsfigur in Konstellationen der Geschäftsabschlussverweigerung gegenüber Endverbrauchern ausgeschlossen.[336]

VII. Zusammenfassung

Ungeachtet der Tatsache, dass sie bis heute einer Bestätigung durch den U.S. Supreme Court entbehrt, ist die Essential-Facilities-Doktrin eine in der instanzgerichtlichen Rechtsprechung noch immer angewandte Methode zur rechtlichen

---

333 Vgl. *Consolidated Gas Co. of Florida. v. City Gas Co. of Florida.*, 912 F.2d 1262, 1290 f. (11th Cir. 1990); Seelen, Marq. L. Rev. 1997, 1117, 1122.

334 Schwintowski, WuW 1999, 842, 849.

335 Vgl. *Intel Corp. v. Intergraph Corp.*, 195 F.3d 1346, 1357 (Fed. Cir. 1999): "Although the viability and the scope of the essential facility theory has occasioned much scholarly commentary, no court has taken it beyond the situation of competition [...]"; *Interface Group, Inc. v. Massachusetts Port Authority*, 816 F.2d 9, 12 (1st Cir. 1987); *Ferguson v. Greater Pocatello Chamber of Commerce, Inc.*, 848 F.2d 976, 983 (9th Cir. 1988); Markert, FS Mestmäcker, 661, 669; Werden, St. Louis U. L.J. 1987, 433, 459; Kezsbom/Goldman, Colum. Bus. L. Rev. 1996, 1, 10; Hawker, Ohio N.U.L. Rev. 1999, 115, 121; Soma/Forkner/Jumps, Berkeley Tech. L. J. 1998, 565, 601; Piropato, U. Chi. Legal F. 2000, 369, 401; Pitofsky, PLI 2002, 775, 800; a.A. Troy, Colum. L. Rev. 1983, 441, 471: „The duty to deal should not be limited to competitors."; Ratner, U.C. Davis L. Rev. 1988, 327, 359.

336 Tränkle, S. 36; Schindler, S. 32.

Beurteilung von Geschäftsabschlussverweigerungen.[337] Nachdem die Rechtsfigur anfänglich lediglich auf Vorbehalte in Teilen des Schrifttums gestoßen ist, begegnen ihr mittlerweile jedoch auch amerikanische Instanzgerichte mit wachsender Skepsis, die sich insbesondere in einer negativen Bilanz für Klagen, die unter Berufung auf die Doktrin eingeleitet wurden, ausdrückt.[338]

Die zunehmenden Zweifel am kartellrechtlichen Nutzen der Essential-Facilities-Doktrin werden durch die Tatsache genährt, dass es trotz zahlreicher Anwendungsbeispiele nie zufriedenstellend gelungen ist, sie mit einheitlichen und klaren Konturen zu versehen.[339] Die nahezu unbegrenzte Spannbreite angeblicher Präzedenzfälle, in denen die Doktrin trotz unterschiedlichster Sachverhaltskonstellationen von den Gerichten eingesetzt wurde, weckt ernste Bedenken, ob die beabsichtigte Konkretisierung des weit gefassten Tatbestandes von Sec. 2 Sherman Act mit ihrer Hilfe tatsächlich sinnvoll vorangebracht wird und die Doktrin damit als Richtschnur für zukünftige Falllösungen Geltung beanspruchen kann.[340]

Vor diesem Hintergrund erklärt sich auch die gegenwärtig im amerikanischen Kartellrecht zu beobachtende Tendenz einer Limitierung und Eingrenzung des Anwendungsbereiches der Essential-Facilities-Doktrin.[341] Die Gerichte rücken

---

337 Werden, St. Louis U. L.J. 1987, 433, 433; Fine, PLI 2002, 735, 737; Pitofsky/Patterson/Hooks, Anitrust L.J. 2002, 443, 445; McCurdy, E.I.P.R. 2003, 472, 472.

338 Taylor, PLI 2001, 679, 702 m.w.N.; Robinson, Cornell L. Rev. 2002, 1177, 1206 f., Fn. 129; Schommer, S. 62, Fn. 318; grundsätzliche wettbewerbliche Zweifel an der Existenzberechtigung der Doktrin äußert *Blue Cross & Blue Shield United of Wisconsin v. Marshfield Clinic*, 65 F.3d 1406, 1413 (7th Cir. 1995): "Consumers are not better off if the natural monopolist is forced to share some of his profits with potential competitors [...]". Das Gericht betonte aber seine fehlende Zuständigkeit zur Außerkraftsetzung der Doktrin.

339 *City of Anaheim v. Southern California Edison Co.*, 955 F.2d 1373, 1379 (9th Cir. 1992): "[...] its contours are still far from clear."; Troy, Colum. L. Rev. 1983, 441, 444 spricht von "doctrinal confusion"; Lipsky/Sidak, Stan. L. Rev. 1999, 1187, 1248: "A century of antitrust litigation has not produced a coherent framework [...]."; Cotter, Antitrust Bull. 1999, 211, 214 bezeichnet die Konturen der Doktrin als „hazy and uncertain".

340 Glazer/Lipsky, Antitrust L.J. 1995, 749, 765: "A test broad enough to accommodate such factually dissimilar cases will be so broad as to be virtually no test at all."; McGowan, Hastings Comm. & Ent. L.J. 1996, 771, 781: „[...] the essential facilities doctrine embodies some of the most unfortunate tendencies of antitrust."; Soma/Forkner/Jumps, Berkeley Tech. L. J. 1998, 565, 606; Piropato, U. Chi. Legal F. 2000, 369, 396.

341 Der gegenwärtige Trend deckt sich nahezu vollständig mit der für die Doktrin vorhergesagten Entwicklung von Areeda, Antitrust L.J. 1989, 841, 841: "(1) An extreme case arises to which a court responds. (2) The language of that response is then applied – often mechanically, sometimes cleverly – to expand the application. With too few judges experienced enough with the subject to resist, the doctrine expands

nicht mehr den plakativen Inhalt der Doktrin selbst in den Vordergrund, sondern setzen diesen in eine enge Verbindung zum Gesetzeswortlaut und den Zielen des Sherman Act.[342] Diese Entwicklung findet ihren aktuellen Höhepunkt in den grundsätzlichen Zweifeln, ob die Rechtsfigur überhaupt für die gerichtliche Prüfung einer Verletzung von Sec. 2 Sherman Act notwendig ist.[343]

Ein wesentlicher Schwachpunkt der Doktrin liegt in dem Fehlen ihrer wettbewerbspolitischen Begründung. Begünstigt wurde ihre Entwicklung sicherlich durch die Schwäche des traditionell angewandten Intent Test, wonach die – in der praktischen Rechtsanwendung nur sehr schwer zu beweisende – Monopolisierungsabsicht des marktbeherrschenden Unternehmens eine Geschäftsabschlussverweigerung kartellrechtswidrig macht.[344] Die Essential-Facilities-Doktrin entbindet die Gerichte von der problematischen Prüfung subjektiver Vorstellungen und ermöglicht ihnen, anhand objektiver und somit einfacher festzustellender Kriterien einen Verstoß gegen das Monopolisierungsverbot darzutun. Doch wenn die eigentliche Legitimation der Doktrin – wie von den Gerichten oftmals ausgeführt – in der Verhinderung des Machttransfers von einem relevanten Markt auf einen benachbarten Zweitmarkt liegt,[345] bleibt mehr als fragwürdig, worin ihr Unterschied zur Monopoly Leveraging Theorie besteht, der eine rechtliche Eigenständigkeit der Doktrin begründen könnte.[346] Nicht zuletzt vor diesem Hin-

---

to the limits of its language, with little regard to policy. (3) Such expansions ultimately become ridiculous, and the process of cutting back begins."

342 *In re Air Passenger Computer Reservations System Antitrust Litigation*, 694 F. Supp. 1443, 1455 (C.D. Cal. 1988): "The essential facilities doctrine must be tied to the particular statutory provision under which relief is sought. The doctrine itself is an abstraction designed to assist courts in determining whether the statute has been violated. The starting point of statutory construction is the language of the statute itself.".

343 Vgl. aus jüngerer Zeit *Telecomm Technical Services, Inc. v. Siemens Rolm Communications, Inc.*, 66 F. Supp. 2d 1306, 1319 (N.D. Ga. 1998): "The Supreme Court has never explicitly held that a section 2 refusal to deal claim must be analyzed under [the essential facilities] doctrine."; *Verizon Communications Inc. v. Law Offices of Curtis V. Trinko, LLP.*, 540 U.S. 398, 411 (2004): "We have never recognized such a [essential facilities] doctrine and we find no need either to recognize it or to repudiate it here."; a.A. noch: *David L. Aldridge Co. v. Microsoft Corp.*, 995 F. Supp. 728, 751 (S.D. Tex. 1998): "Often criticized, the essential facilities doctrine nevertheless remains a viable part of the federal antitrust laws."

344 Hohmann, S. 41.

345 Seelen, Marq. L. Rev. 1997, 1117, 1122; Schwintowski, WuW 1999, 842, 849; dieses Kriterium ebenfalls stark hervorhebend Marquardt/Leddy, Antitrust L.J. 2003, 847, 850 f.

346 Dieses Problem aufzeigend Werden, St. Louis U. L.J. 1987, 433, 460; Ratner, U.C. Davis L. Rev. 1988, 327, 360; Hylton, B.Y.U.L. Rev. 1991, 1243, 1244;

tergrund mehren sich in den Vereinigten Staaten kritische Stimmen, die sich von einer Rückkopplung einschlägiger Fälle an die allgemeinen Grundsätze zur Geschäftsverweigerung eine größere dogmatische Stabilität erhoffen.

Die Gesamtbetrachtung des mit der Essential-Facilities-Doktrin in Zusammenhang stehenden amerikanischen Entscheidungsmaterials hat gezeigt, dass eine sachgerechte Lösung dieser Fälle auch mittels traditioneller Konzepte, die für Geschäftsabschlussverweigerungen im Rahmen des Sherman Act erarbeitet wurden, möglich gewesen wäre.[347] Daher stellt die Rechtsfigur im Kartellrechtssystem der Vereinigten Staaten dann auch weniger ein eigenständiges Rechtsinstrument als vielmehr ein deskriptives Hilfsmittel dar, mit dem eine Ausnahme zum anerkannten Grundsatz indiziert werden kann, dass jeder Marktteilnehmer seine wirtschaftlichen Ressourcen ausschließlich selbst nutzen darf.[348] Sie beschreibt letzten Endes Sachverhaltskonstellationen, in denen der Ausschluss von Konkurrenten als Instrument eingesetzt wird, um auf Märkten, für welche die Nutzbarkeit bestimmter Einrichtungen eine entscheidende Wettbewerbsvoraussetzung darstellt, die eigene Machtstellung gegen Wettbewerb abzusichern.[349] Ihre dogmatische Funktion erschöpft sich mithin in dem Zweck, den Instanzgerichten in Fällen einer Geschäftsabschlussverweigerung die Prüfung einer möglichen Verletzung des Sherman Act zu erleichtern.

In diesem Zusammenhang müssen sich die Gerichte stets den Ausnahmecharakter der Essential-Facilities-Doktrin vergegenwärtigen.[350] Sie beabsichtigt keine generelle Öffnung monopolistischer Infrastrukturen und Ressourcen für sämtliche auf diese angewiesenen Unternehmen nach dem Muster von „common car-

---

Kezsbom/Goldman, Colum. Bus. L. Rev. 1996, 1, 7; Hohmann, S. 40; Schommer, S. 63.

347 Markert, FS Mestmäcker, 661, 671; Kezsbom/Goldman, Colum. Bus. L. Rev. 1996, 1, 34; Harz, Emory Int'l L. Rev. 1997, 189, 222; Schwintowski, WuW 1999, 842, 842; Hawker, Ohio N.U.L. Rev. 1999, 115, 122.

348 Areeda, Antitrust L.J. 1989, 841, 841: "It is less a doctrine than an epithet, indicating some exception to the right to keep one's creation to oneself [...]"; *Anti-Monopoly, Inc. v. Hasbro, Inc.*, 1995-2 Trade Cas. (CCH) 71,095 (S.D.N.Y. 1995): "The essential facility doctrine is not a seperate violation of antitrust law, but rather is „a label that may aid in the analysis of a monopoly claim.“; *SAS of Puerto Rico, Inc. v. Puerto Rico Telephone Co.*, 48 F.3d 39, 46 (1st Cir. 1995): "[...] the purported „essential facilities“ doctrine is something less than a self-executing formular.“; McCurdy, E.I.P.R. 2003, 472, 479.

349 Piropato, U. Chi. Legal F. 2000, 369, 370; Markert, FS Mestmäcker, 661, 670; Tränkle, S. 37.

350 Gerber, Va. L. Rev. 1988, 1069, 1071; Soma/Forkner/Jumps, Berkeley Tech. L. J. 1998, 565, 582; Piropato, U. Chi. Legal F. 2000, 369, 393; Pitofsky, PLI 2002, 775, 784.

rier“ oder „public utilities“.[351] Diese Deutung der Doktrin wird durch die Tatsache untermauert, dass der U.S. Supreme Court noch in keinem einzigen seiner bisherigen Urteile einem marktbeherrschenden Unternehmen aus einem regulierungsfreien Industriebereich eine Geschäftsabschlusspflicht mit einem Wettbewerber auferlegt hat, zu dem es bis dato keine historisch gefestigte Handelsbeziehung gehabt hatte.[352] Ziel von auf der Doktrin gestützten Zugangsgewährungen zu wesentlichen Einrichtungen kann also nur sein, die Wettbewerbschancen für Dritte auf vermachteten Märkten zu verbessern, indem zu unrecht bestehende Marktzutrittsschranken abgebaut werden. Insofern fügt sich auch die Beobachtung treffend ein, dass die Sachverhaltskonstellationen, die mit der amerikanischen Essential-Facilities-Doktrin in Zusammenhang gebracht werden, sich stets durch das Vorliegen außergewöhnlicher Umstände oder durch die Existenz natürlicher Monopolstellungen auszeichneten.[353] Die mittlerweile zu beobachtenden restriktiven Tendenzen stellen in diesem Zusammenhang einen notwendigen Richtungswechsel der Instanzgerichte hin zu einer vorsichtigen und zurückhaltenden Anwendung der Essential-Facilities-Doktrin dar.

351 Markert, FS Mestmäcker, 661, 670; Stollhoff, S. 103.

352 Vgl hierzu die zusammenfassende Ausführung zu den entschiedenen Supreme Court Fällen in *Florida Fuels, Inc. v. Belcher Oil Co.*, 717 F. Supp. 1528, 1535 f. (S.D. Fla. 1989).

353 Subiotto, ECLR 1992, 234, 243; McGowan, Hastings Comm. & Ent. L.J. 1996, 771, 781; Shin, S. 35.

3. Kapitel: Die Essential-Facilities-Doktrin im europäischen Wettbewerbsrecht

Die Existenz der transatlantischen Essential-Facilities-Doktrin als schlagkräftiges kartellrechtliches Instrumentarium wurde von den europäischen Gemeinschaftsorganen nicht ignoriert. Doch wie bereits in der Vergangenheit mit zahlreichen anderen Rechtsentwicklungen aus den Vereinigten Staaten geschehen, wurde auch die Essential-Facilities-Doktrin erst mit einiger Zeitverzögerung im europäischen Kartellrechtskreis rezipiert. Durchaus vergleichbar mit ihrem amerikanischen Pendant gehört die Anwendung dieser Rechtsfigur seither zu den am lebhaftesten erörterten Erscheinungen des europäischen Wettbewerbsrechts.[354]

Den ersten Auslöser hierfür bildeten die drei „Hafenentscheidungen" der Europäischen Kommission[355] der Jahre 1992 und 1993, in denen das Konzept erstmals explizit als Konkretisierung des Missbrauchsverbots des Art. 82 EG zur Anwendung gelangte.[356] Die konkreten Voraussetzungen der Doktrin sowie die aus ihrer Anwendung folgenden rechtlichen Konsequenzen sind innerhalb des Rechtskreises der Europäischen Union noch nicht abschließend geklärt. Diese Unsicherheiten haben grundsätzlichen Zweifeln Vorschub geleistet, ob die Rezeption eines nur schemenhaft umrissenen Konzepts in das europäische Wettbewerbsrecht überhaupt sinnvoll sei.[357]

Nach gegenwärtigem Stand der noch darzulegenden Entscheidungspraxis zu Art. 82 EG ist es einem marktbeherrschenden Unternehmen in bestimmten Sachverhaltskonstellationen untersagt, die Bereitstellung seiner Verfügungsmacht unterstehender, wesentlicher Einrichtungen gegenüber aktuellen oder potentiellen Konkurrenten zu verweigern. Mit anderen Worten kann ihm eine aktive Pflicht

354 Müller, EuZW 1998, 232, 232; Fleischer/Körber, WuW 2001, 6, 10; a.A. Schwarz van Berk, S. 36, der eine „weitgehend reibungsfreie" Rezeption der Doktrin feststellt.

355 Kommission, Entscheidung v. 11.06.1992, EG-Bulletin Nr. 6 (1992), Tz. 1.3.30. = Kurzdarstellung im XXII. Bericht über die Wettbewerbspolitik 1992, Tz. 219 – *B&I/Sealink*; Entscheidung v. 21.12.1993, ABl.EG 1994 Nr. L 15/8 – *Sea Containers/Stena Sealink*; Entscheidung v. 21.12.1993, ABl.EG 1994 Nr. L 55/52 – *Hafen von Rødby*.

356 Mennicke, ZHR 1996, 626, 628; Martenczuk, EuR 1999, 565, 566.

357 Schindler, S. 34; Abermann, S. 147.

zur Förderung seiner ansonsten nicht wettbewerbsfähigen Konkurrenz auferlegt werden.[358]

Darüber hinaus hat die Zugangsproblematik zu wesentlichen Einrichtungen außer in der Rechtsanwendungspraxis zu den europäischen Wettbewerbsvorschriften Niederschlag in diversen sektorspezifischen Liberalisierungserlassen, Rats- und Gruppenfreistellungsverordnungen sowie in zahlreichen Bekanntmachungen der Europäischen Kommission und in ihren Berichten über die Wettbewerbspolitik gefunden.[359] Für ein besseres Verständnis der Rolle der Essential-Facilities-Doktrin innerhalb des europäischen Wettbewerbsrechts soll zunächst der gesetzliche Rahmen vorgestellt werden, innerhalb dessen sie sich bewegt.

A. Die Zielsetzung des europäischen Wettbewerbsrechts

Die europäische Wettbewerbspolitik ist in erster Linie auf die Verwirklichung des Grundgedankens der europäischen Einheit ausgerichtet.[360] Zur Realisierung dieses Vorhabens sind unter anderem die Angleichung der unterschiedlichen Wirtschaftspolitiken, die Förderung eines harmonischen Wachstums, die Verbesserung des Lebensstandards und des Zusammenwachsens der Mitgliedstaaten notwendige Zwischenschritte.[361] Einen wichtigen Beitrag leistet in diesem Zusammenhang das in Art. 2 EG ausdrücklich formulierte Postulat der Schaffung eines vorrangig marktwirtschaftlich ausgeprägten Gemeinsamen Marktes, der primär über den Wettbewerb gelenkt werden soll. Vor diesem Hintergrund erklärt sich Art. 3 lit. g EG, wonach zu den Mitteln, mit denen diese Forderung verwirklicht werden soll, auch die Errichtung eines Systems unverfälschten Wettbewerbs innerhalb des Binnenmarktes gehört.[362]

Einhergehend mit dieser Zielsetzung ist zunächst einmal unerlässlich, mögliche Interventionen der Mitgliedstaaten in die marktwirtschaftliche Ordnung des Binnenmarktes bestimmten Regeln zu unterwerfen, die ihre Verträglichkeit mit dem System unverfälschten Wettbewerbs sicherstellen.[363] Diese Aufgaben erfüllen insbesondere die primärrechtlichen Regelungen der Art. 86 ff. EG. Darüber

358 Schlussanträge des Generalanwalts Jacobs, 28.05.1998 – *Bronner*, C-7/97 – Slg. 1998, I-7791, 7802, Tz. 34.

359 Vgl. Ausführungen bei Schindler, S. 37 f.; Hohmann, S. 58, Fn. 200 ff.; Stollhoff, S. 113 ff.; Shin, S. 100 ff.; Schwarz van Berk, S. 221 ff; Giudici, S. 96 ff.

360 Tränkle, S. 12.

361 Grabitz/Hilf-v. Bogdandy, Art. 3, Rn. 14 ff.; Groeben/Thiesing/Ehlermann- Zuleeg, Art. 3, Rn. 7 ff.

362 Emmerich, S. 369; Shin, S. 94.

363 Emmerich, S. 369 f.

hinaus müssen zuweilen aber auch Unternehmen daran gehindert werden, Handlungen vorzunehmen, die im Gegensatz zum System unverfälschten Wettbewerbs stehen. Dieser Funktion werden die – für die vorliegende Untersuchung vorrangig relevanten – Vorschriften der Art. 81 und Art. 82 EG gerecht. Beide Wettbewerbsregeln bezwecken, den vom EG-Vertrag angestrebten, wettbewerblich organisierten Binnenmarkt gegen privatautonome Beschränkungen zu schützen.[364] Ansonsten bestünde die latente Gefahr, dass private Wettbewerbsbeschränkungen anstelle der vom EG-Vertrag gerade abgeschafften staatlichen Handelshemmnisse treten könnten.[365]

B. Die kartellrechtliche Beurteilung der Geschäftsabschlussverweigerung

Durchaus vergleichbar mit dem Kartellrecht der Vereinigten Staaten enthält auch das europäische Wettbewerbsrecht keine spezialgesetzliche Regelung für Situationen der Geschäftsabschlussverweigerung, soweit man von einigen spezifischen, sektoralen Sonderregelungen absieht. Ihre kartellrechtliche Beurteilung erfolgt daher insbesondere anhand der Generalklauseln der Art. 81 und Art. 82 EG.

Grundsätzlich werden unter den Oberbegriff der Geschäftsabschlussverweigerung sowohl der Abbruch von Geschäftsbeziehungen mit einem aktuellen Geschäftspartner als auch deren Nichtaufnahme mit einem potentiellen Geschäftspartner durch ein oder mehrere Unternehmen gefasst.[366] Als Sonderfall der letztgenannten Fallgruppe bildeten die Gemeinschaftsgerichte und die Europäische Kommission im europäischen Rechtssystem sukzessive die Essential-Facilities-Doktrin heraus. Angelehnt an das transatlantische Vorbild sollten mit ihr Sachverhaltskonstellationen beurteilt werden, in denen ein marktbeherrschendes Unternehmen über eine wesentliche Einrichtung verfügt, auf deren Mitbenutzung Dritte unbedingt angewiesen sind, und sich weigert, die Mitbenutzung gegen Zahlung eines Entgelts zu gestatten.[367]

---

364 Dittmann, S. 21 f.; Jacobi, S. 28.

365 Harz, Emory Int'l L. Rev. 1997, 189, 196; Emmerich, S. 370.

366 Emmerich, S. 441 f.; Stollhoff, S. 127; Haas, S. 85; Jacobi, S.78.

367 Turnbull, ECLR 1996, 96, 101; Capobianco, E.L. Rev. 2001, 548, 550; Schindler, S. 62.

C. Die Rechtsgrundlage der Essential-Facilities-Doktrin im europäischen Wettbewerbsrecht

Das europäische Wettbewerbsrecht basiert vorwiegend auf den drei Säulen der Art. 81 und Art. 82 EG sowie der Fusionskontrollverordnung.[368] Insbesondere die beiden weit gefassten, generalklauselartigen Bestimmungen des EG-Vertrages wurden – vergleichbar mit den Vorschriften Sec. 1 und Sec. 2 Sherman Act – erst durch die Rechtsanwendungspraxis der Europäischen Kommission und des Europäischen Gerichtshofs näher konkretisiert.[369] Beide Normen sind nicht lediglich Programmsätze, sondern unmittelbar verpflichtende Vertragsvorschriften.[370]

Da die Essential-Facilities-Doktrin auch im europäischen Wettbewerbsrecht keine ausdrückliche Formulierung gefunden hat, wurde eine mögliche Anwendung dieser Rechtsfigur innerhalb des normativen Rahmens beider Vorschriften des EG-Vertrages diskutiert, wobei Entscheidungen im Zusammenhang mit Art. 81 EG einen gewissen Seltenheitswert besitzen.[371] Den tatsächlichen Gegebenheiten entsprechend werden im folgenden zwar beide Normen vorgestellt, das Hauptaugenmerk ist jedoch auf Art. 82 EG gerichtet, da die Doktrin von Beginn an als nähere Konkretisierung dieses Artikels mit dem Ziel einer leichteren Feststellungsmöglichkeit für einen Verstoß gegen das Missbrauchsverbot entwickelt wurde.

I. Die gesetzliche Regelung des Art. 81 EG

Parallel zur Rechtsanwendungspraxis in den Vereinigten Staaten zu Sec. 1 Sherman Act ist die Problematik des Zugangs zu wesentlichen Einrichtungen auch innerhalb des Art. 81 EG anlässlich der Beurteilung wettbewerbsbeschränkender Vereinbarungen sowie im Rahmen der Prüfung von Unternehmenszusammenschlüssen aufgegriffen worden.[372]

---

368 v. Wallenberg, Rn. 8.

369 Rittner, S. 133, Rn. 59; Schindler, S. 102.

370 EuGH, 21.02.1973 – *Continental Can/Kommission*, Rs. 6/72 – Slg. 1973, 215, 244, Tz. 23; Langen/Bunte-Bunte, Einführung zum EG-Kartellrecht, Rn. 19.

371 Vgl. Glasl, ECLR 1994, 306, 310; Furse, ECLR 1995, 469, 471.

372 Bspw. Kommission, Entscheidung v. 21.09.1994, ABl.EG 1994 Nr. L 259/20 – *Night Services*; Entscheidung v. 13.12.1994, ABl.EG 1994 Nr. L 354/66 – *Eurotunnel*; Mennicke, ZHR 1996, 626, 653, Fn. 111; Temple Lang, Fordham Int'l L. J. 1994, 437, 450; vgl. auch Schindler, S. 69 ff. und Schwarz van Berk, S. 96 ff.

Nach Art. 81 Abs. 1 EG sind Vereinbarungen zwischen Unternehmen, Beschlüsse von Unternehmensvereinbarungen und aufeinander abgestimmte Verhaltensweisen, die den Handel zwischen den Mitgliedstaaten zu beeinträchtigen geeignet sind und eine Verhinderung, Einschränkung oder Verfälschung des Wettbewerbs innerhalb des Gemeinsamen Marktes bezwecken oder bewirken, mit dem Gemeinsamen Markt unvereinbar und verboten. Eine normative Konkretisierung erfährt die Generalklausel in der beispielhaften Auflistung des Art. 81 Abs. 1 lit. a – e EG.

Grundsätzlich sind derartige wettbewerbsbeschränkende Vereinbarungen nach Art. 81 Abs. 2 EG nichtig. Gemäß Art. 81 Abs. 3 EG können jedoch im Einzelfall oder auch für Gruppen von Verträgen Freistellungen von diesem Kartellverbot erfolgen. Hierdurch bekommt die Gemeinschaft die Möglichkeit, in begrenztem Rahmen eine eigene Wettbewerbspolitik zu betreiben. Die Freistellungen sind insbesondere dann wahrscheinlich, wenn das Kartell wirtschaftlich sinnvoll oder gar erwünscht ist. Die Zusicherung einer bedingungslosen Zulassung von Konkurrenten zu wesentlichen Einrichtungen kann unter Umständen Voraussetzung für die Erteilung einer Einzelfreistellung oder für die Anwendbarkeit einer Gruppenfreistellungsverordnung darstellen.[373] Praxisrelevante Bedeutung erlangt diese Form der Zusicherung insbesondere im Falle der Gründung von Gemeinschaftsunternehmen, sofern diese über derart bedeutende Infrastrukturen oder Technologien verfügen, dass eine Bottleneck-Ressource (Engpass-Ressource) entstehen könnte.[374]

II. Die gesetzliche Regelung des Art. 82 EG

Neben dem vorbezeichneten Art. 81 EG bildet das unmittelbare Geltung beanspruchende Missbrauchsverbot des Art. 82 EG den zweiten tragenden Pfeiler des europäischen Wettbewerbsrechts zur Gewährleistung eines Systems unverfälschten Wettbewerbs im Sinne von Art. 3 lit. g EG.[375] In Abgrenzung zu Art. 81 EG geht es allerdings nicht mehr um die Entstehung von Marktmacht, sondern um die Ausnutzung einer bereits bestehenden beherrschenden Marktstellung. Gleichzeitig stellt diese Verbotsnorm als Ausgangspunkt für ein Vorgehen gegen den Missbrauch von Marktmacht die eigentliche gesetzliche Basis der Essential-Facilities-Doktrin im europäischen Kartellrecht dar.

---

373 Immenga/Mestmäcker-Möschel, Art. 86, Fn. 265.

374 Schindler, S. 36.

375 Eilmansberger, CML Rev. 2005, 129, 132; Immenga/Mestmäcker-Möschel, Art. 86, Rn. 1; Langen/Bunte-Dirksen, Art. 82, Rn. 2; Groeben/Thiesing/Ehlermann-Schröter, Art. 86, Rn. 17; Jacobi, S. 28.

Die Generalklausel des Art. 82 Satz 1 EG ist an marktbeherrschende Unternehmen adressiert und verbietet diesen ausdrücklich die missbräuchliche Ausnutzung ihrer beherrschenden Stellung gegenüber anderen Marktteilnehmern auf dem Gemeinsamen Markt oder auf einem wesentlichen Teil desselben, soweit dies den Handel zwischen den Mitgliedstaaten zu beeinträchtigen vermag. Die möglichen Verhaltensweisen eines Marktbeherrschers, die einen entsprechenden Missbrauch darstellen können, sind sehr vielfältig und reichen über die nicht abschließende Auflistung in Art. 82 Satz 2 EG hinaus.[376]

Art. 82 Satz 1 EG fungiert hauptsächlich als Auffangtatbestand für alle im zweiten Satz nicht ausdrücklich genannten Fallkonstellationen. In diesem Zusammenhang ist auch an den ungeschriebenen Tatbestand der Geschäftsabschlussverweigerung zu denken, der dem Grundgedanken der Essential-Facilities-Doktrin sehr nahe steht.[377]

Potentielle Adressaten der Verbotsnorm müssen eine beherschende Stellung auf dem Gemeinsamen Markt oder auf einem wesentlichen Teil desselben innehaben. Vor diesem Hintergrund kommt der Bestimmung des relevanten Marktes ausschlaggebende Bedeutung zu.[378] Denn je räumlich kleiner und inhaltlich spezifischer ein Markt verstanden wird, desto eher wachsen der Marktanteil eines Unternehmens sowie die Wahrscheinlichkeit, dass es eine beherrschende Stellung einnimmt und desto eher wird auch eine Wettbewerbsbeeinträchtigung auf ihm feststellbar sein.[379]

Der räumlich relevante Markt im Sinne der Vorschrift ist das Gebiet, in dem für alle Wirtschaftsteilnehmer Wettbewerbsbedingungen gelten, die einander gleichen oder hinreichend homogen sind.[380] Dies kann der gesamte Gemeinsame

---

376 Vgl. EuGH, 14.11.1996 – *Tetra Pak/Kommission*, Rs. C-333/94 P – Slg. 1996, I-5987, 6011, Tz. 37; Jacobi, S. 68 ff.

377 Sheehan, W. Comp. 1999, 67, 67, Fn.1; Schindler, S. 36, Fn. 206; Tränkle, S. 10.

378 Vgl. nur EuGH, 17.07.1997 – *GT-Link*, Rs. C-242/95 – Slg. 1997, I-4449, 4465, Tz. 36; EuGH, 26.11.1998 – *Bronner*, C-7/97 – Slg. 1998, I-7791, 7828, Tz. 32; Abermann, S. 10.

379 Bleckmann, Rn. 1925; Schwarz van Berk, S. 134.

380 EuGH, 14.02.1978 – *United Brands/Kommission*, Rs. 27/76 – Slg. 1978, I-207, 284, Tz. 44; EuGH, 05.10.1988 – *Alsatel/Kommission*, Rs. 247/86 – Slg. 1988, VII-5987, 6009, Tz. 15; EuG, 06.10.1994 – *Tetra Pak/Kommission*, Rs. T-83/91 – Slg. 1994, II-755, 805, Tz. 91.

Markt[381], das Gebiet eines oder mehrerer Mitgliedstaaten[382] oder auch nur ein Teil eines Mitgliedstaates sein.[383]

Die sachlich relevante Marktabgrenzung erfolgt nach dem Bedarfsmarktkonzept bzw. dem Konzept der funktionellen Austauschbarkeit, also aus Sicht der Marktgegenseite nach dem Prinzip der subjektiven Äquivalenz.[384] Danach sind diejenigen Produkte und Dienstleistungen demselben sachlich relevanten Markt zuzuordnen, die sich aufgrund ihrer Merkmale zur Befriedigung eines bestimmten Bedarfs besonders eignen und mit anderen Erzeugnissen oder Dienstleistungen nur gering austauschbar sind.[385]

Der Terminus der „beherrschenden Stellung" erfährt weder durch das Gemeinschaftsrecht im allgemeinen noch durch Art. 82 EG im besonderen eine nähere Definition. Jedoch gilt nach gefestigter Rechtsprechung ein Unternehmen immer dann als marktbeherrschend im Sinne dieser Vorschrift, wenn seine wirtschaftliche Machtstellung derart ausgeprägt ist, dass es die Entstehung und Aufrechterhaltung wirksamen Wettbewerbs auf dem relevanten Markt verhindern kann, indem es ihm möglich ist, sich von Wettbewerbern, Abnehmern und Verbrauchern in nennenswertem Umfang unabhängig zu verhalten.[386] Ob eine beherrschende Stellung, die auf Eigeninitiative oder rechtlichen Gründen beruhen kann, im Einzelfall vorliegt, wird im Rahmen einer sorgfältigen Abwägung anhand der Wettbewerbssituation auf dem relevanten Markt, der Unternehmensstruktur des Marktbeherrschers und dem konkreten Marktverhalten des Unter-

---

381 So z.B. EuGH, 13.02.1979 – *Hoffmann-La Roche/Kommission*, Rs. 85/76 – Slg. 1979, I-461, 515, Tz. 22.

382 EuGH, 14.02.1978 – *United Brands/Kommission*, Rs. 27/76 – Slg. 1978, I-207, 285, Tz. 45.

383 So z.B. EuGH, 16.12.1975 – *„Suiker Unie"/Kommission* – Slg. 1975, 1663, 2012, Tz. 448.

384 Rittner, S. 166, Rn. 51; v. Wallenberg, Rn. 232; Emmerich, S. 427; vgl. auch Bekanntmachung der Kommission über die Definition des relevanten Marktes im Sinne des Wettbewerbsrechts der Gemeinschaft vom 09.12.1997, ABl.EG 1997, Nr. C 372/5, Tz. 7; EuGH, 21.02.1973 – *Europemballage und Continental Can/Kommission*, Rs. 85/73 – Slg. 1973, I-215, 248, Tz. 32.

385 EuGH, 11.12.1980 – *L'Oréal/De Nieuwe Amck*, Rs. 31/80 – Slg. 1980, IV-3775, 3793, Tz. 25; EuGH, 09.11.1983 – *Michelin/Kommission*, Rs. 322/81 – Slg. 1983, IV-3461, 3504, Tz. 37; EuGH, 03.07.1991 – *AKZO/Kommission*, Rs. C-62/86 – Slg. 1991, I-3359, 3450, Tz. 51; EuGH, 14.11.1996 – *Tetra Pak/Kommission*, Rs. C-333/94 P – Slg. 1996, I-5987, 6004, Tz. 11 ff.

386 St. Rspr. seit EuGH, 14.02.1978 – *United Brands/Kommission*, Rs. 27/76 – Slg. 1978, I-207, 286, Tz. 63; EuGH, 13.02.1979 – *Hoffmann-La Roche/Kommission*, Rs. 85/76 – Slg. 1979, I-461, 520, Tz. 38; EuGH, 09.11.1983 – *Michelin/Kommission*, Rs. 322/81 – Slg. 1983, V-3461, 3503, Tz. 30.

nehmens ermittelt.[387] Den Marktanteilen des betreffenden Unternehmens misst die Rechtsanwendungspraxis dabei eine gewichtige indizielle Bedeutung zu.[388]

Einem Unternehmen ist die Innehabung einer marktbeherrschenden Stellung sowie ihre Ausnutzung nicht verboten, da Art. 82 EG nicht wirtschaftliche Größe als solche verhindern will.[389] Auch eine generelle Verpflichtung zum Geschäftsabschluss oder zur Zugangsgewährung für interessierte Dritte ist der Vorschrift nicht zu entnehmen. Parallel zu dem mittels der Colgate-Doktrin im amerikanischen Kartellrecht verankerten Grundsatz der Vertragsfreiheit liegt es auch im europäischen Wettbewerbsrecht grundsätzlich im unternehmerischen Ermessen, ob und mit welchen Partnern Vertragsbeziehungen eingegangen werden.[390] Sofern eine marktbeherrschende Stellung gegeben ist, unterliegt das jeweilige Unternehmen allerdings erhöhten Verhaltensanforderungen und trägt eine besondere Marktstrukturverantwortung bei seiner Teilnahme am Wettbewerb.[391]

Art. 82 EG erfasst also lediglich die missbräuchliche Ausnutzung einer dominanten Marktposition. In diesem Zusammenhang werden die von der Vorschrift erfassten Konstellationen gemeinhin in Ausbeutungs-, Behinderungs- und Marktstrukturmissbräuche gegliedert.[392] Der Missbrauchsbegriff selbst wird allein objektiv bestimmt, so dass etwaige wettbewerbsschädliche Intentionen des Markt-

387 Langen/Bunte-Dirksen, Art. 82, Rn. 37; Grabitz/Hilf-Jung, Art. 82 EGV, Rn. 78.

388 Jebsen/Stevens, Antitrust L.J. 1996, 443, 479; Greaves, E.I.P.R. 1998, 379, 380; Emmerich, S. 431, der diesen Gesichtspunkt als wichtigstes Kriterium zur Feststellung einer marktbeherrschenden Funktion begreift; ebenso Stollhoff, S. 122 f; Beckmerhagen, S. 208.

389 Turnbull, ECLR 1996, 96, 97; Harz, Emory Int'l L. Rev. 1997, 189, 198; v. Wallenberg, Rn. 234; Bleckmann, Rn. 1944.

390 Subiotto, ECLR 1992, 234, 234: "Article 8[2] has not, in principle, imposed upon dominant companies a general duty to deal with others or to share their asset with others. It has been considered that a dominant company will, in principle, be in a position to choose with whom it wishes to begin dealing."; Schindler, S. 102; Dittmann, S. 274.

391 EuGH, 09.11.1983 – *Michelin/Kommission*, Rs. 322/81 – Slg. 1983, V-3461, 3511, Tz. 57: „Die Feststellung, dass eine marktbeherrschende Stellung gegeben ist, beinhaltet für sich allein keinen Vorwurf gegenüber dem betreffenden Unternehmen, sondern bedeutet nur, dass dieses unabhängig von den Ursachen dieser Stellung eine besondere Verantwortung dafür trägt, dass es durch sein Verhalten einen wirksamen und unverfälschten Wettbewerb auf dem Gemeinsamen Markt nicht beeinträchtigt."; Jebsen/Stevens, Antitrust L.J. 1996, 443, 488; Capobianco, E.L. Rev. 2001, 548, 557; Bücking, GRUR 2002, 27, 30; Abermann, S. 20; Dittmann, S. 95.

392 Hohmann, S. 44; Stollhoff, S. 124 f., Sprickmann Kerkerinck, S. 46; Abermann, S. 23.

beherrschers – anders als im amerikanischen Monopolisierungsverbot – keine Rolle spielen.[393]

Der Europäische Gerichtshof nimmt ein missbräuchliches Ausnutzen im Sinne der Vorschrift bei Verhaltensweisen eines Unternehmens in beherrschender Stellung an, welche die Struktur eines Marktes beeinflussen können, auf dem der Wettbewerb gerade wegen der Anwesenheit des fraglichen Unternehmens bereits geschwächt ist, und die die Aufrechterhaltung des auf dem Markt noch bestehenden Wettbewerbs oder dessen Entwicklung durch die Verwendung solcher Mittel behindern, die von den Mitteln eines normalen Produkt- oder Dienstleistungswettbewerbs abweichen.[394]

Mit dieser höchstrichterlichen Formel wird jede, dem Ziel eines freien Leistungswettbewerbs zuwiderlaufende, missbräuchliche Ausnutzung einer marktbeherrschenden Stellung erfasst, wobei sich die rechtsanwendenden Gemeinschaftsorgane bereit gezeigt haben, einer weiten Interpretation des Missbrauchsbegriffs zu folgen.[395] Nicht nur Verhalten, das sich direkt zum Schaden der Verbraucher auswirkt, sondern auch Verhaltensweisen, die sich auf sie nachteilig auswirken könnten, indem sie negativen Einfluss auf den wirksamen Wettbewerb, wie er in Art. 3 lit. g EG angestrebt wird, haben, werden bereits als missbräuchlich im Sinne des Tatbestandes eingestuft.[396] Damit schützt Art. 82 EG den Wettbewerb als Institution, nicht aber den einzelnen Wettbewerber.[397]

Die unmittelbare Rechtsfolge eines Verstoßes gegen Art. 82 EG ist generell das Verbot des in Rede stehenden Verhaltens. Die Kommission verpflichtet beteiligte Unternehmen die festgestellte Zuwiderhandlung abzustellen und besitzt darüber hinaus die Möglichkeit, im Falle vorsätzlicher oder fahrlässiger Zuwiderhandlung Geldbußen zu verhängen. Ausnahmsweise kann die Kommission auch ein Gebot zur Ausführung eines positiven Tuns aussprechen, wenn dies das

---

393 EuGH, 21.02.1973 – *Europemballage und Continental Can/Komission*, 85/73 – Slg. 1973, I-215, 247, Tz. 29; EuGH, 13.02.1979 – *Hoffmann-La Roche/Kommission*, Rs. 85/76 – Slg. 1979, I-461, 541, Tz. 91; Temple Lang, Fordham Int'l L. J. 1994, 437, 522; Harz, Emory Int'l L. Rev. 1997, 189, 199; a.A. Eilmansberger, CML Rev. 2005, 129, 149 ff.

394 Grundlegend EuGH, 13.02.1979 – *Hoffmann-La Roche/Kommission*, Rs. 85/76 – Slg. 1979, I-461, 541, Tz. 91; EuGH, 11.12.1980 – *L'Oréal/De Nieuwe Amck*, Rs. 31/80 – Slg. 1980, IV-3775, 3794, Tz. 27; EuGH, 03.07.1991 – *AKZO/Kommission*, Rs. C-62/86 – Slg. 1991, I-3359, 3455, Tz. 69.

395 Turnbull, ECLR 1996, 96, 97.

396 EuGH, 22.01.1974 – *Commercial Solvents/Kommission*, Rs. 6. u. 7/73 – Slg. 1974, I-223, 254, Tz. 32; Stothers, ECLR 2001, 256, 257.

397 Temple Lang, Fordham Int'l L. J. 1994, 437, 489; Deselaers, EuZW 1995, 563, 566; Capobianco, E.L. Rev. 2001, 548, 560; Eilmansberger, CML Rev. 2005, 129, 138.

einzige zur Verfügung stehende Mittel zur Abstellung der Zuwiderhandlung ist. Diese Sanktionsform wird insbesondere bei Geschäftsabschlussverweigerungen regelmäßig gewählt, indem dem Marktbeherrscher eine Geschäftsabschlusspflicht seitens der Kommission auferlegt wird.[398]

2. Vergleich mit der Regelungskonzeption des Sec. 2 Sherman Act

Da die gesetzlichen Grundstrukturen des EG-Vertrages prinzipiell mit denen des Sherman Act vergleichbar sind, sehen zahlreiche Literaten in Art. 82 EG das Ebenbild von Sec. 2 Sherman Act.[399] Doch nicht nur in den den Vorschriften zugrundeliegenden wettbewerbspolitischen Ideen und Zielsetzungen, sondern auch in der konkreten normativen Ausgestaltung beider Regelungen bestehen zum Teil erhebliche Unterschiede. Für ein besseres Verständnis der Funktion, die der Essential-Facilities-Doktrin im europäischen Wettbewerbsrecht im Gegensatz zu ihrem transatlantischen Vorläufer zukommen kann, erscheint daher ein kurzer Vergleich der beiden gesetzlichen Grundlagen hilfreich.

Mit der tatbestandlichen Anknüpfung an das Element der Marktbeherrschung nimmt Art. 82 EG eine ähnliche Rolle wie das Monopolisierungsverbot des Sec. 2 Sherman Act ein. Bereits die Feststellung erhöhter Marktmacht als Indikator wettbewerblich gefährlicher Marktstrukturen kann unter Umständen zur Auferlegung besonderer Handlungspflichten führen, die im Ergebnis einschneidende Restriktionen hinsichtlich möglicher wettbewerblicher Verhaltensweisen des betreffenden Unternehmens auslösen können.[400] Angesichts der marktbeherrschenden Unternehmen grundsätzlich zur Verfügung stehenden großen Verhaltensspielräume, einschließlich der Option, funktionsfähigen Wettbewerb zum Nachteil der Konkurrenten und der Allgemeinheit auszuschließen, tragen Art. 82 EG und Sec. 2 Sherman Act letztlich zur Einhaltung der aus diesem Machtpotential fließenden besonderen Verantwortung des Marktbeherrschers bei.

Gemeinsam ist beiden Vorschriften auch, dass sie keine Marktdominanz per se verbieten.[401] Im Gegensatz zu dem als Strafnorm konzipierten Monopolisierungsverbot von Sec. 2 Sherman Act richtet sich Art. 82 EG jedoch ausschließlich gegen die missbräuchliche Ausnutzung und nicht gegen den zweckgerichteten Erwerb oder die Verteidigung einer beherrschenden Position, soweit dabei

---

398 Vgl. EuGH, 22.01.1974 – *Commercial Solvents/Kommission*, Rs. 6. u. 7/73 – Slg. 1974, I-223, 257, Tz. 45; EuGH, 06.04.1995 – *RTE und ITP/Kommission*, Rs. C-241 u. C-242/91 P – Slg. 1995, I-743, 834, Tz. 91.

399 Areeda, Antitrust L.J. 1989, 841, 846; Kobak, Antitrust L.J. 1996, 341, 352; Capobianco, E.L. Rev. 2001, 548, 549, Fn. 6; Markert, FS Mestmäcker, 661, 662.

400 Turnbull, ECLR 1996, 96, 98; Hohmann, S. 43.

401 Opi, Fordham I. P., Media & Ent. L. J. 2001, 409, 426.

unangemessene Mittel eingesetzt werden.[402] Erwerb und Bestand marktbeherrschender Stellungen als fortwährendes Ziel unternehmerischen Handelns werden vom europäischen Kartellrecht toleriert und lediglich die Ausübung und Ausnutzung der hieraus resultierenden Marktmacht wird im Rahmen der allgemeinen Missbrauchsaufsicht einer Kontrolle unterworfen.[403] Da diese Art der Fairness- oder Ausbeutungskomponente im Sherman Act keine Beachtung findet,[404] ist es nur folgerichtig, dass beispielsweise das Verlangen von Monopolpreisen keine Verletzung des Sec. 2 Sherman Act bedeutet, während eine vergleichbare Festsetzung unfairer Preise im europäischen Wettbewerbsrecht untersagt ist.[405]

Unterschiede zeigen sich zudem bei den möglichen Sanktionsformen. So umfasst der gesetzliche Sanktionskatalog des Sec. 2 Sherman Act bei festgestellten Verbotsverstößen neben Schadensersatzansprüchen und der möglichen Untersagung der Anwendung unangemessener Mittel zum Erwerb von Monopolmacht auch die Befugnis, eine rechtswidrig erlangte Monopolstellung durch Entflechtungsmaßnahmen wieder zu beseitigen und geht damit erheblich weiter als Art. 82 EG.

D. Die Rechtsanwendungspraxis der europäischen Gemeinschaftsorgane

Für ein umfassendes Verständnis der im Rahmen des europäischen Rechts der Wettbewerbsbeschränkungen herausgebildeten Essential-Facilities-Doktrin ist eine detailliertere Analyse der europäischen Entscheidungspraxis notwendig. Daher sollen im folgenden anhand einschlägiger Entscheidungen der Europäischen Kommission und des Europäischen Gerichtshofs sowohl der Hintergrund als auch das erreichte Ausmaß der europäischen Essential-Facilities-Doktrin nachgezeichnet werden. Die Auseinandersetzung mit ausgewählten Rechtsstreitigkeiten soll eine abstrakte Herausarbeitung einzelner Anwendungsvoraussetzungen der Doktrin sowie eine Bestimmung ihrer Reichweite ermöglichen. Unberücksichtigt bleiben in diesem Zusammenhang Sachverhalte, in denen sich die Zugangsbegehren auf immaterialgüterrechtlich geschützte Positionen richteten, da deren Begutachtung dem vierten Kapitel der Untersuchung vorbehalten ist.

---

402 Furse, ECLR 1995, 469, 470; Harz, Emory Int'l L. Rev. 1997, 189, 198; Koenig/Loetz, EWS 2000, 377, 379; Capobianco, E.L. Rev. 2001, 548, 549, Fn. 6.

403 Schwintowski, WuW 1999, 842, 843; Schommer, S. 87.

404 Markert, FS Mestmäcker, 661, 663.

405 Areeda, Antitrust L.J. 1989, 841, 847; Kauper, Antitrust L.J. 1990, 441, 443; *Berkey Photo, Inc. v. Eastman Kodak Co.*, 603 F.2d 263, 276 (2d Cir. 1979); im Vergleich dazu EuGH, 29.02.1968 – *Parke Davis*, Rs. 24/67 – Slg. 1968, 85, 113.

Das Missbrauchsverbot des Art. 82 EG konkretisierend und zugleich inspiriert durch das transatlantische Vor- und Leitbild, erwies sich die Europäische Kommission als treibende Kraft bei der Übernahme der Grundprinzipien der amerikanischen Essential-Facilities-Doktrin.[406] Die dem kartellrechtlichen Instrument von der Kommission zugemessene hohe Bedeutung wird auch durch diverse Ausführungen in ihren jährlichen Berichten über die Wettbewerbspolitik sowie in zahlreichen Bekanntmachungen, in denen die Kommission regelmäßig auf die Thematik der Zugangsverweigerung zu wesentlichen Einrichtungen in verschiedenen Bereichen eingegangen ist, deutlich.[407]

Die von Seiten der Europäischen Kommission der Doktrin entgegengebrachte Aufmerksamkeit stand zumindest zu Beginn in direktem Zusammenhang mit der von ihr verfolgten Liberalisierungspolitik, deren angestrebtes Ziel die Marktöffnung ehemals regulierter Wirtschaftszweige war.[408] Die mit diesem Privatisierungsprozess unter gewissen Umständen verbundene Regelungsnotwendigkeit des Zugangs Dritter zu wesentlichen Einrichtungen zur Verhinderung von Marktmachtmissbrauch ist insgesamt auch wenig umstritten.

Den Schwerpunkt der zu analysierenden Kommissionsentscheidungen bilden die drei „Hafenentscheidungen“, deren Aussagekraft zentrale Bedeutung für die vorliegende Untersuchung zukommt. Alle drei Rechtsstreitigkeiten beinhalteten ähnliche Sachverhalte und betrafen die Verweigerung des Zugangs bzw. die diskriminierende Zulassung zu Hafenanlagen durch vertikal integrierte Hafenbetreiber, also Verhaltensweisen, die nicht explizit von den Missbrauchstatbeständen des Art. 82 Satz 2 EG erfasst wurden.

Mit ihren jeweiligen Entscheidungserwägungen hat die Kommission maßgeblich zur Formulierung einer europäischen Essential-Facilities-Doktrin beigetragen und die Rechtsfigur zur Begründung eines gemäß Art. 82 EG verbotenen Missbrauchs herangezogen. Daher markieren die drei Entscheidungen nach überwiegender Ansicht im europäischen Schrifttum den offiziellen Entstehungszeitpunkt des kartellrechtlichen Instruments im europäischen Rechtssystem.[409] Nach eige-

---

406 Deselaers, EuZW 1995, 563, 563; Müller, EuZW 1998, 232, 232; Nikolinakos, ECLR 1999, 399, 404; Creuss/Agustinoy, W. Comp. 2000, 57, 68; Fleischer/Körber, WuW 2001, 6, 10.

407 Vgl. detaillierte Darstellung bei Schindler, S. 37 f. und Haas, S. 142, Fn. 492.

408 Temple Lang, Fordham Int'l L. J. 1994, 437, 441; Furse, ECLR 1995, 469, 472, Fn. 36; Müller, EuZW 1998, 232, 234; Nikolinakos, ECLR 1999, 399, 409; Opi, Fordham I. P., Media & Ent. L. J. 2001, 409, 418.

409 Venit/Kallaugher, Fordham Corp. L. I. 1994, 315, 330; Müller, EuZW 1998, 232, 233; Tränkle, S. 40; Hohmann, S. 53.

ner Auffassung der Kommission finden sich jedoch schon erste Ansätze eines Essential-Facilities-Konzepts in vorangegangenen Urteilen des Europäischen Gerichtshofs sowie in einigen ihrer früheren Entscheidungen, die in einer vergleichbaren Argumentationsweise die Idee des Zugangs zu wichtigen betrieblichen Ressourcen und der damit verbundenen Marktzugangsproblematik thematisierten, allerdings ohne dabei explizit den Oberbegriff der „wesentlichen Einrichtungen" zu benutzen.[410]

1. B&I Line plc. v. Sealink Harbours Ltd. & Sealink Stena Ltd.

In der ersten ihrer Hafenentscheidungen[411] anerkannte die Europäische Kommission erstmals ausdrücklich die generelle Möglichkeit der Verpflichtung eines marktbeherrschenden Unternehmens zur Gewährung des Zugangs zu einer wesentlichen Einrichtung unter expliziter Zuhilfenahme der Essential-Facilities-Doktrin im Rahmen des Art. 82 EG.[412]

a) Sachverhalt

Sealink Harbours Ltd., eine britische Tochtergesellschaft des schwedischen Konzerns Stena Line AB, war gleichzeitig Eigentümerin und Betreiberin des kleinen Seehafens Holyhead in Wales. Eine weitere Tochtergesellschaft der Stena-Gruppe – Sealink Stena Ltd. – betrieb von diesem navigationstechnisch nur schwer zugänglichen Hafen aus den Fährverkehr nach Irland. Unter paralleler Nutzung des Hafens bot einzig das irische Fährunternehmen B&I Line plc. (B&I) ebenfalls Fährdienste auf der genannten Route an.

---

410 Vgl. Kommission, Entscheidung v. 21.12.1993, ABl.EG 1994 Nr. L 15/16, Tz. 66, Fn. 3 – *Sea Containers/Stena Sealink*; Entscheidung v. 26.02.1992, ABl.EG 1992 Nr. L 96/34 – *British Midland/Aer Lingus* –, in der die Beendigung eines Interlining-Abkommens durch die beherrschende Fluggesellschaft Aer Lingus als missbräuchlich im Sinne von Art. 82 EG eingestuft wurde, da sie eine nicht dem Leistungswettbewerb entsprechende Erhöhung der Marktzutrittsschranken für den Neueinsteiger British Midland auf der Flugroute London – Dublin bedeute; Entscheidung v. 04.11.1988, ABl.EG 1988 Nr. L 317/47 – *London European/SABENA* – in der SABENAs Weigerung, London European Airways in ein elektronisches Flugreservierungssystem aufzunehmen als Verstoß gegen Art. 82 EG gewertet wurde; EuGH, 22.01.1974 – *Commercial Solvents/Kommission*, Rs. 6 u. 7/73 – Slg. 1974, 223; EuGH, 03.10.1985 – *CBEM/CLT und IPB*, Rs. 311/84 – Slg. 1985, IV-3261.

411 Kommission, Entscheidung v. 11.06.1992, 5 C.M.L.R. 1992, 255 ff. – *B&I/Sealink*.

412 Markert, WuW 1995, 560, 561; Scherer, MMR 1999, 315, 316; Schindler, S. 41; Meinhardt, S. 144; Abermann, S. 74; Schlussanträge des Generalanwalts Jacobs, 28.0.1998 – *Bronner*, C-7/97 – Slg. 1998, I-7791, 7808, Tz. 48.

Durch zahlreiche Änderungen des Fahrplans zugunsten ihres Schwesterunternehmens Sealink Stena Ltd. verursachte Sealink Harbours Ltd. erhebliche Störungen bei der Abfertigung der Schiffe der konkurrierenden Fährgesellschaft B&I. Aufgrund der beengten räumlichen Verhältnisse des kleinen Hafens musste B&I immer dann begonnene Be- und Entladevorgänge ihrer Fähren vollständig unterbrechen, wenn diese von Schiffen der Sealink Stena Ltd. passiert wurden. Darüber hinaus wurden B&I von der Hafenbetreiberin in einem überarbeiteten Fahrplan neue Abfahrtszeiten zugewiesen, die nach Auffassung der irischen Fährgesellschaft nicht wettbewerbsfähig waren.

b) Entscheidung

Im Rahmen des Erlasses einstweiliger Maßnahmen stellte die Europäische Kommission einen Verstoß gegen Art. 82 EG durch die Tochterunternehmen der Stena-Gruppe fest. Diese hätten eine beherrschende Stellung auf dem Markt der Hafeneinrichtungen für Fährdienste im zentralen Durchfahrkorridor zwischen Großbritannien und Irland inne, da Holyhead innerhalb dieses abgegrenzten Marktes als einzig zur Verfügung stehender Hafen anzusehen sei.[413]

Nach Auffassung der Kommission missbrauche ein marktbeherrschendes Unternehmen, das eine wesentliche Einrichtung sowohl kontrolliere als auch selbst nutze, seine dominierende Stellung im Sinne des Art. 82 EG immer dann, wenn es Wettbewerbern die Nutzung der fraglichen Einrichtung zum Vorteil der eigenen wirtschaftlichen Aktivitäten entweder vollständig untersage oder diese nur unter unangemessenen Bedingungen gewähre.[414] In diesem Zusammenhang gelte eine Einrichtung immer dann als wesentlich, wenn Wettbewerber ohne Zugangsmöglichkeiten keine Dienstleistungen gegenüber ihren Kunden erbringen könnten.[415]

Die Kommission sah es vor diesem Hintergrund als erwiesen an, dass beide Tochtergesellschaften der Stena-Gruppe in ihrer Funktion als Betreiber des Hafens einerseits und Anbieter von Fährdienstleistungen andererseits mit der Bereit-

413 Kommission, Entscheidung v. 11.06.1992, 5 C.M.L.R. 1992, 255, 265, Tz. 39.

414 Kommission, Entscheidung v. 11.06.1992, 5 C.M.L.R. 1992, 255, 266, Tz. 41: „[...] A company in a dominant position may not discriminate in favour of its own activities in a related market [...]. The owner of an essential facility which uses its power in one market in order to strengthen its position in another related market, in particular, by granting its competitor access to that related market on less favourable terms than those of its own services, infringes Article 8[2] where a competitive disadvantage is imposed upon its competitor without objective justification."

415 Kommission, Entscheidung v. 11.06.1992, 5 C.M.L.R. 1992, 255, 265, Tz. 41: „[...] a facility or infrastructure without access to which competitors cannot provide services to their customers [...]."

stellung der Hafeninfrastruktur an ihren Konkurrenten zu ungünstigen Konditionen das Ziel verfolgten, die Position von B&I auf dem Markt für Fährdienste zu schwächen, da keine objektiven Rechtfertigungsgründe für ihr Verhalten ersichtlich waren. Insbesondere sei unerheblich, dass eine nur eingeschränkte Nutzungsmöglichkeit der fraglichen Ressource durch den Konkurrenten regelmäßig im wirtschaftlichen Interesse des Marktbeherrschers liege.[416] Dem Fährunternehmen B&I stünde ein Anrecht auf wettbewerbsfähige Ladezeiten zu, dem mit der Rückkehr zu den originären Fahrplänen Geltung verschafft werden könne. Zukünftig seien Störungen durch vorbeifahrende Fähren der Sealink Stena Ltd. zu unterlassen.[417]

c) Rechtliche Einordnung

Diese Entscheidung wird aufgrund ihres englischen Originalwortlauts vielfach als explizites Anerkenntnis der Essential-Facilities-Doktrin durch die Europäische Kommission als wettbewerbsrechtliches Instrumentarium zum Zwecke der Zugangsgewährung zu einer wesentlichen Einrichtung angesehen.[418] Der Hafen Holyhead besitze für den relevanten Markt der Passagier- und Autofährdienste nach Irland insofern eine signifikante verkehrspolitische Bedeutung, da keine ebenbürtigen Ausweichhäfen existierten. Eine Duplizierung dieser Infrastruktureinrichtung scheitere an den natürlichen und geographischen Gegebenheiten. Vom nächstgelegenen britischen Hafen Liverpool aus startend, hätte sich die Überfahrtszeit nach Irland nahezu verdoppelt. Aufgrund dieser einzigartigen Stellung des Hafens Holyhead müsse er als wesentliche Einrichtung charakterisiert werden.

d) Würdigung der Entscheidung

Die vorliegende Auslegung des Art. 82 EG durch die Europäische Kommission muss in einem besonderen Zusammenhang mit ihren Bestrebungen zur Deregulierung zahlreicher europäischer Wirtschaftsbereiche gesehen werden.[419] Als entscheidungserhebliches Wertungskriterium betrachtete die Kommission das drohende Ausnutzen von Marktmacht eines vertikal integrierten Unternehmens zur

---

416 Kommission, Entscheidung v. 11.06.1992, 5 C.M.L.R. 1992, 255, 267, Tz. 43: „[...] its own commercial interests are not enough for the purposes of Article 8[2] to justify the resulting harm to the competitive situation of its competitor."

417 Kommission, Entscheidung v. 11.06.1992, 5 C.M.L.R. 1992, 255, 267, Tz. 43 f.

418 Furse, ECLR 1995, 469, 471; Ridyard, ECLR 1996, 438, 438; Creuss/Agustinoy, W. Comp. 2000, 57, 68; Fine, PLI 2002, 735, 742; Stollhoff, S. 137.

419 Furse, ECLR 1995, 469, 471.

bewussten Behinderung eines Konkurrenten auf einem nachgelagerten Markt.[420] Da allerdings schon eine langjährige Geschäftspraxis zwischen beiden Streitparteien und mithin auch Zugang zu den Hafenanlagen bestand, wird deutlich, dass gerade nicht die erstmalige Öffnung eines bestimmten Marktes für einen neuen Wettbewerber im Vordergrund der Entscheidung stand.[421] Dem marktbeherrschenden Unternehmen sollte vielmehr ein diskriminierender Verdrängungswettbewerb untersagt und durch Einräumung akzeptabler Nutzungsmöglichkeiten bestehender Wettbewerb aufrechterhalten werden.[422]

Durch die weit gefasste Definition des Missbrauchsbegriffs droht die Europäische Kommission jedoch, zukünftig nahezu jedwedes Verhalten eines marktdominanten Unternehmens zu hinterfragen, sofern hierfür nicht objektiv nachvollziehbare Rechtfertigungsgründe offensichtlich sind. Damit verkennt die Kommission, dass Art. 82 EG unternehmerisches Handeln eines Marktbeherrschers grundsätzlich nicht einschränken, sondern es nur im Missbrauchsfall untersagen will.

Seitens der Kommission unbeantwortet blieb die Frage, ob es B&I mit einigem finanziellen Engagement eventuell nicht doch möglich gewesen wäre, einen Alternativhafen zu finden, von dem aus die fragliche Seeroute hätte ausreichend bedient werden können.[423] Schließlich trug nicht zuletzt die von B&I selbst zu verantwortende Ausstattung ihrer Schiffe zu den unausweichlichen Ladeunterbrechungen bei, sobald Fähren der Sealink Stena Ltd. die Anlegestelle passierten. Wären die Schiffe anders konstruiert gewesen, hätte das Vorbeifahren anderer Schiffe zu weniger starken Behinderungen geführt.[424]

Insgesamt lässt sich dieser Entscheidung daher auch nur schwer eine rechtsdogmatisch und wettbewerbstheoretisch nachvollziehbare Rechtfertigung für die Adaption einer eigenständigen Essential-Facilities-Doktrin in das europäische Wettbewerbsrecht entnehmen.[425]

---

420 Kommission, Entscheidung v. 11.06.1992, 5 C.M.L.R. 1992, 255, 266, Tz. 41.

421 Bunte, WuW 1997, 302, 310; Schindler, S. 42.

422 Klaue, RdE 1996, 51, 56; Bunte, WuW 1997, 302, 310; Tränkle, S. 41.

423 Ridyard, ECLR 1996, 438, 442.

424 Abermann, S. 79.

425 So auch Schommer, S. 119.

2. Sea Containers v. Stena Sealink

Nur kurze Zeit später war es erneut der kleine westenglische Seehafen Holyhead, der zu einer Auseinandersetzung Anlass gab, aus der die zweite Hafenentscheidung der Europäischen Kommission hervorging.[426]

a) Sachverhalt

Die Betreibergesellschaft des Hafens Holyhead – nunmehr Stena Sealink Ports – verweigerte der Reederei Sea Containers Ltd. unter Hinweis auf technische Schwierigkeiten sowie fehlende Kapazitäten die Zuweisung verschiedener Anlegemöglichkeiten und kommerziell akzeptabler Ankunfts- und Abfahrtszeiten. Ohne deren Zuteilung war es Sea Containers Ltd. jedoch unmöglich, auf der Strecke von Holyhead (Wales) nach Dun Laoghaire (Irland) einen neuen, kommerziell tragfähigen Schnellfährdienst anzubieten. Auf dieser Fährroute bot bislang die konkurrierende Stena Sealink Line, die zu 55 % an Stena Sealink Ports beteiligt war, einen konventionellen Fährbetrieb an, ehe sie im Frühjahr 1993 selbst den ersten Schnellfährdienst auf dieser Seepassage aufnahm.

Im Verlauf des von der Europäischen Kommission eingeleiteten Verfahrens unterbreitete Sealink[427] überraschend der Fährgesellschaft Sea Containers Ltd. ein Angebot, das dieser den Zugang zum Seehafen von Holyhead zu den gewünschten Bedingungen ermöglichte. Letztere stimmte der vorgeschlagenen Regelung schließlich zu.

b) Entscheidung

Trotz dieser einvernehmlichen Lösung und entgegen ihrer üblichen Praxis fällte die Europäische Kommission eine formelle Entscheidung. Damit gedachte sie, einem ausreichenden öffentlichen Interesse an einer Entscheidung gerecht zu werden. Einerseits galt es, die rechtliche Stellung der Parteien für Gegenwart und Zukunft festzulegen und andererseits, Rechtssicherheit hinsichtlich der künftigen Behandlung vergleichbarer Situationen zu schaffen.[428]

---

426 Kommission, Entscheidung v. 21.12.1993, ABl.EG 1994 Nr. L 15/8 – *Sea Containers/Stena Sealink.*

427 Sofern nicht zwischen den beiden Unternehmen Stena Sealink Ports und Stena Sealink Line unterschieden werden muss, wird auf sie im folgenden durchgängig unter der Bezeichnung „Sealink" verwiesen.

428 Kommission, Entscheidung v. 21.12.1993, ABl.EG 1994 Nr. L 15/15, Tz. 47 – *Sea Containers/Stena Sealink.*

Mithin war zu klären, ob Sealink ein missbräuchliches Ausnutzen einer marktbeherrschenden Stellung vorgehalten werden konnte. Nach Auffassung der Kommission wurde der relevante Markt durch die Erbringung von Hafendienstleistungen für Auto- und Passagierfährdienste in der Zentralpassage zwischen Großbritannien und Irland gebildet.[429] Auf diesem besaßen die verbundenen Unternehmen der Stena-Gruppe eine beherrschende Stellung, da die Inkaufnahme doppelt so langer Überfahrtszeiten vom Hafen Liverpool aus oder der Bau eines neuen Hafens keine realistischen Alternativen zum Seehafen Holyhead darstellten.[430]

Unter Berufung auf ihren in der vorangegangenen Entscheidung formulierten Grundsatz ging die Europäische Kommission sodann detailliert auf den Vorwurf des Missbrauchs dieser Stellung ein. Eine Verletzung des Art. 82 EG liege immer dann vor, wenn „[e]in Unternehmen, das für die Gestellung einer wesentlichen Einrichtung (d.h. einer Einrichtung oder Infrastruktur, ohne deren Nutzung ein Wettbewerber seinen Kunden keine Dienste anbieten kann) marktbeherrschend ist und diese Einrichtung selbst nutzt und anderen Unternehmen den Zugang zu dieser Einrichtung ohne sachliche Rechtfertigung verweigert oder nur unter Bedingungen, die ungünstiger sind als für seine eigenen Dienste, gewährt, [...] sofern die übrigen Voraussetzungen dieses Artikels erfüllt sind."[431] Dieser Grundsatz gelte – in offensichtlicher Erweiterung der Aussagen in *Sealink I* – nicht nur im Falle einer begehrten Fortsetzung der Mitbenutzung einer wesentlichen Einrichtung, sondern auch dann, wenn ein Wettbewerber unter Nutzung dieser Einrichtung erstmals in den relevanten Markt einzutreten beabsichtigt.[432]

Vor diesem Hintergrund erkannte die Europäische Kommission ein missbräuchliches Verhalten auf Seiten von Sealink im Sinne des Art. 82 EG, da die Hafenbetreiberin nicht wie eine unabhängige Hafenbehörde über den Zulassungsantrag des Konkurrenten entschieden habe.[433] Eine solche hätte unzweifel-

---

429 Kommission, Entscheidung v. 21.12.1993, ABl.EG 1994 Nr. L 15/9, Tz. 12 – *Sea Containers/Stena Sealink.*

430 Kommission, Entscheidung v. 21.12.1993, ABl.EG 1994 Nr. L 15/16, Tz. 63 ff. – *Sea Containers/Stena Sealink.*

431 Kommission, Entscheidung v. 21.12.1993, ABl.EG 1994 Nr. L 15/16, Tz. 66 – *Sea Containers/Stena Sealink.*

432 Kommission, Entscheidung v. 21.12.1993, ABl.EG 1994 Nr. L 15/17, Tz. 67 – *Sea Containers/Stena Sealink* – unter Hinweis auf EuGH, 13.02.1979 – *Hoffmann-La Roche/Kommission*, Rs. 85/76 – Slg. 1979, I-461, 541, Tz. 91, wonach Verhaltensweisen marktbeherrschender Unternehmen die Aufrechterhaltung des auf dem relevanten Markt noch bestehenden Wettbewerbs oder dessen Entwicklung nicht behindern dürfen.

433 Kommission, Entscheidung v. 21.12.1993, ABl.EG 1994 Nr. L 15/17, Tz. 70 – *Sea Containers/Stena Sealink.*

haft Interesse an Möglichkeiten zur Steigerung der Hafeneinkünfte gehabt und zumindest ernsthaft geprüft, ob den Interessen vorhandener und potentieller Nutzer des Hafens am besten durch kleine Änderungen der Hafenstrukturen hätte gedient werden können.[434]

c) Rechtliche Einordnung

Überwiegend wird im europäischen Schrifttum angenommen, dass die Kommission mit ihrer zweiten Hafenentscheidung das Konzept der Essential-Facilities-Doktrin faktisch in das europäische Kartellrecht eingeführt habe.[435] Inhabern wesentlicher Einrichtungen erwachse seither im Falle ausreichender Kapazitäten eine diskriminierungsfreie Bereitstellungspflicht ihrer Ressourcen an Wettbewerber auf einem nachgelagerten Markt.[436]

Gleichzeitig habe die Kommission den Anwendungsbereich der Rechtsfigur auf Konstellationen ausgedehnt, in denen erst die Zugangsgewährung einem Wettbewerber den Neueintritt in einen bestimmten Markt ermöglichen kann.[437] Damit habe sie den Schutzzweck des Art. 82 EG erweitert, da die Norm nunmehr offensichtlich auch zur Eröffnung von Wettbewerb auf Märkten dienen solle, auf denen vorher noch keiner bestand.[438]

d) Würdigung der Entscheidung

Bemerkenswert ist zunächst, dass die Europäische Kommission in ihrer Entscheidung lediglich die dominierende Stellung Sealinks auf dem Markt für die Erbringung von Hafendienstleistungen hervorhebt. Wenngleich die Vermutung nahelag, dass Sealink auch im Markt für Fährtransporte zwischen Wales und Irland marktbeherrschend war, finden sich in der Missbrauchsanalyse der Kommission keine Äußerungen zur Voraussetzung einer Marktbeherrschung auch im nachgelagerten Dienstleistungsmarkt. Somit wurde das Konzept der Essential-Facilities-Doktrin von der Europäischen Kommission zwar ausdrücklich erwähnt,

---

434 Kommission, Entscheidung v. 21.12.1993, ABl.EG 1994 Nr. L 15/18, Tz. 75 – *Sea Containers/Stena Sealink.*

435 Deselaers, EuZW 1995, 563, 563; Furse, ECLR 1995, 469, 472; Tränkle, S. 42.

436 Stollhoff, S. 139.

437 Temple Lang, Fordham Int'l L. J. 1994, 437, 461; Ridyard, ECLR 1996, 438, 443; Tränkle, S. 41.

438 Schnelle, EuZW 1994, 556, 558.

inhaltlich wurde die Entscheidung jedoch allein unter Zuhilfenahme traditioneller Kriterien einer missbräuchlichen Geschäftsabschlussverweigerung begründet.[439]

Insgesamt geraten die Anmerkungen der Kommission zum relevanten Markt durcheinander. So definiert sie ihn an einer Stelle als den Markt für die Erbringung von Hafendienstleistungen für Passagier- und Autofähren durch die Zentralpassage.[440] An anderer Stelle wiederum konzentriert sie sich zur Feststellung einer beherrschenden Stellung auf den Markt für Auto- und Passagierfährdienste in der Zentralpassage, also den eigentlich nachgelagerten Markt.[441] Letztlich erwähnt sie nur noch eine marktbeherrschende Stellung bezüglich der wesentlichen Einrichtung.[442] Ein gesichertes Verständnis für die Voraussetzungen und den genauen Inhalt einer Essential-Facilities-Doktrin wird durch diese Ungenauigkeiten nicht erreicht.

Der von der Europäischen Kommission festgestellte Verstoß gegen Art. 82 EG basierte letztlich allein auf ihrer äußerst knappen Einschätzung, dass der Bau eines neuen Hafens wirtschaftlich und materiell keine realistische Alternative zu der begehrten Nutzung des Hafens Holyhead darstelle.[443] Auch sonst waren aus Sicht der Kommission keine Ausweichmöglichkeiten ersichtlich. Doch in diesem Punkt unterlag die Kommission einem Irrtum. Sea Containers Ltd. nahm trotz der durch das Verfahren gebotenen Nutzungsmöglichkeit nie den Fährverkehr von Holyhead aus auf. Der Hafen von Liverpool, den das Unternehmen stattdessen für seinen Fährverkehr nach Irland seit 1996 nutzt, wäre in einer Gesamtschau der Vor- und Nachteile auch schon damals ein adäquater Ersatz gewesen. Die von der Kommission hervorgehobene längere Fahrzeit der Fährschiffe wird für die Reisenden durch eine ungleich bessere Verkehrsanbindung an das Straßennetz ausgeglichen.[444]

Des weiteren offenbart die von der Kommission gegenüber Stena Sealink Ports ausgesprochene Anordnung, wie ein unabhängiger Hafenbetreiber über die Nutzungsberechtigung seiner wesentlichen Einrichtung zu entscheiden, Grundzüge einer strukturellen Separierung der Geschäftsfelder des Einrichtungsinhabers

---

439 Venit/Kallaugher, Fordham Corp. L. I. 1994, 315, 331; Klaue, RdE 1996, 51, 56; Bunte, WuW 1997, 302, 310;. Meinhardt, S. 146; Schindler, S. 42, Fn. 237.

440 Kommission, Entscheidung v. 21.12.1993, ABl.EG 1994 Nr. L 15/9, Tz. 12 – *Sea Containers/Stena Sealink.*

441 Kommission, Entscheidung v. 21.12.1993, ABl.EG 1994 Nr. L 15/16, Tz. 65 – *Sea Containers/Stena Sealink.*

442 Kommission, Entscheidung v. 21.12.1993, ABl.EG 1994 Nr. L 15/16, Tz. 66 – *Sea Containers/Stena Sealink.*

443 Kommission, Entscheidung v. 21.12.1993, ABl.EG 1994 Nr. L 15/16, Tz. 64 – *Sea Containers/Stena Sealink.*

444 Capobianco, E.L. Rev. 2001, 548, 557 f.; Opi, Fordham I. P., Media & Ent. L. J. 2001, 409, 430, Fn. 142; Hohmann, S. 55; Tränkle, S. 84.

bei der Vermarktung der Einrichtung einerseits und deren Nutzung auf einem benachbarten Markt andererseits.[445] Diese Rechtsauffassung verschärft den in *Sealink I* aufgestellten Gleichbehandlungsgrundsatz erheblich.[446]

3. Hafen von Rødby

Die dritte Hafenentscheidung[447] datierte vom selben Tag und behandelte ein negativ beschiedenes Zugangsbegehren zum dänischen Hafen Rødby.

a) Sachverhalt

Das öffentliche Unternehmen DSB war zum einen Inhaber des ausschließlichen Rechts für die Organisation des Eisenbahnverkehrs in Dänemark. Zum anderen war DSB Eigentümer des von ihm verwalteten dänischen Seehafens Rødby. Die Benutzung der Terminals des Hafens unterlag allerdings der Genehmigung des dänischen Verkehrsministeriums, das seine Entscheidung stets auf Vorschlag von DSB traf.

Bis zu dem entscheidungserheblichen Zeitpunkt betrieben DSB und die Deutsche Bundesbahn gemeinsam als einzige Unternehmen die Seeverbindung auf der sogenannten Vogelfluglinie zwischen Rødby und Puttgarden. Diese Fährverbindung, über die fast der gesamte Personen- und Güterverkehr zwischen Deutschland und Dänemark abgewickelt wurde,[448] war angesichts der gegebenen geographischen Situation einzigartig. Beide Zielhäfen verfügten jeweils über die kürzesten Überfahrtszeiten und die besten Anbindungen an nationale Straßenverkehrsnetze.[449]

Der schwedische Konzern Stena Rederi AB wollte durch eine Tochtergesellschaft, dem Fährunternehmen Euro-Port A/S, entweder aus dem Hafen von Rødby heraus ebenfalls den Fährverkehr nach Puttgarden aufnehmen oder neben den öffentlichen Hafenanlagen auf einem bereits erworbenen Grundstück ein ei-

445 Furse, ECLR 1995, 469, 472; Stollhoff, S. 140.

446 Deselaers, EuZW 1995, 563, 567 hält eine Trennung der Geschäftsbereiche in Gestellung und Nutzung der Einrichtung als Rechtsfolge des Art. 82 EG für nicht statthaft.

447 Kommission, Entscheidung v. 21.12.1993, ABl.EG 1994 Nr. L 55/52 – *Hafen von Rødby*.

448 Vgl. Kommission, Entscheidung v. 21.12.1993, ABl.EG 1994 Nr. L 55/53, Tz. 5 – *Hafen von Rødby*: 70,8 % des Passagieraufkommens und 87,9 % des Gütertransports per LKW im Jahre 1991.

449 Kommission, Entscheidung v. 21.12.1993, ABl.EG 1994 Nr. L 55/53, Tz. 5 – *Hafen von Rødby*.

genes Hafenterminal zu diesem Zweck bauen. Beide Anträge wurden vom dänischen Verkehrsministerium jedoch zurückgewiesen.

b) Entscheidung

Die Europäische Kommission befand, DSB habe auf dänischer Seite aufgrund seiner rechtlich abgesicherten Monopolstellung als Hafenbehörde von Rødby eine beherrschende Position auf dem relevanten Markt für die Organisation von Hafendienstleistungen für Fährbootdienste auf dem Seeweg Rødby-Puttgarden inne.[450] Eine Alternative für den Verkehr auf dieser Seeroute zwischen dem Osten Dänemarks und Deutschlands sowie des gesamten Westeuropas, die die gleichen Vorteile biete wie der Hafen von Rødby, sei nicht ersichtlich.[451] Darüber hinaus nähmen DSB und die Deutsche Bundesbahn als einzige Fährschiffbetreiber auf der Vogelfluglinie auch auf dem nachgelagerten Markt für Transportleistungen eine gemeinsame marktbeherrschende Stellung ein, die durch staatliche Maßnahmen, die sich auf den Markt für Hafendienstleistungen bezögen, zusätzlich geschützt werde.[452]

Die staatliche Zugangsverweigerung zu den öffentlichen Hafenanlagen von Rødby in Gestalt der Ablehnung der beiden Anträge gegenüber Euro-Port A/S habe die Wirkung, einen potentiellen Wettbewerber auf der Strecke Rødby – Puttgarden auszuschalten und somit die gemeinsame beherrschende Stellung von DSB und Deutscher Bundesbahn zu verstärken. Da eine objektive Rechtfertigung für die Zurückweisung der Genehmigungsanträge nicht erkennbar sei, müsse das Verhalten als missbräuchlich eingestuft werden.[453] Die Kommission verpflichtete daher die dänische Regierung der Zuwiderhandlung gegen Art. 86 Abs. 1 EG in Verbindung mit Art. 82 EG ein Ende zu setzen.[454]

---

450 Kommission, Entscheidung v. 21.12.1993, ABl.EG 1994 Nr. L 55/54, Tz. 10 – *Hafen von Rødby.*

451 Kommission, Entscheidung v. 21.12.1993, ABl.EG 1994 Nr. L 55/54, Tz. 7 – *Hafen von Rødby.*

452 Kommission, Entscheidung v. 21.12.1993, ABl.EG 1994 Nr. L 55/55, Tz. 11 – *Hafen von Rødby.*

453 Kommission, Entscheidung v. 21.12.1993, ABl.EG 1994 Nr. L 55/55, Tz. 12 – *Hafen von Rødby.*

454 Kommission, Entscheidung v. 21.12.1993, ABl.EG 1994 Nr. L 55/57, Art. 2 – *Hafen von Rødby.*

c) Rechtliche Einordnung

Auch diese Kommissionsentscheidung wird regelmäßig als Beispielsfall der europäischen Essential-Facilities-Doktrin angesehen.[455] Zur Begründung wird auf die Formulierungen der Kommission zum Missbrauch einer beherrschenden Stellung verwiesen. Ein missbräuchliches Ausnutzen sei demnach gegeben, „wenn ein Unternehmen, das auf einem bestimmten Markt eine beherrschende Stellung innehat, sich [...] ohne objektives Bedürfnis eine Hilfstätigkeit vorbehält, die von einem dritten Unternehmen im Rahmen seiner Tätigkeit auf einem benachbarten, aber getrennten Markt ausgeübt werden könnte, so dass jeglicher Wettbewerb seitens dieses Unternehmens ausgeschaltet zu werden droht [...]. So missbraucht ein Unternehmen in beherrschender Stellung seine beherrschende Stellung, wenn es eine wichtige Anlage besitzt oder verwaltet oder selber nutzt, d.h. eine Anlage oder Infrastruktur, ohne die seine Wettbewerber ihren Kunden keine Dienstleistungen anbieten können, und wenn es seinen Wettbewerbern den Zugang zu dieser Anlage verweigert. Daher kann ein Unternehmen, das eine wichtige Hafenanlage besitzt oder verwaltet, mit der es eine Dienstleistung im Seeverkehr gewährleistet, ohne Verstoß gegen Art. [86 EG] den Zugang zu dieser Anlage einem Reeder nicht ohne objektive Rechtfertigung verweigern, der auf derselben Seeverbindung tätig werden will."[456]

d) Würdigung der Entscheidung

Die letzte der drei Hafenentscheidungen erweiterte den Anwendungsbereich der Essential-Facilities-Doktrin für das europäische Wettbewerbsrecht erstmals auch auf Verhaltensweisen öffentlicher Unternehmen im Sinne des Art. 86 Abs. 1 EG.[457] Somit durchbrach die Kommission unter Zuhilfenahme der Rechtsfigur ein staatliches Monopol, das jeglichen Wettbewerb auf einem nachgelagerten Markt verhinderte. Darüber hinaus wurde das Anwendungsspektrum der Doktrin explizit auf erstmalige Marktöffnungen zugunsten potentieller Konkurrenten von Infrastrukturmonopolisten auf nachgelagerten Märkten erstreckt.[458]

Von Interesse sind die Einlassungen der Kommission zu möglichen Rechtfertigungsgründen. Nicht bewiesen werden konnten in diesem Zusammenhang Kapazitätsprobleme, andere technische Defizite sowie eine persönliche oder wirt-

---

455 Stollhoff, S. 141; Meinhardt, S. 148; Abermann, S. 81; a. A. Bunte, WuW 1997, 302, 310, der in ihm erneut einen klassischen Fall der Lieferverweigerung sieht.

456 Kommission, Entscheidung v. 21.12.1993, ABl.EG 1994 Nr. L 55/55, Tz. 12 – *Hafen von Rødby*.

457 Venit/Kallaugher, Fordham Corp. L. I. 1994, 315, 332; Tränkle, S. 44.

458 Stollhoff, S. 141; Haas, S. 102.

schaftliche Unzuverlässigkeit der Antragsstellerin.[459] Insbesondere als unzulässig erachtete die Europäische Kommission das vorgebrachte Rechtfertigungsargument einer angeblichen Sättigung der Hafenanlagen, die eine Einführung des Wettbewerbs insofern unnötig mache, als dass dieser nicht zu einer Zunahme der Zahl der Fährschiffverbindungen auf der Vogelfluglinie führen würde.[460]

Nach Auffassung der Kommission besteht also selbst in Fällen ausgelasteter Kapazitäten eine Pflicht des Marktbeherrschers, den Zugang zu einer wesentlichen Einrichtung zu gewähren, um letztlich durch zusätzliche Konkurrenten den Wettbewerb zu fördern. Dieser Haltung kann aber allenfalls dann zugestimmt werden, wenn – wie im vorliegenden Fall – der Einrichtungsinhaber ein öffentliches Unternehmen ist. Nur die öffentliche Hand unterliegt einer besonderen Gleichbehandlungspflicht, die ihr bei der Zugangsgewährung zu wesentlichen Einrichtungen jegliche Form der Diskriminierung untersagt. Eine Übertragung dieses weitreichenden Grundsatzes einer Kapazitätserweiterung auf private Unternehmen erscheint indes ausgeschlossen.[461]

4. Zwischenfazit zu den Hafenentscheidungen

Durch die Analyse der einschlägigen Entscheidungspraxis der Europäischen Kommission werden zwar durchaus Gemeinsamkeiten mit Urteilselementen höchstrichterlicher, traditioneller Rechtsprechung zur Lieferverweigerung deutlich, so dass die Berechtigung für eine doktrinale Verselbständigung der Begründungserwägungen aus den Entscheidungen teilweise angezweifelt wird.[462] Jedoch lässt sich nicht zuletzt aus dem englischen Originalwortlaut der Entscheide die bewusste und faktische Übernahme des amerikanischen Essential-Facilities-Konzepts in das europäische Wettbewerbsrecht durch die Kommission erkennen.[463]

Die Rechtsansicht der Europäischen Kommission knapp zusammenfassend, verstößt die verweigerte Bereitstellung einer wesentlichen Einrichtung zu diskriminierungsfreien Bedingungen gegen Art. 82 EG, wenn der regelmäßig vertikal integrierte Inhaber der Einrichtung marktbeherrschend ist, die Einrichtung selbst

459 Kommission, Entscheidung v. 21.12.1993, ABl.EG 1994 Nr. L 55/55, Tz. 14 ff. – *Hafen von Rødby.*

460 Kommission, Entscheidung v. 21.12.1993, ABl.EG 1994 Nr. L 55/56, Tz. 16 – *Hafen von Rødby.*

461 So auch Meinhardt, S. 148; a.A. Schommer, S. 126.

462 Klaue, RdE 1996, 51, 56 f.; Bunte, WuW 1997, 302, 310; Müller, EuZW 1998, 232, 237; Abermann, S. 147; kritisch ebenfalls Schwarz van Berk, S. 64.

463 Deselaers, EuZW 1995, 563, 563; Klimisch/Lange, WuW 1998, 15, 19.

nutzt und durch die Verweigerung des Zugangs Dritte an der Aufnahme einer Konkurrenztätigkeit auf einem nachgeordneten Markt hindert.

Die Überwindung der Marktzutrittschranken verfolgt die Kommission dabei insbesondere mit Nachdruck, wenn sie glaubt, ein öffentliches Interesse an einem wettbewerblichen Betrieb der fraglichen Einrichtung erkannt zu haben. Ihre Auffassung des Essential-Facilities-Konzepts stützt die Kommission dabei nicht nur auf eigene Entscheidungen. Sie steht vielmehr auf dem Standpunkt, die ihrerseits entwickelten Sonderregeln für die Zugangsverweigerung zu wesentlichen Einrichtungen seien eine Fortschreibung der Rechtsprechungsgrundsätze des Europäischen Gerichtshofs zu Lieferverweigerungen.[464] Ihnen zur Folge kann eine sachlich nicht gerechtfertigte Weigerung marktbeherrschender Unternehmen, andere Marktteilnehmer zu beliefern, einen Behinderungsmissbrauch im Sinne des Art. 82 EG darstellen.[465]

Wie sich im folgenden Abschnitt noch zeigen wird, ist die Kommission in ihren Hafenentscheidungen jedoch über die bislang vom Europäischen Gerichtshof entschiedenen Monopolausdehnungsfälle hinausgegangen. Im Vordergrund steht nicht mehr die Durchsetzung des Verbots, auf einem benachbarten Sekundärmarkt jeglichen Wettbewerb auszuschließen, sondern die positive Verpflichtung eines marktbeherrschenden Unternehmens, auf diesem abgeleiteten Markt – vorbehaltlich besonderer Rechtfertigungsgründe – allen Wettbewerbern ein Tätigwerden zu ermöglichen, die ihre Dienste auf diesem Markt ohne Nutzung der von dem Marktbeherrscher kontrollierten Einrichtung nicht erbringen können.[466]

Ob sich die Kommission in ihrer extensiven Anwendung der Essential-Facilities-Doktrin, wie sie auch in der noch zu untersuchenden *IMS Health*-Entscheidung zum Ausdruck kommt, aber wirklich einer zumindest stillschweigenden höchstrichterlichen Absegnung sicher sein kann, soll im weiteren Verlauf der Untersuchung geklärt werden, in dem maßgebliche Entscheidungen des Europäischen Gerichtshofs analysiert werden.

---

464 So zuletzt Kommission, Entscheidung v. 03.07.2001, ABl.EG 2002 Nr. L 59/26, Tz. 64 – *NDC Health/IMS Health*; vgl. weiterhin Schlussanträge des Generalanwalts Jacobs, 28.05.1998 – *Bronner*, C-7/97 – Slg. 1998, I-7791, 7803, Tz. 35; Temple Lang, Fordham Int'l L. J. 1994, 437, 461; v. Bechtolsheim/Bruder, WRP 2002, 55, 56; Dittmann, S. 293.

465 Vgl. etwa EuGH, 22.01.1974 – *Commercial Solvents/Kommission*, 6. u. 7/73 – Slg. 1974, 223; EuGH, 03.10.1985 – *CBEM/CLT und IPB*, Rs. 311/84 – Slg. 1985, IV-3261.

466 Deselaers, EuZW 1995, 563, 565.

II. Die Rechtsanwendungspraxis des Europäischen Gerichtshofs

In seiner Spruchpraxis zum Marktmachtmissbrauch hat der Europäische Gerichtshof die Essential-Facilities-Doktrin – vergleichbar mit der Haltung des U.S. Supreme Court im amerikanischen Kartellrecht – bis heute nicht ausdrücklich bestätigt.[467] Nichtsdestotrotz führen die Europäische Kommission und einige Vertreter des Schrifttums die Entstehung dieser Rechtsfigur im europäischen Rechtskreis auf verschiedene höchstrichterliche Urteile zu Sachverhalten der Geschäftsverweigerung im Rahmen des Art. 82 EG zurück.[468]

1. Commercial Solvents

Dieser lange vor den Hafenentscheidungen der Kommission ausgetragene Rechtsstreit[469], in dem sich der Gerichtshof erstmals mit einer Geschäftsverweigerung unter dem Aspekt des Missbrauchs nach Art. 82 EG zu befassen hatte, legte den Grundstein für eine weitreichende Lieferpflicht marktbeherrschender Unternehmen gegenüber bisherigen Kunden.[470]

a) Sachverhalt

Die Commercial Solvents Corporation (CSC) besaß das weltweite Monopol für die Produktion und den Verkauf bestimmter chemischer Rohstoffe, die für die industrielle Produktion des Tuberkulosemedikaments Etambutol notwendig waren.[471] Über ihr Tochterunternehmen Instituto Chemioterapico Italiano S.p.A. (ICI) vertrieb CSC seit geraumer Zeit den Rohstoff Aminobutanol an den italienischen Etambutolproduzenten Laboratorio Chimico Farmaceutico Giorgio Zoja S.p.A. (Zoja). In dem Zeitpunkt, als CSC die Voraussetzungen geschaffen hatte, das chemische Endprodukt selbst herzustellen, brach ICI aufgrund der nunmehr geänderten Geschäftspolitik den Weiterverkauf von Aminobutanol an seine

467 Vgl. das Eingeständnis der Kommission, Entscheidung v. 03.07.2001, ABl.EG 2002 Nr. L 59/26, Tz. 64 – *NDC Health/IMS Health*; Fleischer/Weyer, WuW 1999, 350, 350; Stothers, E.I.P.R. 2002, 86, 89.

468 Schnelle, EuZW 1994, 556, 556; Schwarz van Berk, S. 40 f.

469 EuGH, 22.01.1974 – *Commercial Solvents/Kommission*, Rs. 6. u. 7/73 – Slg. 1974, I-223.

470 Markert, WuW 1995, 560, 563; Schwarz van Berk, S. 42.

471 EuGH, 22.01.1974 – *Commercial Solvents/Kommission*, Rs. 6. u. 7/73 – Slg. 1974, I-223, 250, Tz. 16.

langjährigen Kunden umgehend ab, da CSC selbst den Endproduktmarkt betreten wollte.[472]

b) Urteil

Der Europäische Gerichtshof bestätigte im Ergebnis die vorangegangene Kommissionsentscheidung, in der eine Verletzung des Art. 82 EG festgestellt sowie ein Weiterbelieferungsgebot und eine Geldbuße gegen CSC verhängt worden waren. Der Gerichtshof stellte klar, ein Unternehmen in herausragender Position auf dem Markt für Rohstoffe, die für die Herstellung eines bestimmten Endprodukts unabkömmlich sind, missbrauche seine marktbeherrschende Stellung im Sinne der Vorschrift immer dann, wenn es die weitere Belieferung eines Produzenten dieses Endprodukts verweigere, um mit dem zurückbehaltenen Rohstoff das Endprodukt selbst zu erzeugen, und dadurch riskiere, die Wettbewerbsfähigkeit seines langjährigen Kunden auf diesem nachgelagerten Markt vollends zu eliminieren.[473]

Dem Gericht erschien zweifelsfrei, dass CSC kein anderes Motiv für den Abbruch der Geschäftsbeziehungen hatte, als sich unter Ausschaltung jeglichen Wettbewerbs Zugang zu dem nachgelagerten Markt der Etambutolherstellung zu verschaffen, da weder ein objektives Bedürfnis für die Beendigung der langjährigen Geschäftsbeziehung noch andere anzuerkennende Gründe für das Verhalten ersichtlich waren.

c) Würdigung des Urteils

Das Urteil offenbart durchaus dem Konzept der Essential-Facilities-Doktrin ähnelnde Argumentationsmuster hinsichtlich der Idee des Zugangs zu knappen Ressourcen und der damit verbundenen Marktzugangsproblematik. Wohl vor diesem Hintergrund wird die Entscheidung dann auch als erstmaliges Betreten des Pfades in Richtung einer Essential-Facilities-Doktrin als eigenständiges Instrumentarium des europäischen Wettbewerbsrechts durch den Gerichtshof angesehen.[474]

---

472 EuGH, 22.01.1974 – *Commercial Solvents/Kommission*, Rs. 6. u. 7/73 – Slg. 1974, I-223, 248, Tz. 7.

473 EuGH, 22.01.1974 – *Commercial Solvents/Kommission*, Rs. 6. u. 7/73 – Slg. 1974, I-223, 252, Tz. 25.

474 Deselaers, EuZW 1995, 563, 563, Fn. 2; Furse, ECLR 1995, 469, 472; Creuss/Agustinoy, W. Comp. 2000, 57, 69; Opi, Fordham I. P., Media & Ent. L. J. 2001, 409, 428; Fine, PLI 2002, 735, 740; Drexl, IIC 2004, 788, 790; Leistner, ZWeR 2005, 138, 140, Fn. 10; Giudici, S. 87; wohl auch Stapper, S. 63.

Obgleich auch die Europäische Kommission dem Urteil den Rang einer Grundsatzentscheidung innerhalb der europäischen Essential-Facilities-Fälle einräumt, stellt es jedoch im Grunde nicht mehr als ein klassisches Beispiel für die Lösung herkömmlicher Lieferverweigerungsfälle in Form des Behinderungsmissbrauchs dar.[475] Verlässliche Kriterien hinsichtlich der neuen Rechtsfigur vermögen die Ausführungen des Gerichtshofs jedenfalls nicht zu vermitteln.[476] Vielmehr hat es den Anschein, als sei der Gerichtshof nur deshalb zu diesem Urteil gelangt, weil er die sehr spezifische Form des Abhängigkeitsverhältnisses, in das sich Zoja begeben hatte, als ausschlaggebend empfand, um CSC als marktbeherrschenden Zulieferer anzusehen.[477] Die Abhängigkeit resultierte aus der Tatsache, dass die Herstellung seines Tuberkulosemedikaments allem Anschein nach von einem festgelegten Verhältnis der Rohstoffe abhing, so dass Zoja ein Ausweichen auf vorhandene Alternativen anderer Rohstoffproduzenten unmöglich war.[478]

Unzweifelhaft markiert diese Entscheidung aber den Beginn der Rechtsprechungspraxis des Europäischen Gerichtshofs, die sich mit der Marktstellung vertikal integrierter Unternehmen gegenüber ihren Mitkonkurrenten auseinandersetzt und die gleichzeitig starke Parallelen zur amerikanischen Monopoly Leveraging Theorie aufweist.[479] Nach Ansicht des Gerichtshofs stellt es einen Missbrauch im Sinne des Art. 82 EG dar, wenn sich ein marktmächtiges Unternehmen ohne objektives Bedürfnis eine Hilfstätigkeit vorbehält, die von einem dritten Unternehmen im Rahmen seiner Tätigkeit auf einem benachbarten, aber getrennten Markt ausgeübt werden könnte, so dass jeglicher Wettbewerb seitens dieses Unternehmens ausgeschaltet zu werden droht.

2. United Brands

Dies ist ein weiterer Entscheid[480] des Europäischen Gerichtshofs aus der Fallgruppe der Lieferverweigerungen, den sich die Europäische Kommission zur

---

475 Kauper, Antitrust L.J. 1990, 441, 450; Temple Lang, Fordham Int'l L. J. 1994, 437, 446; Klaue, RdE 1996, 51, 55; Turnbull, ECLR 1996, 96, 100; Fleischer/Weyer, WuW 1999, 350, 353; Sheehan, W. Comp. 1999, 67, 69; Abermann, S. 60.

476 So auch Martenczuk, EuR 1999, 565, 567; Schindler, S. 53.

477 Ridyard, ECLR 1996, 438, 443; Korah, Antitrust L.J. 2002, 801, 808, kritisiert daher: „[...] the judgement was intended to protect a small firm, rather than free competition for the benefit of consumers."

478 Vgl. EuGH, 22.01.1974 – *Commercial Solvents/Kommission*, Rs. 6. u. 7/73 – Slg. 1974, I-223, 252, Tz. 15.

479 Harz, Emory Int'l L. Rev. 1997, 189, 226; Nikolinakos, ECLR 1999, 399, 400; Hohmann, S. 46; Meinhardt, S. 121, Fn. 499; Stollhoff, S. 130.

480 EuGH, 14.02.1978 – *United Brands/Kommission*, Rs. 27/76 – Slg. 1978, I-207.

Untermauerung der Daseinsberechtigung einer eigenständigen Essential-Facilities-Doktrin zu Nutze macht.

a) Sachverhalt

Das niederländische marktbeherrschende Unternehmen United Brands Continentaal BV (United Brands) beendete die Belieferung von Chiquita Bananen an den dänischen Reifereibetrieb und Vertriebshändler Th. Olesen (Olesen). Zur Begründung führte United Brands eine Vertragsverletzung durch Olesen an, die darin bestanden haben sollte, dass letzterer nicht nur an einer Anzeigenkampagne des konkurrierenden Unternehmens Dole teilgenommen habe, sondern darüber hinaus augenscheinlich die Produkte des Konkurrenten gegenüber denen von United Brands favorisiere, da er nur noch wenig Sorgfalt bei der Reiferei der Chiquita Bananen verwende.

b) Urteil

Der Europäische Gerichtshof sah in dem Lieferstopp gegenüber dem langjährigen Kunden, der das gleiche Produkt nicht von einem anderen Lieferanten beziehen konnte, ein missbräuchliches Ausnutzen der marktbeherrschenden Stellung auf Seiten von United Brands im Sinne von Art. 82 Satz 2 lit. b EG. Er stellte fest, dass „ein Unternehmen mit beherrschender Stellung für den Vertrieb eines Erzeugnisses – mit dem Ansehen einer bekannten und von den Verbrauchern geschätzten Marke – seine Lieferungen an einen langjährigen Kunden, dessen Geschäftsgebaren den Gebräuchen des Handels entspricht, nicht einstellen darf, wenn die Bestellungen dieses Kunden in keiner Weise anormal sind.“[481] Der Markt werde ansonsten zu Ungunsten der Verbraucher beschränkt und die Diskriminierungen könnten zuletzt sogar in der Existenzvernichtung des ehemaligen Handelspartners münden, der sich an reguläre kommerzielle Verhaltensregeln gehalten habe.

Einem marktstarken Unternehmen sei es zwar gestattet, Maßnahmen zum Schutze eigener Wirtschaftsinteressen zu treffen. Diese dürften aber nicht allein dazu dienen, eine vorhandene dominante Position zu stärken oder zu missbrauchen, sondern müssten in Anbetracht der Vertragsziele sachlich gerechtfertigt erscheinen. Fehle es hieran, verstoße der Abbruch von Geschäftsbeziehungen

---

481 EuGH, 14.02.1978 – *United Brands/Kommission*, Rs. 27/76 – Slg. 1978, I-207, 297, Tz. 182.

grundsätzlich, also von außergewöhnlichen Situationen abgesehen, gegen Art. 82 EG.[482]

c) Würdigung des Urteils

Überwiegend wird dieses Urteil dahingehend ausgelegt, dass der Abbruch von Geschäftsbeziehungen bereits dann als missbräuchlich im Sinne des Art. 82 EG zu bewerten sei, wenn diese unternehmerische Maßnahme nicht durch besondere Umstände sachlich gerechtfertigt ist oder die Geschäftsabschlussverweigerung selbst eine unangemessene Reaktion auf diese Umstände darstellt.[483]

Jedoch offenbart der Europäische Gerichtshof in seiner Urteilsbegründung Erwägungen, die zum Teil weit über die bereits vorgestellten Grundsätze der Lieferverweigerungsfälle hinausgehen. United Brands war nicht auf der entscheidenden Wettbewerbsebene vertikal integriert, so dass es an einem Wettbewerbsverhältnis fehlte.[484] Ferner war es dem Reifereibetrieb Olesen ohne Zweifel möglich, seine Tätigkeit für andere Bananenproduzenten weiterzuführen,[485] da es sich bei United Brands – im Gegensatz zu Commercial Solvents – nicht um einen Monopolisten handelte.[486] Weder ging der Gerichtshof der entscheidenden Frage nach, ob Olesen überhaupt für die Aufrechterhaltung funktionsfähigen Wettbewerbs notwendig war, noch spezifizierte er, ob der dänische Reifereibetrieb nicht auch ohne die Lieferungen von United Brands auf dem Markt existieren konnte. Augenscheinlich wird dadurch, dass für das Gericht nicht die Sicherstellung wirksamen Wettbewerbs, sondern der Schutz eines einzelnen Unternehmens im Vordergrund stand.[487] Damit steht das Urteil jedoch in direktem Gegensatz zu

---

482 EuGH, 14.02.1978 – *United Brands/Kommission*, Rs. 27/76 – Slg. 1978, I-207, 298, Tz. 194.

483 Glasl, ECLR 1994, 306, 309; Sheehan, W. Comp. 1999, 67, 69; Jacobi, S. 85.

484 Temple Lang, Fordham Int'l L. J. 1994, 437, 447, Fn. 20; Fine, PLI 2002, 735, 741; Jacobi, S. 97.

485 Vgl. Furse, ECLR 1995, 469, 472: „[...] the supply of bananas by United Brands was not essential, as alternative, reasonable, sources of supply existed."

486 Vgl. EuGH, 14.02.1978 – *United Brands/Kommission*, Rs. 27/76 – Slg. 1978, I-207, 290, Tz. 105 ff., wonach dem Gerichtshof bereits ein Marktanteil von 41-45% genügte, um eine marktbeherrschende Stellung zu bejahen. Der gleiche Marktanteil würde heute wahrscheinlich nicht mehr ausreichen, vgl. nur EuGH, 03.07.1991 – *AKZO/Kommission*, Rs. C-62/86 – Slg. 1991, I-3359, 3453, Tz. 60; EuGH, 13.02.1979 – *Hoffmann-La Roche/Kommission*, Rs. 85/76 – Slg. 1979, I-461, 525, Tz. 50 ff.

487 Diesem Ansatzpunkt richtigerweise kritisch gegenüberstehend Jebsen/Stevens, Antitrust L.J. 1996, 443, 451, Fn. 24: Turnbull, ECLR 1996, 96, 101; Meinhardt, S. 129.

Art. 82 EG, der bezweckt, den Wettbewerb und nicht den einzelnen Marktteilnehmer zu schützen.[488]

3. Télémarketing

In einem dritten Urteil[489], dessen sich die Europäische Kommission oftmals zur Begründung ihres Essential-Facilities-Konzepts bedient, hatte der Europäische Gerichtshof ein Koppelungsgeschäft zu beurteilen, das einer missbräuchlichen Geschäftsverweigerung gleichkam.

a) Sachverhalt

Die Fernsehgesellschaft Compagnie Luxembourgeoise de Télédiffusion SA (CLT) besaß das rechtliche Monopol für die Ausstrahlung von Fernsehbildern in Belgien. Einhergehend mit dieser Monopolstellung kontrollierte die Gesellschaft den Markt für Fernsehwerbung und Telemarketing, der Verbindung einer Werbeaussage mit einer Telefonnummer, die es dem Zuschauer ermöglicht, sich zusätzliche Informationen über das betreffende Produkt zu verschaffen. Das Unternehmen Centre Belge d'Etudes du Marché – Télémarketing SA (CBEM) stellte über zwei Jahre die für das Telemarketing notwendigen Telefonleitungen und das Anrufspersonal. Nach Auslaufen des zwischen den Unternehmen geschlossenen Vertrages änderte CLT seine Geschäftspolitik und machte den Verkauf weiterer Sendezeiten für Dienstleistungen im Telemarketing-Bereich von der Benutzung der Telefonnumer einer neu gegründeten Tochtergesellschaft abhängig.

b) Urteil

In dem eingeleiteten Vorabentscheidungsverfahren erkannte der Gerichtshof in dem vorgelegten Sachverhalt deutliche Parallelen zur Rechtssache *Commercial Solvents*. Er urteilte angelehnt an dieses Präjudiz, dass immer dann ein missbräuchliches Verhalten im Sinne von Art. 82 EG vorliege, wenn ein Unternehmen, das auf einem bestimmten Markt eine beherrschende Stellung innehabe, sich oder einem zur selben Gruppe gehörenden Unternehmen ohne objektives Bedürfnis eine Hilfstätigkeit vorbehalte, die von einem dritten Unternehmen im

488 Vgl. Temple Lang, Fordham Int'l L. J. 1994, 437, 476: "There would be no basis in antitrust law for a rule requiring a dominant enterprise to supply even if a refusal caused no effect on competition."; Venit/Kallaugher, Fordham Corp. L. I. 1994, 315, 326; Schlussanträge des Generalanwalts Jacobs, 28.05.1998 – *Bronner*, C-7/97 – Slg. 1998, I-7791, 7811, Tz. 58.

489 EuGH, 03.10.1985 – *CBEM/CLT und IPB*, Rs. 311/84 – Slg. 1985, IV-3261.

Rahmen seiner Tätigkeit auf einem benachbarten, aber getrennten Markt ausgeübt werden könne, so dass jeglicher Wettbewerb seitens dieses Unternehmens ausgeschaltet zu werden drohe.[490]

c) Würdigung des Urteils

Gegenüber der Sachverhaltskonstellation in dem Rechtsstreit *Commercial Solvents* besteht im Grunde genommen der einzige Unterschied in der Tatsache, dass vorliegend ein staatlich konzessioniertes Monopol gegeben war. CBEM stand in einem Abhängigkeitsverhältnis zu dem monopolistischen Medienunternehmen CLT, da die für ihr Telemarketing benötigten Sendeplätze nicht von Dritten bereitgestellt werden konnten. Ansonsten handelt es sich erneut um einen typischen Fall der versuchten Monopolausdehnung, der keine Besonderheiten aufweist, um ihn im Rahmen des Entwicklungsprozesses der Essential-Facilities-Doktrin im europäischen Wettbewerbsrecht in einem besonderen Licht erscheinen zu lassen.[491]

4. Die Bronner-Entscheidung

Aufgrund der stetig wachsenden Zahl von Rechtsstreitigkeiten, in denen Antragssteller ihre Zulassungsansprüche auf die Essential-Facilities-Doktrin stützten, wurde diesem Vorabentscheidungsverfahren des Europäischen Gerichtshofs nach Art. 234 EG[492] mit großer Erwartung entgegengesehen.[493] Allgemein erhofft wurde eine höchstrichterliche Konturierung dieses kartellrechtlichen Konzepts.[494]

a) Sachverhalt

Die Oscar Bronner GmbH & Co. KG (Bronner) erstellte und vertrieb die Tageszeitung „Der Standard", die auf dem österreichischen Tageszeitungsmarkt im Jahre 1994 einen Anteil von 3,6% bei der Druckauflage und 6% bei den Werbe-

---

490 EuGH, 03.10.1985 – *CBEM/CLT und IPB*, Rs. 311/84 – Slg. 1985, IV-3261, 3278, Tz. 27.

491 Im Ergebnis auch Klaue, RdE 1996, 51, 55; Nikolinakos, ECLR 1999, 399, 400; Martenczuk, EuR 1999, 565, 567; Schindler, S. 53; Abermann, S. 63 f; a. A. und eine implizite Bestätigung erkennend White, C.T.L.R. 1995, 110, 114; Stollhoff, S. 149.

492 EuGH, 26.11.1998 – *Bronner*, Rs. C-7/97 – Slg. 1998, I-7791.

493 Lampert, NJW 1999, 2235, 2235; Fleischer/Weyer, WuW 1999, 350, 351; Schwarz van Berk, S. 77.

494 Fleischer/Körber, WuW 2001, 6, 10.

einnahmen erzielte. Ihre Konkurrentin, die Mediaprint Zeitungs- und Zeitschriftenverlag GmbH & Co. KG (Mediaprint), war Herausgeberin der Blätter „Neue Kronen Zeitung“ und „Kurier“, deren Marktanteil im gleichen Jahr zusammen 46,8% bei der Auflage sowie 42% bei den Werbeeinnahmen betrug. Für den Vertrieb ihrer beiden Tageszeitungen hatte Mediaprint ein landesweites Hauszustellungssystem geschaffen, das deren direkte Auslieferung an Abonnenten in den frühen Morgenstunden des jeweiligen Erscheinungstages garantierte.

Bronner beantragte vor dem Oberlandesgericht Wien unter Berufung auf § 35 des österreichischen Kartellgesetzes, Mediaprint aufzugeben, seinen „Standard“ gegen Zahlung eines angemessenen Entgelts in das Hauszustellungssystem aufzunehmen. Zur Begründung führte die Antragstellerin aus, Mediaprint missbrauche durch die Zugangsverweigerung seine marktbeherrschende Stellung, weil sie selbst angesichts der geringen Abonnentenzahl ihres „Standard“ nicht in der Lage sei, ein rentables Hauszustellungssystem aufzubauen, die Postzustellung am späten Vormittag keine gleichwertige Alternative biete und mit dem „Wirtschaftsblatt“ eine andere konkurrierende Tageszeitung bereits über das begehrte Verteilungsnetz zugestellt würde.

b) Urteil

Der Europäische Gerichtshof bestätigte seinen Rechtsprechungsgrundsatz, demzufolge die Weigerung eines marktdominanten Unternehmens zur Bereitstellung wesentlicher Einrichtungen an ein auf einem anderen Markt konkurrierendes Unternehmen nur dann missbräuchlich im Sinne des Art. 82 EG sein könne, wenn dieses Verhalten geeignet sei, jeglichen Wettbewerb auf dem benachbarten Markt auszuschließen, objektiv nicht gerechtfertigt werden könne und die begehrte Leistung für die Aufnahme einer wettbewerblichen Tätigkeit auf diesem Markt unentbehrlich sei.[495] Unter Beachtung dieser Prämissen verneinte der Europäische Gerichtshof das Vorliegen einer Verletzung der vorgenannten Vorschrift im vorliegenden Fall.

Zur Begründung führte er aus, es seien keine technischen, rechtlichen oder auch nur wirtschaftlichen Hindernisse ersichtlich, die es der Antragstellerin allein oder in Zusammenarbeit mit anderen Verlegern unzumutbar machten, ein eigenes landesweites Vertriebsnetz für ihre Tageszeitung zu errichten.[496] Insbesondere genüge für den Nachweis der Unverzichtbarkeit der Einrichtung nicht allein die Behauptung, die Errichtung eines eigenen Verteilungsnetzes sei aufgrund gerin-

495 Diese drei Voraussetzungen müssen kumulativ erfüllt sein, vgl. EuGH, 26.11.1998 – *Bronner*, Rs. C-7/97 – Slg. 1998, I-7791, 7831, Tz. 41.

496 EuGH, 26.11.1998 – *Bronner*, Rs. C-7/97 – Slg. 1998, I-7791, 7831, Tz. 44.

ger Auflagenhöhe unrentabel. Der Zugang zum Zustellungssystem sei vielmehr entbehrlich, da potentielle – wenn auch weniger günstige – Vertriebsalternativen wie die Postzustellung oder der Laden- bzw. Kioskverkauf neben der Hauszustellung bestünden.[497] Folglich sei der Antragstellerin der Wettbewerb auf dem Tageszeitungsmarkt nicht schlechthin verschlossen, was gleichzeitig ein missbräuchliches Verhalten des Marktbeherrschers ausschließe.

c) Rechtliche Einordnung

Teilweise wird die Ansicht vertreten, diese Entscheidung des Gerichtshofs offenbare – wenn auch stillschweigend – die nahezu vollständige Übernahme der bzw. zumindest eine sehr enge Anlehnung an die Missbrauchswertungen der Europäischen Kommission im Zusammenhang mit der Essential-Facilities-Lehre.[498] Zwar nenne das Gericht die Doktrin nicht ausdrücklich, jedoch untersuche und verneine der Europäische Gerichtshof die Wesentlichkeit einer begehrten Einrichtung für den objektiven Erhalt der Wettbewerbsfähigkeit eines Unternehmens, das auf einem Sekundärmarkt mit dem beherrschenden Inhaber dieser Einrichtung konkurriere. Gleichzeitig prüfe und konkretisiere der Gerichtshof implizit die Tatbestandsvoraussetzungen der Doktrin, mit denen sich der Generalanwalt zuvor in seinen Schlussanträgen[499] ausführlich auseinandergesetzt habe.

d) Würdigung des Urteils

Angesichts der mit diesem Urteil zusammenhängenden allgemeinen Erwartungshaltung äußerte sich der Gerichtshof zwar nur sehr zurückhaltend. So erwähnte er weder die Essential-Facilities-Doktrin ausdrücklich, noch lassen sich aus seinem Urteil die erhofften Konkretisierungen hinsichtlich ihrer einzelnen Voraussetzungen mit Bestimmtheit entnehmen.[500] Nichtsdestotrotz vermittelt zumindest die klare Ablehnung des von der Antragstellerin auf die Doktrin gestützten Zulassungsanspruchs einen unübersehbaren Grad an höchstrichterlicher Skepsis ge-

---

497 EuGH, 26.11.1998 – *Bronner*, Rs. C-7/97 – Slg. 1998, I-7791, 7831, Tz. 43.

498 Ehle, EuZW 1999, 89, 89; Bergmann, ECLR 2000, 59, 60; Fine, PLI 2002, 735, 739; Casper, ZHR 2002, 685, 691; Eilmansberger, EWS 2003, 12, 14; Stollhoff, S. 156; Tränkle, S. 56; Sprickmann Kerkerinck, S. 116; Schwarz van Berk, S. 82 f.; Schommer, S. 180.

499 Vgl. Schlussanträge des Generalanwalts Jacobs, 28.05.1998 – *Bronner*, Rs. C-7/97 – Slg. 1998, I-7791, 7802, Tz. 33 ff.

500 Lampert, NJW 1999, 2235, 2235; Sheehan, W. Comp. 1999, 67, 86.

genüber den fortwährenden Versuchen, den Anwendungsbereich der Essenial-Facilities-Doktrin immer weiter auszudehnen.[501]

Nach Ansicht des Gerichtshofs muss eine Zugangsverweigerung zu einer wesentlichen Einrichtung geeignet sein, den Wettbewerb auf einem relevanten Markt vollkommen auszuschließen. Dieses Ausschlusspotential ist nur im Falle mangelnder Duplizierbarkeit der betrieblichen Ressource anzunehmen, die wiederum auf technische, rechtliche oder wirtschaftliche Hindernisse zurückzuführen sein kann.[502]

Insbesondere im Hinblick auf die oftmals angeführte wirtschaftliche Unzumutbarkeit einer Duplizierung reicht allein die Behauptung einer zu geringen Rentabilität für die Errichtung einer eigenen Einrichtung nicht aus, um dem marktbeherrschenden Unternehmen die erforderlichen Ausschlussfähigkeiten zuzusprechen. Vielmehr muss dargetan werden, dass neben der streitgegenständlichen Ressource keine weitere Einrichtung ökonomisch rentabel auf dem Markt zu betreiben ist. Im Rahmen dieser Einschätzung müssen angeführte Wettbewerbsnachteile oder Anlaufverluste grundsätzlich als unbeachtlich gelten.[503] Denn in einer wettbewerblich ausgestalteten Wirtschaftsordnung vermag ein vorübergehender Wettbewerbsnachteil für sich allein noch keine Verpflichtung des Marktbeherrschers zur Unterstützung seiner aktuellen oder potentiellen Wettbewerber zu begründen.[504] In diesem Zusammenhang ist ferner zu berücksichtigen, dass existierende Alternativen zur fraglichen Einrichtung – auch im Falle ihrer ungünstigeren Eigenschaften – einen Missbrauchsvorwurf gegenüber dem marktbeherrschenden Unternehmen im Sinne von Art. 82 EG entkräften.[505]

Die Zurückhaltung des Europäischen Gerichtshofs ist verständlich, verlangt doch die Essential-Facilities-Doktrin in bestimmten Sachverhaltskonstellationen von einem marktstarken Unternehmen nicht nur, von wettbewerbsschädlichen Verhaltensweisen Abstand zu nehmen, sondern verpflichtet dieses darüber hinaus, aktiv den Wettbewerb gegen sich selbst zu fördern, indem es potentiellen Konkurrenten den Zugang zu den von ihm auf eigenes Risiko entwickelten Ein-

---

501 Treacy, ECLR 1998, 501, 501; Fleischer/Weyer, WuW 1999, 350, 354; Opi, Fordham I. P., Media & Ent. L. J. 2001, 409, 431; McCurdy, E.I.P.R. 2003, 472, 479; derartige Versuche sind insbesondere auf die verschiedenen Interpretationen des noch zu untersuchenden Magill-Urteils des EuGH, 06.04.1995 – *RTE und ITP/ Kommission*, Rs. C-241 u. C-242/91 P – Slg. 1995, I-743, zurückzuführen; a.A. Fine, PLI 2002, 735, 755.

502 EuGH, 26.11.1998 – *Bronner*, Rs. C-7/97 – Slg. 1998, I-7791, 7831, Tz. 44.

503 Ebenfalls diesen hohen Standard zu Recht fordernd: Fleischer/Weyer, WuW 1999, 350, 358; Schwarze, ZUM 2003, 15, 19; Sprickmann Kerkerinck, S. 71.

504 Ridyard, ECLR 1996, 438, 447 f.; Turnbull, ECLR 1996, 96,101.

505 a. A. Martenczuk, EuR 1999, 565, 568, der einen gleichwertigen Ersatz durch die Alternativen anzweifelt.

richtungen gestatten muss.[506] Eine derartige Förderungspflicht ist mit dem allgemeinen, innerhalb der Europäischen Union vorherrschenden Wettbewerbsverständnis schwer vereinbar und daher äußerst selten, allenfalls als ultima ratio, zu rechtfertigen.[507]

Folgerichtig sollten sich sowohl die Europäische Kommission als auch zukünftige Anspruchsteller, die ihr Begehren auf dieses kartellrechtliche Instrument stützen wollen, an den ursprünglichen Ausnahmecharakter der Doktrin erinnern, um unrealistischen Erwartungshaltungen hinsichtlich ihrer Wirkungen schon vorab entgegenzuwirken.[508] Eine restriktive Beurteilung zukünftiger, auf Art. 82 EG und die Essential-Facilities-Doktrin gestützter Zugangsbegehren durch den Europäischen Gerichtshof scheint mit seiner deutlich gewordenen engen Grenzziehung jedenfalls vorgezeichnet.[509]

5. Ergebnis der Rechtsprechung des Europäischen Gerichtshofs

Entsprechend dem U.S. Supreme Court hat sich auch der Europäische Gerichtshof bislang einer ausdrücklichen und verbindlichen Stellungnahme hinsichtlich der gemeinschaftsrechtlichen Berechtigung und Reichweite der mittlerweile fest in der Verwaltungspraxis der Europäischen Kommission verankerten Essential-Facilities-Doktrin enthalten.[510] Vor diesem Hintergrund erscheint die selbstver-

506 Dieser Fall offenbart deutliche Parallelen zu dem amerikanischen Entscheid *Drinkwine v. Federated Publications, Inc., 780 F.2d 735 (9th Cir. 1985)*. Dort begehrte der Herausgeber des wöchentlichen Anzeigenblattes „Shopper" die Aufnahme als Beiblatt in eine Tageszeitung, um einen größeren Verteilerkreis zu nutzen. Das Gericht urteilte, zwar habe die Tageszeitung eine beherrschende Stellung hinsichtlich ihrer Verteilungsmöglichkeiten inne, jedoch gebe es ausreichend Verteilungsalternativen wie bspw. Post oder Handwurfsendungen, so dass aus der Nichtaufnahme in das Verteilersystem kein nachteiliger Schaden für die Verbraucher entstünde.

507 Vgl. Schlussanträge des Generalanwalts Jacobs, 28.05.1998 – *Bronner*, Rs. C-7/97 – Slg. 1998, I-7791, 7811, Tz. 58: „[Es] darf [...] nicht übersehen werden, dass es der Hauptzweck von Artikel 82 ist, Wettbewerbsverzerrungen zu verhindern – und insbesondere die Interessen der Verbraucher zu wahren –, und nicht, die Situation einzelner Wettbewerber zu schützen."

508 Lampert, NJW 1999, 2235, 2236.

509 Treacy, ECLR 1998, 501, 501; Ehle, EuZW 1999, 89, 90; Lampert, NJW 1999, 2235, 2236; Fleischer/Weyer, WuW 1999, 350, 362 f.; Montag/Leibenrath, EWS 1999, 281, 284; Scherer, MMR 1999, 315, 318; Martenczuk, EuR 1999, 565, 569; Fleischer/Körber, WuW 2001, 6, 10; Doherty, CML Rev. 2001, 397, 422; Schwarze, EuZW 2002, 75, 76; Tränkle, S. 64; Abermann, S. 102; Schwarz van Berk, S. 83.

510 a.A. Schwarz van Berk, S. 82 f., der in dem dauernden Schweigen des Gerichtshofs eine vollständige Billigung der Doktrin erkannt haben will.

ständliche Herangehensweise der Europäischen Kommission zumindest fragwürdig, die sich der vorgestellten höchstrichterlichen Entscheidungspraxis bedient, um die Rezeption dieser Rechtsfigur in das Gemeinschaftsrecht zu belegen.

Signifikante Anhaltspunkte auf Seiten des Gerichtshofs für seine eventuelle Bereitschaft die in den dargestellten Kommissionsentscheidungen von diesem Gemeinschaftsorgan getroffenen rechtlichen Bewertungen in vollem Umfang zu teilen, sind jedenfalls bisher nicht ersichtlich.[511] Insbesondere in seinem *Bronner*-Urteil hat der Europäische Gerichtshof mehr als deutlich gemacht, dass er eine extensive Herangehensweise an Fragen der Zugangsgewährung, wie sie die Kommission befürwortet, für nicht wettbewerbsgerecht hält. Ob der Gerichtshof daher jemals tatsächlich der Essential-Facilities-Doktrin ihre grundsätzliche Existenzberechtigung zusprechen und unter Beachtung ihrer Voraussetzungen eine Zugangsgewährung anordnen wird, sobald ihm nur entsprechendes Fallmaterial zur Entscheidung vorliegt, erscheint zumindest unsicher.[512] Diese These wird zudem durch die in jüngster Zeit festzustellende Tendenz des Europäischen Gerichtshofs gestützt, einer liberaleren Wettbewerbskonzeption zu folgen, welche die individuelle Freiheit der Wettbewerber „im freien Spiel der Kräfte" betont.[513]

III. Zwischenergebnis zur europäischen Rechtsanwendungspraxis

In Entsprechung zu ihrem amerikanischen Vorläufer ist die von der Europäischen Kommission seit ihrer ersten Hafenentscheidung angewandte Essential-Facilities-Doktrin als ein kartellrechtliches Instrumentarium zur Konkretisierung von Geschäftsabschlusspflichten im Rahmen des Missbrauchstatbestands von Art. 82 EG anzusehen, mit dem zahlreiche Verhaltensweisen einer gleichgelagerten Problematik systematisch erfasst werden können.[514] Innerhalb dieses normativen Rahmens misst die Kommission dem Rechtsinstrument Bedeutung für die abschließende Feststellung zu, ob die Weigerung eines Unternehmens, einem Wettbewerber bestimmte Einrichtungen zur Verfügung zu stellen, als missbräuchlich einzustufen ist. Bezüglich der übrigen Tatbestandsvoraussetzungen des Art. 82 EG – wie das Bestehen einer beherrschenden Stellung zumindest auf einem wesentlichen Teil des Gemeinsamen Marktes sowie die Eignung zur spürbaren Be-

511 Diese Ansicht teilt auch Stollhoff, S. 156.

512 So auch Leistner, ZWeR 2005, 138, 149; Abermann, S. 202; a.A. und überzeugt davon, dass der Gerichtshof der Doktrin im Zweifel aufgeschlossen gegenüberstehen wird, zeigen sich Lampert, NJW 1999, 2235, 2236 und Hohmann, S. 62.

513 Dittmann, S. 56.

514 Müller, EuZW 1998, 232, 232; Stollhoff, S. 229; Abermann, S. 151.

einträchtigung des zwischenstaatlichen Handels – gelten weiterhin die allgemein anerkannten Grundsätze.[515]

IV. Voraussetzungen der europäischen Essential-Facilities-Doktrin

Insbesondere unter Berücksichtigung der Ausführungen der Europäischen Kommission in ihrer *Sealink II*-Entscheidung[516] lassen sich die Anforderungen für eine Einsatzmöglichkeit der Essential-Facilities-Doktrin im europäischen Recht gegen Wettbewerbsbeschränkungen ersehen. Knapp zusammengefasst zeichnen sich die Essential-Facilities-Konstellationen im europäischen Kartellrecht durch das Anspruchsbegehren eines Unternehmens auf Zugang zu einer Einrichtung aus, die zwingend erforderlich ist, um auf einem dieser betrieblichen Ressource vor- oder nachgelagerten Markt in Wettbewerb mit dem Inhaber der Ressource zu treten. Dieser Inhaber ist sowohl auf dem Markt der wesentlichen Einrichtung selbst als auch auf dem vor- oder nachgelagerten Markt tätig und verweigert den Zugang zu seinem Wirtschaftsgut ohne objektiv gerechtfertigten Grund.

Bei weitgehend rituell anmutender Wiederholung dieser plakativen Formel ist inzwischen unter Berufung auf die Essential-Facilities-Doktrin Zugang zu verschiedensten Einrichtungen begehrt worden, die von den Antragsstellern jeweils als wesentlich bezeichnet worden sind.[517] Eine weitere Aufschlüsselung des europäischen Essential-Facilities-Konzepts erscheint daher erforderlich, um den Anwendungsbereich der Doktrin deutlicher herausstellen zu können.

---

515 Deselaers, EuZW 1995, 563, 564; Müller, EuZW 1998, 232, 234; Abermann, S. 151.

516 Vgl. Kommission, Entscheidung v. 21.12.1993, ABl.EG 1994, Nr. L 15/16, Tz. 66 – *Sea Containers/Stena Sealink*: „Ein Unternehmen, das für die Gestellung einer wesentlichen Einrichtung (d.h. einer Einrichtung oder Infrastruktur, ohne deren Nutzung ein Wettbewerber seinen Kunden keine Dienste anbieten kann) marktbeherrschend ist und diese Einrichtung selbst nutzt und anderen Unternehmen den Zugang zu dieser Einrichtung ohne sachliche Rechtfertigung verweigert oder nur unter Bedingungen, die ungünstiger sind als für seine eigenen Dienste, gewährt, verstößt gegen Artikel 8[2], sofern die übrigen Voraussetzungen dieses Artikels erfüllt sind. Ein Unternehmen mit marktbeherrschender Stellung darf auf einem verbundenen Markt nicht zugunsten der eigenen Tätigkeiten diskriminierende Handlungen vornehmen. Der Eigentümer einer wesentlichen Einrichtung, der seine Macht auf dem Markt dazu nutzt, seine Stellung auf einem anderen, zu diesem in Bezug stehenden Markt zu stärken, indem er insbesondere einem Wettbewerber den Zugang verweigert oder den Zugang unter weniger günstigen Bedingungen als für die eigenen Dienste gewährt und damit seinem Wettbewerber einen Wettbewerbsnachteil aufzwingt, verstößt gegen Artikel 8[2 EG].“

517 Lampert, NJW 1999, 2235, 2235.

1. Kontrolle eines marktbeherrschenden Unternehmens über eine wesentliche Einrichtung

Die erste Voraussetzung der Essential-Facilities-Doktrin wird zur besseren Übersicht erneut in drei Bestandteile untergliedert:

a) Existenz einer Einrichtung

Die von der Europäischen Kommission angewandte Auslegung des Begriffs der Einrichtung ist weitestgehend inhaltsgleich mit der Interpretation des Terminus in der amerikanischen Spruchpraxis und kann somit grundsätzlich jede einzigartige Infrastruktur, Anlage oder betriebliche Ressource, die der Produktion und dem Absatz von Waren oder Dienstleistungen dient, umfassen. Folglich können neben physischen Einrichtungen unter Umständen auch signifikante Schlüsseltechnologien und technische bzw. kommerzielle Informationen[518] eingeschlossen werden.[519] Denn bei einer streitgegenständlichen Einrichtung sind nicht in erster Linie die exakte Beschaffenheit und das äußere Erscheinungsbild für ihre Subsumtionsfähigkeit unter die Doktrin maßgebend, sondern vielmehr ihre kommerzielle Nutzbarkeit, ökonomische Bedeutung und das durch sie vermittelte Ausschlusspotential ihres verfügungsberechtigten Inhabers gegenüber potentiellen Wettbewerbern.[520] Da insbesondere die Kommission zu einem extensiven Verständnis des Einrichtungsbegriffs neigt, ist das Ausmaß möglicher, unter die Rechtsfigur zu fassender Wirtschaftsgüter nur schwer eingrenzbar.

b) Wesentlichkeit der Einrichtung

Angesichts der aufgezeigten Weite möglicher Zugangsobjekte kommt dem Kriterium der Wesentlichkeit die Funktion einer sachgerechten Eingrenzung des Anwendungsbereichs der Doktrin zu, um einer drohenden Ausuferung des Prinzips entgegenzuwirken und wirtschaftlich ineffiziente Eingriffe in den Markt zu vermeiden.[521]

---

518 Deselaers, EuZW 1995, 563, 568; Montag, EuZW 1997, 71, 77.

519 Vgl. detailliert Stollhoff, S. 161 f.; Schwarz van Berk, S. 153 ff.; ebenso Ehle, EuZW 1999, 89, 89; v. Bechtolsheim/Bruder, WRP 2002, 55, 58; Sprickmann Kerkerinck, S. 51; a. A. Glasl, ECLR 1994, 306, 308, der den Begriff der Einrichtung allein auf körperliche Infrastrukturen und die damit verbundenen Dienstleistungen beschränken will.

520 Schnelle, EuZW 1994, 556, 557; Schindler, S. 77; Tränkle, S. 79.

521 Schindler, S. 81.

Unter Vergegenwärtigung des ureigensten Zwecks der Essential-Facilities-Doktrin, monopolartige Marktstrukturen dem freien Wettbewerb zugänglich zu machen, erscheint allein eine restriktive Auslegung vertretbar. Demnach kann eine Einrichtung nur dann als wesentlich qualifiziert werden, wenn aktuelle oder potentielle Wettbewerber des Einrichtungsinhabers infolge fehlender Substitutionsmöglichkeiten ohne eine Nutzungseinräumung ihren Kunden keine Dienste anbieten können, sie also zwingend auf die Nutzung der Einrichtung angewiesen sind.[522] Dies ist regelmäßig dann der Fall, wenn es auch einem besonders leistungsfähigen Marktteilnehmer tatsächlich, rechtlich oder wirtschaftlich verwehrt ist, eine äquivalente Einrichtung selbst herzustellen bzw. auf dem relevanten Markt auch ohne Nutzung der betrieblichen Ressource des beherrschenden Unternehmens tätig zu werden.[523]

Mit dieser Auslegung soll verhindert werden, dass „Trittbrettfahrertum" in Form des gerichtlich erzwungenen Zugangsrechts zu den mit leistungsgerechten Mitteln geschaffenen Einrichtungen über die Essential-Facilities-Doktrin zu einem von Art. 82 EG geschützten Vorgehen werden könnte.[524] Daher muss die Beurteilung der Frage, ob ein Ausweichen auf eine alternative Einrichtung oder die Herstellung einer solchen dem Zugangspetenten zumutbar ist, allein anhand objektiver Kriterien erfolgen. Die individuelle Leistungsfähigkeit und die konkreten Motive des Antragstellers dürfen auch vor dem Hintergrund der ratio legis des Art. 82 EG nicht die Entscheidungsgrundlage bilden.[525] Schutzobjekt dieser Vorschrift ist in erster Linie der Wettbewerb als Institution und nicht der einzelne Wettbewerber. Folgerichtig sind auch bloße Wettbewerbsnachteile grundsätzlich unbeachtlich.[526] Demnach ist von einer fehlenden Duplizierbarkeit der Einrich-

522 Vgl. Kommission, Entscheidung v. 21.12.1993, ABl.EG 1994, Nr. L 15/16, Tz. 66 – *Sea Containers/Stena Sealink*; Montag, EuZW 1997, 71, 75; Sprickmann Kerkerinck, S. 54.

523 Bunte, WuW 1997, 302, 315; Montag, EuZW 1997, 71, 76; Deselaers, EuZW 1995, 563, 567; Overd/Bishop, ECLR 1998, 183, 184; Lober, GRUR Int. 2002, 7, 10; Schindler, S. 98; Abermann, S. 116; Schwarze-Brinker, Art. 82 EGV, Rn. 37; Immenga/Mestmäcker-Möschel, Art. 86, Rn. 261.

524 Deselaers, EuZW 1995, 563, 567 spricht treffend vom „Schmarotzen an einer fremden Leistung"; Montag, EuZW 1997, 71, 76; Ehle, EuZW 1999, 89, 90.

525 Temple Lang, Fordham Int'l L. J. 1994, 437, 489; Deselaers, EuZW 1995, 563, 567; Koenig/Loetz, EWS 2000, 377, 382; Shin, S. 156; Schwarz van Berk, S. 183; a. A. aber angesichts des Schutzzwecks des Art. 82 EG wenig überzeugend die Kommission, die bei der Prüfung der Zumutbarkeit einer niedrigeren Wesentlichkeitsschwelle zu folgen scheint und auf den durchschnittlichen Wettbewerber abstellt; vgl. dazu Entscheidung der Kommission v. 04.11.1988, ABl.EG 1988, Nr. L 317/47, Tz. 14 – *London European/SABENA*; ferner Entscheidung der Kommission v. 26.02.1992, ABl.EG 1992 Nr. L 96/34, Tz. 26 – *British Midland/Aer Lingus*.

526 Ridyard, ECLR 1996, 438, 447; Fleischer/Weyer, WuW 1999, 350, 358.

tung nur dann auszugehen, wenn – unabhängig von der individuellen Leistungsfähigkeit des Nachfragers – der Investitionsaufwand zur Schaffung einer vergleichbaren Einrichtung so hoch wäre, dass selbst ein „wagemutiger Unternehmer“, der auch Anfangsverluste nicht scheut, davon abgehalten werden würde, auf dem von ihm identifizierten Markt tätig zu werden.

Dem Kriterium der Wesentlichkeit wird somit nicht schon dann genüge getan, wenn der Interessent vorgibt, ohne die Zugangsgewährung über schlechtere Absatzmöglichkeiten und somit über eine ungünstigere wettbewerbliche Ausgangsposition zu verfügen. Die vom Europäischen Gerichtshof in seinem *Bronner*-Urteil getroffene Formulierung, es dürfe kein tatsächlicher oder potentieller Ersatz für die streitgegenständliche Einrichtung bestehen,[527] ist wörtlich zu nehmen und nicht im Sinne von gleichwertigem Ersatz auszulegen.[528]

Die fehlende Zumutbarkeit einer Duplizierung sollte demnach nur in Konstellationen unangreifbarer Märkte, also vorrangig im Zusammenhang mit natürlichen Monopolen, entgegenstehenden gesetzlichen Vorschriften oder staatlich subventionierten Einrichtungen angenommen werden. Diese restriktive Handhabung entspricht – in Anlehnung an die Anwendungspraxis ihres amerikanischen Vorläufers – dem Ausnahmecharkter der Essential-Facilities-Doktrin und rückt die eigentlichen Zielobjekte der Rechtsfigur wieder in den Vordergrund.[529]

c) Kontrolle der wesentlichen Einrichtung durch ein marktbeherrschendes Unternehmen

Die Kontrolle über eine wesentliche Einrichtung kann im Gemeinschaftsrecht durch eine gesetzliche oder vertragliche Ausschlussstellung begründet werden, die es ihrem Inhaber unter Berücksichtigung aller tatsächlichen und rechtlichen Umstände ermöglicht, über die Nutzungsberechtigung der Ressource gegenüber Dritten frei zu bestimmen.

Teilweise wird vertreten, bereits die Kontrolle des Zugangs zu einer wesentlichen betrieblichen Ressource, auf die Wettbewerber zur Herstellung ihrer Produkte bzw. zur Erbringung ihrer Dienstleistung zwingend angewiesen sind, impliziere eine marktbeherrschende Stellung im Sinne der Doktrin.[530] Diese Ansicht gerät allerdings zu allgemein. Das Vorliegen einer wirtschaftlichen Machtstellung

527 EuGH, 26.11.1998 – *Bronner*, C-7/97 – Slg. 1998, I – 7791, 7831, Tz. 41.

528 Scherer, MMR 1999, 315, 318; Tränkle, S. 83; Sprickmann Kerkerinck, S. 69.

529 So auch Fleischer/Weyer, WuW 1999, 350, 358; Schindler, S. 96; Sprickmann Kerkerinck, S. 54; Abermann, S. 119.

530 Deselaers, EuZW 1995, 563, 564; Schindler, S. 100; Sprickmann Kerkerinck, S. 43; Abermann, S. 126.

muss stets positiv von den zuständigen Gemeinschaftsorganen festgestellt werden.[531]

Ferner müssen der europäischen Entscheidungspraxis zufolge bei der für die Essential-Facilities-Doktrin maßgeblichen Marktkonfiguration grundsätzlich zwei relevante Märkte voneinander unterschieden werden. Bei dem einen handelt es sich um einen monopolisierten Primärmarkt, in dem ein vertikal integriertes Unternehmen die fragliche wesentliche Einrichtung bereitstellt. Der zweite Markt hat mit der Weigerung des Einrichtungsinhabers zu tun, einem Wettbewerber die betreffende Einrichtung zur Verfügung zu stellen. Es ist der vom Primärmarkt abgeleitete, unter Nutzung der Einrichtung entstandene, separate Dienstleistungsmarkt (Sekundärmarkt), der das eigentliche Objekt des Zugangsbegehrens des Wettbewerbers bildet.[532]

Fraglich ist, ob für den erforderlichen Grad an Marktmacht des Normadressaten des Art. 82 EG bereits die Dominanz auf dem Primärmarkt infolge der alleinigen Verfügungsgewalt über die beanspruchte Einrichtung genügt, oder ob weitergehend – in Anlehnung an die restriktiven Tendenzen in der amerikanischen Rechtsanwendung[533] – auch die drohende Ausdehnung der Marktmacht des Einrichtungsinhabers auf den jeweiligen Sekundärmarkt gefordert werden sollte, um eine Berufung auf die Doktrin zu gestatten. Unter besonderer Berücksichtigung einer älteren Kommissionsentscheidung[534] wird zuweilen der Standpunkt vertreten, eine marktbeherrschende Stellung des Einrichtungsinhabers auch auf dem Sekundärmarkt sei keine zwingende Anwendungsvoraussetzung der Essential-Facilities-Doktrin im Gemeinschaftsrecht. Bereits die beherrschende Stellung auf dem Primärmarkt sei vollkommen ausreichend, wenn durch sie der Wettbewerb auf dem Sekundärmarkt wesentlich beeinträchtigt werden könnte, weil damit bereits die Funktionsfähigkeit des Wettbewerbs im Sinne der Zielsetzung des europäischen Kartellrechts in Frage gestellt werde.[535]

531 Beier, FS Quack, 15, 19; Lober, GRUR Int. 2002, 7, 12.

532 Müller, EuZW 1998, 232, 234; Shin, S. 166 ff.; Schwarz van Berk, S. 139 ff.

533 *Alaska Airlines, Inc. v. United Airlines, Inc.*, 948 F.2d 536, 544 (9th Cir. 1991): "A facility that is controlled by a single firm will be considered "essential" only if control of the facility carries with it the power to eliminate competition in the downstream market."; wiederholt in *City of Anaheim v. Southern California Edison Co.*, 955 F.2d 1373, 1380, Fn. 5 (9th Cir. 1992); vgl. auch Harz, Emory Int'l L. Rev. 1997, 189, 222, Fn. 212.

534 Entscheidung der Kommission v. 04.11.1988, ABl.EG 1988 Nr. L 317/47 – *London European/SABENA*.

535 Temple Lang, Fordham Int'l L. J. 1994, 437, 478; Harz, Emory Int'l L. Rev. 1997, 189, 222; Müller, EuZW 1998, 232, 234 f.; Schwintowski, WuW 1999, 842, 850; Sprickmann Kerkerinck, S. 44.

Einzuwenden ist allerdings, dass sämtliche unter Zuhilfenahme der Essential-Facilities-Doktrin entschiedenen Sachverhaltskonstellationen durch die aktuell oder potentiell dominante Beherrschung des Sekundärmarktes seitens der diesen Markt bedienenden Einrichtungsinhaber gekennzeichnet waren.[536] Darüber hinaus würde der Verzicht auf das Erfordernis einer Marktbeherrschung des Einrichtungsinhabers auch auf dem Sekundärmarkt zu einer starken Erweiterung des Anwendungsbereichs der Doktrin führen. Die wahrscheinliche Folge dieser Ausuferung wäre die Verunsicherung potentieller Einrichtungsinhaber und so im Endeffekt eine Innovations- und Investitionshemmung.

Im Ergebnis erscheint also in Anlehnung an die restriktive Herangehensweise der amerikanischen Rechtsanwendung, deren Ziel ebenfalls in der Sicherstellung der Funktionsfähigkeit des Wettbewerbs auf dem Sekundärmarkt besteht, zumindest eine nennenswerte Stellung des Einrichtungsinhabers auf dem Sekundärmarkt als Anwendungsvoraussetzung erforderlich.

2. Missbräuchliches Ausnutzen durch Zugangsverweigerung

Auf dieser Ebene prallen die ureigenen unternehmerischen Interessen des Inhabers der wesentlichen Einrichtung an der ungestörten Nutzung seines Monopols mit den Interessen des Wettbewerbs, der Wettbewerber und der Verbraucher zusammen. Grundsätzlich gilt dabei, dass die allein auf die Verfügungsberechtigung über eine strategische Einrichtung zurückzuführende dominante Stellung eines Unternehmens in einem bestimmten Markt zweifelsohne nicht für die Feststellung eines Verstoßes gegen Art. 82 EG genügt, da auch für marktbeherrschende Unternehmen grundsätzlich Kontrahierungsfreiheit besteht. Parallel zur amerikanischen Spruchpraxis umfasst der Begriff der Zugangsverweigerung somit auch im Gemeinschaftsrecht die Weigerung des marktbeherrschenden Unternehmens zum Abschluss einer rechtsgeschäftlichen Vereinbarung über die fortgesetzte oder erstmalige entgeltliche Gebrauchsüberlassung einer wesentlichen Einrichtung, die in aller Regel durch das Bestreben, die eigene Machtposition zu bewahren und potentielle Wettbewerber vom Markteintritt abzuhalten, motiviert ist.[537]

Zwei verschiedene, aber jeweils unter die Essential-Facilities-Doktrin subsumierbare Formen missbräuchlichen Verhaltens im Sinne des Art. 82 EG sind zu unterscheiden. Die direkteste Variante der untersagten Diskriminierung stellt die explizite Geschäftsabschlussverweigerung dar.[538] Als gleichermaßen wettbe-

---

536 Im Ergebnis auch Klimisch/Lange, WuW 1998, 15, 23; Schindler, S. 114; Stollhoff, S. 165; Abermann, S. 126; Schwarz van Berk, S. 186 f.; Shin, S. 169.

537 Montag, EuZW 1997, 71, 71; Stollhoff, S. 166.

538 Temple Lang, Fordham Int'l L. J. 1994, 437, 442 f.

werbsschädlich ist die mittelbare Zugangsverweigerung durch Auferlegung unangemessener Nutzungskonditionen einzustufen.[539] Hintergrund dieser Gleichstellung ist die Erkenntnis, dass die Gewährung des Zugangs unter diskriminierenden Bedingungen und die Verweigerung des Zugangs im Regelfall zum selben Ergebnis führen.[540] Dem Einrichtungsinhaber obliegt also im Falle einer Zugangsgewährung die sich aus dem Nichtdiskriminierungsgrundsatz ergebende Pflicht, seinen Wettbewerbern ebenso günstige Bedingungen zu gewähren wie seinen eigenen Diensten.[541]

Nach ihrer bisherigen Entscheidungspraxis erweckte eine verweigerte Nutzungsüberlassung einer wesentlichen Einrichtung erst dann die Aufmerksamkeit der Europäischen Kommission, wenn sich Inhaber und Zugangsinteressent als Konkurrenten gegenüberstanden.[542] Dem marktbeherrschenden Unternehmen kommt insofern eine Doppelrolle zu. Es ist einerseits als Betreiber der Einrichtung auf dem Primärmarkt aktiv und bedient gleichzeitig aktuell (zumindest aber potentiell) den nachgelagerten Sekundärmarkt, auf dem es sodann in einem Wettbewerbsverhältnis mit dem Zugangssuchenden steht. Nur in dieser Konstellation vermag die Zugangsverweigerung nachteilige wettbewerbliche Auswirkungen auf dem versperrten Markt auszulösen, die einen Eingriff mittels der Essential-Facilities-Doktrin als gerechtfertigt erscheinen lassen.[543]

Ein Verzicht auf das Konkurrenzverhältnis würde zu einer starken und zugleich sinnlosen Ausweitung des Anwendungsbereiches der Doktrin führen. Ist der Verfügungsberechtigte nämlich nicht gleichzeitig auf dem mit dem Primärmarkt verbundenen Dienstleistungsmarkt tätig, wird er regelmäßig, da sich seine Geschäftstätigkeit dann wohl nur auf den Betrieb der Einrichtung beschränkt, ein originäres Interesse an einer Nutzungsüberlassung seiner Ressource besitzen. Immerhin garantiert ihm nur eine großzügige Zugangsgewährung eine hohe Auslastung, die mit der Realisierung entsprechender Gewinne aufgrund gezahlter Nutzungsentgelte verbunden ist.[544] Sollte es in diesen Konstellationen zu wettbewerbsschädigenden Verhaltensweisen des Einrichtungsinhabers kommen, kann dem bereits durch die vier Beispielstatbestände des Art. 82 Satz 2 EG ausrei-

---

539 Zu indirekten Zugangsverweigerungen siehe die Ausführungen der Kommission in ihrem XXIII. Bericht über die Wettbewerbspolitik 1993, S. 36 f., Tz. 40; Abermann, S. 128.

540 Schwarz van Berk, S. 189.

541 Deselaers, EuZW 1995, 563, 566 f.; Montag, EuZW 1997, 71, 76.

542 Hohmann, S. 112.

543 So auch Schindler, S. 104; Stollhoff, S. 167; Sprickmann Kerkerinck, S. 47 bezeichnet ein solches Konkurrenzverhältnis als „zwingendes Kriterium" der Essential-Facilities-Doktrin.

544 Klimisch/Lange, WuW 1998, 15, 23; Abermann, S. 132, Fn. 650.

chend abgeholfen werden, so dass ein Rückgriff auf die Essential-Facilities-Doktrin entbehrlich ist.

3. Fehlende Rechtfertigung für die Zugangsverweigerung

Das Missbrauchsverbot des Art. 82 EG begründet keine generelle Kontrahierungspflicht für marktbeherrschende Unternehmen, so dass eine Zugangsverweigerung niemals per se als rechtsmissbräuchlich betrachtet werden kann.[545] Einhergehend mit der Kommissionspraxis steht eine Verletzung des Art. 82 EG erst dann fest, wenn der Einrichtungsinhaber die Zugangsuntersagung bzw. die Auferlegung ungleicher Nutzungskonditionen nicht durch sachliche Rechtfertigungsgründe zu begründen vermag.[546] Dabei müssen in Entsprechung zum amerikanischen Kartellrecht die angeführten Rechtfertigungsgründe um so schwerwiegender sein, je stärker die Wettbewerbsstruktur und das Versorgungsdefizit der Verbraucher durch die Verhaltensweise des Marktbeherrschers berührt sind.[547]

Im Gegensatz zu herkömmlichen Lieferverweigerungsfällen scheint die Auswahl an Rechtfertigungsgründen zwar eingeschränkter zu sein und die Kommission einen strengeren Maßstab anzulegen.[548] Dennoch orientiert sich die gesamte Spannbreite berücksichtigungsfähiger Rechtfertigungsgründe auch im Falle der Essential-Facilities-Doktrin unter objektiver Betrachtung an der Praktikabilität und der Zumutbarkeit der begehrten Nutzungsüberlassung.[549]

In unübersehbarer Parallelität zur gerichtlichen Herangehensweise in den Vereinigten Staaten akzeptiert auch die Europäische Kommission grundsätzlich Einwände einer drohenden Beeinträchtigung des sicherheitstechnischen Standards der Einrichtung, einer ausgelasteten Kapazität, einer mangelnden fachlichen oder finanziellen Qualifikation des Zugangsinteressenten, einer fehlenden Bereitschaft des Antragstellers zur Akzeptanz diskriminierungsfreier Nutzungskonditionen sowie öffentlich-rechtliche Gründe im Sinne von Art. 86 Abs. 2 EG.[550]

Das objektive Bestehen eines Rechtfertigungsgrundes hat der Einrichtungsinhaber zu beweisen, da die möglichen Verweigerungsgründe zum überwiegenden

545 Deselaers, EuZW 1995, 563, 564; Montag, EuZW 1997, 71, 76.

546 Glasl, ECLR 1994, 306, 314; Mennicke, ZHR 1996, 626, 655; Klimisch/Lange, WuW 1998, 15, 24.

547 Temple Lang, Fordham Int'l L. J. 1994, 437, 475; Deselaers, EuZW 1995, 563, 568; Müller, EuZW 1998, 232, 235; Klimisch/Lange, WuW 1998, 15, 24.

548 Schindler, S. 115.

549 Stollhoff, S. 169; dieser Zweiteilung folgt auch Sprickmann Kerkerinck, S. 75 ff.

550 Vgl. ausführliche Darstellungen bei Schindler, S. 114 ff., Tränkle, S. 130 ff.; Stollhoff, S. 169 ff.; Schwarz van Berk, S. 194 ff.

Teil in seiner unternehmerischen Sphäre liegen.[551] Ob ein Rechtfertigungsgrund schließlich tatsächlich durchgreift, ist für den jeweiligen Einzelfall anhand einer am Verhältnismäßigkeitsgrundsatz orientierten Abwägung zu bestimmen.[552]

V. Zusammenfassung

Das durch die Hafenentscheidungen eingeführte Essential-Facilities-Konzept ist mittlerweile zu einem gängigen Instrument in den Wettbewerbsanalysen der Europäischen Kommission geworden. Die dargestellten Grundsätze werden in sämtlichen Konstellationen angewandt, in denen eine strukturelle Versperrung eines Komplementärmarktes durch ein regelmäßig vertikal integriertes Unternehmen vorliegt. Letzteres kontrolliert und nutzt eine einzigartige Einrichtung, die für seine Geschäftstätigkeit auf einem abgeleiteten Markt erhebliche Wettbewerbsvorteile in sich birgt. Infolge der Zugangsverweigerung gegenüber einem nur einstufig strukturierten Wettbewerber verhindert der Einrichtungsinhaber zugunsten seiner eigenen Tätigkeit auf dem benachbarten Sekundärmarkt den erstmaligen oder weiteren Zutritt von Konkurrenzunternehmen auf diesem Markt.[553]

Die Untersuchung des einschlägigen Entscheidungsmaterials hat gezeigt, dass die europäische Essential-Facilities-Doktrin im Grunde genommen an traditionelle Rechtsprechungsgrundsätze anknüpft.[554] Sie dient gesetzestechnisch innerhalb der Generalklausel des Art. 82 Satz 1 EG der systematischen Erfassung bestimmter Teilausschnitte aus dem bekannten Problemkreis der missbräuchlichen Geschäftsabschlussverweigerung marktbeherrschender Unternehmen.[555] Die betreffenden Sachverhaltskonstellationen sind im allgemeinen durch die Ausnutzung der aus der wesentlichen Einrichtung resultierenden Marktmacht eines Unternehmens zum Schutz seiner Stellung auf einem Komplementärmarkt gekennzeichnet.[556] Folgerichtig sind Überschneidungen mit den speziellen Missbrauchs-

---

551 Deselaers, EuZW 1995, 563, 568; Klimisch/Lange, WuW 1998, 15, 24; Sprickmann Kerkerinck, S. 82.

552 Deselaers, EuZW 1995, 563, 568; Montag, EuZW 1997, 71, 76; Sprickmann Kerkerinck, S. 76.

553 Creuss/Agustinoy, W. Comp. 2000, 57, 69; Emmerich, S. 215; Stollhoff, S. 157.

554 Ebenso Markert, WuW 1995, 560, 570 f; Meinhardt, S. 149; Shin, S. 53; Jacobi, S. 201.

555 Temple Lang, Fordham Int'l L. J. 1994, 437, 483; Harz, Emory Int'l L. Rev. 1997, 189, 222; Fleischer/Weyer, WuW 1999, 350, 353; Capobianco, E.L. Rev. 2001, 548, 557; Fine, PLI 2002, 735, 737; Schindler, S. 69; iE auch Dittmann, S. 273; a.A. und den eigenständigen Charakter der Doktrin betonend Furse, ECLR 1995, 469, 472; Sprickmann Kerkerinck, S. 95 ff.; Schwarz van Berk, S. 94 ff.

556 Mennicke, ZHR 1996, 626, 652 f.; Deselaers EuZW 1995, 563, 568; Shin, S. 161.

tatbeständen des Art. 82 Satz 2 EG nicht ausgeschlossen.[557] Die Doktrin ersetzt im Ergebnis also nicht bestehendes Recht, sondern trägt zu einer zusätzlichen Verfeinerung der Auslegungsprinzipien des Missbrauchstatbestandes bei, indem sie im Zusammenhang mit Zugangsverweigerungen zu leistungsnotwendigen Einrichtungen Beurteilungskriterien zur Abgrenzung von wettbewerbskonformem zu wettbewerbswidrigem Verhalten zur Verfügung stellt.[558]

Das fortwährende Zögern des Europäischen Gerichtshofs, die Essential-Facilities-Doktrin explizit als kartellrechtliches Instrumentarium anzuerkennen, zeigt seine Bedenken, der von der Kommission mit Vorliebe angewandten Rechtsfigur eine dogmatische Eigenständigkeit im europäischen Wettbewerbsrecht zuzubilligen.[559] Sein diesbezügliches Schweigen ist dahingehend zu interpretieren, dass er entsprechende Sachverhaltskonstellationen allein unter Abwandlung seiner anerkannten Rechtsprechungsgrundsätze zur Geschäftsabschlussverweigerung sachgerecht zu lösen sucht.[560] Die fehlende Notwendigkeit einer rechtlichen Verselbständigung der Doktrin wird zusätzlich durch die Tatsache bestärkt, dass das Konzept bereits über Jahrzehnte hinweg Anwendung in der Spruchpraxis amerikanischer Instanzgerichte gefunden hatte, ehe es die Europäische Kommission für erforderlich hielt, diese Lehre auch in das Gemeinschaftsrecht einzuführen.

Neben einer Konkretisierung des Missbrauchsbegriffs für spezielle Konstellationen der Geschäftsabschlussverweigerung ermöglicht die Essential-Facilities-Doktrin im Rahmen des Art. 82 EG eine Ausdehnung des Anwendungsbereichs dieser Vorschrift auf Fallgestaltungen erstmaliger Marktöffnung.[561] Dem marktbeherrschenden Unternehmen kann angesichts der Zielsetzung des europäischen Wettbewerbsrechts im Sinne des Art. 3 lit. g EG im Einzelfall und vorbehaltlich besonderer Rechtfertigungsgründe mittels der angeordneten Zugangsgewährung die Pflicht auferlegt werden, erstmalig einen gegen sich selbst gerichteten Wettbewerb mit mindestens einem weiteren Marktteilnehmer zu eröffnen, um dadurch vormals vermachtete Marktstrukturen für die Zukunft zu beseitigen.[562]

---

557 Schindler, S. 220.

558 Furse, ECLR 1995, 469, 472; Mennicke, ZHR 1996, 626, 652; Schindler, S. 69; iE auch Abermann, S. 57; Shin, S. 127.

559 So auch Dittmann, S. 299.

560 a.A. Schwarz van Berk, S. 82 f., der in dem dauernden Schweigen des Gerichtshofs eine vollständige Billigung der Doktrin erkannt haben will.

561 Deselaers, EuZW 1995, 563, 565, Fn. 32; Müller, EuZW 1998, 232, 235; Höppner, EuZW 2004, 748, 751; Stollhoff, S. 174; Hohmann, S. 48; S. 101 ff.; Shin, S. 163; a. A. Schnelle, EuZW 1994, 556, 562, demzufolge Art. 82 EG nur bestehenden Restwettbewerb schütze und kein Instrument zur Eröffnung von Wettbewerb sei; Groeben/Thiesing/Ehlermann-Schröter, Art. 86, Rn. 212.

562 Stollhoff, S. 157, Fn. 198 und Ridyard, ECLR 1996, 438, 443 sehen darin die Hauptfunktion der Doktrin.

E. Rechtsvergleichende Betrachtung der Essential-Facilities-Doktrin

Die vorbildhafte Funktion des amerikanischen Kartellrechts für die Herausbildung der europäischen Essential-Facilities-Doktrin ist unübersehbar. Die hervorstechendste Gemeinsamsamkeit ist dann auch folgerichtig die bis dato jeweils fehlende höchstrichterliche Legitimation der Essential-Facilities-Doktrin.[563]

Darüber hinaus zeigt die Gesamtbetrachtung der vorhandenen Spruchpraxis, dass die Rechtsfigur sowohl im amerikanischen als auch im europäischen Rechtssystem der Konkretisierung kartellrechtlicher Generalklauseln dient. Diesseits und jenseits des Atlantiks kommt ihr im Wettbewerb mittlerweile eine marktöffnende Funktion zu, mit der Marktzugangssperren, entstanden durch leistungsnotwendige Einrichtungen marktbeherrschender Unternehmen, aufgehoben werden sollen, um Wettbewerb auf abgeleiteten Märkten zu steigern.

Da sich das Monopolisierungsverbot des Sec. 2 Sherman Act gegen unzulässig erlangte oder aufrechterhaltende Monopolmacht selbst und nicht nur gegen ein missbräuchliches Verhalten wendet, sieht die amerikanische Essential-Facilities-Doktrin seit jeher als Rechtsfolge systematische Eingriffe in die Marktstruktur vor, die letztlich auf eine strukturelle Marktöffnung hinauslaufen.[564] Demgegenüber soll im europäischen Kartellrecht allein das zeitpunktbezogene, missbräuchliche Ausnutzen einer grundsätzlich akzeptierten Marktmacht unterbunden werden. Als Rechtsfolge eines Verstoßes sind somit zunächst nur punktuelle kartellbehördliche Verhaltensanordnungen denkbar. Jedoch ist diesbezüglich aufgrund der von der Europäischen Kommission vorangetriebenen Rezeption der Essential-Facilities-Doktrin in den Missbrauchstatbestand des Art. 82 EG eine Annäherung auf der Rechtsfolgenseite zu beobachten, so dass sich auch in der europäischen Entscheidungspraxis die Angriffsrichtung der Vorschrift in Richtung eines strukturellen Marktöffnungsgebotes verschiebt.[565]

Ihre wettbewerbspolitische Legitimation zieht die Essential-Facilities-Doktrin letztlich aus der Tatsache, dass die Anwendung des europäischen Kartellrechts in liberalisierten Wirtschaftssektoren zuweilen positiv-gestaltende Eingriffe zur Schaffung und Aufrechterhaltung von Wettbewerb erfordert. Zusätzlich zu den zahlreich vorhandenen sekundärrechtlichen und sektorspezifischen Zugangsregelungen sieht die Europäische Kommission in dieser Rechtsfigur ein gleichwertiges Instrument zur Umsetzung ihrer Wettbewerbspolitik.[566]

563 Vgl. zur Legitimation einer europäischen Essential-Facilities-Doktrin sehr ausführlich Stollhoff, S. 179 ff.

564 Schwintowski, WuW 1999, 842, 847; Stollhoff, S. 175 f; Tränkle, S. 147.

565 Stollhoff, S. 176; Sprickmann Kerkerinck, S. 39; Jacobi, S. 111; Abermann, S. 147; Shin, S. 48; Grabitz/Hilf-Deselaers, Art. 82, Rn. 348.

566 Hohmann, S. 64.

Die Analyse des einschlägigen Entscheidungsmaterials hat im Grunde gleichlautende Wertungen amerikanischer und europäischer Rechtsorgane in bezug auf Essential-Facilities-Konstellationen ergeben. Der verweigerte Zugang zu einer wesentlichen Einrichtung gegenüber einem potentiellen Wettbewerber, mit dem ein beherrschendes Unternehmen seine Machtstellung auf benachbarten Märkten zu sichern gedenkt, wird unter Heranziehung der Essential-Facilities-Doktrin geahndet.

Während allerdings in der amerikanischen Judikative eine Zunahme restriktiver Tendenzen und damit einhergehend ein Rückgang an Klagen, die sich auf die Essential-Facilities-Doktrin stützen, zu verzeichnen ist, offenbart in jüngster Zeit insbesondere die Europäische Kommission großen Elan in der Anordnung von Zugangsverpflichtungen gegenüber marktbeherrschenden Unternehmen.[567] Ihre jüngsten Entscheidungen in den Rechtssachen *IMS Health* und *Microsoft* offenbaren ihr Bestreben, nunmehr auch immaterialgüterrechtlich geschützte Positionen mittels der Essential-Facilities-Doktrin gegen den Willen des Schutzrechtsinhabers zugänglich zu machen.

Dieser Trend ist nicht nur unter den noch zu vertiefenden Gesichtspunkten gewerblichen Rechtsschutzes, sondern auch unter zwei weiteren Aspekten interessant. So reagierte die Europäische Kommission zu Beginn der Lieferverweigerungsfälle, deren rechtliche Grundsätze sie heute in allen Essential-Facilities-Konstellationen wiederentdeckt, weitaus zurückhaltender als der Europäische Gerichtshof auf die begehrten Lieferverpflichtungen der Antragssteller.[568] Darüber hinaus hat die Kommission selbst an anderer Stelle einmal festgestellt, dass auch ein marktbeherrschendes Unternehmen grundsätzlich nicht verpflichtet sei, einen letztlich gegen ihn gerichteten Wettbewerb zu unterstützen.[569]

567 Diese Tendenz für das europäische Rechtssystem frühzeitig vorhersagend Temple Lang, Fordham Int'l L. J. 1994, 437, 483 u. 521; Harz, Emory Int'l L. Rev. 1997, 189, 189 f.; Klimisch/Lange, WuW 1998, 15, 19; Opi, Fordham I. P., Media & Ent. L. J. 2001, 409, 414; Korah, Antitrust L.J. 2002, 801, 801 f.

568 Vgl. Subiotto, ECLR 1992, 234, 236 mit einzelnen Beispielen; Schommer, S. 98.

569 Kommission, Entscheidung v. 29.07.1987, ABl. EG Nr. L 286/36, Tz. 19 – *BBI/Boosey & Hawkes*: „Ein marktbeherrschender Hersteller ist nicht verpflichtet, gegen ihn gerichteten Wettbewerb zu subventionieren."

4. Kapitel: Die Anwendung der Essential-Facilities-Doktrin auf Immaterialgüterrechte

Angesichts des auf beiden Seiten des Atlantiks in allen Wirtschafts- und Industriebereichen zu verzeichnenden technologischen Wandels stellen zunehmende, auf die Essential-Facilities-Doktrin gestützte Zugangsbegehren zu immaterialgüterrechtlich geschützten Ressourcen[570] eine naheliegende, aber auch problematische Tendenz innerhalb der beiden Kartellrechtssysteme dar. Jüngere und lebhaft diskutierte Beispiele dieser Entwicklung sind die unter Berufung auf die Doktrin eingeleiteten Kartellverfahren in Sachen *IMS Health*[571] und *Microsoft*[572].

Befürworter der Ausweitung des doktrinalen Anwendungsbereichs betonen zumeist, die uneingeschränkte Gleichbehandlung dieser „modernen" Zugangsproblematiken mit denen aus der Entstehungsgeschichte der Essential-Facilities-Doktrin sei gerechtfertigt, da es im Ergebnis ebenfalls um die Vermeidung wettbewerblicher Negativeffekte gehe. Auch ein marktbeherrschender Inhaber eines Ausschließlichkeitsrechts könne durch eine fortgesetzte Lizenzverweigerung Wettbewerbern leistungsnotwendige Ressourcen vorenthalten, die unabdingbar für die Aufnahme oder Aufrechterhaltung wirksamen Wettbewerbs sind. Daher sei kein Grund ersichtlich, marktdominante Schutzrechtsinhaber rechtlich anders

570 Vgl. Stollhoff, S. 252, Fn. 297 und Abermann, S. 138, Fn. 681, nach deren richtiger Auffassung es nicht darum geht, ob ein geistiges Eigentumsrecht eine wesentliche Einrichtung ist, sondern darum, dass eine Einrichtung durch ein Immaterialgüterrecht geschützt ist.

571 Kommission, Entscheidung v. 03.07.2001, ABl.EG 2002 Nr. L 59/18 – *NDC Health/IMS Health.*

572 Siehe *United States v. Microsoft Corp.*, 253 F.3d 34 (D.C. Cir. 2001); 97 F. Sup. 2d 59 (D.D.C. 2000); 87 F. Supp. 2d 30 (D.D.C. 2000); 84 F. Supp. 2d 9 (D.D.C. 1999); 147 F. 3d 935 (D.C.Cir. 1998); 56 F.3d 1448 (D.C. Cir. 1995); zum europäischen Verfahren siehe Kommission, Entscheidung v. 24.03.2004, Case COMP/C-3/37.792, C (2004)900 final – *Microsoft*, in der die Kommission Microsoft u.a. verpflichtete, die Schnittstellenprotokolle seiner Serversoftware anderen Software-Produzenten zur Verfügung zu stellen, damit diese ihre Programme so entwickeln können, dass sie mit Microsoft-Servern kompatibel sind; zur möglichen Funktion der Essential-Facilities-Doktrin in diesen Verfahren siehe insbesondere Stapper, S. 148 ff.; Giudici, S. 49 ff.; Jones/Turner, Jurimetrics J. 1997, 355 ff.; Harz, Emory Int'l L. Rev. 1997, 189 ff.; Piraino, Nw. U.L. Rev. 1998, 1 ff.; Hawker, Ohio N.U.L. Rev. 1999, 115 ff.; Creuss/Agustinoy, W. Comp. 2000, 57 ff.; O'Dell, Ga. J. Int'l & Comp. L. 2001, 101 ff.; Körber, RIW 2004, 881, 882 ff.

zu behandeln als Eigentümer sonstiger wesentlicher Einrichtungen physischer Natur.[573]

Tatsächlich ist das Problem des Zugangs zu immaterialgüterrechtlich geschützten Ressourcen und des Zugangs zu körperlichen Infrastrukturen aber nur insofern vergleichbar, als dass es im Kern jeweils um die Frage geht, inwieweit getätigte Investitionen vor zwangsweisen Zugriffen Dritter geschützt werden können. Denn bereits die klärungsnotwendige Frage, ob durch geistige Eigentumsrechte geschützte Positionen überhaupt das Tatbestandsmerkmal einer „wesentlichen Einrichtung" erfüllen und damit dem doktrinalen Anwendungsbereich unterfallen können, ist in der einschlägigen Literatur stark umstritten.[574] Die Unsicherheiten resultieren zum großen Teil aus der besonderen wettbewerblichen Situation, in der sich gewerbliche Schutzrechte im Vergleich zu Sacheigentum befinden. Im allgemeinen sind Inhaber von Immaterialgüterrechten gerade nicht verpflichtet, diese an Wettbewerber zu lizenzieren. Vielmehr wird die Lizenzverweigerung regelmäßig als priviligiertes Verhalten des Schutzrechtsinhabers akzeptiert.[575] Ferner besteht ein erhöhter Rechtfertigungsbedarf für eine Anwendung der Essential-Facilities-Doktrin auf geistige Eigentumsrechte auch vor dem Hintergrund, dass körperliche Infrastruktureinrichtungen ihren Inhabern in aller Regel auf unbestimmte Zeit, gewerbliche Schutzrechte hingegen nur für einen bestimmten Zeitraum eine Monopolstellung verleihen können.[576] Folglich gilt es zuvorderst, die besonderen Eigenarten der Immaterialgüterrechte zu berücksichtigen, bevor einer uneingeschränkten Übertragung der Anwendbarkeit der Essential-Facilities-Doktrin in diesen Bereich zugestimmt werden kann.

Im folgenden wird den angedeuteten rechtlichen Problempunkten im einzelnen nachgegangen und versucht, spezifische Voraussetzungen für eine Anwendung der Doktrin im Zusammenhang mit geistigen Eigentumsrechten festzulegen, die neben einer Marktöffnung für den Zugangspetenten zugleich auch den gesetzlich besonders geschützten Interessen des Schutzrechtsinhabers gerecht werden. Gleichzeitig wird herausgearbeitet, bis zu welchem Grad die zum Teil ve-

573 Hartley, ALI-ABA 1998, 249, 253; Hawker, Ohio N.U.L. Rev. 1999, 115, 147.

574 Deselaers, EuZW 1995, 563, 568; Mennicke, ZHR 1996, 626, 651; Eilmansberger, EWS 2003, 12, 15; mit Einschränkung Ridyard, ECLR 1996, 438, 446; kritisch Crowther, E.L. Rev. 1995, 521, 525; verneinend Glasl, ECLR 1994, 306, 308 u. 311; Montag, EuZW 1997, 71, 75.

575 Vgl. *SCM Corp. v. Xerox Corp.*, 645 F.2d 1195, 1204 (2nd Cir. 1981): "[...] a patent holder is permitted to maintain his patent monopoly through conduct permissible under patent laws."; *Data General Corp. v. Grumman Systems Support Corp.*, 36 F.3d 1147, 1187 ff. (1st Cir. 1994); *MAI Systems Corp. v. Peak Computer, Inc.*, 991 F. 2d 511, 517 ff. (9th Cir. 1993); *Coca-Cola Sun Dun, Inc. of Washington v. Coca-Cola Co.*, 740 F. Supp. 381, 392 ff. (D. Maryland 1990).

576 Höppner, GRUR Int. 2005, 457, 460.

hement geforderte Ausdehnung der Doktrin in den sensiblen Bereich der Ausschließlichkeitsrechte wirtschaftspolitisch wünschenswert sein kann.

Vorab ist jedoch bereits einschränkend anzumerken, dass die Essential-Facilities-Doktrin allenfalls zusätzliche Aspekte für eine sachgerechte Grenzziehung zwischen rechtskonformer und rechtswidriger Geltendmachung immaterialgüterrechtlicher Ansprüche liefern kann. Eine darüber hinausgehende Funktion – etwa im Sinne eines allgemeingültigen Interessenausgleichs zwischen Kartell- und Immaterialgüterrecht – kann die Rechtsfigur nicht erfüllen, da auch sie die bestehenden Spannungen zwischen den beiden Rechtsgebieten nicht vollends zu beseitigen vermag.[577]

A. Das Spannungsverhältnis zwischen Kartell- und Immaterialgüterrecht

Seit jeher besteht zwischen Regelungen zum Schutz geistiger Eigentumsrechte und wettbewerbsrechtlichen Vorschriften ein Spannungsverhältnis.[578] Das Konfliktpotential ist darauf zurückzuführen, dass gewerbliche Schutzrechte ihrem Eigentümer eine zeitlich befristete, staatlich verliehene Monopolstellung verschaffen, die es ihm im Rahmen der spezialgesetzlichen Vorgaben gestattet, seine Immaterialgüterrechte unter vollständigem Ausschluß anderer bestimmungsgemäß zu nutzen und damit zeitlich limitiert den Wettbewerb einzuschränken.[579]

Die Gewährung solcher Ausschließlichkeitspositionen ist allgemein akzeptiert und bildet die Grundvoraussetzung des Immaterialgüterrechts.[580] Geistige Eigentumsrechte beruhen in besonderem Maße auf Forschung, Entwicklung oder

---

577 Venit/Kallaugher, Fordham Corp. L. I. 1994, 315, 337: „[T]he essential facility label does not add anything to the analysis of the difficult issues arising out the application of Article 8[2] to intellectual property rights.“

578 Thompson, EWS 1992, 178, 178; Opi, Fordham I. P., Media & Ent. L. J. 2001, 409, 412; Stothers, E.I.P.R. 2002, 86, 91; Fine, PLI 2002, 735, 738; Casper, ZHR 2002, 685, 686; Narciso, I.P.Q. 2003, 445, 445; Gitter, Am. Bus. L.J. 2003, 217, 218.

579 Ebenroth/Bohne, EWS 1995, 397, 398; Ridyard, ECLR 1996, 438, 445; Montag, EuZW 1997, 71, 71;Vermut, Colum.-VLA J.L. & Arts 1997, 27, 28; Mills, J. Pat. & Trademark Off. Soc'y 1998, 101, 102; Jung, ZWeR 2004, 379, 380; Spindler/Apel, JZ 2005, 133, 133; Beier, FS Quack, 15, 30 f.; Böck, S. 9.

580 Hyland/Dumortier, C.T.L.R. 1999, 150, 153, Fn. 47: „There is no point in enjoying an exclusive right if the holder may not charge a monopoly rent: the monopoly rent is the incentive that led to the original design rights.“; Sullivan, Minn. Intell. Prop. Rev. 2000, 101, 104: „[T]he very purpose of a patent grant is to reward the patentee by limiting the competition, in full recognition that monopolistic evils are the price society will pay.“; Taylor, PLI 2001, 681, 685; Stothers, E.I.P.R. 2002, 86, 91; Narciso, I.P.Q. 2003, 445, 448.

freier schöpferischer Tätigkeit. Daher ist einer an fortwährender technischer, wirtschaftlicher und sozialer Innovation interessierten Gesellschaft bewusst, dass einzelne den notwendigen Forschungs- und Entwicklungsaufwand nur auf sich nehmen, wenn ihnen Anreize zur Belohnung ihrer schöpferischen Tätigkeit in Aussicht gestellt werden.[581]

Der Belohnungsgedanke fungiert dabei jedoch nur als übergeordnetes Leitmotiv des gewerblichen Rechtsschutzes. Aus ihm können keine konkreten rechtlichen Folgerungen dergestalt gezogen werden, dass ihm bereits dann entsprochen wird, wenn der Schutzrechtsinhaber für die Benutzung seiner geistigen Eigentumsrechte durch Dritte eine angemessene Vergütung erhalten oder realisieren kann.[582] Vielmehr ist die Anreizfunktion eines geistigen Eigentumsrechts umso stärker, je dauerhafter und umfassender der eingeräumte Immaterialgüterrechtsschutz ausfällt.[583]

Die Entstehung und Bewahrung einer marktbeherrschenden Stellung durch die Einräumung von Exklusivitätsrechten ist aber auch deswegen hinzunehmen, da das Bestreben, selbst einmal eine derartige Position innehaben zu wollen, Wettbewerber zu eigenen Substitutionserfindungen anspornt.[584] Insofern ist der Gewährung von Immaterialgüterrechten in bestimmtem Umfang langfristig sogar eine wettbewerbsfördernde Wirkung im Hinblick auf technische, wirtschaftliche und soziale Fortschritte zuzusprechen, welche die Nachteile zeitweiliger Wettbewerbsbehinderungen überwiegt.[585]

Dennoch resultiert aus eben diesen Monopolrechten gleichzeitig der Konflikt mit den Vorschriften des Wettbewerbs- und Kartellrechts. Indem sie die Ausübung geistiger Eigentumsrechte allein auf den Berechtigten übertragen, um letztlich ein Maximum an Innovationstätigkeit durch die befristete Aussicht auf

581 Dies hat auch die Europäische Kommission in ihrer Entscheidung v. 03.07.2001, ABl.EG 2002 Nr. L 59/46, Tz. 211 – *NDC Health/IMS Health* – zugestanden, indem sie uneingeschränkt die ausschlaggebende Rolle geistiger Eigentumsrechte bei der Förderung von Innovation und Wettbewerb anerkannte; ferner Troy, Colum. L. Rev. 1983, 441, 462; Thompson, EWS 1992, 178, 179; Hovenkamp, Colum. Bus. L. Rev. 1995, 1, 21; Beier, GRUR 1998, 185, 187; Stern, E.I.P.R. 1998, 390, 394 f.; Kauffman, Wake Forest L. Rev. 1999, 471, 527; Meinhardt, S. 8; Böck, S. 4 ff. m.w.N.

582 Beier, GRUR 1998, 185, 187.

583 Meinhardt, S. 19; Sprickmann Kerkerinck, S. 119.

584 Burling/Lee/Krug, Iowa J. Corp. L. 1999, 527, 535; Marquardt/Leddy, Antitrust L.J. 2003, 847, 856; Jung, ZWeR 2004, 379, 381; Leupold/Pautke, EWS 2005, 108, 109; Beier, FS Quack, 15, 18; Böck, S. 53.

585 Vgl. Schlussanträge des Generalanwalts Gulmann, 01.06.1994 – *RTE und ITP/Kommission*, C-241 u. C-242/91 P – Slg. 1995, I-743, 752, Tz. 13, Fn. 10; zustimmend Schwarze, ZUM 2003, 15, 16; Körber, RIW 2004, 881, 881 spricht von einem „Motor des Innovationswettbewerbs“.

Monopolgewinne sicherzustellen, stehen Ausschließlichkeitsrechte in erkennbarem Widerspruch zum Wettbewerbsrecht, das darauf ausgerichtet ist, durch geeignete Rahmenbedingungen jede Form beschränkender Auswirkungen zu verhindern, um einen freien Wettbewerb zu garantieren.[586]

B. Die Anwendbarkeit des Wettbewerbsrechts im Zusammenhang mit Immaterialgüterrechten

Der Gewährung von Ausschließlichkeitsrechten liegt, wie dargelegt, die rechtspolitische Wertung des Gesetzgebers zugrunde, dass die mit ihnen einhergehende, zeitlich befristete Beschränkung des Wettbewerbs angesichts des erwünschten Innovationswettbewerbs einerseits und der angemessenen Belohnung des Rechteinhabers für seine Leistungen andererseits hinzunehmen ist. Im Zusammenhang mit der Forderung nach einer verstärkten Heranziehung der Essential-Facilities-Doktrin in bezug auf immaterialgüterrechtlich geschützte Ressourcen stellt sich damit zunächst die Frage, ob dem Inhaber eines Ausschließlichkeitsrechts aufgrund der gesetzlich gewährten Garantie seiner Schutzrechtsinhaberschaft eine Absolution vor den einschlägigen wettbewerbsrechtlichen Vorschriften erteilt worden ist, die dann im Ergebnis auch eine Anwendung der kartellrechtlichen Doktrin ausschlösse.

I. Wettbewerbsrechtliche Unantastbarkeit der Immaterialgüterrechte

Teilweise wird die Ansicht vertreten, die Ausübung von Immaterialgüterrechten sei dem Anwendungsbereich der Kartell- bzw. Wettbewerbsrechtsvorschriften grundsätzlich entzogen.[587] Das Recht, den Wettbewerb in bezug auf das gewerbliche Schutzrecht für einen befristeten Zeitraum auszuschließen, gehöre zum gesetzlich garantierten Kernbereich eines Ausschließlichkeitsrechts. Und die

586 Vgl. *Image Technical Services, Inc. v. Eastman Kodak Co.*, 125 F.3d 1195, 1215 (9th Cir. 1997): "[...] one body of law creates and protects monopoly power while the other seeks to proscribe it."; *SCM Corp. v. Xerox Corp.*, 645 F.2d 1195, 1203 (2d Cir. 1981): "While the antitrust laws proscribe unreasonable restraints of competition, the patent laws reward the inventor with a temporary monopoly that insulates him from competitive exploitation of his patented art."; Thompson, EWS 1992, 178, 178; Opi, Fordham I. P., Media & Ent. L. J. 2001, 409, 412; Cotter, Antitrust Bull. 1999, 211, 228; Heitz, ZESAR 2005, 146, 146.

587 Vgl. Beier, FS Quack, 15, 30 ff.; Beier, GRUR 1998, 185, 194; Stothers, E.I.P.R. 2002, 86, 91.

schlichte Ausübung eines Rechts, das von der Rechtsordnung ausdrücklich gewährt worden sei, sei generell rechtmäßig.[588]

Anders als im Falle sachlicher Eigentumsrechte habe der Gesetzgeber unter Berücksichtigung nachteiliger Einflüsse auf den freien Wettbewerb eine eindeutige wettbewerbspolitische Entscheidung zugunsten der Existenz vorübergehender Monopolstellungen durch die Gewährung von Ausschließlichkeitspositionen getroffen. Die Inhaber geistiger Eigentumsrechte seien somit gesetzlich legitimiert, ihre langjährigen schöpferischen Leistungen in Form von Forschungs- und Entwicklungsarbeiten durch eine zwar zeitlich limitierte, aber ansonsten unbeschränkte Lizenzierungspolitik in finanzielle Gewinne umzuwandeln.[589] Würde diese Befugnis durch wettbewerbsrechtliche Vorschriften und Instrumentarien, wie beispielsweise der Anordnung einer Zwangslizenz unter Zuhilfenahme der Essential-Facilities-Doktrin, begrenzt, würde die gesetzgeberische Intention missachtet, das Fundament der Ausschließlichkeitsrechte beseitigt und letztlich technischer Fortschritt zum Nachteil der Verbraucher behindert.[590]

Zwar sind sich auch die Anhänger dieser Ansicht bewusst, dass Immaterialgüterrechte ihren Inhabern keinesfalls eine vollkommen unantastbare Rechtsposition verleihen könnten. Indes sei es aber Aufgabe der Spezialgesetze, unter Abwägung der widerstreitenden Interessen – Anreiz- und Belohnungsfunktion auf der einen, Sicherung freien Wettbewerbs auf der anderen Seite – einheitlich bestimmte und vorhersehbare Grenzen für die Ausübung des jeweiligen Schutzrechts oder Voraussetzungen für seine Zwangslizenzierung festzulegen.[591] Die

588 Mennicke, ZHR 1996, 626, 648; Lober, GRUR Int. 2002, 7, 7; *SCM Corp. v. Xerox Corp.*, 645 F.2d 1195, 1204 (2d. Cir. 1981): Schutz des Patentinhabers, der sich weigert, ein rechtmäßig erworbenes Patent zu lizenzieren, selbst dann, wenn diese Weigerung zu einer Monopolstellung in einem relevanten Markt führen könnte; *W. L. Gore & Associates., Inc. v. Carlisle Corp.*, 529 F. 2d 614, 623 (3d Cir. 1976): Exorbitante Lizenzgebühren bilden das wirtschaftliche Äquivalent zu einer Lizenzverweigerung, da diese das essentielle Recht eines Patenteigentümers im Rahmen des Patentrechts ist.

589 In diese Richtung gehen auch die Schlussanträge des Generalanwalts Jacobs, 28.05.1998 – *Bronner*, C-7/97 – Slg. 1998, I-7791, 7812, Tz. 62.

590 Donahey, AIPLA Q.J. 1997, 277, 314; Stern, E.I.P.R. 1998, 390, 393; Lipsky/Sidak, Stan. L. Rev. 1999, 1187, 1220; Stothers, E.I.P.R. 2002, 86, 91; Schwarz van Berk, S. 170.

591 In diese Richtung sind auch die Ausführungen von Generalanwalt Jacobs, 28.05.1998 – *Bronner*, C-7/97 – Slg. 1998, I-7791, 7813, Tz. 63 zu interpretieren, wonach „[...] die nationalen Rechtsvorschriften über geistiges Eigentum unter bestimmten Umständen selbst Grenzen [setzen], und zwar durch Bestimmungen über Zwangslizenzen.“; vgl. für das deutsche Recht beispielsweise §§ 24 PatG, 20 GebrMG, 42a UrhG; zustimmend ferner O'Rourke, Harv. J.L. & Tech. 1998, 1, 34;

einzelnen Kodifikationen des Immaterialgüterrechts seien insofern abschließend und kartellrechtliche Zwangslizenzen aufgrund der entgegenstehenden rechtspolitischen Wertung ausgeschlossen. Konsequenterweise verbiete sich nicht zuletzt daher eine Anwendung der Essential-Facilities-Doktrin auf dem Gebiet geistiger Eigentumsrechte.[592]

Daneben widerspreche aber auch die historische Ursprungsfunktion der Doktrin als kartellrechtliches Deregulierungsinstrument für unerwünschte natürliche Monopolmärkte ihrer entsprechenden Anwendbarkeit auf gewerbliche Schutzrechte. Letztere räumen ihrem Inhaber gerade eine rechtlich und gesellschaftlich gewollte Monopolstellung ein und je einzigartiger eine immaterialgüterrechtliche Ressource wäre, desto eher würde doch eine Zwangslizenzierung, gestützt auf die Doktrin, drohen.[593]

Weiterhin müsse eine Übertragbarkeit der Anwendungsgrundsätze der Doktrin aus dem Bereich materiellen Eigentums in das Gebiet gewerblicher Schutzrechte aber auch deswegen scheitern, weil es bisher nicht gelungen sei, verlässliche Kriterien bezüglich ihres Bedeutungsgehalts und ihrer Reichweite herauszuarbeiten. Diese Rechtsunsicherheiten seien auf dem äußerst sensiblen Feld geistiger Eigentumsrechte nicht hinnehmbar.[594]

Speziell auf europäischer Ebene erkenne der EG-Vertrag Immaterialgüterrechte ausdrücklich als Bestandteil der Eigentumsordnung der Mitgliedstaaten in Art. 295 EG an.[595] Ferner könnten gewerbliche Eigentumsrechte gemäß Art. 30 EG Einschränkungen der in Art. 28 und 29 EG garantierten Grundfreiheiten rechtfertigen.[596] Auch vor diesem Hintergrund sei daher zweifelhaft, ob das europäische Wettbewerbsrecht überhaupt ein taugliches Instrument sein

---

Burling/Lee/Krug, Iowa J. Corp. L. 1999, 527, 534 f.; Piropato, U. Chi. Legal F. 2000, 369, 405.

592 Werden, St. Louis U. L.J. 1987, 433, 479; Glasl, ECLR 1994, 306, 311; Ridyard, ECLR 1996, 438, 445; Lipsky/Sidak, Stan. L. Rev. 1999, 1187, 1218 ff.; Höppner, GRUR Int. 2005, 457, 460 f.; Schwarz van Berk, S. 171; Schommer, S. 168; Decker, S. 174.

593 Lipsky/Sidak, Stan. L. Rev. 1999, 1187, 1219: „Under the essential facilities doctrine, the more an invention is unique, valuable, and difficult to duplicate, the greater is the obligation to share it. In short, essential facilities principles are inherently inconsistent with intellectual property protection."

594 Burling/Lee/Krug, Iowa J. Corp. L. 1999, 527, 534; i.E. ablehnend auch Kaestner, S. 220 f.

595 Lenz-Röttinger, Art. 295, Rn. 2; zum Verhältnis der gemeinschaftsrechtlichen und mitgliedstaatlichen Kompetenzen auf dem Gebiet der Eigentumsordnung siehe auch Schwarze-Brinker, Art. 295 EGV, Rn. 4 ff.

596 Geiger, Art. 30 EGV, Rn. 13.

könne, um die Reichweite nationaler Immaterialgüterrechte einzuschränken.[597] Schließlich seien innerhalb der Europäischen Union gegenwärtig Tendenzen feststellbar, das Schutzniveau bestimmter Ausschließlichkeitsrechte nicht etwa zu reduzieren, sondern gezielt weiter auszubauen.[598]

II. Anwendbarkeit wettbewerbsrechtlicher Vorschriften auf Immaterialgüterrechte

Die vorgenannte Ansicht, nach der die Ausübung geistiger Eigentumsrechte niemals wettbewerbswidrig sein könne, konnte sich in ihrer Absolutheit nicht durchsetzen. Überwiegend wird zurecht entgegengebracht, gewerblicher Rechtsschutz sei weder von der übrigen Rechtsordnung isoliert, noch gehe er dem Wettbewerbs- bzw. Kartellrecht vor, da auch Ausschließlichkeitsrechte nicht willkürlich oder missbräuchlich ausgeübt werden dürften.[599] Ebenso wie wettbewerbsrechtliche Eingriffe in alle übrigen Eigentumsrechte möglich seien, müssten diese auch unter bestimmten Umständen in Ausschließlichkeitsrechte statthaft sein, um im Einzelfall dem Missbrauch eines Immaterialgüterrechts zum Zwecke einer über dessen Inhalt hinausgehenden Wettbewerbsbeschränkung zu begegnen.

Dieser Ansicht ist unter anderem auch deswegen zuzustimmen, weil das Immaterialgüter- und das Wettbewerbsrecht in unterschiedlicher Art und Weise eine gemeinsame Absicht, namentlich die Förderung von technischem, wirtschaftlichem und sozialem Fortschritt zum Wohle der Allgemeinheit verfolgen.[600] Die

---

597 Jestaedt, WuW 1995, 483, 485; Lober, GRUR Int. 2002, 7, 7; Immenga/Mestmäcker-Ullrich, GRUR, B, Rn. 39.

598 Lober, GRUR Int. 2002, 7, 7 nennt für das Urheberrecht die Datenbank- und die Schutzdauerrichtlinie, die sich an der längsten in Mitgliedstaaten geltenden Frist orientiert, sowie die Richtlinie 2001/29/EG.

599 *United States v. Microsoft Corp.*, 253 F.3d 34, 63 (D.C. Cir. 2001): „Intellectual property rights do not confer a privilege to violate the antitrust laws.“; *Image Technical Services, Inc. v. Eastman Kodak Co.*, 125 F.3d 1195, 1216: “[...] intellectual property rights do not confer an absolute immunity from antitrust claims.”; Etzioni, ALI-ABA 1995, 265, 271; O'Rourke, Harv. J.L. & Tech. 1998, 1, 10; Papciak, Berkeley Tech. L.J. 1999, 323, 338 f.; Kauffman, Wake Forest L. Rev. 1999, 471, 504; Pitofsky, PLI 2002, 775, 793; Narciso, I.P.Q. 2003, 445, 451; Sprickmann Kerkerinck, S. 118; Shin, S. 177.

600 Vgl. *Atari Games Corp. v. Nintendo of America, Inc.*, 897 F.2d 1572, 1576 (Fed. Circ. 1990); *Intel Corp. v. Intergraph Corp.*, 195 F.3d 1346, 1362 (Fed. Cir. 1999); McGowan, Hastings Comm. & Ent. L.J. 1996, 771, 774; Lande/Sobin, Harv. J.L. & Tech. 1996, 237, 238; Cotter, Antitrust Bull. 1999, 211, 227; Opi, Fordham I. P., Media & Ent. L. J. 2001, 409, 412; Drexl, IIC 2004, 788, 793; Blechman/Bernstein in FK, Band I, U.S. Antitrust Recht, Rn. 140; Bleckmann, Rn. 1913.

Verwirklichung dieses wirtschafts- und wettbewerbspolitischen Ziels würde durch eine vollständige Herausnahme der gewerblichen Schutzrechte aus dem Anwendungsbereich der Essential-Facilities-Doktrin aber deutlich erschwert.

Infolge der besonderen ökonomischen Strukturen moderner Informationsmärkte, die sich beispielsweise auf dem Markt für Computer- und Softwareprodukte in einer zunehmenden Etablierung von Standards äußern, können gewisse Immaterialgüterrechte ihren Inhabern heutzutage kartellrechtsrelevante Machtpositionen einräumen, die in ihrem Gewicht durchaus dem Stellenwert früherer natürlicher Monopole wie Schienen-, Telekommunikations- oder Stromversorgungsnetzen gleichkommen. Damit birgt auch ein verweigerter Zugang zu leistungsnotwendigen, immaterialgüterrechtlich geschützten Informationen und Technologien aber durchaus vergleichbare Missbrauchspotentiale wie eine Zugangsverweigerung zu materiellem Sacheigentum.[601]

Zwar vermittelt ein gewerbliches Schutzrecht seinem Inhaber eine rechtlich gewollte Monopolstellung und damit die Möglichkeit, Wettbewerb für einen begrenzten Zeitraum zu verhindern. Indes kann in Einzelfällen der wettbewerbliche Nutzen einer Lizenzgewährung den wettbewerblichen Nutzen der gewährten Ausschließlichkeitsposition überwiegen.[602] Fehlt in diesen Situationen eine kartellrechtliche Einflussmöglichkeit auf den Umfang von Immaterialgüterrechten, könnte die gezielte Übertragung der gewährten Monopolmacht durch den Schutzrechtsinhaber auf einen nachgelagerten Zweitmarkt drohen, um auch auf diesem funktionstüchtigen Wettbewerb zu unterdrücken. Dadurch wiederum könnten unüberwindliche Marktzutrittsschranken entstehen, die eine Grundbedingung anerkennenswerten Innovationsschutzes, namentlich die Aufholbarkeit durch Wettbewerber, auf längere Sicht entfallen ließen.[603] Mit Hilfe der Essential-Facilities-Doktrin könnte in derartigen Situationen verhindert werden, dass Konkurrenten durch die Ausübung gewerblicher Schutzrechte dauerhaft von bestimmten Märkten ausgeschlossen werden.[604]

---

601 Vgl. *Bellsouth Advertising & Publishing Corp. v. Donelley Information Publishing, Inc.*, 719 F. Supp. 1551, 1566 (S.D.Fla. 1988): "Although the doctrine of essential facilities has been applied predominantly to tangible assets, there is no reason why it could not apply [...] to information wrongfully withheld. The effect in both situations is the same: a party is prevented from sharing something essential to compete."; ebenso Crowther, E.L. Rev. 1995, 521, 525; Deselaers, EuZW 1995, 563, 565; Kobak, Antitrust L.J. 1996, 341, 350 f.; Mennicke, ZHR 1996, 626, 651; Hartley, ALI-ABA 1998, 249, 253; Doherty, CML Rev. 2001, 397, 404; a. A. Glasl, ECLR 1994, 306, 308 u. 311.

602 Sprickmann Kerkerinck, S. 87.

603 In diese Richtung auch Stothers, E.I.P.R. 2002, 86, 92; v. Bechtolsheim/Bruder, WRP 2002, 55, 62; Spindler/Apel, JZ 2005, 133, 133.

604 Vermut, Colum.-VLA J.L. & Arts 1997, 27, 57; Hirte/Roth, EWiR 2005, 211, 212.

Zusätzlich werden nachteilige Auswirkungen auf die Innovationsfreudigkeit des Monopolisten für den Fall ausgeschlossen, dass das Ausschließlichkeitsrecht für jeden weiteren Wettbewerb unentbehrlich ist. Denn sowohl die Erzeugung technologischer Leistungen als auch ihre Verwertung können nur im Wettbewerb optimal erfolgen. In diesem Zusammenhang stünde ein absolutes Immaterialgüterrecht aber nicht nur der optimalen Wissensverbreitung, sondern auch der optimalen Wissenserzeugung im Wege.[605] Innovationswettbewerb als Argument für eine kartellrechtliche Unantastbarkeit gewerblicher Schutzrechte kann somit nicht automatisch, sondern nur in begründeten Einzelfällen greifen. Dies gilt um so mehr, als der Gesetzgeber bei der Bestimmung des Schutzumfangs von Immaterialgüterrechten in der Regel nicht in der Lage ist, vorherzusehen, unter welchen Umständen diese Rechte anschließend eingesetzt werden.

Im amerikanischen Rechtssystem fand diese Betrachtungsweise eine ausdrückliche Bestätigung in den im Jahre 1995 durch das Justizministerium der Vereinigten Staaten und der Federal Trade Commission verabschiedeten kartellrechtlichen Richtlinien für die Lizenzierung geistiger Eigentumsrechte.[606] So werden nach Sec. 2.1 dieser Richtlinien kartellrechtliche Standardanalysen zur Feststellung von Monopolmacht und deren Missbrauch nunmehr auch auf dem Gebiet geistiger Eigentumsrechte angewandt.[607] Daneben spricht Sec. 2.3 der Richtlinien der Lizenzierung gewerblicher Schutzrechte eine wettbewerbsfördernde Wirkung zu, da erst durch sie die Entwicklung komplementärer Technologien und Ressourcen ermöglicht wird, was wiederum zu einer Steigerung der integrativen Produktivität und anderer Wirtschaftsfaktoren führen kann.

Auf europäischer Ebene sind kartellrechtliche Eingriffe zur Beseitigung von Wettbewerbsbeschränkungen, die aus der Ausübung geistiger Eigentumsrechte resultieren, zum einen möglich, da der EG-Vertrag keine Bereichsausnahme zugunsten gewerblicher Schutzrechte von den allgemeinen Wettbewerbsregeln enthält.[608] Zum anderen wäre es auch mit dem grundsätzlichen Vorrang des Europa-

605 v. Bechtolsheim/Bruder, WRP 2002, 55, 62; Hirte/Roth, EWiR 2005, 211, 212; i.E. auch Giudici, S. 73.

606 Antitrust Guidelines for the Licensing of Intellectual Property (April 1995), abgedruckt in FK, Band I, U.S. Antitrust Recht, Rn. 165; Sullivan, Minn. Intell. Prop. Rev. 2000, 101, 122.

607 „The Agencies apply the same general antitrust principles to conduct involving intellectual property that they apply to conduct involving any other form of tangible or intangible property.“

608 Vgl. EuGH, 13.07.1966 – *Consten u. Grundig/Kommission*, Rs. 56 u. 58/64 – Slg. 1966, 321, 394; EuGH, 13.07.1966 – *Italien/Kommission*, Rs. 32/65 – Slg. 1966, 457, 486; EuGH, 29.02.1968 – *Parke Davis*, Rs. 24/67 – Slg. 1968, 85, 111 f.; Ebenroth/Bohne, EWS 1995, 397, 400; Müller, EuZW 1998, 232, 236; Fine, PLI 2002, 735, 739.

rechts vor dem nationalen Recht nicht vereinbar, wenn durch eine unterschiedliche Ausgestaltung nationaler Ausschließlichkeitsrechte die Geltung der einheitlichen europäischen Wettbewerbsregeln von Mitgliedstaat zu Mitgliedstaat verschieden wäre. Daher schließt selbst das offensichtliche Spannungsverhältnis der immaterialgüterrechtsfreundlichen Vorschriften Art. 295 und Art. 30 EG zu Art. 28 ff. EG eine Anwendung der Wettbewerbsvorschriften und der auf ihnen beruhenden Instrumentarien nicht aus.[609]

Im Ergebnis ist somit festzuhalten, dass die Ausübung gewerblicher Schutzrechte bei Vorliegen bestimmter Voraussetzungen durchaus den Anwendungsbereichen der kartellrechtlichen Regelungen von Sec. 2 Sherman Act[610] und Art. 82 EG[611] und damit grundsätzlich auch der Essential-Facilities-Doktrin unterfallen kann.[612] Allerdings ist in diesem Zusammenhang bereits vorab zu betonen, dass aufgrund der besonderen wettbewerbsrechtlichen Stellung geistiger Eigentumsrechte allenfalls eine restriktive Anwendung der Doktrin angemessen erscheint.[613]

III. Besonderheiten des europäischen Wettbewerbsrechts

Im Vergleich zu den bundesstaatlich ausgeprägten immaterialgüterrechtlichen Vorschriften der Vereinigten Staaten von Amerika bestehen innerhalb der Europäischen Union aufgrund einer diesbezüglich fehlenden gemeinschaftsweiten Regelung einige Besonderheiten. Um ein besseres Verständnis für die Anwendungsmöglichkeiten der Essential-Facilities-Doktrin im europäischen Wettbe-

---

609 Mennicke, ZHR 1996, 626, 648 f.; Schwarze, EuZW 2002, 75, 76; Abermann, S. 138.

610 Reeves/Arney/Boyko, PLI 1996, 401, 404; Vermut, Colum.-VLA J.L. & Arts 1997, 27, 31; Papciak, Berkeley Tech. L.J. 1999, 323, 339.

611 Pilny, GRUR Int. 1995, 954, 957: „Zusammenfassend bleibt festzustellen [...], dass auch der Einsatz elementarer, durch Immaterialgüterrechte gewährter Rechtspositionen durch marktbeherrschende Unternehmen an den wettbewerbsrechtlichen Regeln des Gemeinschaftsrechts zu messen ist und einen Missbrauch einer beherrschenden Stellung bedeuten kann.“; Mennicke, ZHR 1996, 626, 645 ff.; Greaves, E.I.P.R. 1998, 379, 379; Harrington, Entl L. Rev. 2001, 133, 136; Schwarze, ZUM 2003, 15, 17; Jung, ZWeR 2004, 379, 403; Hoeren, MMR 2004, 459, 459; Leupold/Pautke, EWS 2005, 108, 109; Kübel, S. 233.

612 Zustimmend Temple Lang, Fordham Int’l L. J. 1994, 437, 514; Cotter, Antitrust Bull. 1999, 211, 213 f.; Pitofsky, PLI 2002, 775, 787; Marquardt/Leddy, Antitrust L.J. 2003, 847, 848; Hohmann, S. 36; Tränkle, S. 36; Stapper, S. 148.

613 Marquardt/Leddy, Antitrust L.J. 2003, 847, 857; Sprickmann Kerkerinck, S. 87.

werbsrecht in diesem Bereich zu bekommen, werden daher die wichtigsten Aspekte in der gebotenen Kürze dargestellt.

1. Mitgliedstaatliche Ausgestaltung der Immaterialgüterrechte

In Ermangelung einer Rechtsvereinheitlichung oder –angleichung innerhalb der Europäischen Union richten sich die Voraussetzungen und die Modalitäten des Schutzes der Immaterialgüterrechte und damit die Art und Weise von Verhaltensweisen, die dem Rechteinhaber vorbehalten sind, gegenwärtig nach nationalen Rechtsvorschriften.[614] Gerade weil den Mitgliedstaaten damit ein kompetenzgemäßer Gestaltungsspielraum eingeräumt wird, die Auswirkungen der unterschiedlich ausgerichteten gewerblichen Schutzrechte allerdings nicht an den jeweiligen Landesgrenzen enden, sind Sachverhaltskonstellationen denkbar, in denen es zu einem Konflikt zwischen nationalen Immaterialgüterrechten und gemeinschaftsrechtlichen Wettbewerbsregelungen kommt.[615] Allein der Umstand, dass die nationalen Gesetzgeber bereits eine Abwägung zwischen den Interessen des Schutzrechtsinhabers und den Wettbewerbsbehinderungen, zu denen der Schutz des Ausschließlichkeitsrechts im nationalen Hoheitsgebiet führt, vorgenommen haben, bedeutet nicht zwingend, dass es nicht zu weiteren Beschränkungen des gewerblichen Schutzrechts aufgrund der wettbewerbsrechtlichen Vorschriften des EG-Vertrages, deren Zweck in der Sicherstellung eines unverfälschten Wettbewerbs auf dem europäischen Binnenmarkt besteht, kommen kann.[616]

Aufgrund dieser Situation liegt innerhalb des europäischen Rechtssystems ein zusätzliches Spannungsfeld vor, das über den traditionellen Konflikt zwischen Kartell- und Immaterialgüterrecht hinausgeht. Bei der Beurteilung, ob die Ausübung eines gewerblichen Schutzrechts missbräuchlich im Sinne des Art. 82 EG sein kann, sind zunächst einmal das Interesse an der Ausschließlichkeitswirkung des Immaterialgüterrechts und das Interesse an der Herstellung unverfälschten Wettbewerbs gegeneinander abzuwägen. In diesem Abwägungsprozess ist dann allerdings unbedingt zu berücksichtigen, dass die nationalen Gesetzgeber durch die Rechtsgewährung bereits eine vergleichbare Abwägung vorgenommen ha-

---

614 Montag, EuZW 1997, 71, 73; Korah, Antitrust L.J. 2002, 801, 803; Höppner, GRUR Int. 2005, 457, 458; Shin, S. 142; Abermann, S. 138. Mittlerweile existieren erste Schutztitel mit gemeinschaftsweiter Erstreckung wie die Gemeinschaftsmarke, das Gemeinschaftssortenrecht und das Gemeinschaftsgeschmackmuster.

615 Sprickmann Kerkerinck, S. 118; Schwarz van Berk, S. 70.

616 Vgl. Schlussanträge des Generalanwalts Gulmann, 01.06.1994 – *RTE und ITP/ Kommission*, C-241 u. C-242/91 P – Slg. 1995, I-743, 752, Tz. 14.

ben.[617] Dementsprechend droht ein vorschneller Eingriff der europäischen Wettbewerbshüter, diesen nationalen Interessenausgleich zu übergehen und damit letztlich das Subsidiaritätsprinzip zum Wohle des angestrebten Binnenmarktes zu verletzen.[618]

2. Die Unterscheidung zwischen Ausübung und Bestand von Immaterialgüterrechten

Die europäischen Gemeinschaftsgerichte versuchten seit Mitte der 60er Jahre in ständiger Rechtsprechung, das aufgezeigte Spannungsverhältnis zwischen national gewährten Ausschließlichkeitsrechten und europäischen Wettbewerbsvorschriften zu lösen, indem sie zwischen dem gemeinschaftsrechtlich unantastbaren Bestand eines Immaterialgüterrechts und seiner gemeinschaftsrechtlich kontrollierbaren Ausübung unterschieden.[619]

Dieser Differenzierung nach garantiert Art. 30 EG, der Ausnahmen vom Grundsatz des freien Warenverkehrs zulässt, den Bestand des nach nationalem Recht gewährten gewerblichen und kommerziellen Eigentums und trägt damit der Regelung in Art. 295 EG Rechnung, wonach der EG-Vertrag die Eigentumsordnung der Mitgliedstaaten unberührt lässt. Im Gegensatz dazu unterliegt aber die Ausübung eines gewerblichen Schutzrechts in vollem Umfang dem Gemeinschaftsrecht, da Art. 30 EG Beschränkungen des Handels nur insoweit erlaubt, als sie zur Wahrung des „spezifischen Gegenstands" bzw. der „spezifischen Funktion" des Ausschließlichkeitsrechts erforderlich sind. Die entsprechende Anwendung des allgemeinen Grundsatzes aus Art. 30 EG ist gemeinhin akzeptiert worden, da den Art. 81 ff. EG keine Aussage über das Verhältnis des europäischen Wettbewerbsrechts zu den nationalen Rechten über den gewerblichen Rechtsschutz zu entnehmen ist.[620]

Unter Beachtung dieser Rechtsprechungsgrundsätze konnte ein rechtfertigungsbedürftiger Verstoß gegen gemeinschaftsrechtliche Wettbewerbsvorschriften also nur dann vorliegen, wenn die durch die Ausübung eines Immaterialgüter-

617 Sprickmann Kerkerinck, S. 119.

618 Opi, Fordham I. P., Media & Ent. L. J. 2001, 409, 418; Meinhardt, S. 48, 169 f.

619 Grundlegend EuGH, 13.07.1966 – *Consten u. Grundig/Kommission*, Rs. 56 u. 58/64 – Slg. 1966, 321, 394; EuGH, 08.06.1971 – *Deutsche Grammophon/Metro*, Rs. 78/70 – Slg. 1971, 487, 499; EuGH, 31.10.1974 – *Centrafarm/Sterling Drug*, Rs. 15/74 – Slg. 1974, 1147, 1163, Tz. 6/8; EuGH, 23.05.1978 – *Hoffmann-La Roche/Centrafarm*, Rs. 102/77 – Slg. 1978, 1139, 1164, Tz. 6; Bechtold, EuZW 1995, 345, 346; Götting, JZ 1996, 307, 308; Mennicke, ZHR 1996, 626, 631 f.; Harz, Emory Int'l L. Rev. 1997, 189, 199; Montag, EuZW 1997, 71, 73; Lober, GRUR Int. 2002, 7, 14.

620 EuGH, 18.02.1971 – *Sirena*, Rs. 40/70 – Slg. 1971, 69, 81, Tz. 4 ff.

rechts hervorgerufenen Beschränkungen des gemeinschaftlichen Warenverkehrs nicht mehr zur Wahrung seines spezifischen Gegenstands notwendig waren.[621] In letzter Zeit mehren sich allerdings die Anzeichen, dass insbesondere auch der Europäische Gerichtshof an dieser abstrakt-schematischen Grenzziehung nicht länger festhält.[622]

IV. Das Mittel der Zwangslizenz

In der Kontroverse zwischen dem Schutz geistigen Eigentums und kartellrechtlichen Maßnahmen zur Erhaltung funktionsfähigen Wettbewerbs ist die Erteilung von Zwangslizenzen die einschneidendste Maßnahme zur Konfliktbeilegung. Denn die Zwangslizenz kollidiert offensichtlich mit dem vermeintlichen, gesetzlich eingeräumten Recht des Berechtigten, über die Nutzung seines Schutzrechts frei und ausschließlich verfügen zu können.[623]

Gerade dieses Ausschließlichkeitsrecht bildet aber, wie gezeigt, den fundamentalen Wert eines gewerblichen Schutzrechts. Daher sind an die Zulässigkeit von Eingriffen in immaterialgüterrechtlich geschützte Positionen grundsätzlich höhere Anforderungen als bei materiellem Sacheigentum zu stellen. Dies gilt um so mehr vor dem erwähnten Hintergrund, dass der jeweilige Gesetzgeber durch die Rechtsgewährung bereits eine Abwägung vorgenommen hat, in der er die Belange des freien Wettbewerbs gebührend berücksichtigt hat.

Als festem Bestandteil der Wettbewerbsordnung sind jedoch auch dem gewerblichen Rechtsschutz Grenzen gesetzt, um überschießende Beschränkungen des Marktwettbewerbs zu vermeiden und einen im Einzelfall bestehenden Missbrauch des Schutzrechts wirkungsvoll zu begegnen. Zur Umsetzung dieser wettbewerbspolitisch gebotenen Einschränkungen des Immaterialgüterschutzes wird das Instrument der Zwangslizenz als das befriedigenste Mittel zur Lösung der kollidierenden Ziele angesehen.[624] Sie ermöglicht eine angemessene Vergütung des Schutzrechtsinhabers für seine schöpferische Forschungs- und Entwicklungs-

---

621 EuGH, 08.06.1971 – *Deutsche Grammophon/Metro*, Rs. 78/70 – Slg. 1971, 487, 499, Tz. 11; EuGH, 03.12.1981 – *Pfizer/Eurim-Pharm*, Rs. 1/81 – Slg. 1981, 2913, 2925, Tz. 6; Beier, FS Quack, 15, 17; Abermann, S. 139.

622 Vgl. dazu Schwarze, EuZW 2002, 75, 79 und Höppner, GRUR Int. 2005, 457, 458 jeweils unter Hinweis auf eine Äußerung des früheren EuGH Präsidenten Iglesias, der von einem „bewussten Abrücken von einem nicht angemessenen rechtlichen Ansatz“ spricht; Kübel, S. 210; a.A. Gaster, CR 2005, 247, 253.

623 Cohen Jehoram/Mortelmans, GRUR Int. 1997, 11, 15; Taylor, PLI 2001, 681, 685; v. Bechtolsheim/Bruder, WRP 2002, 55, 55.

624 Jung, ZWeR 2004, 379, 382.

arbeit und hindert ihn gleichzeitig daran, jeglichen Wettbewerb auf dem betreffenden Markt auszuschließen.

Gemeinhin akzeptiert ist diese Betrachtungsweise aber allein für Bereiche, in denen ein Verwertungszwang aufgrund eines bestehenden „öffentlichen Interesses“ an einer verbreiteten Nutzung bereits spezialgesetzlich vorgesehen ist.[625] Unter dem zentralen Begriff des „öffentlichen Interesses“ werden dabei wirtschaftliche, sozialpolitische, arbeitsmarktpolitische und gesundheitspolitische Gemeinwohlinteressen verstanden.[626] Stets ist dabei Voraussetzung, dass das öffentliche Interesse nicht anders als durch eine Zwangslizenz zu befriedigen ist, weil andere, mehr oder weniger gleichwertige Ausweichprodukte nicht zur Verfügung stehen. Dabei stellte die bisherige Rechtsprechung strenge Anforderungen an den Nachweis eines öffentlichen Interesses und achtete sorgfältig darauf, dass nicht unter dem Vorwand der Wahrnehmung öffentlicher Interessen in erster Linie Wettbewerbsinteressen des lizenzbegehrenden Unternehmens verfolgt wurden.[627] Folgerichtig bildete die gerichtliche Erteilung von Zwangslizenzen, gestützt auf spezialgesetzliche Regelungen, eine seltene Ausnahme.[628]

Im Gegensatz dazu setzt eine kartellrechtliche Zwangslizenz kein öffentliches Interesse voraus. Ihre Anordnung ist bereits dann denkbar, wenn der Anspruchsteller in den persönlichen und sachlichen Schutzrechtsbereich der kartellrechtlichen Ermächtigungsnorm fällt und keine andere Möglichkeit zur Ausräumung des Kartellrechtsverstoßes besteht.[629]

Unter welchen konkreten Voraussetzungen und auf welcher Grundlage dem durch ein Immaterialgüterrecht vermittelten Ausschließlichkeitsrecht durch das Kartellrecht Grenzen gezogen werden sollten und inwieweit Schutzrechtsinhaber ihre Exklusivpositionen nach der neueren amerikanischen und europäischen kartellrechtlichen Entscheidungspraxis sogar Konkurrenten zugänglich machen müssen, soll in den folgenden Abschnitten unter besonderer Berücksichtigung der Essential-Facilities-Doktrin näher beleuchtet werden.

---

625 Beier, GRUR 1998, 185, 191; vgl. bspw. für das deutsche Recht die Regelungen in § 24 PatG, § 20 GebrMG oder § 42 a UrhG und für die USA den Atomic Energy Act , 42 U.S.C.A., Sec. 2184 oder den Clean Air Act, 42 U.S.C.A., Sec. 1857 h-6.

626 Beier, GRUR 1998, 185, 189; Buhrow/Nordemann, GRUR Int. 2005, 407, 409; vgl. ausführlich Meinhardt, S. 21 ff.

627 Vgl. nur BGH, GRUR 1972, 471, 472; GRUR 1996, 190, 192.

628 Beier, GRUR 1998, 185, 189; Casper, ZHR 2002, 685, 689.

629 Heinemann, ZWeR 2005, 198, 201; a.A. Beier, GRUR 1998, 185, 195, der Zwangslizenzen nur aufgrund spezialgesetzlicher Regelungen anerkennt.

C. Die Rechtsprechungspraxis amerikanischer Gerichte

Die amerikanische Judikative hatte bereits aufgrund mehrerer Sachverhaltskonstellationen Gelegenheit, sich mit der Frage auseinanderzusetzen, ob und gegebenenfalls unter welchen Umständen die Lizenzverweigerung eines marktbeherrschenden Unternehmens zur Nutzung seiner immaterialgüterrechtlich geschützten Ressourcen gegen das Monopolisierungsverbot des Sec. 2 Sherman Act verstößt. Im folgenden werden vier Grundsatzentscheidungen aus dieser Rechtsprechung näher untersucht, um letztlich auch die mögliche Rolle der Essential-Facilities-Doktrin in diesem Zusammenhang besser herausstellen zu können.

I. Data General Corporation, et al. v. Grumman Systems Support Corporation[630]

Das Berufungsgericht befasste sich in diesem Verfahren zwar vornehmlich mit rein urheberrechtlichen Fragestellungen, ging aber innerhalb seiner ausführlichen Urteilsfindung auch auf die Problematik ein, inwieweit Wettbewerbsbeeinträchtigungen auf einem bestimmten Markt, ausgelöst durch die schlichte Ausübung gesetzlich gewährter Ausschließlichkeitsbefugnisse, als Verstoß gegen Sec. 2 Sherman Act eingestuft werden können.

1. Sachverhalt

Die Data General Corporation (DG) war mit einem Anteil von ca. 5 % auf dem Markt der Computerherstellung und mit einem Anteil von annähernd 90 % auf dem nachgelagerten Dienstleistungsmarkt für Reparatur, Pflege und Wartung hauseigener Computer tätig. Die Grumman Systems Support Corporation (Grumman) besaß auf diesem Servicemarkt einen Marktanteil von 3 %.[631]

DG entwickelte zur vereinfachten Lokalisierung und Beseitigung von Schwachstellen in der Hard- bzw. Software ihrer Computer spezielle Diagnoseprogramme, die sie zunächst, zusammen mit anderen technischen Informationen, auch an unabhängige Computerwartungsunternehmen wie Grumman lizenzierte.[632] Nach der Entwicklung des neuen Softwareprogramms „ADEX" zur verbesserten Feststellung und Behebung technischer Probleme ihrer modernsten Computergeneration änderte DG ihre ursprüngliche Geschäftspolitik, um die zu erzielenden Gewinnne auf dem Sekundärmarkt rund um die Wartung ihrer Com-

630 36 F.3d 1147 (1st Cir. 1994).
631 36 F.3d 1147, 1152 (1st Cir. 1994).
632 36 F.3d 1147, 1154 (1st Cir. 1994).

puter zu steigern. Zwar war es den unabhängigen Dienstleistern möglich, ältere Computerhardware und Software noch von anderen Anbietern zu beziehen, indes verweigerte und untersagte DG jedwede Lizenzierung von ADEX an potentielle Interessenten, die keine Endverbraucher waren.[633]

Grumman umging diese restriktive Lizenzierungspolitik, indem das Unternehmen ehemalige Angestellte von DG anwarb, um sich deren Entwicklungskenntnisse in bezug auf ADEX zu Nutze zu machen, und sich des weiteren Raubkopien des Diagnoseprogramms verschaffte.[634] DG erhob daraufhin unter anderem wegen der Urheberrechtsverletzung Unterlassungsklage gegen Grumman und obsiegte erstinstanzlich.

Gegen diese Verurteilung ging Grumman in Berufung. Nach Auffassung des Unternehmens müsse die Lizenzverweigerung des ADEX-Programms als missbräuchliches Ausnutzen einer marktbeherrschenden Stellung und somit als Verstoß gegen Sec. 2 Sherman Act bewertet werden.[635] Ohne Zugang zu ADEX sei es weder ihr noch anderen unabhängigen Wartungsunternehmen möglich, eigene, gegebenenfalls sogar technisch hochwertigere Diagnosesoftware für die neue DG-Computergeneration zu entwickeln und auf dem Dienstleistungsmarkt als konkurrierender Anbieter tätig zu sein.

2. Urteil

Das Berufungsgericht bestätigte die erstinstanzliche Entscheidung.[636] Zweifelsohne habe DG auf dem nachgelagerten Dienstleistungsmarkt zur Wartung, Pflege und Reparatur ihrer hauseigenen Computer eine Monopolstellung inne.[637] Indes sei allein die Lizenzverweigerung zum Gebrauch des ADEX-Programms nicht als missbräuchliches Ausnutzen dieser marktbeherrschenden Stellung zu qualifizieren. Um Sec. 2 Sherman Act zu verletzen, dürfe sich ein Verhalten eines marktbeherrschenden Unternehmens nicht nur negativ auf einzelne Wettbewerber auswirken, sondern müsse dem Wettbewerb als Ganzes schaden und dadurch letztlich den Vebrauchern zum Nachteil gereichen.[638] Und selbst im Falle negativer wettbewerblicher Auswirkungen sei zu berücksichtigen, dass auch der einseitige

633 36 F.3d 1147, 1154 (1st Cir. 1994).
634 36 F.3d 1147, 1155 (1st Cir. 1994).
635 36 F.3d 1147, 1156 (1st Cir. 1994).
636 36 F.3d 1147, 1178 (1st Cir. 1994).
637 36 F.3d 1147, 1182, Fn. 60 (1st Cir. 1994).
638 36 F.3d 1147, 1182 (1st Cir. 1994): „We label as improper that conduct which harms the competitive process and not conduct which simply harms competitors."

Abbruch von Geschäftsbeziehungen bei Vorliegen nachvollziehbarer Gründe durchaus gerechtfertigt sein könne.[639]

Die Urteilsbegründung des Gerichts mündete schließlich nach einer ausführlichen Abwägung immaterialgüterrechtlicher und kartellrechtlicher Belange in der Formulierung eines Leitsatzes, wonach die Absicht eines Urhebers, alleiniger Nutzer des von ihm geschaffenen Werkes sein zu wollen, grundsätzlich zu seinen Gunsten als statthafter Rechtfertigungsgrund für eine Lizenzverweigerung gegenüber interessierten Wettbewerbern anzuerkennen sei.[640] Dieser erste Anschein einer rechtmäßigen Lizenzverweigerung könne nur in seltenen Fällen, in denen eine gerichtlich angeordnete Zwangslizenz den Zielen des Urheberrechts nicht entgegenliefe, durch entsprechende Beweisantritte des Zugangspetenten widerlegt werden.[641]

Unter Beachtung dieser Prämisse befand das Berufungsgericht, dass es Grumman im Verlaufe des Prozesses nicht gelungen sei, den Anschein rechtmäßigen Verhaltens auf Seiten von DG zu zerstören und nachteilige wettbewerbliche Auswirkungen zu beweisen. Zunächst habe DG das Urheberrecht an der ADEX-Diagnosesoftware rechtmäßig erlangt. Darüber hinaus kämen alle Endverbraucher, also die Besitzer von DG-Computern, unbestritten in den Genuß aller technischen Fortschritte der neuen Diagnosesoftware und zwar unabhängig davon, ob sie ihre Computeranlagen von DG oder anderen Unternehmen warten ließen. Bis auf ADEX hätten unabhängige Wartungsfirmen sämtliche notwendigen Ersatzteile und Softwareprogramme einschränkungslos beziehen können und zudem in der Vergangenheit gezeigt, dass sie eigene Diagnosesoftware entwickeln konnten. Schließlich habe DG bereits vor dem Start ihrer restriktiven Lizenzierungspolitik auf dem Wartungsmarkt Monopolmacht besessen, so dass die fortgesetzten Lizenzverweigerungen gegenüber unabhängigen Dienstleistern den Wettbewerb nicht negativ beeinflussen könnten, da auf dem relevanten Markt zu keinem Zeitpunkt wettbewerbliche Bedingungen vorgeherrscht hätten.[642]

---

639 36 F.3d 1147, 1183 (1st Cir. 1994): „In essence, a unilateral refusal to deal is prima facie exclusionary if there is evidence of harm to the competitive process, a valid business justification requires proof of countervailing benefits to the competitive process."

640 36 F.3d 1147, 1187 (1st Cir. 1994): „[...] an author's desire to exclude others from use of its copyrighted work is a presumptively valid business justification for any immediate harm to consumers."

641 36 F.3d 1147, 1187, Fn. 64 (1st Cir. 1994): „[...] we do not hold that an antitrust plaintiff can never rebut this presumption, for there may be rare cases in which imposing antitrust liability is unlikely to frustrate the objectives of the Copyright Act."

642 36 F.3d 1147, 1188 f. (1st Cir. 1994).

3. Würdigung der Entscheidung

Diese Entscheidung wird teilweise als erste gerichtliche Auseinandersetzung mit der Funktion der Essential-Facilities-Doktrin im Zusammenhang mit Zugangsbegehren zu immaterialgüterrechtlich geschützten Einrichtungen angesehen.[643] Der Grund für diese Einschätzung ist in dem erstinstanzlichen Prozeß auszumachen, in dem sich das zuständige Gericht zwar kurz mit der Doktrin befasste, es dann aber ablehnte, die Diagnosesoftware im konkreten Fall als wesentliche Einrichtung in ihrem Sinne anzusehen.[644]

Aber auch ohne eine explizite Stellungnahme zur Doktrin lassen sich dem Berufungsurteil einige interessante Aspekte für das Zusammenspiel zwischen Immaterialgüter- und Kartellrecht entnehmen. Nach Auffassung des Gerichts ist immer davon auszugehen, dass die Lizenzverweigerung eines Schutzrechtsinhabers per se rechtmäßig ist. Diese Vermutung durch entsprechende Beweisantritte zu widerlegen, ist die prozessuale Pflicht des Lizenzbegehrenden.[645] Daher hat der Petent im Verfahren darzulegen, ob und inwieweit im konkreten Einzelfall Umstände vorliegen, die auf eine missbräuchliche Ausübung der Ausschließlichkeitsbefugnisse durch ihren Inhaber hindeuten.

Mit dieser Vermutungsregel hat das Gericht den Konflikt zwischen geistigen Eigentumsrechten und Kartellrecht in Zweifelsfällen zugunsten der Immaterialgüterrechte aufgelöst. Diese Herangehensweise erscheint auch insofern sachgerecht, als dass ein Schutzrechtsberechtigter durch eine Lizenzverweigerung lediglich ein Recht ausübt, das ihm von der Rechtsordnung bewusst eingeräumt worden ist.[646]

Nach Ansicht des Gerichts ist eine Lizenzverweigerung überhaupt nur in zwei Konstellationen als missbräuchlich und damit kartellrechtswidrig einzustufen: Entweder droht die Lizenzverweigerung negative Auswirkungen auf den Wettbewerb zum Nachteil der Verbraucher nach sich zu ziehen, indem sie beispielsweise technischen Fortschritt verhindert, oder der Schutzrechtsinhaber hat seine Exklusivposition unrechtmäßig erlangt.[647] Zudem muss im Einzelfall ausgeschlossen sein, dass eine gerichtlich angeordnete Zwangslizenz den grundlegenden Zielen des betroffenen Immaterialgüterrechts entgegenläuft. Im Vordergrund jeder gerichtlichen Entscheidung steht daher zunächst der umfassende Schutz des

---

643 Donahey, AIPLA Q.J. 1997, 277, 314; Hartley, ALI-ABA 1998, 249, 256; Harrington, Ent. L. Rev. 2001, 133, 136; Tränkle, S. 36, Fn. 166.

644 Vgl. *Data General Corp. v. Grumman Sys. Support Corp.*, 761 F.Supp. 185, 191 f. (D. Mass. 1991).

645 Im Ergebnis auch Stern, E.I.P.R. 1998, 390, 393.

646 Zustimmend Beckmerhagen, S. 167.

647 O'Rourke, Harv. J.L. & Tech. 1998, 1, 26.

betroffenen Ausschließlichkeitsrechts. Dessen gesetzlich garantierte Privilegien, zu denen nach Auffassung des Gerichts auch die uneingeschränkte Möglichkeit gehört, Monopolpreise als Belohnung für die Innovationstätigkeit verlangen zu können, dürfen nur in seltenen Fällen eingeschränkt werden.[648]

II. Image Technical Services, Inc., et al. v. Eastman Kodak Company[649]

Dieser Rechtsstreit thematisierte erneut in ausführlicher Form das bestehende Spannungsverhältnis bei der Anwendung kartellrechtlicher Instrumentarien auf dem Gebiet geistiger Eigentumsrechte.[650]

1. Sachverhalt

Die beklagte Eastman Kodak Co. (Kodak) war neben den Firmen Xerox, IBM und Canon einer der führenden Hersteller von Kopierern und neben den Unternehmen Minolta, Bell & Howell sowie 3M auch einer der namhaftesten Produzenten von Gerätschaften zur Aufnahme bzw. Wiedergabe von Mikrokopien (Mikrofiche, Mikrofilm). Obgleich die Fabrikate der verschiedenen Hersteller annähernd gleiche Funktionen aufwiesen, besaßen Kodaks Produkte die Besonderheit, dass ihre einzelnen Bestandteile nicht durch Ersatzteile anderer Hersteller austauschbar waren. Kodak betrieb die Eigen- bzw. Lizenzherstellung und den Verkauf der Ersatzteile ebenso wie einen umfassenden Reparaturservice für hauseigene Geräte und konkurrierte auf diesem Marktsegment mit unabhängigen Dienstleistungsunternehmen, deren Hauptgeschäftsfeld in der Reparatur, Wartung und Pflege von Kodak-Gerätschaften lag.[651]

Nachdem Kodaks Anteil auf diesem Servicemarkt anfänglich noch 80 % betragen hatte, steigerten die unabhängigen Dienstleister ihre Marktanteile aufgrund eines aus Kundensicht qualitativ besseren und preisgünstigeren Service sukzessive, wobei sie die benötigten Ersatzteile von Kodak bzw. Kodaks Lizenzherstellern bezogen. Des zunehmenden Wettbewerbs gewahr geworden, stellte Kodak ihnen gegenüber zunächst die Ersatzteilbelieferung für Kopierer und schließlich auch für Mikrofiche- bzw. Mikrofilmgerätschaften ein. Darüber hinaus untersagte Kodak den Lizenzherstellern den Verkauf der Ersatzteile an die Konkurrenz, wo-

---

648 Marquardt/Leddy, Antitrust L.J. 2003, 847, 869.
649 125 F.3d 1195 (9th Cir. 1997).
650 Vgl. 125 F.3d 1195, 1214 (9th Cir. 1997): "Kodak's challenge raises unresolved questions concerning the relationship between federal antitrust, copyright and patent laws."
651 125 F.3d 1195, 1200 (9th Cir. 1997).

durch einige der unabhängigen Wartungsunternehmen in die Insolvenz getrieben wurden.[652]

Daraufhin erhoben elf Dienstleister Klage mit dem Vorwurf, Kodak missbrauche unter Verstoß gegen Sec. 2 Sherman Act seine marktbeherrschende Stellung auf dem Gebiet der Herstellung von Gerätschaften zur Foto- und Mikrokopie, um auch den nachgelagerten Wartungs- und Servicemarkt für diese Geräte zu monopolisieren. Das erstinstanzliche Gericht sah diesen Vorwurf als erwiesen an und verurteilte Kodak, an die Kläger Schadensersatz zu zahlen und ihnen für die nächsten zehn Jahre diskriminierungsfreien Zugang zu allen notwendigen Ersatzteilen einzuräumen.[653] Kodak legte gegen diese Entscheidung unter anderem unter Hinweis auf bestehende gewerbliche Schutzrechte an den fraglichen Ersatzteilen Berufung ein.

2. Urteil

Das Berufungsgericht bekräftigte im wesentlichen die Entscheidung der Vorinstanz, da Kodak als marktbeherrschendes Unternehmen für den Abbruch der langjährigen Geschäftsbeziehungen zu den unabhängigen Wartungsfirmen keinen nachvollziehbaren Rechtfertigungsgrund habe vorbringen können.[654] Zwar besäßen Schutzrechtsinhaber grundsätzlich die freie Entscheidungsbefugnis im Hinblick auf eine Lizenzerteilung oder –verweigerung zur Nutzung ihres Ausschließlichkeitsrechts, jedoch bewahre sie diese gesetzliche Befugnis nicht vor jeglicher kartellrechtlicher Haftung.[655] Eine Einschränkung der Ausschließlichkeitsbefugnisse sei insbesondere in Sachverhaltskonstellationen wie der vorliegenden geboten, in denen der Schutzrechtsinhaber beabsichtige, seine Monopolstellung in einem bestimmten Markt auch in einen nachgelagerten Markt zu übertragen.[656]

Das Gericht sah es nach Würdigung aller Beweise als erwiesen an, dass Kodak mit der Berufung auf seine gesetzlichen Ausschließlichkeitsbefugnisse weniger daran interessiert war, geistige Eigentumsrechte an den Ersatzteilen zu schüt-

---

652 125 F.3d 1195, 1201 (9th Cir. 1997).

653 125 F.3d 1195, 1201 (9th Cir. 1997).

654 125 F.3d 1195, 1211 (9th Cir. 1997).

655 125 F.3d 1195, 1215 (9th Cir. 1997): "[...] (1) neither patent nor copyright holders are immune from antitrust liability, and (2) patent and copyright holders may refuse to sell or license protected work."

656 125 F.3d 1195, 1215 (9th Cir. 1997) unter Hinweis auf *Eastman Kodak Company v. Image Technical Services, Inc., et al.*, 504 U.S. 451, 479, Fn. 29: " [...] legal advantage such as a patent, copyright, or business acumen can give rise to liability if "a seller exploits his dominant position in one market to expand his empire into the next."

zen, sondern vielmehr daran – unter Ausschluss jeglichen Wettbewerbs – auch eine marktbeherrschende Stellung auf dem nachgeordneten Servicemarkt für Kodak-Geräte zu bewahren und auszubauen. So habe einer der Geschäftsführer im Rahmen einer Zeugenaussage angegeben, gewerbliche Schutzrechte hätten vor der Änderung der unternehmerischen Ersatzteilpolitik in den Überlegungen der Geschäftsleitung keine Rolle gespielt.[657] Zudem sei bewiesen, dass Kodak zum Zeitpunkt der Einstellung der Ersatzteilbelieferung auch nicht weiter zwischen immaterialgüterrechtlich geschützten und ungeschützten Ersatzteilen unterschieden habe.[658] Daher sei Kodaks Einwand bezüglich bestehender Ausschließlichkeitsrechte lediglich als Schutzbehauptung zu werten, welche die Lizenzverweigerung gegenüber den Wartungsunternehmen nicht rechtfertigen könne.[659]

3. Würdigung der Entscheidung

Auch dieser Fall wird als Anwendungsbeispiel der Essential-Facilities-Doktrin auf immaterialgüterrechtliche Ressourcen angesehen.[660] Jedoch ist anzumerken, dass das Berufungsgericht ausdrücklich von einer Anwendung der Doktrin Abstand nahm, obgleich sich beide Parteien in ihrem mündlichen und schriftlichen Vorbringen mit ihr auseinandergesetzt hatten.[661] Dennoch ist die Urteilsbegründung im Rahmen der vorliegenden Untersuchung auch ohne eine tiefergehende Auseinandersetzung mit der Doktrin zur Erzielung von Erkenntnissen bezüglich des Zusammenspiels von Kartell- und Immaterialgüterrecht im amerikanischen Rechtssystem aufschlussreich.

So hat es nach Auffassung des Gerichts in der Rechtsanwendungspraxis bisher keinen Beispielsfall gegeben, in dem allein die Lizenzverweigerung eines Monopolisten eine kartellrechtliche Haftung ausgelöst hat.[662] Diese Tatsache ist auf die von den amerikanischen Gerichten regelmäßig vorzunehmende Abwägung kartell- und immaterialgüterrechtlicher Interessen zurückzuführen, bei der sie geistigen Eigentumsrechten von Beginn an ein größeres Gewicht zubilligen. Die Ursache für diese unterschiedliche Interessengewichtung der Gerichte liegt in ihrer Furcht vor negativen Folgewirkungen erfolgreicher Klagen auf den ideellen und finanziellen Wert gewerblicher Schutzrechte begründet. So könnten Schutz-

---

657 125 F.3d 1195, 1219 (9th Cir. 1997): "Kodak's parts manager testified that patents did not cross his mind at the time Kodak began the parts policy."

658 125 F.3d 1195, 1219 (9th Cir. 1997).

659 125 F.3d 1195, 1213 (9th Cir. 1997).

660 Hartley, ALI-ABA 1998, 249, 257; Miller/Sefton, PLI 2002, 625, 638.

661 125 F.3d 1195, 1209 (9th Cir. 1997): „We need not apply the essential facilities doctrine."

662 125 F.3d 1195, 1216 (9th Cir. 1997).

rechtsinhaber den Anreiz verlieren, langjährige und riskante Forschungs- und Entwicklungsarbeiten auf sich zu nehmen, um überhaupt in den Genuss einer Ausschließlichkeitsposition zu kommen, sofern sie befürchten müssten, leichtfertig einem gerichtlich ausgesprochenen Kontrahierungszwang sowie hohen Schadensersatzforderungen und Prozesskosten ausgesetzt zu sein. Dieser Effekt stünde allerdings im Gegensatz zum gemeinsamen Ziel des Kartell- und Immaterialgüterrechts, Innovation und Wettbewerb gleichermaßen zu fördern.[663] Um also eine unerwünschte Flut gleichgelagerter Prozesse, die auf lange Sicht zu einer abkühlenden Innovationstätigkeit zum Nachteil der Verbraucher führen würden, zu verhindern, bedarf es in Fällen gerichtlich geltend gemachter Zwangslizenzierungen im Ergebnis einer restriktiven Herangehensweise.

Unter Anlehnung an den Leitgedanken der *Data General*-Entscheidung verbietet Sec. 2 Sherman Act nach Ansicht des Berufungsgerichts einem marktbeherrschenden Unternehmen folglich nur dann eine Lizenzverweigerung, wenn diese von weiteren missbilligenswerten Umständen begleitet ist, da allein der Wunsch des Schutzrechtsinhabers, andere von der Nutzung seines geistigen Eigentumsrechts auszuschließen, grundsätzlich und einschränkungslos zu seinen Gunsten als Rechtfertigungsgrund anzusehen ist.[664] Dieser umfassenden Ausschließlichkeitsbefugnis sind nur dann Grenzen zu setzen, wenn das gewerbliche Schutzrecht durch seinen Inhaber entweder unrechtmäßig erlangt wurde oder wenn ihm – wie im vorliegenden Fall – nachgewiesen werden kann, dass er die Berufung auf sein geistiges Eigentumsrecht vorsätzlich und unter Verdeckung seines wettbewerbswidrigen Verhaltens nur als Vorwand benutzt, um seine aus dem Schutzrecht fließende Monopolstellung auch auf einen nachgelagerten Markt auszudehnen, der vom Umfang des Immaterialgüterrechts nicht mehr umfasst wird.[665]

Diese an Elemente der Monopoly Leveraging Theorie und des Intent Test angelehnte Formulierung des Gerichts erscheint indes nicht widerspruchsfrei. Wie bereits erwähnt, liegt der Gewährung gewerblicher Schutzrechte die Wertung des Gesetzgebers zugrunde, dass die mit ihnen einhergehende Beschränkung des Wettbewerbs hinzunehmen ist. Inhaber geistiger Eigentumsrechte sind gesetzlich legitimiert, ihre Innovationsarbeiten durch eine zeitlich limitierte, aber ansonsten unbeschränkte Lizenzierungspolitik in finanzielle Gewinne umzuwandeln. Daher kann grundsätzlich jede Ausübung von Ausschließlichkeitsrechten Wettbewerbs-

---

663 125 F.3d 1195, 1217 (9th Cir. 1997).

664 125 F.3d 1195, 1218 (9th Cir. 1997): "[...] while exclusionary conduct can include a monopolist's refusal to license a patent or copyright, or to sell its patented or copyrighted work, a monopolist's desire to exclude others from its protected work is a presumptively valid business justification for any immediate harm to consumers."

665 125 F.3d 1195, 1219 (9th Cir. 1997); vgl. auch Pitofsky, PLI 2002, 775, 791.

beeinträchtigungen in verschiedenen Märkten bzw. auf verschiedenen Vermarktungsstufen nach sich ziehen, die allerdings vom Gesetzgeber in einer vorgeschalteten Interessenabwägung bereits vorausgesehen und gebilligt wurden.[666]

Zudem erscheint der vorgeschlagene Weg, die Missbräuchlichkeit einer Lizenzverweigerung anhand der Absichten des Schutzrechtsinhabers zu bewerten, für Sachverhaltskonstellationen, in denen die Beweislage – anders als im vorliegenden Fall – mehrdeutig ist, unpraktikabel. Maßgeblich abhängig vom Einlassungsgeschick des Schutzrechtsinhabers wird die zugrundeliegende Intention oftmals nur schwer feststellbar sein.[667] Des weiteren ist dem geistigen Eigentümer per Gesetz doch gerade die Möglichkeit eingeräumt worden, Wettbewerb gegen sich selbst auszuschließen, so dass ihm ein diesbezüglicher Vorsatz in einem gerichtlichen Verfahren dann auch nicht zum Nachteil gereichen kann. Schließlich ist in einem System freier Marktwirtschaft kaum ein Fall vorstellbar, in dem die Motivation des Schutzrechtsinhabers für eine Lizenzverweigerung gegenüber Wettbewerbern allein in seinem Wunsch nach umfassendem Schutz seiner Immaterialgüterrechte liegen wird. Vielmehr wird dieser Schutzgedanke zumeist mit dem Ziel einhergehen, Gewinne und Marktanteile auf Kosten anderer Wettbewerber zu erhöhen und für einen möglichst langen Zeitraum alleiniger Anbieter der geschützten Ressource zu sein.[668]

Diese Sichtweise entspricht im übrigen auch der höchstrichterlichen Auffassung des U.S. Supreme Court, wonach der Vorsatz im Rahmen des Kartellrechts keine tragende, sondern allenfalls ein beiläufige Rolle spielen kann.[669] Das bewusste Abweichen von dieser Rechtsprechung ist in der konkreten Form daher auch nicht zu akzeptieren. Es führt im Ergebnis zu größerer Rechtsunsicherheit, da dem Schutzrechtsinhaber eine verlässliche Unterscheidung zwischen erlaubter und verbotener Schutzrechtsausübung in Gestalt der Lizenzverweigerung nicht mehr möglich ist.[670]

Die Kritik am Urteilsspruch wird zudem von der spezialgesetzlichen Bestimmung des Sec. 271 (d) Patent Act gestützt, wonach eine schlichte Lizenzverweigerung nicht als missbräuchliche Ausweitung von Monopolmacht angesehen

---

666 Burling/Lee/Krug, Iowa J. Corp. L. 1999, 527, 540 f.

667 So auch Opi, Fordham I. P., Media & Ent. L. J. 2001, 409, 448; Beckmerhagen, S. 168.

668 Kauffman, Wake Forest L. Rev. 1999, 471, 524; Burling/Lee/Krug, Iowa J. Corp. L. 1999, 527, 541; Opi, Fordham I. P., Media & Ent. L. J. 2001, 409, 488; Marquardt/Leddy, Antitrust L.J. 2003, 847, 858.

669 Vgl. auch *Professional Real Estate Investors, Inc. v. Columbia Pictures Industries, Inc.*, 508 U.S. 49, 59 (1993): "[...] evidence of anticompetitive intent or purpose alone cannot transform otherwise legitimate activity into a sham."; ebenfalls *PrimeTime 24 Joint Venture v. NBC*, 21 F. Supp. 2d 350, 359 f. (S.D.N.Y. 1998).

670 Hartley, ALI-ABA 1998, 249, 258; Marquardt/Leddy, Antitrust L.J. 2003, 847, 849.

werden kann.[671] Auch in diesem Gesetzeswortlaut finden subjektive Vorstellungen keine Berücksichtigung.[672]

Ganz abgesehen davon, wären die endgültigen wettbewerblichen Auswirkungen auf dem Dienstleistungsmarkt nicht anders gewesen, wenn Kodak die Wartungsunternehmen tatsächlich nur zum Schutz seiner geistigen Eigentumsrechte von Ersatzteillieferungen ausgeschlossen hätte. Im Ergebnis sollte daher nur bei Ergreifen wettbewerbswidriger Maßnahmen, die allein an objektiven Maßstäben und nicht an subjektiven Vorstellungen zu messen sind, ein Missbrauch der Ausschließlichkeitsbefugnisse im Sinne von Sec. 2 Sherman Act durch den Schutzrechtsinhaber vorliegen.[673]

III. Intergraph Corporation v. Intel Corporation[674]

Dieses gerichtliche Verfahren erlangte besondere Bedeutung für die vorliegende Untersuchung, da zumindest das erstinstanzliche Gericht bestimmte immaterialgüterrechtlich geschützte Informationen aus dem Bereich der Computerindustrie ausdrücklich als wesentliche Einrichtungen im Sinne der Essential-Facilities-Doktrin ansah.[675]

1. Sachverhalt

Die Intel Corporation (Intel) war zum Zeitpunkt des Rechtsstreits weltweit einer der größten Produzenten von Mikroprozessoren für die Computerindustrie. Seit 1993 zählte auch die Intergraph Corporation (Intergraph) zu Intels Kunden und nutzte Intels Mikroprozessoren vor allem zur Herstellung graphischer Computersysteme. Aufgrund guter Geschäftsbeziehungen wurde Intergraphs Kundenstatus aufgewertet, so dass das Unternehmen bereits frühzeitig patentrechtlich geschützte technische Informationen und Prozessorenmuster erhielt, die es ihm ermöglichten, die Entwicklung seiner Computersysteme bereits vorab an dem je-

---

671 Siehe 35 U.S.C. Sec. 271 (d) (2000): „No patent owner otherwise entitled to relief for infringement or contributory infringement of a patent shall be denied relief or deemed guilty of misuse or illegal extension of the patent right by reason of his having done [...] (4) refused to license or use any rights to the patent [...].“

672 Kauffman, Wake Forest L. Rev. 1999, 471, 523; Burling/Lee/Krug, Iowa J. Corp. L. 1999, 527, 541.

673 Dratler, Sw. U. L. Rev. 1996, 671, 686.

674 195 F.3d 1346 (Fed. Cir. 1999).

675 O'Rourke, Harv. J.L. & Tech. 1998, 1, 31; Papciak, Berkeley Tech. L. J. 1999, 323, 328; Burling/Lee/Krug, Iowa J. Corp. L. 1999, 527, 542.

weiligen Entwicklungsstand der neuesten Intel-Mikroprozessoren zu orientieren. Infolge verschiedener Ereignisse traten in den Geschäftsbeziehungen der beiden Unternehmen zahlreiche Unstimmigkeiten auf. Da eine gütliche Beilegung dieser Streitigkeiten scheiterte, beendete Intel zwar die bevorzugte Behandlung Intergraphs, lieferte dem Unternehmen aber weiterhin Mikroprozessoren wie anderen Kunden auch.[676]

Daraufhin erhob Intergraph Klage und beantragte mit Erfolg und unter Hinweis auf die Essential-Facilities-Doktrin unter anderem den fortgesetzten Zugang zu Intels technischen Vorabinformationen und Chip-Mustern.[677] Das Distriktgericht stufte sowohl die Muster neuer patentierter Mikroprozessoren als auch die technischen Vorabinformationen als wesentliche Einrichtungen im Sinne der Doktrin ein und befand, Intergraph sei ohne deren Nutzung auf dem relevanten Markt nicht wettbewerbsfähig.[678] Auch Intels Berufung auf bestehende Patentrechte könne die Zugangsverweigerung nicht rechtfertigen.[679] Die Geltendmachung patentrechtlicher Abwehransprüche sei als schlichte Schutzbehauptung des Marktbeherrschers zu werten, durch die Intel lediglich versuche, wettbewerbsschädliche Verhaltensweisen zu verdecken. Durch die Zugangsverweigerung verstoße Intel daher gegen das Monopolisierungsverbot des Sec. 2 Sherman Act.

2. Urteil

Das Berufungsgericht hob die Entscheidung auf und wies in seiner Urteilsbegründung gleich auf mehrere Rechtsfehler der Vorinstanz hin. Ein möglicher Verstoß gegen Sec. 2 Sherman Act erfordere generell, dass sich ein missbräuchliches Verhalten des Normadressaten gegen Wettbewerber richte. Gerade an einem solchen Wettbewerbsverhältnis zwischen Intel und Intergraph auf einem bestimmten Produktmarkt mangele es indes.[680]

Daher könne der Anwendung der Essential-Facilities-Doktrin im konkreten Sachverhalt nicht zugestimmt werden. Die einschlägigen Präzedenzfälle, die das Distriktgericht zur Begründung seiner Entscheidung zitiere, zeigten deutlich, dass

---

676 195 F.3d 1346, 1349 (Fed. Cir. 1999).

677 Vgl. *Intergraph Corp. v. Intel Corp.*, 3 F. Supp. 2d 1255 (N.D. Ala. 1988).

678 Vgl. *Intergraph Corp. v. Intel Corp.*, 3 F. Supp. 2d 1255, 1277 (N.D. Ala. 1988).

679 Vgl. *Intergraph Corp. v. Intel Corp.*, 3 F. Supp. 2d 1255, 1279 (N.D. Ala. 1988): "[…] Intel has no legitimate intellectual property basis with which it can refuse to supply Intel microprocessors and technological information to Intergraph, especially since Intel has been doing so for the last four years on a mutually beneficial basis."

680 195 F.3d 1346, 1353 (Fed. Cir. 1999): "The prohibited conduct must be directed toward competitors [...]."

eine wettbewerbliche Beziehung zwischen Einrichtungsinhaber und Zugangspetent auf einem bestimmten Markt bestehen müsse. Ohne dieses Wettbewerbsverhältnis könne die Doktrin nicht zum Nachweis eines Kartellrechtsverstoßes angewendet werden.[681] Die Entscheidung des Distriktgerichts, Intels Beendigung der bevorzugten Behandlung Intergraphs unter Zuhilfenahme der Doktrin als Verletzung des Sec. 2 Sherman Act einzustufen, sei daher als unzulässige richterliche Rechtsfortbildung einzustufen und im Ergebnis aufzuheben.[682]

Auch die Tatsache, dass Intel aufgrund der technischen Überlegenheit seiner Mikroprozessoren, die auf langjährige personal- und kostenintensive Forschungs- und Entwicklungsarbeit zurückzuführen sei, eine beherrschende Stellung innehabe, sei, für sich allein betrachtet, kartellrechtlich nicht sanktionierbar.[683] Zwar sei die Beendigung der Vorabveröffentlichung technischer Informationen sowie der Belieferung mit neuesten Prozessorenmustern eine strenge Reaktion auf die entstandenen geschäftlichen Unstimmigkeiten. Jedoch verletze ein einseitiges Verhalten, das sich lediglich nachteilig auf die Geschäftssituation eines anderen auswirke, aber nicht darauf abziele, einen bestimmten Markt zu monopolisieren, nicht ohne weiteres Vorschriften des Sherman Act.[684]

Im weiteren Verlauf seiner Urteilsfindung ging das Berufungsgericht auch auf das grundsätzliche Verhältnis von Immaterialgüter- und Kartellrecht ein. Es unterstrich zunächst, dass auch der Eigentümer eines Ausschließlichkeitsrechts kartellrechtliche Vorschriften zu beachten habe.[685] Indes bezweckten die Normen nicht, ihm sein gesetzlich eingeräumtes Recht zu nehmen, andere von der Nutzung seines gewerblichen Schutzrechts nach Belieben abzuhalten.[686] Sofern daher ein marktbeherrschendes Unternehmen seine Geschäftsabschlussverweigerung damit begründe, Dritte schlicht von der Benutzung seiner immaterialgüterrechtlich geschützten Ressource ausschließen zu wollen, stelle diese Begründung eine widerlegbare Rechtfertigung (rebuttable presumption) für die Lizenzverwei-

---

681 195 F.3d 1346, 1357 (Fed. Cir. 1999): "Although [...] the essential facility theory has occasioned much scholarly commentary, no court has taken it beyond the situation of competition with the controller of the facility [...]. That is, there must be a market in which plaintiff and defendant compete [...]."

682 195 F.3d 1346, 1357 f. (Fed. Cir. 1999).

683 195 F.3d 1346, 1354 (Fed. Cir. 1999).

684 195 F.3d 1346, 1356 (Fed. Cir. 1999): "The Sherman Act is a law in the public, not private, interest."

685 195 F.3d 1346, 1362 (Fed. Cir. 1999): "[...] intellectual property does not confer [...] a privilege or immunity to violate the antitrust laws."

686 195 F.3d 1346, 1362 (Fed. Cir. 1999).

gerung dar.[687] Auch aus diesem Grunde habe ein Gericht noch niemals einen Monopolisten kartellrechtlich zur Verantwortung gezogen und ihm eine Zwangslizenzierung auferlegt, wenn die angebliche Verletzung des Sherman Act lediglich mit einer schlichten Lizenzverweigerung begründet wurde.[688]

3. Würdigung der Entscheidung

Einer uneingeschränkten Einordnung dieses Urteils als beispielhaften Anwendungsfall der Essential-Facilities-Doktrin auf immaterialgüterrechtlich geschützte Einrichtungen begegnen Bedenken.[689] So lehnte das Berufungsgericht die noch von der Vorinstanz vollzogene Zuhilfenahme der Doktrin zugunsten Intergraphs explizit und im Ergebnis auch zurecht ab.

Allerdings hing die ablehnende Haltung weniger mit der Tatsache zusammen, dass es sich bei der angeblich wesentlichen Einrichtung um patentrechtlich geschützte Ressourcen handelte, sondern vielmehr mit dem fehlenden Wettbewerbsverhältnis zwischen den Prozessparteien.[690] Nur diese zutreffende Haltung entspricht auch dem übergeordneten Ziel des Sherman Act, freien Wettbewerb zum Wohle der Verbraucher sicherzustellen und in diesem Zusammenhang die individuelle Wettbewerbsfähigkeit zugangsbegehrender Unternehmen geringer zu gewichten. Indes würde es wohl zu weit gehen, die Urteilsbegründung dahingehend auszulegen, dass die Essential-Facilities-Doktrin im Zusammenhang mit geistigen Eigentumsrechten grundsätzlich keine Anwendung finden kann, da das Gericht zu dieser Grundsatzfrage keine Aussage getroffen hat.

Auch ungeachtet des fehlenden Wettbewerbsverhältnisses ist es – entgegen der Auffassung des Distriktgerichts – allerdings sehr zweifelhaft, ob die begehrten technischen Vorabinformationen und Prozessorenmuster überhaupt als wesentliche Einrichtungen im Sinne der Essential-Facilities-Doktrin qualifiziert werden können. So war Intergraph bereits lange vor der Aufnahme von Geschäftsbeziehungen zu Intel unter Nutzung anderer Mikroprozessoren auf dem Markt für graphische Computersysteme aktiv. Infolge der bevorzugten Behand-

687 195 F.3d 1346, 1362 (Fed. Cir. 1999): "[...] a monopolist's desire to exclude others from its protected work is a presumtively valid business justification for any immediate harm to consumers."

688 195 F.3d 1346, 1362 (Fed. Cir. 1999): "[...] no reported case in which a court had imposed antitrust liability for a unilateral refusal to sell or license a patent or copyright."

689 Jegliche Kritik außer Acht lassend indes Stern, E.I.P.R. 1998, 390, 392; Miller/ Sefton, PLI 2002, 625, 634, Giudici, S. 46 ff., der allein die erstinstanzliche Entscheidung berücksichtigt.

690 Harrington, Ent. L. Rev. 2001, 133, 136, Fn. 28.

lung erlangte Intergraph gegenüber anderen Mitwettbewerbern zwar eine vorteilhaftere Stellung auf diesem Markt, jedoch war das Unternehmen auch nach Beendigung dieser Vorzugsbehandlung konkurrenzfähig. Dies wird nicht zuletzt dadurch deutlich, dass Intel die Belieferung mit Mikroprozessoren nicht einstellte und andere Wettbewerber über Jahre hinweg auch ohne frühzeitige Technologieinformationen und Prozessorenmuster auf dem Markt existieren konnten.[691]

Darüber hinaus herrschte auf dem Markt für graphische Computersysteme bereits freier Wettbewerb, der auch durch den Abbruch der Vorzugsbehandlung Intergraphs nicht beeinträchtigt, sondern aufgrund der daraus resultierenden Gleichbehandlung aller Wettbewerber eher gestärkt wurde. Auch unter diesem Gesichtspunkt scheidet daher eine Anwendung der Essential-Facilities-Doktrin aus, da sie der ihr im amerikanischen Kartellrecht zugesprochenen Funktion, nämlich dem Abbau bestehender Marktzutrittsschranken zur Erhöhung der Wettbewerbschancen Dritter, in der konkreten Sachverhaltskonstellation nicht gerecht werden kann.

Ob das Berufungsgericht unter anderen Umständen geneigt gewesen wäre, einer Zwangslizenzierung gewerblicher Schutzrechte unter Anwendung der Essential-Facilities-Doktrin zuzustimmen, lässt sich zwar nicht mit letzter Sicherheit sagen. Allerdings können der Urteilsbegründung brauchbare Hinweise für den Einfluss des Kartellrechts auf das Immaterialgüterrecht entnommen werden. Danach stellt die Zwangslizenzierung eines gewerblichen Schutzrechts einen schwerwiegenden Eingriff in die Ausschließlichkeitsposition des Schutzrechtsinhabers dar. Dieser gerichtliche Eingriff kann – auch unter Anwendung der Doktrin – nur dann ausnahmsweise gerechtfertigt sein, wenn anderenfalls freier Wettbewerb infolge der bewussten Verletzung kartellrechtlicher Vorschriften beeinträchtigt sein würde.[692] Die marktbeherrschende Stellung des Schutzrechtsinhabers sowie seine schlichte Lizenzverweigerung gegenüber Interessenten zur Verteidigung seiner Monopolstellung allein reichen allerdings nicht aus, um einen Kartellrechtsverstoß zu begründen.[693] Vielmehr ist auch im Falle einer Lizenz-

691 Vgl. die zutreffenden Ausführungen in 195 F.3d 1346, 1358 (Fed. Cir. 1999): "[...] the antitrust laws do not require [Intel] to give preferred treatment to a customer [...]."

692 Vgl. 195 F.3d 1346, 1357 (Fed. Cir. 1999): "The courts have well understood that the essential facility theory is not an invitation to demand access to the property or privileges of another, on pain of antitrust penalties and compulsion; thus the courts have required anticompetitive action by a monopolist that is intended to eliminate competition in the downstream market."

693 Vgl. 195 F.3d 1346, 1362 (Fed. Cir. 1999): "[...]market power does not impose on the intellectual property owner an obligation to license the use of that property to others" und "[...] no reported case in which a court had imposed antitrust liability for a unilateral refusal to sell or license a patent or copyright."

verweigerung eines marktbeherrschenden Schutzrechtsinhabers, der seine Ausschließlichkeitsposition rechtmäßig erlangt hat, davon auszugehen, dass seine ablehnende Haltung als Ausübung der ihm gesetzlich gewährten Exklusivstellung ohne weiteres gerechtfertigt ist.[694]

IV. In re Independent Service Organizations v. Xerox Corporation[695]

Auch dieser Fall gilt als beispielshaft fü · die Anwendung der Essential-Facilities-Doktrin auf dem Gebiet geistiger Eigentumsrechte.[696]

1. Sachverhalt

Das Geschäftsfeld der Xerox Corporation (Xerox) umfasste die Herstellung, den Verkauf und die konzerneigene Wartung von Kopiergeräten. Mit Beginn des Jahres 1984 startete Xerox eine Geschäftspolitik, die unabhängigen Wartungsunternehmen den Bezug patentierter Ersatzteile und urheberrechtlich geschützter Diagnoseprogramme zunehmend erschwerte, sofern diese nicht ausschließlich für Endverbraucher bestellt waren. Zur Beilegung eines daraufhin von mehreren Dienstleistungsunternehmen eingeleiteten Kartellverfahrens verständigten sich die Parteien dahingehend, dass Xerox die Lieferung von Ersatzteilen für sechseinhalb und die Lizenzierung diverser Diagnoseprogramme für viereinhalb Jahre zusicherte. Einige der Wartungsunternehmen kündigten später den Prozessvergleich auf und strengten ein neues Gerichtsverfahren gegen Xerox wegen angeblicher Verstöße gegen den Sherman Act an. Die Klage wurde erstinstanzlich abgewiesen, woraufhin die Kläger Berufung einlegten.[697]

2. Urteil

Das Berufungsgericht bestätigte die Klageabweisung und stellte in Anlehnung an die vorangegangene *Intel*-Entscheidung erneut klar, dass Inhabern gewerblicher Schutzrechte trotz der ihnen verliehenen Ausschließlichkeitsbefugnisse nicht das Privileg eingeräumt ist, kartellrechtliche Vorschriften zu verletzen. Anschließend wiederholte das Gericht die Grundsätze, die Inhaberschaft eines Immaterialgüter-

---

694 195 F.3d 1346, 1362 (Fed. Cir. 1999): "[...] a monopolist's desire to exclude others from its protected work is a presumtively valid business justification for any immediate harm to consumers."

695 203 F.3d 1322 (Fed. Cir. 2000).

696 Miller/Sefton, PLI 2002, 625, 642.

697 203 F.3d 1322, 1324 (Fed. Cir. 2000).

rechts sei nicht automatisch als Beleg für eine marktbeherrschende Stellung anzusehen. Und selbst im Falle einer marktbeherrschenden Stellung unterliege der geistige Eigentümer keiner prinzipiellen Verpflichtung, seine Eigentumsrechte zu lizenzieren.[698]

Den uneingeschränkten Ausschließlichkeitsbefugnissen des Schutzrechtsinhabers sei nur in zwei Fällen Grenzen zu setzen. Hierfür müsse der lizenzbegehrende Kläger aber beweisen können, dass das gewerbliche Schutzrecht entweder durch unlautere Mittel erlangt worden sei, oder dass eine vom Inhaber angestrengte Schutzrechtsverletzungsklage nur als Scheinprozess zur Verdeckung eines ungerechtfertigten Abbruchs von Geschäftsbeziehungen zu einem Wettbewerber diene.[699]

Zwar sei dem Schutzrechtsinhaber auch verwehrt, sein Immaterialgüterrecht zu nutzen, um seine Monopolstellung unter Ausdehnung des gesetzlich gewährten Umfangs in einem bestimmten Markt auszubauen.[700] Indes sei zu vergegenwärtigen, dass geistiges Eigentum grundsätzlich – abgesehen vom Vorliegen außergewöhnlicher Umstände – seinem Inhaber die Befugnis verleiht, gegen sich gerichteten Wettbewerb gleich in mehreren relevanten Märkten auszuschließen.[701]

Unter ausdrücklicher Aufgabe des Grundgedankens aus der *Image Technical Services*-Entscheidung befand das Gericht weiterhin, dass die Intention des Schutzrechtsinhabers in diesem Zusammenhang keine Rolle spielen dürfe.[702] Sofern keine Indizien für verbotene Kopplungsgeschäfte, betrügerisches Erschleichen des Schutzrechts oder die Initiierung von Scheinprozessen vorlägen, könne der Ausschließlichkeitsberechtigte seine Exklusivbefugnisse innerhalb des ihm spezialgesetzlich gewährten Rahmens daher vollkommen frei von jeglicher kar-

---

698 Vgl. 203 F.3d 1322, 1325 f. (Fed. Cir. 2000) mit dem Hinweis: „There is no reported case in which a court has imposed antitrust liability for a unilateral refusal to sell or license a patent [...]".

699 203 F.3d 1322, 1326 (Fed. Cir. 2000): „First, he may prove that the asserted patent was obtained through knowing and willful fraud [...o]r he may demonstrate that the infringement suit was a mere sham to cover what is actually no more than an attempt to interfere directly with the business relationships of a competitor."

700 203 F.3d 1322, 1327 (Fed. Cir. 2000): „[...] the patent holder cannot use his statutory right [...] to gain a monopoly in a market beyond the scope of the patent."

701 203 F.3d 1322, 1327 (Fed. Cir. 2000): „[...] absent exceptional circumstances, a patent may confer the right to exclude competition altogether in more than one antitrust market."

702 203 F.3d 1322, 1327 (Fed. Cir. 2000).

tellrechtlicher Inanspruchnahme ausüben, selbst wenn dies im Ergebnis negative Auswirkungen auf den Wettbewerb in einem bestimmten Markt haben sollte.[703]

Mangels Vorliegens entsprechender Anhaltspunkte stelle Xerox Weigerung, den unabhängigen Serviceanbietern diverse patentierte Ersatzteile sowie urheberrechtlich geschützte Materialien und Diagnosesoftware zu lizenzieren, somit keine Verletzung des Sherman Act dar.

3. Würdigung der Entscheidung

Obgleich beiden Fällen vergleichbare Sachverhalte zu Grunde lagen, verkörpert diese Entscheidung eine eindeutige Abkehr von den Grundgedanken des *Image Technical Services*-Urteils. Dies ist zu begrüßen, sofern es die Absage an eine entscheidende Gewichtung subjektiver Vorstellungen des Schutzrechtsinhabers bei der Verweigerung einer Lizenz betrifft. Bei kartellrechtlichen Fragestellungen im Zusammenhang mit Zugangsbegehren zu immaterialgüterrechtlichen Ressourcen ist nach Auffassung des Gerichts zukünftig allein ein objektiver Maßstab anzulegen, anhand dessen eine Abwägung wettbewerblicher und immaterialgüterrechtlicher Interessen vorzunehmen ist.

Ferner stellte das Gericht in seiner Urteilsfindung klar heraus, dass es keinen Unterschied machen kann, ob Urheber- oder Patentrechte von der Lizenzverweigerung betroffen sind. In beiden Fällen seien die gleichen rechtlichen Grundsätze anzulegen. Diese Herangehensweise ist nahezu einschränkungslos auf alle gewerbliche Schutzrechte übertragbar und schafft damit ein großes Maß an Rechtsklarheit.

Auch unter einem weiteren Gesichtspunkt sorgt dieses Urteil für größere Vorhersehbarkeit. So ist die Ausübung gewerblicher Schutzrechte nur noch im Falle außergewöhnlicher Umstände, namentlich eines unrechtmäßigen Erwerbs des Ausschließlichkeitsrechts, eines illegalen Kopplungsgeschäfts, eines Scheinprozesses wegen vorgeschobener Schutzrechtsverletzung oder eines Überschrei-

703 203 F.3d 1322, 1327 f. (Fed. Cir. 2000): „In the absence of any indication of illegal tying, fraud in the Patent and Trademark Office, or sham litigation, the patent holder may enforce the statutory right to exclude others [...] free from liability under the antitrust laws. We therefore will not inquire into his subjective motivation for exerting his statutory rights, even though his refusal [...] may have an anticompetitive effect [...]“; S. 1329: „[...] in the absence of any evidence that the copyrights were obtained by unlawful means or were used to gain monopoly power beyond the statutory copyright granted by Congess [...] Xerox's refusal to sell or license its copyrighted works was squarely within the rights granted by Congess to the copyright holder an did not constitute a violation of the antitrust laws.“

tens gesetzlich gewährter Befugnisse, die vom lizenzbegehrenden Kläger im Verfahren bewiesen werden müssen, kartellrechtlich überhaupt zu beanstanden.

Entgegen der Ansicht in der *Data General*-Entscheidung spielt damit ein möglicher negativer Einfluss auf den Wettbewerb keine tragende Rolle mehr. So sei es dem Schutzrechtsinhaber möglich, seine befristete Monopolstellung gleich auf mehreren Märkten zu bewahren oder auszudehnen, sofern dies nur die logische Konsequenz der legalen Ausübung seines Ausschließlichkeitsrechts ist.[704] Damit werden dem Berechtigten immaterialgüterrechtliche Befugnisse in dem Umfang belassen, in dem sie ihm durch die Rechtsordnung eingeräumt wurden. Erst wenn der Rechteinhaber den gewährten Rechtsspielraum überschreitet, kann sein Verhalten eine kartellrechtliche Haftung nach sich ziehen.

V. Ergebnis der Entscheidungspraxis

Die Untersuchung der vier beispielhaften Entscheidungen hat gezeigt, dass die amerikanische Judikative sehr zurückhaltend auf die Begrenzung immaterialgüterrechtlicher Ausübungsbefugnisse reagiert.[705] So hat es bisher noch kein Gerichtsurteil gegeben, in dem allein die Lizenzverweigerung eines marktbeherrschenden Unternehmens als missbräuchliche Verletzung von Sec. 2 Sherman Act eingestuft wurde.[706]

---

704 203 F.3d 1322, 1327 (Fed. Cir. 2000): „[...] absent exceptional circumstances, a patent may confer the right to exclude competition altogether in more than one antitrust market."

705 Vgl. auch *Genentech, Inc. v. Eli Lilly & Co.*, 998 F.2d 931, 949 (Fed. Cir. 1993); *United States v. Westinghouse Electric Corp.*, 648 F.2d 642, 647 (9th Cir. 1981); *GAF Corp. v. Eastman Kodak Co.*, 519 F. Supp. 1203, 1233 (S.D.N.Y. 1981): "Kodak's unilateral refusal to license internally developed patents may not trigger liability under the antitrust laws."; *Smith International, Inc. v. Hughes Tool Co.*, 718 F.2d 1573, 1581 (Fed Cir.): "[T]he very nature of the patent right is the right to exclude others."; Kobak, Antitrust L.J. 1996, 341, 348 f.; Preovolos, PLI 1999, 251, 257; Pitofsky, PLI 2002, 775, 788, Fn.11; Marquardt/Leddy, Antitrust L.J. 2003, 847, 856; Körber, RIW 2004, 881, 885.

706 Vgl. bspw. *Continental Paper Bag Co. v. Eastern Paper Bag Co.*, 210 U.S. 405, 429 (1908); *Hartford-Empire Co. v. United States*, 323 U.S. 386, 432 (1945):"A patent owner is not in the position of a quasi-trustee for the public or under any obligation to see that the public acquires the free right to use the invention. He has no obligation either to use it or to grant its use to others."; *United States v. L.D. Caulk Co.*, 126 F. Supp. 693, 708 (D. Del. 1954): "[...] I know of no violation of any law caused by the holder's refusal to grant licenses or rights under the patent."; Vermut, Colum.-VLA J.L. & Arts 1997, 27, 53; Kobak, PLI 2002, 577, 593; Marquardt/Leddy, Antitrust L.J. 2003, 847, 866.

Da es somit der einhelligen Auffassung im amerikanischen Rechtssystem entspricht, eine Lizenzverweigerung per se als gerechtfertigt anzusehen, bedarf es schon des Hinzutretens objektiv missbräuchlicher Verhaltensweisen des Monopolisten, wie beispielsweise den Abschluss von Kopplungsverträgen oder das unrechtmäßige Erlangen des fraglichen gewerblichen Schutzrechts, um eine ahndungswürdige Behinderung freien Wettbewerbs und damit eine Verletzung von Sec. 2 Sherman Act feststellen zu können.[707] Ein eventuell bestehender wettbewerbsfeindlicher Vorsatz des Schutzrechtsinhabers spielt in diesem Zusammenhang keine Rolle.[708]

Eine einschränkungslose Anwendung kartellrechtlicher Instrumentarien auf immaterialgüterrechtlich geschützte Erzeugnisse wird von der Gerichtspraxis größtenteils abglehnt. Aus der Aufgabe von Immaterialgüterrechten, Innovations- und Investitionsanreize zu schaffen, wird gefolgert, geistige Eigentumsrechte sollen eine Marktreaktion provozieren, die mit einer Offenhaltung des Wettbewerbs durch das Kartellrecht nicht zu vereinbaren ist. Im Gegenteil sei eine gewisse Einschränkung des Wettbewerbs notwendig und auch gesetzlich erwünscht, um den Unternehmen das Erzielen von Preisen über den Grenzkosten zu ermöglichen und auf diese Weise Innovationen in Gestalt eines Substitutionswettbewerbs zu fördern.[709] Das Spannungsverhältnis zwischen beiden Rechtsgebieten wird überwiegend zugunsten des Immaterialgüterrechts gelöst, da der Gesetzgeber durch die Festlegung der sachlichen und zeitlichen Reichweite geistiger Eigentumsrechte bereits eine eindeutige Wertung getroffen habe.

Diese Betrachtungsweise kann ein Grund für die Beobachtung sein, dass eine mögliche Anwendbarkeit der Essential-Facilities-Doktrin im Zusammenhang mit Lizenzbegehren zu gewerblichen Schutzrechten bisher von amerikanischen Spruchkörpern entweder ausdrücklich abgelehnt oder gar nicht erst erörtert wurde. Jedenfalls ist noch kein höherinstanzliches Gerichtsverfahren zu verzeichnen, in dem ein Ausschließlichkeitsrecht als derart wesentlich eingestuft wurde, dass eine gerichtliche Zwangslizenz, gestützt auf die Doktrin, zu Lasten des Schutzrechtsinhabers ausgesprochen wurde.[710] Zwar deuten die Entscheidungsbegrün-

---

707 Kobak, Antitrust L.J. 1996, 341, 354; Vermut, Colum.-VLA J.L. & Arts 1997, 27, 42; Burling/Lee/Krug, Iowa J. Corp. L. 1999, 527, 537; Opi, Fordham I. P., Media & Ent. L. J. 2001, 409, 464; Marquardt/Leddy, Antitrust L.J. 2003, 847, 872.

708 Reeves/Arney/Boyko, PLI 1996, 403, 430; Dratler, Sw. U. L. Rev. 1996, 671, 687; Burling/Lee/Krug, Iowa J. Corp. L. 1999, 527, 536; Marquardt/Leddy, Antitrust L.J. 2003, 847, 858; Beckmerhagen, S. 169.

709 Stapper, S. 105.

710 Vermut, Colum.-VLA J.L. & Arts 1997, 27, 50 f.; Preovolos, PLI 1999, 251, 263; Kobak, PLI 2002, 577, 593; Casper, ZHR 2002, 685, 697; Marquardt/Leddy, Antitrust L.J. 2003, 847, 848; McCurdy, E.I.P.R. 2003, 472, 472; Decker, S. 169;

dungen in Sachen *Data General* sowie *Image Technical Services* zumindest stillschweigend an, dass eine Übertragung der doktrinalen Grundsätze auch in immaterialgüterrechtliche Sachverhaltskonstellationen denkbar ist.[711] Hingegen lassen die gerichtlichen Ausführungen in den Verfahren *Intel* und *Xerox* Zweifel an dieser Einschätzung aufkommen, da sie den kartellrechtlichen Einflussmöglichkeiten im Bereich gewerblicher Schutzrechte deutliche Grenzen aufgezeigt haben.[712]

Im Ergebnis ist festzustellen, dass die Versuche der U.S. Gerichte, das Spannungsverhältnis zwischen Immaterialgüterrecht und Kartellrecht aufzulösen, kein vollkommen einheitliches Bild vermitteln. Insbesondere die Urteile in Sachen *Image Technical Services* und *Xerox* offenbaren deutliche Gegensätze. Es erscheint zwar insbesondere unter Berücksichtigung der 1995 verabschiedeten Richtlinien zur Lizenzierung gewerblicher Schutzrechte unsicher, ob sich das *Xerox*-Urteil in seiner Absolutheit als Maßstab für zukünftige kartellrechtliche Bewertungen von Lizenzverweigerungen durchsetzen kann.[713] Indes ist eine Tendenz der amerikanischen Rechtsprechung dahingehend zu erkennen, in einer Lizenzverweigerung zumindest dann keinen kartellrechtlichen Verstoß zu sehen, wenn der Schutzrechtsinhaber zu keinem Zeitpunkt durch die Aufnahme von Geschäftsbeziehungen die Entstehung von Wettbewerb in einem dem Immaterialgüterrecht nachgelagerten Markt begünstigt hat. Ein marktbeherrschendes Unternehmen setzt sich dem Vorwurf der Monopolisierung somit insbesondere dann aus, wenn es bestehende Geschäftsbeziehungen ohne sachlichen Grund abändert und dadurch existierenden Wettbewerb zum Nachteil der Verbraucher beschränkt. Damit wird auch die Lizenzverweigerung eher eine Kartellrechtsverletzung im Sinne von Sec. 2 Sherman Act begründen, wenn Lizenzen bereits zuvor gewährt worden sind.[714]

Wie so oft im Zusammenhang mit der Essential-Facilities-Doktrin gibt es somit wenig gesicherte und verallgemeinerungsfähige Anhaltspunkte, aber dafür eine Vielzahl einzelfallabhängiger Entscheidungsgründe. Selbst wenn der diesbezügliche Entwicklungsprozess im amerikanischen Rechtssystem noch nicht als

---

anders noch die erstinstanzliche Entscheidung in *Intergraph Corp. v. Intel Corp.*, 3 F. Supp. 2d 1255, 1277 ff. (N.D.Ala. 1998).

711 Opi, Fordham I. P., Media & Ent. L. J. 2001, 409, 480; Pitofsky/Patterson/Hooks, Anitrust L.J. 2002, 443, 461 f.; weitergehend Pitofsky, PLI 2002, 775, 793, der bereits ihre konkrete Anwendbarkeit erkannt haben will.

712 O'Rourke, Harv. J.L. & Tech. 1998, 1, 31; Taylor, PLI 2001, 683, 685.

713 Angeschlossen hat sich bisher *Townshend v. Rockwell International Corp.*, 2000-1 Trade Cas. (CCH) P 72,890 (N.D. Cal. 2000): "[...] a patent owner has the legal right to refuse to license his or her patent to others [...] the antitrust laws do not negate a patentee's right to exclude others from patent property."

714 So auch Beckmerhagen, S. 166 f.

abgeschlossen zu bezeichen ist, scheint in jedem Fall eine restriktive Anordnung gerichtlicher Zwangslizenzen gestützt auf die Doktrin in Bezug auf immaterialgüterrechtlich geschützte Rechtspositionen vorgezeichnet.[715]

D. Die Rechtsanwendungspraxis der europäischen Gemeinschaftsorgane

Zur Beantwortung der Frage, ob und inwieweit die Essential-Facilities-Doktrin innerhalb des europäischen Rechtssystems im Zusammenhang mit Lizenzbegehren zu immaterialgüterrechtlichen Ressourcen zur Anwendung gelangt ist, werden im folgenden die Grundsatzentscheidungen des Europäischen Gerichtshofs, des Gerichts erster Instanz und der Europäischen Kommission in chronologischer Reihenfolge dargestellt, in der sich die Institutionen unmittelbar oder mittelbar mit der möglichen Funktion der Doktrin in diesem Bereich auseinandergesetzt haben. Insbesondere auch vor dem Hintergrund, dass sich die Europäische Kommission in ihrer Begründung der *IMS Health*-Entscheidung ausdrücklich auf frühere Urteile der beiden Gemeinschaftsgerichte berufen und ihre einstweilige Anordnung als konsequente Fortsetzung dieser Rechtsprechung bezeichnet hat, erscheint diese Untersuchung erforderlich.

I. AB Volvo v. Erik Veng (UK) Ltd.[716]

Die Rechtsprechungspraxis des Europäischen Gerichtshofs zur Vereinbarkeit der Geltendmachung gewerblicher Schutzrechte mit den Wettbewerbsregeln des EG-Vertrages – insbesondere mit den Vorschriften über den freien Warenverkehr – nahm ihren Ausgang in diesem Vorabentscheidungsverfahren nach Art. 234 EG, in dem sich der Gerichtshof mit der Möglichkeit der Erteilung einer Zwangslizenz für den Import und den Vertrieb musterrechtlich geschützter Ersatzteile auseinanderzusetzen hatte. Über den rein immaterialgüterrechtlichen Hintergrund hinaus war insbesondere problematisch, ob eine einfache Lieferverweigerung auch dann als Verstoß gegen europäisches Wettbewerbsrecht eingestuft werden kann, wenn keine weiteren rechtsmissbräuchlichen Faktoren, wie beispielsweise der Abbruch langjähriger Geschäftsbeziehungen (*Commercial Solvents*) oder die auferlegte Kopplung von Leistungen (*Télémarketing*) vorliegen.

715 Zustimmend Papciak, Berkeley Tech. L.J. 1999, 323, 323; Kobak, PLI 2002, 577, 594; Marquardt/Leddy, Antitrust L.J. 2003, 847, 848; McCurdy, E.I.P.R. 2003, 472, 477.

716 EuGH, 05.10.1988 – *Volvo/Veng*, Rs. 238/87 – Slg. 1988, 6211.

1. Sachverhalt

Das schwedische Unternehmen AB Volvo (Volvo) ließ durch den unabhängigen britischen Vertriebshändler Erik Veng (UK) Ltd. (Veng), Fahrzeuge und dazugehörige Ersatzteile in England vertreiben. Gerichtliche Schritte leitete Volvo erst ein, als Veng ohne Genehmigung dazu überging, in Italien hergestellte Frontflügel für bestimmte Volvo-Fahrzeuge zu importieren und sie in Großbritannien auf den Markt zu bringen. Zur Begründung führte Volvo aus, sein nach britischem Recht eingetragenes Geschmacksmusterrecht an dem Design für die Vorderkotflügel von Autos aus seiner 200er Serie werde von Veng durch die nicht genehmigte Einfuhr dieser Ersatzteile verletzt. Veng hatte sich allerdings zuvor erfolglos um eine angemessen vergütete Lizenzierung des Geschmacksmusterrechts bemüht.

Der britische High Court of Justice begehrte daraufhin vom Europäischen Gerichtshof unter anderem die Klärung der Frage, ob die Weigerung Volvos, eine Lizenz zum Vertrieb der speziellen Kotflügel zu erteilen, einen Missbrauch einer marktbeherrschenden Stellung im Sinne von Art. 82 EG darstellte, insbesondere vor dem Hintergrund, dass ein angemessenes Entgelt als Gegenleistung für die Lizenzerteilung angeboten wurde.

2. Urteil

Der Europäische Gerichtshof stellte in seiner Urteilsfindung zunächst fest, dass sich die Voraussetzungen und Modalitäten des Schutzes von Immaterialgüterrechten mangels einer Rechtsvereinheitlichung oder –angleichung innerhalb der Europäischen Gemeinschaft nach nationalem Recht bestimmten. Es obliege daher allein dem jeweiligen mitgliedstaatlichen Gesetzgeber, festzulegen, welche Erzeugnisse schutzfähig seien.[717]

Sodann betonte der Gerichtshof, insbesondere die Berechtigung des Inhabers eines geschützten Geschmacksmusterrechts, Dritten die Herstellung, den Verkauf, die Einfuhr das Design verkörpernder Erzeugnisse sowie jedwede anderweitige Verwertung des Musters ohne seine Zustimmung zu untersagen, stelle den Kern des Exklusivrechts dar. Daher beraube jede dem Inhaber eines geschützten Musters auferlegte Verpflichtung, Dritten eine Lizenz für die Lieferung von Erzeugnissen, die das Muster verkörpern, zu erteilen, diesen Inhaber der Substanz seines ausschließlichen Rechts selbst dann, wenn dies gegen Zahlung einer angemessenen Vergütung erfolgen würde. Somit könne die streitgegenständliche Weigerung, eine solche Lizenz zu erteilen, für sich allein noch keinen

717 EuGH, 05.10.1988 – *Volvo/Veng*, Rs. 238/87 – Slg. 1988, 6211, 6235, Tz. 7.

Missbrauch einer marktbeherrschenden Position im Sinne des Art. 82 EG begründen.[718]

Den weitreichenden Umfang seiner zugunsten der Schutzrechtsinhaber getroffenen Aussage beließ der Gerichtshof jedoch nicht ohne Einschränkung. Demnach könne unter bestimmten Umständen die Ausübung eines ausschließlichen Rechts durch seinen marktbeherrschenden Inhaber als Missbrauch im Sinne des Art. 82 EG einzustufen sein, sofern zu der eigentlichen Rechtsausübung zusätzliche missbräuchliche Verhaltensweisen hinzuträten. So müsse eine abgelehnte Lizenzerteilung im Falle einer willkürlichen Lieferverweigerung von Ersatzteilen an unabhängige Reparaturwerkstätten, einer Festsetzung unangemessener Ersatzteilpreise oder einer Produktionseinstellung für Ersatzteile eines bestimmten Modells, von dem noch viele Fahrzeuge verkehren und damit ein reger Bedarf an den fraglichen Ersatzteilen besteht, als missbräuchlich im Sinne der Vorschrift angesehen werden, sofern diese Verhaltensweisen geeignet seien, den Handel zwischen den Mitgliedstaaten zu beeinträchtigen.[719]

Derartige missbräuchliche Verhaltensweisen seien im vorliegenden Fall durch das nationale Gericht allerdings nicht festgestellt worden.[720] Im Ergebnis scheide damit eine Verletzung von Art. 82 EG durch die verweigerte Lizenzerteilung Volvos aus.

II. Consorzio und S.P.A. Maxicar v. Renault[721]

In diesem Parallelverfahren wehrten sich das Consorzio Italiano della Componentistica di Ricambio per Autoveicoli (Consorzio) und das diesem Konsortium angehörende Unternehmen S.P.A. Maxicar (Maxicar) als unabhängige Hersteller von Renault-Ersatzteilen im Rahmen einer Nichtigkeitsklage gegen die Eintragung von Geschmacksmusterrechten an Karosserieteilen zugunsten von Régie Nationale des Usines Renault (Renault).

1. Sachverhalt

Das Consorzio entstand durch den gewerblichen Zusammenschluss mehrerer italienischer Unternehmen, die Einzelteile von Kraftfahrzeugkarosserien herstellten und vermarkteten. Maxicar war ein Mitglied dieses Verbundes und produzierte

---

718 EuGH, 05.10.1988 – *Volvo/Veng*, Rs. 238/87 – Slg. 1988, 6211, 6235, Tz. 8.
719 EuGH, 05.10.1988 – *Volvo/Veng*, Rs. 238/87 – Slg. 1988, 6211, 6235, Tz. 9.
720 EuGH, 05.10.1988 – *Volvo/Veng*, Rs. 238/87 – Slg. 1988, 6211, 6236, Tz. 10.
721 EuGH, 05.10.1988 – *CICRA u. Maxicar/Renault*, Rs. 53/87 – Slg. 1988, 6039.

unter anderem Karosserieteile für Renault-Fahrzeuge. Neben der erwähnten Klage auf Feststellung der Nichtigkeit bestimmter Geschmacksmusterrechte an Karosserieteilen von Renault-Fahrzeugen begehrten die Kläger zugleich die Feststellung, dass die Herstellung und der Vertrieb anderer als der originalen Ersatzteile keine Zuwiderhandlung gegen die innerstaatlichen Regeln über den unlauteren Wettbewerb darstellten, um sich damit insgesamt gegen eventuelle Klagen wegen Verletzung von Musterschutzrechten abzusichern.

Das zuständige Tribunale Civile e Penale legte dem Europäischen Gerichtshof daher die Frage vor, ob nationale Rechtsvorschriften, nach denen Karosserieteile von Kraftfahrzeugen geschmacksmusterfähig sind, mit dem Gemeinschaftsrecht vereinbar seien und ob die Ausübung eines nach italienischem Recht bestehenden Geschmacksmusterrechts unter bestimmten Voraussetzungen missbräuchlich im Sinne des Art. 82 EG sein könne.

2. Urteil

Wortgleich zur *Volvo*-Entscheidung stellte der Gerichtshof erneut fest, dass sich die Voraussetzungen und Modalitäten gewerblicher Schutzrechte in Ermangelung einer Rechtsvereinheitlichung innerhalb der Europäischen Gemeinschaft nach nationalem Recht bestimmten und allein der jeweilige nationale Gesetzgeber festlege, welche Erzeugnisse schutzfähig seien.[722] Die Befugnis des Inhabers eines Geschmacksmusterrechts, die Herstellung, den Verkauf und die Einfuhr von Produkten, die das Muster verkörpern, durch Dritte zu verhindern, bilde die Substanz seines Ausschließlichkeitsrechts. Stelle man diese durch nationale Gesetze gewährten Rechte des Schutzrechtsinhabers in Frage, würde zugleich die Existenzberechtigung des Immaterialgüterrechts selbst angezweifelt.[723]

Der Gerichtshof betonte weiter, die bloße Erlangung eines von der Rechtsordnung gewährten ausschließlichen Rechts, dessen Kern in der Befugnis bestehe, die Herstellung und den Verkauf geschützter Erzeugnisse durch nichtautorisierte Dritte zu verhindern, könne für sich allein nicht als missbräuchliches Mittel zur Ausschaltung von Wettbewerb angesehen werden.[724] Nur im Falle des Hinzutretens missbräuchlicher Verhaltensweisen, die das Gericht bereits in der *Volvo*-Entscheidung näher dargelegt hatte, könne die Ausübung eines ausschließli-

722 EuGH, 05.10.1988 – *CICRA u. Maxicar/Renault*, Rs. 53/87 – Slg. 1988, 6039, 6071, Tz. 10.
723 EuGH, 05.10.1988 – *CICRA u. Maxicar/Renault*, Rs. 53/87 – Slg. 1988, 6039, 6071, Tz. 11.
724 EuGH, 05.10.1988 – *CICRA u. Maxicar/Renault*, Rs. 53/87 – Slg. 1988, 6039, 6072, Tz. 15.

chen Rechts durch seinen marktbeherrschenden Inhaber als Missbrauch im Sinne des Art. 82 EG qualifiziert werden.[725]

Derartige Umstände seien allerdings nicht schon dann erfüllt, wenn der Schutzrechtsinhaber einen höheren Preis für bestimmte, geschmacksmusterrechtlich geschützte Karosserieteile verlange, als ihn unabhängige Hersteller identischer Teile forderten. Der Inhaber eines Geschmacksmusterrechts habe vielmehr einen legitimen Anspruch auf einen Ausgleich für die Kosten der Entwicklung des in Rede stehenden Musters.[726]

3. Würdigung der beiden Urteile

Den Entscheidungen der beiden Rechtsstreitigkeiten ist unmissverständlich der allgemeingültige Grundsatz zu entnehmen, dass die Ausübung eines gewerblichen Schutzrechts niemals per se rechtsmissbräuchlich sein kann. Spezifischer Gegenstand des in den vorliegenden Fällen jeweils relevanten Geschmacksmusterrechts ist das ausschließliche Recht des Inhabers, dieses zur Herstellung und zum erstmaligen Inverkehrbringen gewerblicher Erzeugnisse entweder unmittelbar oder durch Gewährung von Lizenzen an Dritte zu verwenden, sowie das Recht sich jeder Verletzung zu widersetzen. Diese Widersetzungsbefugnis in Gestalt eines Verbotsrechts des Schutzrechtsinhabers wurde als Bestandteil der Ausübung vom Gerichtshof in beiden Urteilen als Kern des ausschließlichen Rechts deutlich hervorgehoben.

Im Ergebnis ist die durch das Ausschlusspotential des Inhabers begründete, zeitlich befristete Monopolstellung vom Gemeinschaftsrecht anzuerkennen und darf nicht zu einem schlichten Vergütungsanspruch degradiert werden.[727] Mithin verstößt selbst die Weigerung, Dritten trotz angebotener Zahlung einer angemessenen Vergütung eine Lizenz zur Nutzung der immaterialgüterrechtlich geschützten Position zu erteilen, für sich allein betrachtet nicht gegen Art. 82 EG.[728] Lediglich bei Hinzutreten außergewöhnlicher Umstände kann die Ausübung ausschließlicher Rechte im Einzelfall als Missbrauchsverhalten gemäß Art. 82 EG qualifizierbar sein.

---

725 EuGH, 05.10.1988 – *CICRA u. Maxicar/Renault*, Rs. 53/87 – Slg. 1988, 6039, 6073, Tz. 16.

726 EuGH, 05.10.1988 – *CICRA u. Maxicar/Renault*, Rs. 53/87 – Slg. 1988, 6039, 6073, Tz. 17.

727 Beier, FS Quack, 15, 18.

728 Eilmansberger, EuZw 1992, 625, 632; Montag, EuZW 1997, 71, 72; i. E. wohl auch Schwarz van Berk, S. 45.

III. Die Magill-Entscheidung

Die gegenwärtig in Europa erneut entbrannte wettbewerbspolitische Debatte über das Verhältnis gewerblicher Schutzrechte zu Vorschriften des europäischen Kartellrechts mit besonderem Augenmerk auf die Anwendungsmöglichkeiten der Essential-Facilities-Doktrin verzeichnet ihren historischen Ursprung in dem Rechtsstreit *Radio Telefis Eireann und Independent Television Publications Ltd. gegen Kommission der Europäischen Gemeinschaften*,[729] in dessen Mittelpunkt die Frage der rechtlichen Zulässigkeit einer Zwangslizenz stand.[730] Wie sich im folgenden noch zeigen wird, brachte das Urteil des Europäischen Gerichtshofs in der Sache selbst aber nur bedingt die von vielen erhoffte Klärung,[731] obgleich erstmals in der europäischen Rechtsprechungspraxis zu Art. 82 EG eine Zwangslizenz als Sanktion wegen eines Verstoßes gegen das Verbot eines Missbrauchs einer marktbeherrschenden Stellung angeordnet wurde.

1. Sachverhalt

Die Fernsehanstalten Radio Telefis Eireann (RTE), Independent Television Publications Ltd. (ITP) und British Broadcasting Corporation (BBC) veröffentlichten jeweils eigene wöchentliche Programmführer (RTE Guide, TV Times und Radio Times) für ihre in Irland und Nordirland zu empfangenen Rundfunk- und Fernsehprogramme. Ferner erteilten die drei Sender auf Anfrage verschiedenen Tageszeitungen und Zeitschriften eine unentgeltliche Lizenz zur Veröffentlichung ihrer Programme des jeweiligen Tages sowie der Sendetermine der Fernsehhöhepunkte der gesamten Woche, wobei bestimmte Bedingungen hinsichtlich des Formats der Veröffentlichung galten.

Einen allumfassenden wöchentlichen Fernsehprogrammführer gab es auf dem Markt in Irland und Nordirland zum entscheidungserheblichen Zeitpunkt jedoch nicht, da sich die Anstalten unter Berufung auf britisches bzw. irisches Urheberrecht an den streitgegenständlichen Programminformationen grundsätzlich weigerten, konkrete Einzelheiten ihrer Programmgestaltungen an andere Magazine mehr als einen Tag im voraus zu offenbaren. Verbraucher, die sich einen umfas-

729 EuGH, 06.04.1995 – *RTE und ITP/Kommission*, C-241 u. C-242/91 P – Slg. 1995, I-743.

730 Skinner, ECLR 1994, 103, 103; Fleischer/Weyer, WuW 1999, 350, 350; Sheehan, W. Comp. 1999, 67, 68; Ehle, EuZW 1999, 89, 89; Korah, Antitrust L.J. 2002, 801, 811; Meinhardt, S. 77; Stollhoff, S. 24; für eine sehr ausführliche Darstellung siehe Kaestner, S. 47 ff.

731 So auch Taylor, C.T.L.R. 1995, 99, 102; Montag, EuZW 1997, 71, 72; Opi, Fordham I. P., Media & Ent. L. J. 2001, 409, 454; Narciso, I.P.Q. 2003, 445, 463.

senden Überblick über das Fernsehprogramm der gesamten Woche verschaffen wollten, waren somit gezwungen, stets alle drei Fernsehzeitschriften zu kaufen.

Unter den gegebenen Umständen plante der irische Verlag Magill TV Guide Ltd. (Magill) diese Marktlücke zu schließen und eine umfassende wöchentliche Programmzeitschrift herauszugeben. RTE, ITP und BBC verweigerten jedoch die Erteilung der benötigten Vorausinformationen über ihre Programme und erwirkten eine auf ihr Urheberrecht gestützte einstweilige Verfügung, durch die sie die Veröffentlichung dieses Programmführers verhinderten.

Daraufhin rief Magill die Kommission der Europäischen Gemeinschaften an, die in ihrer nachfolgenden Entscheidung feststellte, jede der drei Fernsehanstalten missbrauche ihre marktbeherrschende Stellung und verstoße mit der Lizenzverweigerung gegen Art. 82 EG. Daher verpflichtete sie die Fernsehgesellschaften, Dritten die Informationen bei Anfrage auf nichtdiskriminierender Basis zur Verfügung zu stellen und deren Wiedergabe zu gestatten.[732]

2. Urteil

Der Gerichtshof bestätigte im Ergebnis die vorgenannte Entscheidung der Kommission sowie die in gleicher Sache ergangenen Urteile des Europäischen Gerichts erster Instanz[733] und sah eine Verletzung des Art. 82 EG als gegeben an.

In gewohnter Manier[734] stellte das Gericht zunächst fest, dass die Inhaberschaft eines Immaterialgüterrechts als solche kein missbräuchliches Ausnutzen einer marktbeherrschenden Stellung durch den Schutzrechtsinhaber begründen könne.[735] Vorliegend ergebe sich die beherrschende Position der drei Fernsehanstalten allerdings aus ihrem faktischen Monopol über notwendige Grundinformationen. Sie seien die einzigen Informationsquellen hinsichtlich der genauen Ausgestaltung ihrer Programmabläufe – Programmtitel, Sendezeit und Sendekanal –

---

732 Kommission, Entscheidung vom 21.12.1988, ABl.EG 1989 Nr. L 78/50, Tz. 27 – *Magill TV Guide/ITP, BBC und RTE.*

733 EuG, 10.07.1991 – *RTE/Kommission*, T-69/89 – Slg. 1991, II-485; *BBC/Kommission*, T-70/89 – Slg. 1991, II-535; *ITP/Kommission*, T-76/89 – Slg. 1991, II-575.

734 Vgl bereits EuGH, 08.06.1971 – *Deutsche Grammophon/Metro*, Rs. 78/70 – Slg. 1971, 487, 501, Tz. 16; EuGH, 18.02.1971 – *Sirena*, Rs. 40/70 – Slg. 1971, 69, 84, Tz. 16; EuGH, 15.06.1976 – *EMI/CBS*, Rs. 96/75 – Slg. 1976, 913, 952, Tz. 19 f.; EuGH, 05.10.1988 – *CICRA u. Maxicar/Renault*, Rs. 53/87 – Slg. 1988, 6039, 6072, Tz. 15.

735 EuGH, 06.04.1995 – *RTE und ITP/Kommission*, C-241 u. C-242/91 P – Slg. 1995, I-743, 822, Tz. 46.

und damit gleichzeitig in der Lage, wirksamen Wettbewerb auf dem Markt für wöchentliche Fernsehzeitschriften zu verhindern.[736]

Unter Berufung auf seine Rechtsprechungsgrundsätze früherer Jahre[737] unterstrich der Gerichtshof sodann, dass sich mangels einer Rechtsvereinheitlichung die Voraussetzungen und Modalitäten des Schutzes eines Immaterialgüterrechts weiterhin nach nationalem Recht bestimmten und dass das ausschließliche Recht der Vervielfältigung ein Bestandteil der nationalen Vorrechte des Urhebers sei. Restriktive Auswirkungen auf den Wettbewerb seien auch nach europäischem Recht grundsätzlich hinzunehmen, solange sie Folgen des Schutzes der Substanz eines Immaterialgüterrechts seien.

Infolgedessen missbrauche selbst ein marktbeherrschender Inhaber eines ausschließlichen Rechts nicht allein durch die Verweigerung einer Lizenz als solches seine Stellung im Sinne des Art. 82 EG.[738] Jedoch stehe es einem Schutzrechtsinhaber im Einzelfall nicht frei, mit der Ausübung seines exklusiven Vorrechts Ziele zu verfolgen, die dem Sinn und Zweck des Art. 82 EG offensichtlich zuwiderlaufen. Mithin könne eine Lizenzverweigerung unter außergewöhnlichen Umständen als Missbrauch einzustufen sein.[739]

Im vorliegenden Fall stellte der Gerichtshof das Vorliegen außergewöhnlicher Umstände gleich in dreifacher Hinsicht fest, wobei er besonderes Augenmerk auf die Einzigartigkeit des in Rede stehenden geistigen Eigentumsrechts legte. So verhindere die Nichtüberlassung der Programminformationen das Erscheinen eines neuen Produkts – des wöchentlichen senderübergreifenden Fernsehprogrammführers –, nach dem eine potentielle Verbrauchernachfrage bestehe und für das es keinen tatsächlichen oder potentiellen Ersatz gebe.[740] Mithin sei das Verhalten der Fernsehanstalten als missbräuchlich im Sinne von Art. 82 Satz 2 lit. b EG zu qualifizieren.[741] Ferner sei die Lizenzverweigerung weder aufgrund der Sendetätigkeit noch aufgrund der eigenen Publikation von Fernsehzeitschriften

---

736 EuGH, 06.04.1995 – *RTE und ITP/Kommission*, C-241 u. C-242/91 P – Slg. 1995, I-743, 822, Tz. 47.

737 Vgl. EuGH, 05.10.1988 – *Volvo/Veng*, Rs. 238/87 – Slg. 1988, 6211, 6235, Tz. 7 ff.; EuGH, 05.10.1988 – *CICRA u. Maxicar/Renault*, Rs. 53/87 – Slg. 1988, 6039, 6071, Tz. 10 ff.; so auch schon EuGH, 14.09.1982 – *Keurkoop/Nany Kean Gifts*, Rs. 144/81 – Slg. 1981, 2853, 2871, Tz. 18.

738 EuGH, 06.04.1995 – *RTE und ITP/Kommission*, C-241 u. C-242/91 P – Slg. 1995, I-743, 823, Tz. 49.

739 EuGH, 06.04.1995 – *RTE und ITP/Kommission*, C-241 u. C-242/91 P – Slg. 1995, I-743, 823, Tz. 50.

740 EuGH, 06.04.1995 – *RTE und ITP/Kommission*, C-241 u. C-242/91 P – Slg. 1995, I-743, 823, Tz. 52.

741 EuGH, 06.04.1995 – *RTE und ITP/Kommission*, C-241 u. C-242/91 P – Slg. 1995, I-743, 824, Tz. 54.

zu rechtfertigen.[742] Letztlich behielten sich die Fernsehgesellschaften den abgeleiteten Markt für die Herausgabe wöchentlicher Programmzeitschriften vor, indem sie jeglichen Wettbewerb auf diesem Markt durch Verweigerung des Zugangs zu den für die Herstellung eines solchen Programmführers unentbehrlichen Grundinformationen ausschlössen.[743]

3. Rechtliche Einordnung

In Bezug auf die Spannbreite möglicher Auswirkungen der *Magill*-Entscheidung für die Inhaber von Immaterialgüterrechten gab es in der kommentierenden Literatur sehr unterschiedliche Einschätzungen.[744] Einig war sich der Großteil des europäischen Schrifttums allein in der Ansicht, dass dieses Urteil eine der wichtigsten Entscheidungen des Europäischen Gerichtshofs bezüglich des Zusammenspiels zwischen immaterialgüterrechtlichen Befugnissen und dem Missbrauchsverbot des Art. 82 EG darstelle.[745]

Über diese rein wertende Betrachtung hinausgehend werden aus der vorliegenden Entscheidung vielfach auch Anklänge einer nunmehr höchstrichterlich akzeptierten europäischen Essential-Facilities-Doktrin herausgelesen, die sich nicht nur deutlich an die vorangegangene Spruchpraxis der Europäischen Kommission in ihren drei Hafenentscheidungen anlehne, sondern die dort begründete Entscheidungspraxis implizit bestätige.[746] Auch die Europäische Kommission selbst sieht in dem *Magill*-Urteil eine offensichtliche Zustimmung des obersten

---

742 EuGH, 06.04.1995 – *RTE und ITP/Kommission*, C-241 u. C-242/91 P – Slg. 1995, I-743, 824, Tz. 55.

743 EuGH, 06.04.1995 – *RTE und ITP/Kommission*, C-241 u. C-242/91 P – Slg. 1995, I-743, 824, Tz. 56.

744 Greaves, ECLR 1995, 244, 244; Ebenroth/Bohne, EWS 1995, 397, 397; Treacy, ECLR 1998, 501, 503.

745 Thompson, EWS 1992, 178, 179; Subiotto, ECLR 1992, 234, 234; Mennicke, ZHR 1996, 626, 627; Montag, EuZW 1997, 71, 71; Vrins, E.I.P.R. 2001, 576, 583; a. A. Glasl, ECLR 1994, 306, 311; Klaue, RdE 1996, 51, 55; Treacy, ECLR 1998, 501, 503; Haas, S. 105, Fn. 325, nach deren Auffassung es sich um einen normalen Fall der Lieferverweigerung handele und der Gerichtshof nicht über die bisherigen Monopolausdehnungsfälle hinausgehe.

746 Deselaers, EuZW 1995, 563, 563; Pilny, GRUR Int. 1995, 954, 956; Taylor, C.T.L.R. 1995, 99, 101; Mennicke, ZHR 1996, 626, 649; Müller, EuZW 1998, 232, 236; Martenczuk, EuR 1999, 565, 567; Lampert, NJW 1999, 2235, 2235; Fleischer/Körber, WuW 2001, 6, 10; Casper, ZHR 2002, 685, 690; Körber, RIW 2004, 881, 886; Emmerich, S. 462; Sprickmann Kerkerinck, S. 116; Schommer, S. 143; Giudici, S. 77.

Gerichtshofs im Hinblick auf ihre Rechtsanwendungspraxis im Zusammenhang mit der Doktrin.[747]

Untermauert wird diese Annahme regelmäßig anhand einer Gegenüberstellung der vom Gerichtshof aufgezeigten und im vorliegenden Rechtsstreit den Missbrauch letztlich auch begründenden außergewöhnlichen Umstände mit den größtenteils anerkannten Anwendungsvoraussetzungen der Essential-Facilities-Doktrin. So habe der Europäische Gerichtshof im Ergebnis ein faktisches Monopol der drei Fernsehgesellschaften auf dem Markt der Grundinformationen erkannt, letztere als unentbehrliches Ausgangsmaterial für die Herstellung einer allumfassenden Programmzeitschrift eingestuft und zudem die Abschottung des nachgelagerten Marktes für wöchentliche Programmführer als missbräuchliches Verhalten bewertet.

Zwar bestätigen auch Vertreter dieser Auffassung, dass der Gerichtshof im Rahmen seiner Urteilsfindung nur von die Zwangslizenz rechtfertigenden „außergewöhnlichen Umständen", nicht aber von einer wesentlichen Einrichtung für den Zugang zu einem abgeleiteten Markt gesprochen hat. Die Sendeinformationen der Fernsehgesellschaften seien aber als „unentbehrliches Ausgangsmaterial"[748] im Grunde genommen wesentliche Einrichtungen im Sinne der Essential-Facilities-Doktrin, da ohne sie ein Tätigwerden auf dem abgeleiteten Markt in Form der Herausgabe einer umfassenden Fernsehzeitschrift nicht möglich gewesen sei.[749] Somit verwende der Gerichtshof zwar eine andere, aber dennoch sinnverwandte Formulierung, die an der grundsätzlichen rechtlichen Bewertung nichts zu ändern vermöge.[750] Festzuhalten bleibe, dass die Anordnung einer Zwangslizenz gegenüber einem marktbeherrschenden Unternehmen für ein gewerbliches Schutzrecht, das gleichzeitig eine wesentliche Einrichtung im Sinne der Doktrin darstellt, vorbehaltlich einer objektiven Rechtfertigung auf Art. 82 EG gestützt werden könne.[751]

---

747 Vgl. zunächst die Ausführungen der Kommission in ihrem XXV. Bericht über die Wettbewerbspolitik 1995, Tz. 40, Fn. 13; nunmehr einschränkend Entscheidung v. 03.07.2001, ABl.EG 2002 Nr. L 59/26, Tz. 64 – *NDC Health/IMS Health*: "Weder der Gerichtshof noch das Gericht erster Instanz haben sich in ihrer Rechtsprechung bisher ausdrücklich auf diese Doktrin bezogen."

748 Siehe EuGH, 06.04.1995 – *RTE und ITP/Kommission*, C-241 u. C-242/91 P – Slg. I-743, 824, Tz. 53.

749 Deselaers, EuZW 1995, 563, 563; Greaves, ECLR 1995, 244, 246; Mennicke, ZHR 1996, 626, 650; Ridyard, ECLR 1996, 438, 446; Müller, EuZW 1998, 232, 236; Lober, GRUR Int. 2002, 7, 9, Fn. 31; Narciso, I.P.Q. 2003, 445, 460.

750 Crowther, E.L. Rev. 1995, 521, 525; Mennicke, ZHR 1996, 626, 650.

751 Thompson, EWS 1992, 178, 183; Deselaers, EuZW 1995, 563, 565; Ebenroth/Bohne, EWS 1995, 397, 404; Pilny, GRUR Int. 1995, 954, 957; Mennicke,

Im Ergebnis habe der Gerichtshof damit die bisherigen Grundsätze seiner Judikatur zum Zusammenspiel zwischen gewerblichen Schutzrechten und dem Missbrauchsverbot des Art. 82 EG unter Anknüpfung an die Wertungen der Essential-Facilities-Doktrin modifiziert und entscheide bei Lizenzverweigerungen, die durch nationale Ausschließlichkeitsrechte legitimiert sind, vorrangig nach der Intensität der wettbewerbsbeeinträchtigenden Wirkungen einer Schutzrechtsdurchsetzung.[752] Damit sei gleichzeitig die alte Unterscheidung zwischen der Ausübung und dem Bestand von Immaterialgüterrechten faktisch aufgegeben worden.[753]

4. Würdigung des Urteils

Angesichts der vorbezeichneten rechtlichen Diskussion über eine angemessene Einordnung des *Magill*-Urteils in die bisherige Spruchpraxis der europäischen Gemeinschaftsorgane ist vorab anzumerken, dass der Europäische Gerichtshof in seiner Entscheidungsbegründung die Essential-Facilities-Doktrin nicht explizit erwähnte.[754] Darüber hinaus versäumte es das Gericht aber auch, die ihm vielfach unterstellte Weiterentwicklung seiner bisherigen Judikatur innerhalb dieses Urteils deutlich zu kennzeichnen und beschränkte sich in seinen Begründungsformulierungen im wesentlichen auf bewährte und bekannte Ausführungen zu Art. 82 EG.[755]

Die Befürworter der These, der Gerichtshof habe mit dem vorliegenden Fall die Essential-Facilities-Doktrin konkludent anerkannt, begründen ihren Standpunkt maßgeblich mit der Vermutung, dass die höchstrichterliche Übertragung der bekannten Grundsätze zum Monopolausdehnungsverbot auf eine Konstellation der verweigerten Lizenzierung eines Immaterialgüterrechts gleichzeitig eine Modifikation des bisher an der Unterscheidung zwischen Schutzrechtsbestand und Schutzrechtsausübung orientierten Verhältnisses der gemeinschaftsrechtlichen Wettbewerbsregeln zu den mitgliedstaatlichen Ausschließlichkeitsordnungen beinhalte. So lasse das erstmals verwandte Missbrauchskriterium der verhin-

---

ZHR 1996, 626, 629; Müller, EuZW 1998, 232, 236, Fn. 50; Creuss/Agustinoy, W. Comp. 2000, 57, 70; v. Bechtolsheim/Bruder, WRP 2002, 55, 61; Shin, S. 147.

752 Crowther, E.L. Rev. 1995, 521, 524; Deselaers, EuZW 1995, 563, 568; Stollhoff, S. 153.

753 Opi, Fordham I. P., Media & Ent. L. J. 2001, 409, 461; Stollhoff, S. 249; Sprickmann Kerkerinck, S. 138 f.; a.A. Stapper, S. 93.

754 Greaves, ECLR 1995, 244, 247; Mennicke, ZHR 1996, 626, 628; Sheehan, W. Comp. 1999, 67, 68.

755 Ebenroth/Bohne, EWS 1995, 397, 397; Pilny, GRUR Int. 1995, 954, 955; i.E. wohl auch Höppner, GRUR Int. 2005, 457, 458.

derten Entstehung eines neuen, nachgefragten Produkts die Schlussfolgerung im Sinne der Doktrin zu, Art. 82 EG sei bereits dann verletzt, wenn die lizenzierte Nutzung eines gewerblichen Schutzrechts ohne Rechtfertigung seitens des marktbeherrschenden Schutzrechtsinhabers verweigert wird, obgleich ein Wettbewerber für die Herstellung eines neuen Produkts auf einem abgeleiteten Markt unabdingbar Zugriff auf das Immaterialgüterrecht benötigt.[756]

Dieser Fokussierung auf die Neuigkeit eines eventuell verhinderten Erzeugnisses, um die Legitimation einer Zwangslizenz für ein gewerbliches Schutzrecht begründen zu wollen, kann aber in der vertretenen Form zumindest nicht einschränkungslos gefolgt werden. Zwar kann in der vorliegenden Sachverhaltskonstellation durchaus von einem gewissen Versorgungsdefizit der Verbraucher gesprochen werden, doch wird es einem Marktbeherrscher grundsätzlich nur sehr schwer möglich sein, sein durch ein Immaterialgüterrecht begründetes rechtliches Monopol derart auszuüben, dass er jede denkbare aktuelle oder potentielle Nachfrage nach seinem Monopolgut samt seinen Variationsformen dauerhaft befriedigt. Der Schutzrechtsinhaber wäre also bereits immer dann dem Vorwurf einer Verletzung des Art. 82 EG und mithin einer Zwangslizenzierung ausgesetzt, sobald ein Wettbewerber glaubhaft macht, ein anderes, sich vom geschützten Werk nur minimal unterscheidendes Erzeugnis auf den Markt bringen zu wollen.[757] Um ein solches Ergebnis zu vermeiden, ist es daher notwendig, eine genauere Abwägung der Interessen vorzunehmen. Nicht allein die Verhinderung eines Produkts, das lediglich geringfügige Verbesserungen des Verbraucherwohls bewirkt, sollte einen Eingriff in das Immaterialgüterrecht rechtfertigen können. Vielmehr müssten wichtige Interessen der Verbraucher betroffen sein, die von allgemeiner Bedeutung sind und über pure Bequemlichkeiten bzw. Annehmlichkeiten hinausgehen.

Mit der erstmaligen Anordnung einer Zwangslizenz für ein nationales Immaterialgüterrecht vollzog der Gerichtshof dennoch eine Abkehr von seiner traditionellen Beurteilung der gewerblichen Schutzrechte im Zusammenhang mit dem Missbrauchsverbot des Art. 82 EG, der zufolge eine Zwangslizenzierung von Ausschließlichkeitsrechten dem Grundsatz nach solange undurchsetzbar war, solange die verweigerte Lizenzvergabe den Ausdruck des spezifischen Gegenstands des Schutzrechts darstellte.[758] Zwar galt es – zuletzt noch in der *Volvo*-Entscheidung – als gesicherte Erkenntnis, dass die Nutzung immaterialgüterrechtlich

756 Eilmannsberger, EuZW 1992, 625, 633; Götting, JZ 1996, 307, 309; Lober, GRUR Int. 2002, 7, 9; zustimmend Stollhoff, S. 153.

757 Crowther, E.L. Rev. 1995, 521, 528; Ebenroth/Bohne, EWS 1995, 397, 403.

758 So auch Ebenroth/Bohne, EWS 1995, 397, 404; Stollhoff, S. 133; Schommer, S. 148; a. A. Greaves, ECLR 1995, 244, 247, der zufolge keine neue Entwicklung in der europäischen Rechtsprechung eingeläutet wurde.

gewährter Positionen an den wettbewerbsrechtlichen Vorschriften des Gemeinschaftsrechts zu messen ist, so dass unter Umständen auch ein Eingriff in den spezifischen Gegenstand des jeweiligen Ausschließlichkeitsrechts möglich sein konnte.[759]

Im Unterschied zu früheren Entscheidungen des Gerichtshofs, in denen trotz angeordneter Missbrauchsbeendigung das exklusive Recht der Reproduktion dem Schutzrechtsinhaber jedoch stets erhalten blieb, wurde den Berechtigten im vorliegenden Fall durch die Verhängung der Zwangslizenz gerade diese Befugnis zur Ausübung des ausschließlichen Rechts erstmalig entzogen. Denn den Fernsehsendern wurde praktisch verwehrt, Dritte zukünftig am Abdruck ihrer urheberrechtlich geschützten Informationen hindern zu können. Die freie Verfügbarkeit der Programminformationen hätte unter Umständen dazu führen können, dass die Fernsehzeitungen der einzelnen Sender in ihrem bisherigen Format unverkäuflich wurden. Da der wirtschaftliche Wert des Urheberrechts aber gerade in seiner Exklusivität liegt, wurde er durch die ausgesprochene Zwangslizenzierung – abgesehen von der Möglichkeit, Lizenzgebühren zu verlangen – damit faktisch beseitigt.[760]

Trotz dieser Modifikation erscheint fraglich, ob dem *Magill*-Urteil verallgemeinerungsfähige Gesichtspunkte im Sinne einer Essential-Facilities-Doktrin für die Behandlung zukünftiger, vergleichbarer Rechtsstreitigkeiten entnommen werden können, oder ob es nicht eher als besondere Einzelfallentscheidung angesehen werden muss.[761] Obwohl dem Wortlaut der Entscheidung nach durchaus Parallelen zum Verständnis der Ausgestaltung der europäischen Doktrin entnehmbar sind, bezieht sich der Europäische Gerichtshof mit keinem Wort auf die entsprechenden Hafenentscheidungen der Europäischen Kommission und vermeidet zugleich die Verwendung des spezifischen Ausdrucks der „wesentlichen Einrichtung“. Die stattdessen gewählte Formulierung der „außergewöhnlichen Umstände“ und deren anschließende umfassende Herausarbeitung anhand des konkret zu beurteilenden Falls durch den Gerichtshof sprechen eher gegen eine Verallgemeinerungsfähigkeit für das Verhältnis gewerblicher Schutzrechte zum europäischen Wettbewerbsrecht.[762] Durch diese Herangehensweise wird der Eindruck vermittelt, dass es sich bei den Begründungserwägungen lediglich um Kriterien zur Entscheidung des Einzelfalls mit seinen sehr speziellen Begleitumständen handelt, so dass Rückschlüsse auf ein verallgemeinerungsfähiges System,

759 Mennicke, ZHR 1996, 626, 634.

760 Götting, JZ 1996, 307, 310; Montag, EuZW 1997, 71, 73; Schwarz van Berk, S. 71.

761 Mennicke, ZHR 1996, 626, 635; Müller, EuZW 1998, 232, 236; Fleischer/Weyer, WuW 1999, 350, 352.

762 Vgl. EuGH, 06.04.1995 – *RTE und ITP/Kommission*, C-241 u. C-242/91 P – Slg. I-743, 823, Tz. 50 ff.

dem nützliche Ausführungen im Hinblick auf die Essential-Facilities-Doktrin entnommen werden können, nicht mit letzter Gewissheit möglich sind.[763]

Einer möglichen Verallgemeinerung des Inhalts der *Magill*-Enscheidung begegnen ferner vor dem Hintergrund Zweifel, dass der Europäische Gerichtshof vermutlich insgeheim nur die Schutzwürdigkeit des geltend gemachten nationalen Urheberrechts an den fraglichen Programmvorschauen, die als schlichte Zusammenstellungen rein faktischer Informationen von keiner weiteren mitgliedstaatlichen Rechtsordnung als denen in Großbritannien und Irland als schutzfähig eingestuft worden wären, nicht anerkannte, dies aber im Urteil nicht offenlegen durfte.[764]

Die begehrten Sendeinformationen stellten lediglich ein funktionales Nebenprodukt, resultierend aus dem Prozess der Programmproduktion dar und besaßen keinen nennenswerten innovativen oder literarischen Wert, da sie weder spezifische Kommentierungen des Programms noch sonstige zusätzliche Informationen allgemeiner Art enthielten.[765] Die Ausarbeitung der einzelnen Programmvorschauen erforderte keinerlei Kreativität, da nicht mehr Eigenleistung notwendig war, als eine Reihe tatsächlicher Informationen zu Papier zu bringen, die für die Ausübung der Fernsehsendertätigkeit ohnehin beschafft und zusammengestellt werden mussten.

Mithin ist zunächst die Überlegung naheliegend, dass funktionale Werke als eine Untergruppierung von Urheberrechten grundsätzlich weniger schutzwürdig sind als literarische Werke, für sie das Urheberrecht somit nicht seine essentiellen Funktionen erfüllen muss und sie deshalb in einem höherem Maße dem Anwendungsbereich des Art. 82 EG unterliegen. Die Richtigkeit dieser These, nach der

---

763 Bechtold, EuZW 1995, 345, 346; Greaves, ECLR 1995, 244, 246 f.; Montag, EuZW 1997, 71, 75; Cohen Jehoram/Mortelmans, GRUR Int. 1997, 11, 12; Martenczuk, EuR 1999, 565, 567; Müller, EuZW 1998, 232, 236; Schindler, S. 56; Schwarz van Berk, S. 81 f; a.A. Stapper, S. 87.

764 Götting, JZ 1996, 307, 310; Mennicke, ZHR 1996, 626, 639; Montag, EuZW 1997, 71, 75; im Ergebnis auch Ebenroth/Bohne, EWS 1995, 397, 404; Eilmansberger, EuZW 1995, 625, 632 f.; Bechtold, EuZW 1995, 345, 346; Korah, ECLR 1998, 169, 173; Müller, EuZW 1998, 232, 236; Gitter, Am. Bus. L.J. 2003, 217, 252; siehe diesbezüglich auch die Schlussanträge des Generalanwalts Gulmann, 01.06.1994 – *RTE und ITP/Kommission*, C-241 u. C-242/91 P – Slg. 1995, I-743, 780, Tz. 118 ff; vgl. dazu den Hinweis des Generalanwalts Jacobs, 28.05.1998 – *Bronner*, C-7/97 – Slg. 1998, I–7791, 7812 f., Tz. 63, der in seinen Schlussanträgen feststellte, „die Gewährung urheberrechtlichen Schutzes für die Programmvorschauen [war] kaum als Vergütung einer schöpferischen Tätigkeit oder als Schaffung eines Anreizes zu rechtfertigen."

765 Skinner, ECLR 1994, 103, 104; Doutrelepont, GRUR Int. 1994, 302, 307; Greaves, ECLR 1995, 244, 246, Fn. 24; Ridyard, ECLR 1996, 438, 446; zustimmend Schwarz van Berk, S. 72.

prinzipiell gleiche Immaterialgüterrechte zuweilen ungleich behandelt werden können, einmal unterstellt, ließe jedoch noch nicht automatisch die Schlussfolgerung zu, dass die *Magill*-Entscheidung analog auch auf andere Ausschließlichkeitsrechte, wie beispielsweise Patent- oder Markenrechte, angewendet werden könnte.[766]

Gegen die angedeutete Vermutung spricht des weiteren, dass die Sendeinformationen allen Einwänden zum Trotz ausdrücklich dem Schutz des britischen und irischen Urheberrechts unterstanden.[767] Vor diesem Hintergrund erscheint bedenkenswert, ob der Europäische Gerichtshof überhaupt den Charakter des in Rede stehenden urheberrechtlich geschützten Werkes beurteilen durfte.[768]

Bislang vertrat der Gerichtshof uneingeschränkt die Auffassung, mangels einer Rechtsharmonisierung fiele es allein in den Kompetenzbereich der nationalen Gesetzgebung, für den jeweiligen Mitgliedstaat selbst zu entscheiden, welche Erzeugnisse unter welchen Bedingungen immaterialgüterrechtlichen Schutz genießen dürfen.[769] Sollte ein gemeinschaftsrechtliches Bedürfnis nach einer Einschränkung des Schutzumfangs bestimmter Immaterialgüterrechte bestehen, kann diesem konsequenter Weise nur mittels des gemeinsamen Erlasses diesbezüglicher Vorschriften durch die nationalen Gemeinschaftsgesetzgeber Rechnung getragen werden.[770] Anderenfalls stünde es im freien Ermessen der Gemeinschaftsorgane, den Geltungsbereich mitgliedstaatlicher gewerblicher Schutzrechte eigenmächtig festzulegen, was wiederum eine eindeutige Abkehr vom traditionellen Verständnis des Verhältnisses zwischen national gewährten Rechten des geistigen Eigentums und dem Gemeinschaftsrecht darstellen würde.

Eine dahingehende Auslegung des *Magill*-Urteils liefe somit im Endeffekt auf einen jederzeit möglichen Eingriff in die nationalen Gesetzgebungsbefugnisse der Mitgliedstaaten hinaus und ist angesichts der in dieser Sache bestehenden klaren Kompetenzverteilungen nicht haltbar. Solange der Schutz von Immaterialgüterrechten ein Anliegen nationaler Gesetzgebung ist, müssen die hierdurch gewährten Rechte auch durch nationale Gesetze garantiert werden können. Ansonsten

---

766 So auch Opi, Fordham I. P., Media & Ent. L. J. 2001, 409, 460.

767 Smith, ECLR 1992, 135, 136, Fn. 2; Greaves, ECLR 1995, 244, 244.

768 Siehe auch Schlussanträge des Generalanwalts Gulmann, 01.06.1994 – *RTE und ITP/Kommission*, C-241 u. C-242/91 P – Slg. 1995, I-743, 782, Tz. 123.

769 In diesem Sinne auch Subiotto, ECLR 1992, 234, 239; Crowther, E.L. Rev. 1995, 521, 523.

770 Siehe in diesem Zusammenhang beispielsweise die Richtlinie des Rates der Europäischen Gemeinschaften über den Rechtsschutz von Computerprogrammen (91/250/EWG) vom 14.05.1991, ABl.EG 1991 Nr. L 122/42, und die Richtlinien zur Harmonisierung einzelner Aspekte des Urheberrechts und bestimmter verwandter Schutzrechte (93/98/EWG) vom 29.10.1993, ABl.EG 1993 Nr. L 290/9 sowie (2001/29/EG) vom 22.05.2001, ABl.EG 2001 Nr. L 167/10.

wären die den mitgliedstaatlichen Gesetzgebern eingeräumten Befugnisse überflüssig.

Des weiteren würde eine derart weitreichende Interpretation der *Magill*-Entscheidung ohne Berücksichtigung potentieller sozialer und wirtschaftlicher Folgekosten unweigerlich ein erhöhtes Maß an Rechtsunsicherheit und Schutzlosigkeit bei Inhabern von Immaterialgüterrechten auslösen, da sie sich dann nicht mehr auf den ihnen vom nationalen Recht gewährten Schutz verlassen könnten.[771] So umfasst beispielsweise das aus einem nationalen Urheberrecht resultierende ausschließliche Recht der Vervielfältigung des Inhabers des geschützten Werkes nicht nur die Befugnis zur Lizenzverweigerung, sondern auch die Befugnis zur Selbstbestimmung hinsichtlich des Zeitpunkts, des Umfangs sowie der Art und Weise seiner Verwertung, u.a. mit dem Ziel, einen größtmöglichen Gewinn zu erzielen.[772]

Insbesondere Urheberrechte aus den Bereichen der Telekommunikations-, Computer- und Informationstechnologie lassen sich ebenfalls sehr leicht als rein funktionale Rechte qualifzieren, beruhen allerdings – im Gegensatz zu den streitgegenständlichen Sendeinformationen – in aller Regel auf kreativen Eigenleistungen, die sich im Rahmen effektiven Wettbewerbs durchgesetzt haben. Eine verlässliche Aussage des Gerichtshofs, die Aufschluss darüber gibt, wann die Funktionalität eines Urheberrechts die kreativen Eigenleistungen seines Inhabers derart überwiegt, dass eine Zwangslizenzierung im Interesse eines funktionsfähigen Wettbewerbs geboten erscheint, lässt sich dem Urteil aber nicht entnehmen.[773] Um jedoch dem anerkannten Ziel des Immaterialgüterrechts – der Sicherstellung von Investitionen in Innovationen – gerecht zu werden, ist es von sehr großer Bedeutung, dass die nationale Gewährung eines Ausschließlichkeitsrechts mitsamt seinen Konsequenzen vorhersehbar und verlässlich ist. Gemeinschaftsrechtlich auferlegten Zwangslizenzen, die mitgliedstaatliche Regelungen übergehen, fehlt es an dieser notwendigen Vorhersehbarkeit.[774] Als Konsequenz würden es sich die Inhaber von Immaterialgüterrechten angesichts einer immerfort drohenden Zwangslizenzierung zukünftig zweimal überlegen, ob es sich für sie trotz eines etwaigen Nutzungsentgelts lohnt, kostspielige Forschungs- und Entwicklungsprogramme zu starten.[775]

Schließlich bestehen gegen die Beschränkung mitgliedstaatlicher Ausschließlichkeitsrechte durch die europäische Judikative insofern Bedenken, als dass

---

771 Mennicke, ZHR 1996, 626, 639.

772 Siehe in diesem Zusammenhang EuGH, 07.07.1985 – *Pharmon/Hoechst*, Rs. 19/84 – Slg. 1985, 2281, 2298, Tz. 25.

773 Sheehan, W. Comp. 1999, 67, 69.

774 Korah, Antitrust L.J. 2002, 801, 813.

775 Crowther, E.L. Rev. 1995, 521, 528; Taylor, C.T.L.R. 1995, 99, 102.

zweifelhaft erscheint, ob nicht die in dieser Hinsicht spezialisierten, national zuständigen Behörden eher die angemessene Reichweite und die möglichen Auswirkungen eines zu gewährenden Immaterialgüterrechts abschätzen können als die auf diesem Gebiet zumeist unerfahrenen europäischen Spruchkörper.[776] Die Befürchtungen, dass der Gerichtshof die Legitimität nationaler Gesetzgebungen oder die Wertigkeit mitgliedstaatlicher Immaterialgüterrechte neu bewerten wollte, bestätigten sich im Anschluss an das Urteil jedoch nicht.[777]

Ein abschließender Grund, das *Magill*-Urteil als nicht verallgemeinerungsfähige Einzelfallentscheidung zu betrachten, liegt in seinen spezifischen Auswirkungen auf die dynamischen Anreize der Fernsehgesellschaften, sich weiterhin am Markt zu engagieren. Die Zwangslizenzierung der Sendeinformationen als reines Nebenprodukt ihrer Sendetätigkeit wird die Fernsehanstalten nicht dergestalt demotivieren, dass sie zukünftig ihre Unternehmenstätigkeit ganz einstellen und dadurch keine Programmdaten mehr herstellen werden. Ihre ureigene betriebliche Tätigkeit werden sie auch dann noch beibehalten, wenn sie auf dem nachgelagerten Markt der Programmzeitschriften neuem Wettbewerb ausgesetzt werden.[778]

Im Unterschied dazu würden in Konstellationen, in denen nicht lediglich Nebenprodukte einer anderen Haupttätigkeit, sondern auf schöpferischer Eigenleistung beruhende innovative Werke von einer Zwangslizenzierung betroffen sein könnten, einschneidende Auswirkungen auf die zukünftige Gestaltung der Geschäftstätigkeit des betroffenen Unternehmens drohen. In Fällen, in denen die Belohnungsfunktion eines gewerblichen Schutzrechts gerade das Motiv für den Schutzrechtsinhaber bildet, sich aktiv und kreativ am Marktgeschehen zu beteiligen, schwächt ein bestehendes System jederzeit drohender Zwangslizenzen die notwendigen Anreize merklich ab, auch weiterhin unternehmenseigene Ressourcen für die Entwicklung neuer und innovativer Produkte bereitzustellen.[779]

IV. Tiercé Ladbroke SA[780]

In dieser Rechtsache, die dem Aufsehen erregenden *Magill*-Urteil nachfolgte, nahm auch das Gericht erster Instanz erstmals indirekt zu der Essential-Facilities-

776 Korah, ECLR 1998, 169, 173.
777 Greaves, ECLR 1995, 244, 246.
778 Ridyard, ECLR 1996, 438, 446.
779 So auch Opi, Fordham I. P., Media & Ent. L. J. 2001, 409, 461.
780 EuG, 12.06.1997 – *Tiercé Ladbroke/Kommission*, T-504/93 – Slg. 1997, II-923.

Doktrin und ihrer Funktion im europäischen Wettbewerbsrecht im Zusammenspiel mit geistigen Eigentumsrechten Stellung.[781]

1. Sachverhalt

Die belgische Gesellschaft Tiercé Ladbroke SA (Ladbroke) betrieb Wettannahmestellen, in denen unter anderem Buchmacherwetten auf den Ausgang für im Ausland stattfindende Pferderennen abgegeben werden konnten. Aus diesem Grund begehrte die Wettgesellschaft speziell die Übertragungsrechte für Bild- und Tonaufnahmen französischer Rennen, um dieses Material in ihren belgischen Wettbüros ausstrahlen zu können.

Die führenden französischen Pferderennvereine hatten sich in einem wirtschaftlichen Interessenverband namens Pari Mutuel Urbain Francais (PMU) zusammengeschlossen und diesem die Exklusivrechte an der Verwendung des Bild- und Tonmaterials für in Frankreich veranstaltete Pferderennen übertragen. PMU hatte wiederum den Teil der Rechte für die Verwertung der Aufnahmen im Ausland an seine Tochtergesellschaft Pari Mutuel International SA (PMI) abgetreten, die dem Deutschen Sportverlag Kurt Stoof GmbH & Co. (DSV) die Exklusivlizenz zur Verwertung der urheberrechtlich geschützten Informationen innerhalb Deutschlands und Österreichs erteilt hatte.

Nacheinander beschieden DSV, PMI und PMU die Anfrage Ladbrokes bezüglich einer Lizenzerteilung für die Ausstrahlung des französichen Bild- und Tonmaterials in ihren Wettannahmestellen in Belgien negativ. Daraufhin reichte das Unternehmen unter Berufung auf die *Magill*-Entscheidung Beschwerde bei der Europäischen Kommission ein und verlangte die aus ihrer Sicht bestehende wettbewerbliche Zuwiderhandlung gegen Art. 82 EG abzustellen. Die Kommission indes gab der Beschwerde der Klägerin nicht statt.

2. Urteil

Das Gericht erster Instanz bestätigte mit seinem Urteil die Rechtsauffassung der Europäischen Kommission, verneinte ebenfalls das Vorliegen eines missbräuchlichen Verhaltens und lehnte daher die Auferlegung einer Zwangslizenzierung ab. Es fehle bereits insofern an einem Missbrauch im Sinne des Art. 82 EG, als dass die Rennvereine auf dem relevanten geographischen Markt Belgien, auf dem Ladbroke Wettannahmestellen betreibe, weder selbst aktiv seien, noch einem an-

781 Sheehan, W. Comp. 1999, 67, 83; Hyland/Dumortier, C.T.L.R. 1999, 150, 154, Fn. 57; Wooldridge, I.P.Q. 1999, 256, 258; Capobianco, E.L. Rev. 2001, 548, 551; Jacobi, S. 198.

deren Wirtschaftsteilnehmer bislang Rechte an dem fraglichen Bild- und Tonmaterial eingeräumt hätten.[782]

Ferner könne die von der Klägerin vorgebrachte Analogie zur *Magill*-Entscheidung nicht überzeugen. Ladbroke selbst habe im vorliegenden Fall trotz der Lizenzverweigerung unzweifelhaft die beherrschende Stellung auf dem Markt, auf dem das französiche Bild- und Tonmaterial den Verbrauchern angeboten werde, namentlich dem Markt der Annahme von Wetten für Pferderennen inne, während die Rennvereine als Inhaber der Rechte am geistigen Eigentum nicht auf diesem Markt präsent seien. Da die Rennvereine ihr Immaterialgüterrechte weder direkt noch indirekt ausgeübt hätten, könne die streitige Weigerung auch nicht zu einer Einschränkung des Wettbewerbs auf dem belgischen Markt führen.[783]

Des weiteren könne die Lizenzverweigerung in Analogie zum *Magill*-Urteil nur dann unter das Verbot des Art. 82 EG fallen, „wenn sie ein Erzeugnis oder eine Dienstleistung, das oder die für die Ausübung der in Rede stehenden Tätigkeit in dem Sinne wesentlich wäre, dass es keinen tatsächlichen oder potentiellen Ersatz für es oder sie gäbe, oder aber ein neues Erzeugnis beträfe, dessen Erscheinen trotz einer potentiellen spezifischen, ständigen und regelmäßigen Nachfrage seitens der Kunden eingeschränkt würde."[784] Vor diesem Hintergrund könne ein missbräuchliches Verhalten aber ebenfalls nicht festgestellt werden, da die Ausstrahlung der Ton- und Bildinformationen über französische Pferderennen zwar durchaus hilfreich aber eben nicht unerlässlich für die Annahme entsprechender Wetten sei, die stets vor der eigentlichen Übertragung des Rennens abgegeben würden. Eine Beeinträchtigung der kaufmännischen Tätigkeit der Buchmacher sei deshalb nicht ersichtlich.[785]

3. Würdigung des Urteils

Insbesondere aufgrund der ausführlichen Auseinandersetzung des Gerichts erster Instanz mit der seitens der Klägerin behaupteten Statthaftigkeit einer Analogie des vorliegenden Falles zu einzelnen Elementen der *Magill*-Entscheidung,[786] die

782 EuG, 12.06.1997 – *Tiercé Ladbroke/Kommission*, T-504/93 – Slg. 1997, II-923, 968, Tz. 129.
783 EuG, 12.06.1997 – *Tiercé Ladbroke/Kommission*, T-504/93 – Slg. 1997, II-923, 968, Tz. 130.
784 EuG, 12.06.1997 – *Tiercé Ladbroke/Kommission*, T-504/93 – Slg. 1997, II-923, 968, Tz. 131.
785 EuG, 12.06.1997 – *Tiercé Ladbroke/Kommission*, T-504/93 – Slg. 1997, II-923, 968, Tz. 132.
786 Vgl. EuG, 12.06.1997 – *Tiercé Ladbroke/Kommission*, T-504/93 – Slg. 1997, II-923, 968, Tz. 130 ff.

es zu Recht verneinte, wird der Urteilsbegründung insgesamt eine Nähe zur Essential-Facilities-Doktrin zugesprochen.[787] Die Richtigkeit dieser Einordnung unterstellt, wird gleichzeitig das Bestreben des Gerichts offenkundig, durch eine möglichst enge Interpretation des *Magill*-Urteils ein Gegengewicht zu der vor allem in Teilen des Schrifttums zu beobachtenden extensiven Auslegung der vorgenannten Entscheidung zu schaffen.[788]

Um den Charakter von Zwangslizenzen als ultima ratio möglicher wettbewerbsrechtlicher Maßnahmen beizubehalten, sind hohe Anforderungen an die Erfüllung der Wesentlichkeitseigenschaft einer Einrichtung zu stellen und ihre Anwendbarkeit auf wahrhaft außergewöhnliche Umstände zu begrenzen. Die markantesten Unterschiede zur *Magill*-Entscheidung bestanden zum einen darin, dass durch die streitgegenständliche Lizenzverweigerung im Ergebnis nicht die Entstehung eines neuen Erzeugnisses, nach dem eine erhebliche Verbrauchernachfrage verzeichnet werden konnte, verhindert wurde. Zum anderen befand sich die Klägerin selbst auch ohne das Bild- und Tonmaterial bereits auf dem relevanten belgischen Markt für die Annahme von Pferdewetten in einer dominanten Position.

Erwähnenswert ist zudem die Feststellung des Gerichts, allein die Tatsache, dass eine Partei bereit sei, eine angemessene Lizenzgebühr zu zahlen, führe nicht automatisch dazu, dass eine schlichte Lizenzverweigerung gleich rechtsmissbräuchlich sei.[789] In Abwesenheit einer offenkundigen Diskriminierung kann die Lizenzverweigerung daher nicht auf einen Missbrauch im Sinne des Art. 82 EG hinauslaufen.[790]

V. IMS Health

Schließlich brachten die Rechtsstreitigkeiten in Sachen *IMS Health*, ausgetragen sowohl vor nationalen als auch vor europäischen Rechtsprechungsorganen, frischen Wind in die Diskussion, ob und wann der Inhaber eines Immaterialgüter-

787 Korah, ECLR 1998, 169, 173; Wooldridge, I.P.Q. 1999, 256, 258; Schindler, S. 58, Abermann, S. 92; Sprickmann Kerkerinck, S. 116; kritisch zur restriktiven Herangehensweise des Gerichts Giudici, S. 93.

788 Korah, ECLR 1998, 169, 174; Treacy, ECLR 1998, 501, 503; Schindler, S. 57 f.; Schwarz van Berk, S. 74.

789 EuG, 12.06.1997 – *Tiercé Ladbroke/Kommission*, T-504/93 – Slg. 1997, II-923, 968, Tz. 126.

790 Der Europäische Gerichtshof brauchte über das eingelegte Rechtsmittel in der Folge nicht mehr abschließend zu entscheiden, da sich die Parteien zuvor außergerichtlich einigten; siehe Rs. C-300/97 P, vom Register entfernt am 11.02.1999.

rechts nach europäischem Kartellrecht verpflichtet sein kann, Wettbewerbern eine Lizenz zur Nutzung seiner geschützten Einrichtung zu gewähren.

1. Die Europäische Kommission[791]

In ihrer aufsehenerregenden Entscheidung äußerte sich die Kommission zum bestehenden Spannungsverhältnis zwischen europäischem Wettbewerbsrecht und Immaterialgüterrecht und billigte der Essential-Facilities-Doktrin eine ihr bis dato noch nicht zugesprochene Schlüsselfunktion zu. Gleichzeitig war dieser Entscheid der erste Fall einer auf Art. 82 EG gestützten kartellrechtlichen Zwangslizenz nach dem *Magill*-Urteil des Europäischen Gerichtshofs.

a) Sachverhalt

Die amerikanischen Unternehmen Intercontinental Marketing Services Health Inc. (IMS) und National Data Corporation Health Information Services (NDC) waren über Tochterfirmen für die europäische pharmazeutische Industrie in den Bereichen Marktforschung, Verkaufsmanagement und Marketing tätig. Eines ihrer Hauptbeschäftigungsfelder lag in der Erstellung und dem Vertrieb von Marktberichten über den regionalen Absatz von Arzneimitteln und Gesundheitserzeugnissen innerhalb der Bundesrepublik Deutschland.

Nach langjähriger kosten- und personalintensiver Entwicklungsarbeit, an der sich auch zahlreiche Pharmaunternehmen in einem von IMS eigens hierfür gegründeten Arbeitskreis beteiligt hatten,[792] gelang es IMS schließlich, der deutschen Pharmaindustrie auf Basis gruppenweise zusammengefasster Postleitzahlenbezirke eine Segmentstruktur namens „Regionaler Pharmazeutischer Markt 1860 – RPM 1860" anzubieten. Diese urheberrechtlich geschützte Struktur[793] setzt sich aus 1860 Bausteinen zusammen, wobei jeder Baustein einem bestimmten, geographisch definierten Einzelverkaufsgebiet der Bundesrepublik Deutschland entspricht.

Die Festlegung der einzelnen Bausteine erfolgte unter Berücksichtigung verschiedener Kriterien, wie beispielsweise Postleitzahlenbezirke, Bevölkerungsdichte, Verkehrsverbindungen und örtliche Verteilung von Arztpraxen und Apotheken. Anhand dieser 1860er Struktur lassen sich Marktforschungsdaten für die

791 Entscheidung v. 03.07.2001, ABl.EG 2002 Nr. L 59/18 – *NDC Health/IMS Health.*

792 Der Arbeitskreis wurde in den 70er Jahren initiiert und umfasste ca. 15 von der Gesamtheit der IMS-Kunden ausgewählte Mitglieder; vgl. Kommission, Entscheidung v. 03.07.2001, ABl.EG 2002 Nr. L 59/27, Tz. 75 – *NDC Health/IMS Health.*

793 Vgl. Kommission, Entscheidung v. 03.07.2001, ABl.EG 2002 Nr. L 59/23, Tz. 36 – *NDC Health/IMS Health.*

Pharmaindustrie derart aufbereiten, dass Absatzzahlen pharmazeutischer Produkte regional zugeordnet und mit Verkaufszahlen ähnlicher Arzneimittel und Gesundheitserzeugnisse konkurrierender Hersteller in einem bestimmten Gebiet verglichen werden können. Die Datenbankstruktur wurde infolge ihrer unentgeltlichen Zurverfügungstellung an Arztpraxen und Apotheken zu einem de-facto-Standard in der Pharmabranche, an den Kunden von IMS ihre Computer- und Vertriebssysteme anpassten, obwohl die Unternehmen hierzu nicht gezwungen waren.

Nachdem IMS aufgrund einer sehr restriktiven Lizenzierungspolitik[794] lange Zeit einzige Anbieterin regionaler Marktabsatzberichte für die deutsche Pharmaindustrie gewesen war, traten zu Beginn des Jahres 2000 mit den Firmen NDC und AzyX Deutschland GmbH (AzyX) zwei weitere Unternehmen als Mitwettbewerber in Erscheinung. Dabei offerierte NDC der pharmazeutischen Industrie vergleichbare regionale Marktanalysen, die anhand von Bausteinstrukturen aufbereitet waren, die denen von IMS weitestgehend ähnelten.

Zuvor hatten NDC und AzyX bereits vergeblich versucht, Pharmaunternehmen vom Nutzen und der Qualtität regionaler Marktberichte zu überzeugen, die sie mittels alternativer Blockstrukturen aufbereitet hatten. Die Einführung dieser selbst entwickelten Blockstrukturen scheiterte indes, weil potentielle Abnehmer ausschließlich eine Aufbereitung relevanter Marktdaten anhand der RPM 1860-Struktur verlangten.[795]

IMS leitete daraufhin rechtliche Schritte gegen NDC unter Berufung auf eine Urheberrechtsverletzung ein und lehnte gleichzeitig, unter Beibehaltung ihrer langjährigen Unternehmenspraxis, jegliche Lizenzerteilung für den Gebrauch der 1860er Struktur zur gezielten Aufbereitung pharmazeutischer Absatzdaten an ihre Konkurrenten ab. Auf eine entsprechende Klage von IMS urteilte schließlich das Oberlandesgericht Frankfurt in zweiter Instanz, dass die fragliche Datenstruktur RPM 1860 urheberrechtlichen Schutz nach § 4 Abs. 2 UrhG genieße, so dass IMS die Unterlassung der Benutzung dieser oder aus ihr abgeleiteter Strukturen durch Wettbewerber verlangen könne.[796]

NDC reichte unter Berufung auf die Essential-Facilities-Doktrin Beschwerde bei der Europäischen Kommission mit der Behauptung ein, die fortwährende Li-

794 Vgl. Kommission, Entscheidung v. 03.07.2001, ABl.EG 2002 Nr. L 59/20, Tz. 13 – *NDC Health/IMS Health.* IMS lizenzierte den Gebrauch ihrer Bausteinstruktur ausschließlich an Unternehmen, die zuvor zugesichert hatten, diese nicht im Zusammenhang mit der Aufbereitung pharmazeutischer Absatzdaten einzusetzen.

795 Kommission, Entscheidung v. 03.07.2001, ABl.EG 2002 Nr. L 59/21, Tz. 20 f. – *NDC Health/IMS Health.*

796 Kommission, Entscheidung v. 03.07.2001, ABl.EG 2002 Nr. L 59/22, Tz. 28 ff. – *NDC Health/IMS Health*; OLG Frankfurt, MMR 2002, S. 687 ff.

zenzverweigerung von IMS zur Nutzung der 1860er Struktur mit sämtlichen Ableitungen stelle einen Verstoß gegen Art. 82 EG dar und beantragte den Erlass einer einstweiligen Anordnung gegen IMS, um eine Lizenz zur Nutzung der 1860er Struktur mit sämtlichen Ableitungen zu nicht diskriminierenden Bedingungen zu erhalten.

b) Entscheidung

Die Europäische Kommission verpflichtete IMS im Wege einer einstweiligen Anordnung, zunächst ihrem Mitwettbewerber NDC und im Falle eingehender Anfragen auch AzyX sowie jedem weiteren Interessenten, der am deutschen Markt für regionale Absatzdienste tätig ist, Lizenzen zur Nutzung der begehrten 1860er Blockstruktur gegen Zahlung eines angemessenen Entgelts zu erteilen.[797] Unter Bezugnahme auf die Rechtsprechung der europäischen Gemeinschaftsgerichte in den Fällen *Magill*[798], *Ladbroke*[799] und *Bronner*[800] sah die Kommission Art. 82 EG durch das Verhalten von IMS als verletzt und mithin eine ausreichende Legitimation für die vorläufige Zwangslizenz als gegeben an.

Zunächst erkannte die Kommission den nach deutschem Recht bestehenden urheberrechtlichen Schutz der 1860er Struktur ausdrücklich an.[801] Sodann stufte sie den deutschen Markt für regionale Absatzdatendienste, also den Markt für die Bereitstellung regional gegliederter Verkaufsdaten von Arzneimitteln in Deutschland, als relevanten Markt im Sinne des Art. 82 EG ein,[802] auf dem sich IMS in einer Beinahe-Monopolstellung befinde.[803]

Unter Berücksichtigung der von der Gemeinschaftsgerichten in ähnlichen Sachverhalten in der Vergangenheit aufgestellten Leitlinien könne eine Lizenz-

797 Kommission, Entscheidung v. 03.07.2001, ABl.EG 2002 Nr. L 59/18, Tz. 214 ff. – *NDC Health/IMS Health.*

798 EuGH, 06.04.1995 – *RTE und ITP/Kommission*, C-241 u. C-242/91 P – Slg. 1995, I-743.

799 EuG, 12.06.1997 – *Tiercé Ladbroke/Kommission*, T-504/93 – Slg. 1997, II-923.

800 EuGH, 26.11.1998 – *Bronner*, C-7/97 – Slg. 1998, I–7791.

801 Kommission, Entscheidung v. 03.07.2001, ABl.EG 2002 Nr. L 59/21, Tz. 36 – *NDC Health/IMS Health*; die urherberrechtliche Qualität der Struktur und die Urhebereigenschaft von IMS anzweifelnd dagegen Fine, PLI 2002, 735, 756 u. 760.

802 Kommission, Entscheidung v. 03.07.2001, ABl.EG 2002 Nr. L 59/24, Tz. 56 – *NDC Health/IMS Health.*

803 Kommission, Entscheidung v. 03.07.2001, ABl.EG 2002 Nr. L 59/25, Tz. 58 – *NDC Health/IMS Health.* Die genauen Marktanteile der drei Datenanbieter IMS, NDC und AzyX unterfielen dem Geschäftsgeheimnis. Jedoch stellte die Kommission fest, IMS sei vor dem Eintritt der Konkurrenten keinem Wettbewerb ausgesetzt gewesen.

verweigerung unter drei Voraussetzungen als missbräuchliches Ausnutzen einer marktbeherrschenden Stellung im Sinne von Art. 82 EG gewertet werden: Erstens müsse die Verweigerung des Zugangs zu der Einrichtung geeignet sein, jeglichen Wettbewerb auf dem betreffenden Markt auszuschalten. Zweitens dürfe diese Weigerung nicht objektiv zu rechtfertigen sein und drittens müsse die Einrichtung für die Ausübung der Geschäftstätigkeit unerlässlich sein, weil für sie kein gegenwärtiges oder potentielles Substitut vorhanden sei.[804] Alle drei rechtlichen Voraussetzungen sah die Kommision im zu beurteilenden Sachverhalt „prima facie" als erfüllt an.[805]

Zwar gehöre die Möglichkeit einer Lizenzverweigerung zum Wesensgehalt eines Urheberrechts, jedoch lägen in diesem Fall außergewöhnliche Umstände im Sinne der Rechtsprechung vor, weil die Wettbewerber nach Maßstäben ökonomischer Vernunft keine realistische Möglichkeit hätten, eine gleichwertige alternative Struktur zu entwickeln, weshalb die Lizenzverweigerung durch IMS missbräuchlich im Sinne von Art. 82 EG sei. Die 1860er Struktur stelle, da sie maßgeblich unter personeller und finanzieller Beteiligung der Pharmaindustrie geschaffen worden sei,[806] einen unerlässlichen de-facto-Industriestandard dar,[807] so dass Mitwettbewerbern ohne Zugriff auf diese Ressource ein Tätigwerden auf dem Markt für regionale pharmazeutische Umsatzdienste unmöglich gemacht werde.[808] Denn auch die Pharmaindustrie sei von der Struktur wirtschaftlich abhängig, da nur unter fortgesetzter Verwendung der Blockstruktur eine aussagekräftige Vergleichbarkeit mit älteren Marktanalysen gewährleistet sei und daher die Nutzung einer anderen Struktur große Wettbewerbsnachteile mit sich brächte.[809]

Die Schaffung einer alternativen Blockstruktur durch Wettbewerber sei faktisch ausgeschlossen. Zwar seien die Rohdaten für RPM 1860 (etwa die Stand-

---

804 Kommission, Entscheidung v. 03.07.2001, ABl.EG 2002 Nr. L 59/26, Tz. 70 – *NDC Health/IMS Health.*

805 Kommission, Entscheidung v. 03.07.2001, ABl.EG 2002 Nr. L 59/27, Tz. 74 – *NDC Health/IMS Health.*

806 NDC behauptete sogar, die Bausteinstruktur sei eigentlich von der Arbeitsgruppe geschaffen worden; vgl. Kommission, Entscheidung v. 03.07.2001, ABl.EG 2002 Nr. L 59/27, Tz. 76 – *NDC Health/IMS Health.* Diese strittige Ansicht scheint die Kommission zu teilen, vgl. Kommission, Entscheidung v. 03.07.2001, ABl.EG 2002 Nr. L 59/27 f., Tz. 79 ff. – *NDC Health/IMS Health.*

807 Vgl. Kommission, Entscheidung v. 03.07.2001, ABl.EG 2002 Nr. L 59/29, Tz. 89 – *NDC Health/IMS Health.*

808 Kommission, Entscheidung v. 03.07.2001, ABl.EG 2002 Nr. L 59/42, Tz. 181 – *NDC Health/IMS Health.*

809 Kommission, Entscheidung v. 03.07.2001, ABl.EG 2002 Nr. L 59/29, Tz. 92 ff. – *NDC Health/IMS Health.*

orte der Apotheken und Ärzte in einzelnen Postleitzahlenbezirken) frei verfügbar, und es könnten auf ihrer Grundlage beliebige andere Strukturen erstellt werden, diese wären indes nicht konkurrenzfähig.[810] Damit sei eine Nutzung von RPM 1860 unabdingbar, um auf dem relevanten Markt für regionale Absatzdatendienste aufzutreten.[811] Schließlich habe IMS die Verweigerung der Nutzung dieser wesentlichen Einrichtung auch nicht objektiv rechtfertigen können.[812]

Im Ergebnis missbrauche IMS also durch ihre restriktive Lizenzierungspraxis ihre marktbeherrschende Stellung, indem sie wirksamen Wettbewerb auf einem wesentlichen Teil des gemeinsamen Marktes ausschließe und damit langfristig eine nicht hinnehmbare Abschottung des relevanten Marktes anstrebe.[813]

c) Rechtliche Einordnung

Die Entscheidung der Europäischen Kommission stellt für einen Großteil des Schrifttums den vorläufigen Höhepunkt der Entwicklung der Essential-Facilities-Doktrin im europäischen Kartellrecht dar.[814] Ob sie allerdings als verantwortungsbewusste Weiterentwicklung der Doktrin angesehen werden kann,[815] soll im folgenden Abschnitt ausführlich erörtert werden.[816]

---

810 Kommission, Entscheidung v. 03.07.2001, ABl.EG 2002 Nr. L 59/35, Tz. 127, 131 – *NDC Health/IMS Health.*

811 Kommission, Entscheidung v. 03.07.2001, ABl.EG 2002 Nr. L 59/43, Tz. 185 – *NDC Health/IMS Health.*

812 Kommission, Entscheidung v. 03.07.2001, ABl.EG 2002 Nr. L 59/42, Tz. 174 – *NDC Health/IMS Health.*

813 Kommission, Entscheidung v. 03.07.2001, ABl.EG 2002 Nr. L 59/42, Tz. 177 – *NDC Health/IMS Health.*

814 Korah, Antitrust L.J. 2002, 801, 801: „The Commission's decision [...] raised concern that, despite the post-Magill cases, the Commission had determined to read Magill broadly."; Schwarz van Berk, S. 84; Shin, S. 70; sehr ausführlich auch Bartl, S. 27 ff., 308 ff.

815 Diese Sicht vertreten Fine, PLI 2002, 735, 772 sowie Stothers, E.I.P.R. 2002, 86, 93.

816 Diesbezüglichen Zweifeln wird insbesondere durch das Eingeständnis der Kommission, weder der Europäische Gerichtshof noch das Europäische Gericht erster Instanz hätten sich in ihrer Rechtsprechung jemals ausdrücklich auf die Essential-Facilities-Doktrin bezogen, weiterer Vorschub geleistet; vgl. Kommission, Entscheidung v. 03.07.2001, ABl.EG 2002 Nr. L 59/26, Tz. 64 – *NDC Health/IMS Health.*

d) Würdigung der Entscheidung

Der Entscheidung der Europäischen Kommission begegnen gleich in mehrfacher Hinsicht erhebliche Bedenken. Ohne zuvor auch nur ansatzweise erläutert zu haben, ob und warum die Grundsätze der Essential-Facilities-Doktrin auf die Lizenzierung immaterialgüterrechtlich geschützter Positionen wie die 1860er Struktur überhaupt Anwendung finden können, stellt die Kommission mit ihrer Haltung, allein die Lizenzverweigerung zur Nutzung derartiger Einrichtungen, die als rechtliche Monopole zwangsläufig den Wettbewerbern des jeweiligen Schutzrechtsinhabers den Marktzutritt für einen gewissen Zeitraum versperren, als missbräuchlich einzustufen, die Existenzberechtigung ausschließlicher Nutzungsrechte insgesamt in Frage. Denn sie untergräbt gerade die über Art. 295 EG garantierte Substanz eines Immaterialgüterrechts, nämlich die Befugnis, Dritte an Herstellung und Verkauf eines geschützten Erzeugnisses zu hindern.

Mit ihrer sorglosen Herangehensweise erweckt die Kommission zudem den Eindruck, ein national gewährtes Ausschließlichkeitsrecht zukünftig auf ein bloßes Recht auf Lizenzgebühren reduzieren zu wollen.[817] Dabei ist schon fraglich, wie sie die Verpflichtung zur Zwangslizenzierung gegen Erhalt einer angemessenen Lizenzgebühr mit dem europäischen Grundgedanken in Einklang bringen kann, dass Belange des Immaterialgüterrechts mangels einer Harmonisierung einschlägiger Vorschriften alleinige Angelegenheit der Mitgliedstaaten sind.

Neben diesen grundsätzlichen Einwänden weicht der vorliegende Fall darüber hinaus in seiner Sachverhaltsgestaltung deutlich von den Konstellationen ab, die den Urteilen *Magill* und *Bronner* zu Grunde lagen. Dies übersieht die Kommission und beruft sich daher zu Unrecht auf eine Kontinuität und bloße Fortsetzung der bisherigen Entscheidungspraxis der europäischen Gemeinschaftsgerichte zur Stützung ihres Begründungsansatzes.

Der erste nennenswerte Unterschied zur *Magill*-Entscheidung des Europäischen Gerichtshofs ist, dass die Kommission in eine Situation eingreift, bei der es sich um Wettbewerb zwischen Konkurrenten auf demselben Markt um dieselben potentiellen Konsumenten handelt.[818] In *Magill* jedoch konkurrierten die beteiligten Parteien gerade nicht auf ihren Hauptbetätigungsfeldern, namentlich dem Fernsehmarkt und dem davon zu trennenden Markt für die Herausgabe wöchentlicher Programmzeitschriften.

Des weiteren waren die streitgegenständlichen, urheberrechtlich geschützten Sendeinformationen in *Magill* lediglich Nebenprodukte der Haupttätigkeit der

817 Schwarze, EuZW 2002, 75, 78.

818 Schwarze, EuZW 2002, 75, 80; Narciso, I.P.Q. 2003, 445, 465; Wirtz/Holzhäuser, WRP 2004, 683, 687.

Fernsehanstalten, die in keinem anderen Mitgliedstaat einen gleichartigen Schutz hätten erlangen können. IMS und die lizenzbegehrende NDC sind indes direkte Wettbewerber um dieselben Kunden auf dem deutschen Pharmadatenmarkt. Damit begehrt NDC Zugang zu einer urheberrechtlich geschützten Struktur, die ausschließlich zum Zwecke der Datenaufbereitung für die pharmazeutische Industrie entwickelt wurde und daher nicht als Nebenprodukt einer anderen Tätigkeit qualifiziert werden kann.[819]

Zuzugestehen ist in diesem Zusammenhang, dass bei der Entwicklung von Datenbanken oder Informationssammlungen die schöpferische Qualität und individuelle Originalität des Urhebers weniger zum Ausdruck kommen mag, als bei der Kreation von Softwareprogrammen oder ähnlichem. Dennoch lässt sich nicht allein daraus der Rückschluss ziehen, dass informatorischen Werken grundsätzlich ein niedrigeres Maß an urheberrechtlichem Schutz zukommen sollte.

Zwar werden einige Faktoren allein aus Zweckmäßigkeitsgesichtspunkten bei der Segmentierung eines Gebietes regelmäßig berücksichtigt (z.B. Postleitzahlen oder datenschutzrechtliche Bestimmungen), indes verbleibt trotz dieser Vorgaben bezüglich einiger rein faktischer Informationen ausreichend Spielraum für eine individuelle und originelle Gestaltung der Struktur durch ihren Urheber, die einen entsprechenden Schutz rechtfertigen.[820] Dies gilt um so mehr unter Berücksichtigung der kosten- und zeitintensiven Entwicklung der Datenstruktur, die IMS innerhalb von 45 Jahren auf sich genommen hat. Etwaige Anhaltspunkte, die Zweifel an der Berechtigung des urheberrechtlichen Schutzes der Datenstruktur rechtfertigen vermögen, sind – entgegen der Sachlage in *Magill* und entgegen der durchschimmernden Auffassung der Kommission[821] – daher nicht ersichtlich.

Schließlich geht es in der Sache – anders als in *Magill* – auch gerade nicht um die Monopolisierung eines abgeleiteten Marktes mit der damit einhergehenden Einschränkung der Auswahlfreiheit der Marktgegenseite, sondern schlicht um die Lizenzverweigerung gegenüber einem unmittelbaren Konkurrenten auf demselben ursprünglichen Markt. Anders als beispielsweise in der Computerindustrie denkbar, kann IMS also durch das bestehende Urheberrecht keine künftigen Stufen weiterer Marktentwicklungen oder neuer Produkte ausschließen.

---

819 Gitter, Am. Bus. L.J. 2003, 217, 279; Narciso, I.P.Q. 2003, 445, 465; Thyri, WuW 2005, 388, 398; i.E. auch Abermann, S. 143.

820 Vgl. OLG Frankfurt, MMR 2002, 687, 687; a.A. wohl Stothers, E.I.P.R. 2002, 86, 93; zweifelnd Bartosch, RIW 2005, 241, 246.

821 Vgl. Kommission, Entscheidung v. 03.07.2001, ABl.EG 2002 Nr. L 59/35, Tz. 127 – *NDC Health/IMS Health*, als sie ausführt, dass sich die fragliche Struktur wegen der notwendigen Orientierung an Postleitzahlgebieten, sonstigen objektiven Sachzwängen und datenschutzrechtlichen Bestimmungen weitgehend von selbst ergebe.

Problematisch erscheint des weiteren die aus der Entscheidung deutlich herauslesbare Verschiebung der Leitlinien und Wertungsmaßstäbe in Bezug auf die im Verhältnis von marktbeherrschendem Unternehmen und Konkurrenten vorzunehmende Rechts- und Interessenabwägung.[822] So geht die Kommission in ihrem Abwägungsprozess maßgeblich der Frage nach, ob unter den gegebenen Umständen „realistische" Absatzmöglichkeiten für alternative Leistungsangebote der Wettbewerber bestünden, die ohne eine Lizenzgewährung von IMS auskämen. In *Magill* allerdings war es dem lizenzbegehrenden Petenten tatsächlich unmöglich, ohne die urheberrechtlich geschützten Sendeinformationen der Fernsehanstalten einen wöchentlichen Programmführer herauszugeben. Demgegenüber können die Konkurrenten von IMS sowohl nach Ansicht der zuständigen deutschen Gerichte[823] als auch nach Auffassung der Europäischen Kommission[824] alternative Strukturen entwickeln und vermarkten. Allein die Nachfrage seitens der Pharmaunternehmen nach Alternativstrukturen erscheint ungewiss, da die 1860er Struktur gegenwärtig wohl noch als nationaler de-facto-Industriestandard eingestuft werden muss.

Ob die Zweifel an realistischen Absatzmöglichkeiten alternativer Strukturen allerdings ausreichen können, um die Segmentstruktur insgesamt als nicht substituierbar und daher als wesentliche Einrichtung im Sinne der Essential-Facilities-Doktrin zu qualifizieren, erscheint fraglich.[825] Die Kommission übergeht die Tatsache, dass sich die europäischen Gemeinschaftsgerichte in der Vergangenheit und zuletzt in *Bronner* aus gutem Grund an dem strengen Kriterium der tatsächlichen oder potentiellen Unmöglichkeit eines Ersatzes der begehrten Ressource orientiert haben, um die Wesentlichkeit einer Einrichtung festzustellen. Diesen Ansatz lockert die Kommission durch die Frage nach „realistischen Absatzmöglichkeiten"[826] möglicher Alternativstrukturen insofern auf, als sie sich damit eine eigene administrative Bewertung der bestehenden Marktsituation vorbehält.[827]

Wenn eine kartellrechtliche Zwangslizenz aber bereits allein aufgrund fehlender Absatzmöglichkeiten von Alternativprodukten der begehrten Ressource ge-

822 Schwarze, ZUM 2003, 15, 18.

823 Vgl. OLG Frankfurt, MMR 2002, 687, 689.

824 Kommission, Entscheidung v. 03.07.2001, ABl.EG 2002 Nr. L 59/35, Tz. 127 – *NDC Health/IMS Health.*

825 Kritisch auch Lober, GRUR Int. 2002, 7, 11; Marquardt/Leddy, Antitrust L.J. 2003, 847, 857, Fn. 32; Abermann, S. 141, Fn. 698; a.A. v. Bechtolsheim/Bruder, WRP 2002, 55, 63; Narciso, I.P.Q. 2003, 445, 457.

826 Kommission, Entscheidung v. 03.07.2001, ABl.EG 2002 Nr. L 59/27, Tz. 71 – *NDC Health/IMS Health.*

827 Schwarze, EuZW 2002, 75, 80.

rechtfertigt sein könnte, würde der durch die Immaterialgüterrechte bezweckte Investitionsschutz durch eine statische Momentaufnahme bei der Prüfung des Bestehens „realistischer Absatzmöglichkeiten“ zu Gunsten der Wettbewerber verkürzt. Zum einen darf bei einer adäquaten Bewertung der beiderseitigen Interessen von Schutzrechtsinhaber und Konkurrent nicht verkannt werden, dass die Ausschließlichkeitsposition die Belohnung für die zuvor auf eigenes Risiko getätigten Investitionen ist.[828] Zum anderen muss in marktwirtschaftlichen Verhältnissen Wettbewerbern grundsätzlich zugemutet werden können, unter Respektierung geistiger Eigentumsrechte Alternativen zu bestehenden Produkten zu entwickeln, für die sich jedenfalls in Zukunft Absatzchancen finden lassen.[829] Dies gilt insbesondere in hochtechnologisierten Industriebereichen, in denen sich Verbraucherwünsche und Produktentwicklungen oftmals in sehr kurzer Zeit ändern, so dass eine verlässliche Prognose über die zukünftige Marktentwicklung nahezu ausgeschlossen ist.

Zwar ist die Pharmaindustrie aufgrund ihrer geleisteten personellen und finanziellen Beiträge augenblicklich nicht gewillt, unter Inkaufnahme von einmaligen Umstellungskosten vom etablierten System abzuweichen. Dennoch besteht die Möglichkeit für Wettbewerber, ein nicht auf der 1860er Struktur basierendes System zu entwickeln, das sich in Zukunft aufgrund qualitativ besserer Eigenschaften und unter Gewährung von Anfangsrabatten, höherer Servicequalität oder besonderer Produktinnovation gegen die Datenstruktur von IMS im Wettbewerb durchsetzen kann.[830]

Auf ihre Weise gelangt die Europäische Kommission damit – gemessen an den bisherigen Wertungsmaßstäben der europäischen Entscheidungspraxis – zu einer Einschränkung des Schutzes geistiger Eigentumsrechte im Wettbewerbsrecht.[831] Dieser Denkansatz verwundert, denn auch die Kommission hat aus-

---

828 Vgl. Beschluss des Präsidenten des EuG vom 26.10.2001 – *IMS Health Inc./Kommission*, Rs. T-184/01 R – Slg. 2001, II-3193, 3249, Tz. 125: „Der Grundgedanke des Urheberrechts besteht darin, dass dieses dem Urheber schöpferischer und ursprünglicher Werke das ausschließliche Recht gewährt, diese Werke zu verwerten, und dabei die “Vergütung der schöpferischen Tätigkeit” sicherstellt.”

829 Schwarze, EuZW 2002, 75, 81; Wirtz/Holzhäuser, WRP 2004, 683, 687, Fn. 52.

830 In diese Richtung OLG Frankfurt, MMR 2002, 687, 689: „Vielmehr sind die Wettbewerber [...] ohne weiteres in der Lage, alternative Strukturen zu entwickeln und entsprechend zu vermarkten.“; zustimmend Lober, GRUR Int. 2002, 7, 11; Abermann, S. 108; a.A. Stothers, E.I.P.R. 2002, 86, 93, der zu Unrecht eine rechtliche Unmöglichkeit annimmt, da NDC mitlerweile erfolgreich die sogenannte „3492-Block-Struktur“ auf den Markt eingeführt hat, die in keinem rechtlichen Konflikt zu den Urheberrechten von IMS steht; vgl. Leistner, ZWeR 2005, 138, 146 und Kommission, Entscheidung v. 13.08.2003, ABl.EG 2003 Nr. L 268/70 f., Tz. 10, 13.

831 Schwarze, ZUM 2003, 15, 19.

drücklich anerkannt, dass das Recht des Schutzrechtsinhabers, eine begehrte Lizenzerteilung zu verweigern, grundsätzlich keinen Missbrauch einer beherrschenden Stellung bedeutet.[832] Darüber hinaus verkennt die Kommission, dass der Europäische Gerichtshof zuletzt in seiner *Bronner*-Entscheidung noch ausdrücklich festgestellt hat, die Tatsache, dass die Schaffung eines alternativen Systems keine realistische Alternative darstelle und daher der Zugang zum bestehenden System unverzichtbar sei, sei nicht schon mit der schlichten Behauptung dargetan, dass die Schaffung eines solchen Systems unrentabel sein könnte.[833]

Daher erweckt die Begründung den Eindruck, dass die Kommission ihren rechtlichen Fokus auf die Situation der Wettbewerber verengt hat, ohne im gleichen Maß die rechtlich geschützten Interessen des Immaterialgüterrechtsinhabers in den Blick zu nehmen.[834] Mit dieser Herangehensweise entfernt sich die Kommission allerdings von der – auch von ihr selbst[835] – grundsätzlich akzeptierten positiven Einschätzung der wesentlichen Rolle geistiger Eigentumsrechte bei der Förderung von Innovation und Wettbewerb und senkt den Schutz geistigen Eigentums zu Unrecht herab. Denn wenn der Europäische Gerichtshof in seinem *Bronner*-Urteil, das zwar keine Ausschließlichkeitsrechte betraf, dafür aber eine gerichtseigene Interpretation der Grundsätze des *Magill*-Urteils verkörperte, äußerst restriktiv an ein auf Art. 82 EG gestütztes Kontrahierungsverlangen heranging und dem Petenten sehr hohe Eigenanstrengungen abverlangte, bevor dieser zu seinen Gunsten auf einen schützenden Eingriff in bestehende Markt- und Wettbewerbsverhältnisse hoffen konnte, muss diese Auffassung doch erst recht gelten, wenn sich ein Unternehmen auf rechtmäßig verliehene gewerbliche Schutzrechte berufen kann.[836]

Einen weiteren bemerkenswerten Unterschied zu den Rechtsauffassungen der Gemeinschaftsgerichte in den Entscheidungen *Magill* und *Ladbroke* stellt der Verzicht der Europäischen Kommission auf das Erfordernis des Entstehens eines neuen Produkts dar,[837] mit dem sie gleichzeitig auch eine überraschende Kehrt-

---

832 Kommission, Entscheidung v. 03.07.2001, ABl.EG 2002 Nr. L 59/40, Tz. 167 – *NDC Health/IMS Health*.

833 EuGH, 26.11.1998 – *Bronner*, C-7/97 – Slg. 1998, I–7791, 7832, Tz. 45.

834 Schwarze, EuZW 2002, 75, 81.

835 Kommission, Entscheidung v. 03.07.2001, ABl.EG 2002 Nr. L 59/46, Tz. 211 – *NDC Health/IMS Health*.

836 Zustimmend Lober, GRUR Int. 2002, 7, 8; Schwarze, ZUM 2003, 15, 19.

837 Die Kommission übergeht diesen entscheidenden Gesichtspunkt zum einen, indem sie die Urteilsbegründung in *Magill* dahingehend auslegt, dass das Verhalten eines marktbeherrschenden Unternehmens nur „u.a. das Entstehen eines neuen Produkts" verhindern müsse. Zum anderen verweist sie auf *Ladbroke*, wonach die Verhinderung der Einführung eines neuen Produkts keine zwingende Voraussetzung für einen Missbrauch sei; vgl. Kommission, Entscheidung v. 03.07.2001, ABl.EG 2002

wende innerhalb ihrer eigenen Entscheidungspraxis vollzieht. Noch im *Ladbroke*-Verfahren lehnte sie selbst den Erlass von Maßnahmen gegen den Schutzrechtsinhaber mit der Begründung ab, „der entscheidende Umstand in der Rechtssache *Magill* [sei] die Tatsache gewesen, dass das missbräuchliche Verhalten der betreffenden Fernsehanstalten darin bestanden habe, entgegen der Interessen der Verbraucher den Vertrieb eines neuen Erzeugnisses zu verhindern, während in der vorliegenden Rechtssache die Ausstrahlung der Ton- und Bildinformationen über die Pferderennen keine Dienstleistung sei, die sich von der, die den Wettern bereits erbracht werde, nämlich der Dienstleistung der Annahme der Wetten, wirklich unterscheide."[838] Dieser Argumentation folgend, ist aber die missbräuchliche Verhinderung des Entstehens eines neuen Produkts, das es noch nicht gibt und nach dem eine potentielle Verbrauchernachfrage besteht, gerade ein unerlässlicher Bestandteil des Tatbestandsmerkmals der außergewöhnlichen Umstände im Sinne der *Magill*-Entscheidung.

Auf ein vergleichbares Missbrauchserfordernis wie in *Magill* verzichtet die Kommisson nunmehr, denn die Parteien des Rechtsstreits wollen im Wesentlichen gleichartige Dienstleistungen in Gestalt der Marktberichte erbringen, die sich nur in kleineren Details voneinander unterscheiden. Somit schließt IMS durch ihre fortgesetzte Lizenzverweigerung gerade nicht das Entstehen einer neuen Dienstleistung auf einem separaten Markt aus, sondern erschwert lediglich die Entwicklung eines alternativen, nur um Nuancen abweichenden Service auf der Basis frei erhältlicher Daten auf demselben Markt für dieselben Kunden.[839] Jedenfalls vermochte die Kommission nicht darzulegen, worin sich die Neuheit der Leistung von NDC oder eine unbefriedigte Verbrauchernachfrage widerspiegelte.

Auch im übrigen gelingt es der Kommission nicht überzeugend, IMS missbräuchliche Verhaltensweisen und damit eine Verletzung von Art. 82 EG nachzuweisen. Ein Unternehmen missbraucht seine marktbeherrschende Stellung unter anderem dann, wenn es seine Position auf einem bestimmten Markt durch Handlungsweisen aufrechterhält oder verstärkt, die nicht auf einen freien Wett-

---

Nr. L 59/26, Tz. 67 f. – *NDC Health/IMS Health*. Ebenfalls auf das Erfordernis eines neuen Produkts verzichtend Müller, EuZW 1998, 232, 236; Fine, PLI 2002, 735, 764; a.A. Stothers, E.I.P.R. 2002, 86, 91; Lober, GRUR Int. 2002, 7, 10 und Narciso, I.P.Q. 2003, 445, 465; Leistner, ZWeR 2005, 138, 146, die die Verhinderung eines neuen Erzeugnisses als unabdingbare und nicht nur optionale Voraussetzung für die Anwendung der Doktrin im Zusammenhang mit Immaterialgüterrechten ansehen.

838 Vgl. EuG, 12.06.1997 – *Tiercé Ladbroke/Kommission*, T-504/93 – Slg. 1997, II-923, 935, Tz. 22.

839 So auch Lober, GRUR Int. 2002, 7, 10; zustimmend Drexl, IIC 2004, 788, 800.

bewerb mit den ihm eingeräumten Befugnissen zurückzuführen sind.[840] Die wesentliche Funktion des Urheberrechts als gewerbliches Schutzrecht besteht in seiner Exklusivität, um damit den Schutz der Rechte an dem geistigen Werk und die Vergütung der schöpferischen Tätigkeit sicherzustellen.[841] Damit spricht zunächst einmal alles dafür – und dieser Grundsatz ist auch vom Europäischen Gerichtshof ausdrücklich anerkannt –, dass der Inhaber dieses Schutzrechts Interessenten von dessen Nutzung ausschließen darf.[842]

Genau diesen Grundsatz kehrt die Kommission aber in bedenklicher Weise um, indem sie wohl davon ausgeht, dass die Ausübung des Urheberrechts im konkreten Fall insoweit einen Missbrauch einer beherrschenden Stellung darstellt, als sie ein wettbewerbsbeschränkendes Ziel verfolgt.[843] Mithin misst die Kommission, ohne eine weitere Abwägung vorzunehmen, dem übergeordneten Zweck des Art. 82 EG einen größeren Stellenwert zu als den Zielen des gewerblichen Rechtsschutzes. Denn ein Zweck des Urheberrechts besteht gerade darin, dem Inhaber die Möglichkeit zu geben, den Wettbewerb für einen limitierten Zeitraum zu beschränken, unabhängig davon, ob er bereits marktbeherrschend ist oder nicht.

Da IMS das Urheberrecht an der 1860er Bausteinestruktur und seinen Ableitungen genau für die seitens der Kommission nunmehr beanstandete Nutzung erteilt worden ist, nämlich andere Unternehmen von der Verwendung auszuschließen, ist ein missbräuchliches Verhalten insofern nicht feststellbar und die Zwangslizenz daher auch nicht zu rechtfertigen.[844] Es ist doch wirtschaftlich nachvollziehbar, dass ein Schutzrechtsinhaber, der ein bestimmtes Produkt vermarktet, das sich auf sein geistiges Eigentumsrecht zurückführen lässt, eine Lizenzerteilung ablehnt, wenn er dadurch aufkommenden Wettbewerb durch Konkurrenzprodukte zumindest erschweren kann. Eine Rechtsmissbräuchlichkeit, die eine Zwangslizenzierung des Urheberrechts rechtfertigen könnte, wäre in diesem Zusammenhang allenfalls dann denkbar, wenn der Schutzrechtsinhaber auf dem relevanten Markt selbst nicht aktiv wäre, da dann die Ausübung nicht mehr als für die Erfüllung der wesentlichen Funktion des Urheberrechts notwendig angesehen werden könnte.

---

840 Subiotto, ECLR 1992, 234, 234.

841 Vgl. Schlussanträge des Generalanwalts Gulmann, 01.06.1994 – *RTE und ITP/Kommission*, C-241 u. C-242/91 P – Slg. 1995, I-743, 768, Tz. 71.

842 Vgl. EuGH, 05.10.1988 – *Volvo/Veng*, Rs. 238/87 – Slg. 1988, 6211, 6235, Tz. 8; EuGH, 05.10.1988 – *CICRA u. Maxicar/Renault*, Rs. 53/87 – Slg. 1988, 6039,6072, Tz. 15.

843 Die Auffassung der Kommission befürwortend Fine, PLI 2002, 735, 764.

844 Im Ergebnis auch Abermann, S. 143.

Die Kommission versucht ihre Zwangslizenz mit dem Argument zu stützen, außergewöhnliche Umstände im Sinne der Essential-Facilities-Doktrin seien im vorliegenden Rechtsstreit darin zu erblicken, dass infolge der offensichtlichen Abhängigkeit der Pharmaindustrie von der 1860er Struktur kein Mitwettbewerber ohne Zugang zu ihr rechtlich und tatsächlich in der Lage sei, alternative Strukturen zu entwickeln und entsprechend zu vermarkten. IMS und die Pharmaunternehmen hätten die Struktur in Zusammenarbeit entwickelt und zu einem quasi unangreifbaren de-facto-Industriestandard ausgebaut.[845]

Doch auch dieser Argumentation kann nicht widerspruchslos gefolgt werden, denn es hat den Anschein, als rücke die Kommission allein den zu erwartenden finanziellen Aufwand des Petenten in den Vordergrund und vernachlässige dabei die substantiellen Investitionen des Schutzrechtsinhabers vollends. Dabei ist zunächst zu berücksichtigen, dass IMS zu keinem Zeitpunkt öffentliche Finanzhilfen empfangen, sondern eigenständig für die nötigen Finanzierungsmittel gesorgt hat. Und gemäß der *Bronner*-Entscheidung ist eine Zwangslizenzierung in derartigen Lebenssachverhalten gerade zu vermeiden.[846]

Zudem ist anzumerken, dass sich die Pharmaindustrie freiwillig zu einer langjährigen Zusammenarbeit mit IMS entschlossen und damit auch freiwillig in eine gegenwärtige, aber jederzeit änderbare Abhängigkeit zu der 1860er Struktur begeben hat. Und die bewusste Einbeziehung der Nutzer in die Entwicklung des urheberrechtlich geschützten Werkes durch die Gründung eines Arbeitskreises ist keinesfalls wettbewerbsfeindlich oder missbräuchlich, sondern lediglich Ausdruck funktionierenden Wettbewerbs, da sie das Bemühen von IMS bekundet, als erstes Unternehmen zur rechten Zeit und in der rechten Art und Weise einen Wettbewerbsvorteil durch ein exakt an die Bedürfnisse der Kunden angepasstes Produkt zu erzielen.[847]

Folglich entsteht durch die Herangehensweise der Kommission die Vermutung, sie würde eher auf die Interessen eines einzelnen Wettbewerbers als auf die

---

845 Vgl. Kommission, Entscheidung v. 03.07.2001, ABl.EG 2002 Nr. L 59/43, Tz. 185 – *NDC Health/IMS Health*. In diese Richtung argumentieren auch v. Bechtolsheim/Bruder, WRP 2002, 55, 62.

846 Vgl. Schlussanträge des Generalanwalts Jacobs, 28.05.1998 – *Bronner*, C-7/97 – Slg. 1998, I-7791, 7812, Tz. 62: „[Es] ist dann besondere Sorgfalt geboten, wenn die [...] Einrichtungen, zu denen Zugang begehrt wird, das Ergebnis umfangreicher Investitionen sind. Dies wird insbesondere auf Fälle zutreffen, in denen die Erteilung einer Lizenz zur Nutzung an Rechten von geistigem Eigentum abgelehnt wird."

847 Es wäre der Pharmaindustrie bei Beginn der intensiven Zusammenarbeit durchaus möglich gewesen, IMS vertraglich zu verpflichten, das fragliche Schutzrecht auch für Wettbewerber über entgeltliche bzw. unentgeltliche Lizenzen zugänglich zu machen. Dieses Versäumnis nun IMS als Missbrauch anzulasten, überzeugt nicht.

Ziele freien Wettbewerbs Rücksicht nehmen, selbst wenn sie ihre Entscheidung mit einer ansonsten „dem öffentlichen Interesse nicht hinnehmbaren Schädigung“[848] zu rechtfertigen sucht. Diese Sichtweise widerspricht allerdings dem Sinn und Zweck der europäischen Wettbewerbsvorschriften im allgemeinen und Art. 82 EG im besonderen.[849]

Fragwürdig erscheint auch die Meinung der Kommission, wonach sich die Missbräuchlichkeit des Verhaltens der Schutzrechtsinhaberin IMS unter anderem auch darin äußere, dass sie die Lizenzverweigerung objektiv nicht rechtfertigen könne.[850] Mit ihrer diesbezüglichen Beanstandung scheint die Kommission bewusst die spezifische Eigenart von Immaterialgüterrechten zu übersehen. Als Kriterium zur Feststellung eines Missbrauchs ist die Herangehensweise der Kommission daher abzulehnen.

Geistigen Eigentumsrechten ist gerade immanent, innerhalb des ihnen gesetzlich eingeräumten Schutzumfangs Ausschließlichkeitspositionen zu begründen. Folgerichtig muss der Inhaber eines gewerblichen Schutzrechts, dessen Ausübung, zu der auch die Lizenzverweigerung gehört, grundsätzlich nicht rechtfertigen.[851] Vielmehr kann eine Rechtfertigung nur dann verlangt werden, wenn bereits positiv festgestellt worden ist, dass neben die verweigerte Lizenzerteilung weitere missbräuchliche Verhaltensweisen des marktbeherrschenden Schutzrechtsinhabers hinzugetreten sind.[852]

Diesen Einwand vermag die Kommission auch nicht mit dem Hinweis zu entkräften, IMS drohe keine Interessenverletzung, da im Falle einer Lizenzerteilung mit entsprechenden Lizenzgebühren zu rechnen sei. Diese Betrachtung greift das streitgegenständliche Urheberrecht geradezu in seiner Substanz an und reduziert es auf einen schlichten Anspruch auf eine Lizenzgebühr. Weiterhin lässt die Kommission die entscheidende Frage unbeantwortet, nach welchen Kriterien die entsprechenden Gebühren zu bemessen sind, die mit Sicherheit mehr als nur die IMS entstandenen Entwicklungskosten abdecken müssten. Und schließlich übergeht die Kommission erneut die Spruchpraxis der Gemeinschaftsgerichte, da das

---

848 Kommission, Entscheidung v. 03.07.2001, ABl.EG 2002 Nr. L 59/47, Tz. 217 – *NDC Health/IMS Health.*

849 Korah, Antitrust L.J. 2002, 801, 827 f.: „[...] the primary purpose of Article 82 is to safeguard the interest of consumers rather than particular competitors [...].“; a.A. Fine, PLI 2002, 735, 765, der wohl aufgrund der Unterstüzung von NDC im Beschwerdeverfahren durch einige Pharmaunternehmen ein öffentliches Interesse im Sinne der Norm feststellt.

850 Vgl. Kommission, Entscheidung v. 03.07.2001, ABl.EG 2002 Nr. L 59/40, Tz. 167 ff. – *NDC Health/IMS Health.*

851 Ebenroth/Bohne, EWS 1995, 397, 403; Bartosch, RIW 2005, 241, 246.

852 Montag, EuZW 1997, 71, 74; Lober, GRUR Int. 2002, 7, 12; Wirtz/Holzhäuser, WRP 2004, 683, 687; Sprickmann Kerkerinck, S. 146; Schommer, S. 150.

Gericht erster Instanz noch in *Ladbroke* urteilte, eine Lizenzverweigerung allein sei trotz bestehenden Angebots zur Zahlung angemessener Lizenzgebühren seitens des Petenten kein Beweis für das Vorliegen eines Missbrauchs im Sinne von Art. 82 EG.[853]

Der augenfälligste Unterschied der Kommissionsentscheidung zur vorangegangenen europäischen Rechtsanwendungspraxis im Zusammenhang mit der Essential-Facilities-Doktrin ist jedoch ihre uneingeschränkte Anwendung, obgleich offensichtlich nur ein gemeinsamer Markt vorlag.[854] So kommt die Kommission zwar zu dem Ergebnis, dass es sich bei der streitgegenständlichen Bausteinestruktur und die anhand ihrer aufbereiteten Marktforschungsdaten nur um einen einheitlichen Markt, nämlich den für regionale Absatzdaten über Medikamente in Deutschland,[855] handelt, hält aber das Vorhandensein eines Primär- und eines davon abgeleiteten Sekundärmarkts ausdrücklich nicht mehr für erforderlich, sondern allein die Wettbewerbsbeschränkung auf diesem einen Markt für ausreichend.[856]

Mit dieser Haltung wird aber ein wichtiges Element der bisherigen Entscheidungspraxis aufgegeben und daher ist sie vor dem rechts- und wirtschaftstheoretischen Hintergrund der Essential-Facilities-Doktrin abzulehnen. Die Vorgehensweise der Kommission wurde zurecht auch vom Gericht erster Instanz angezweifelt, das unter anderem deshalb die Aussetzung der Vollziehung der Kommissionsentscheidung beschloss.[857]

In allen bislang vorgestellten Entscheidungen anerkannten die europäischen Spruchkörper, dass die Grundgedanken der Essential-Facilities-Lehre nur in der Situation zweier zwar aufeinander bezogener, aber getrennter Märkte zum Tra-

853 Vgl. EuG, 12.06.1997 – *Tiercé Ladbroke/Kommission*, T-504/93 – Slg. 1997, II-923, 968, Tz. 126.

854 Leistner, ZWeR 2005, 138, 146; a.A. v. Bechtolsheim/Bruder, WRP 2002, 55, 63 und Schwarz van Berk, S. 149, die als Primärmarkt den Markt für die Nutzung von RPM 1860 und als Sekundärmarkt den Markt für den Vertrieb strukturierter Absatzdaten begreifen.

855 Vgl. Kommission, Entscheidung v. 03.07.2001, ABl.EG 2002 Nr. L 59/24, Tz. 51 – *NDC Health/IMS Health.*

856 Vgl. Kommission, Entscheidung v. 03.07.2001, ABl.EG 2002 Nr. L 59/43, Tz. 184 – *NDC Health/IMS Health*: „[...] ist festzustellen, dass die Tatsache, dass die vom [Gericht erster Instanz] und dem Gerichtshof geprüften Fälle [...] zwei Märkte betrafen, nicht die Möglichkeit ausschließt, dass die Weigerung, Lizenzen für geistiges Eigentum zu erteilen, Artikel 82 [EG] verletzt."

857 Beschluss des Präsidenten des EuG vom 26.10.2001 – *IMS Health Inc./Kommission*, Rs. T-184/01 R – Slg. 2001, II-3193, 3235 ff., Tz. 94 - 106.

gen kommen können.[858] So war in *Magill*[859] beispielsweise ein entscheidendes Kriterium, dass die Sendeanstalten durch ihre Urheberrechte den abgeleiteten Markt für wöchentliche Programmzeitschriften blockierten. In *Ladbroke*[860] unterschied das Gericht erster Instanz dann zwischen dem urheberrechtlich geschützten Produkt, der Berichterstattung über Pferderennen, und dem abgeleiteten Markt der Wettbüros für Pferderennen.

Wie bereits mehrfach betont, wird ein Immaterialgüterrecht unter anderem gewährt, um den geistigen Eigentümer vor Imitationswettbewerb zu schützen. Würde dieser Zweck nicht erfüllt, verlöre das Schutzrecht seine spezifische Funktion. Somit muss der Schutzrechtsinhaber auf dem Primärmarkt die Möglichkeit besitzen, Dritte von der Verwendung seines Werkes ganz ausschließen zu können. Lediglich in Situationen, in denen der Zugang zu einem nachgelagerten Markt durch die Ausübung eines Ausschließlichkeitsrechts blockiert wird, kann sich somit überhaupt die Frage stellen, ob und unter welchen Voraussetzungen der Sekundärmarkt mittels der Doktrin geöffnet werden muss.[861]

Dies hat die Kommission verkannt, da es vorliegend allein um eine Lizenzverweigerung gegenüber unmittelbaren Konkurrenten ging, die in demselben Marktsegment tätig waren wie der Schutzrechtsinhaber, nämlich dem für auf der urheberrechtlich geschützten Segmentstruktur basierenden Datenbanken. Es bestand daher gerade nicht die Gefahr der Übertragung von Monopolmacht auf einen abgeleiteten Markt, welche die Rechtfertigung einer Zugangsverpflichtung nach der Essential-Facilities-Doktrin ist.

Zusammenfassend ist somit festzuhalten, dass diese Entscheidung insgesamt mit der bisher als gesichert erachteten Grundhaltung des europäischen Wettbewerbsrechts zum Immaterialgüterrecht bricht und den vorübergehenden Schluss-

---

858 Capobianco, E.L. Rev. 2001, 548, 555; Lober, GRUR Int. 2002, 7, 11; Gitter, Am. Bus. L.J. 2003, 217, 278; Marquardt/Leddy, Antitrust L.J. 2003, 847, 852: „[...] there is no basis under the essential facilities [...] doctrine for compelling the sharing of legitimately acquired advantages absent exclusionary abusive conduct in or affecting an adjacent market."; Narciso, I.P.Q. 2003, 445, 463; Jung, ZWeR 2004, 379, 397; Wirtz/Holzhäuser, WRP 2004, 683, 690; Schwarz van Berk, S. 148; a.A. Burling/Lee/Krug, Iowa J. Corp. L. 1999, 527, 531; Pitofsky/Patterson/Hooks, Anitrust L.J. 2002, 443, 460; Abermann, S. 108, die darauf abstellen, ob die Parteien ohne Zugangsverweigerung auf einem gemeinsamen Markt in einem potentiellen oder aktuellen Wettbewerbsverhältnis stehen könnten.

859 EuGH, 06.04.1995 – *RTE und ITP/Kommission*, C-241 u. C-242/91 P – Slg. 1995, I-743, 824, Tz. 56.

860 EuG, 12.06.1997 – *Tiercé Ladbroke/Kommission*, T-504/93 – Slg. 1997, II-923, 960, Tz. 103 f.

861 Mennicke, ZHR 1996, 626, 650; Lober, GRUR Int. 2002, 7, 11; Marquardt/Leddy, Antitrust L.J. 2003, 847, 852.

punkt der rechtlichen Diskussion bildet, immaterialgüterrechtlich geschützte Positionen unter Umständen als wesentliche Einrichtungen einzustufen und ungeachtet ihres besonderen gesetzlichen Schutzes etwaigen Konkurrenten einen Anspruch auf Zugangsgewährung zuzubilligen. Wie gezeigt, geht die Kommissionsentscheidung weit über bisher in diesem Kontext entwickelte Rechtsgrundsätze und den im europäischen Kartellrecht bisher anerkannten Anwendungsbereich der Essential-Facilities-Doktrin hinaus.[862]

Diese Beobachtung nährt den Verdacht, dass die Kommission das hinter der Doktrin steckende Prinzip als allgemeingültigen Grundsatz im Rahmen der Missbrauchsaufsicht über marktbeherrschende Unternehmen im europäischen Wettbewerbsrecht anwenden will.[863] Damit nimmt sie aber eine Neubestimmung des Art. 82 EG vor, die die Funktion des Missbrauchsverbots von der Prüfung eines unzulässigen Wettbewerbsverhaltens im Einzelfall in Richtung eines generellen Instrumentariums zur Marktöffnung verlagert.[864]

Die aufgeführten Einwände gegen die Entscheidung wiegen um so schwerer, als der vorliegende Fall durchaus grundsätzlichen Charakter aufweist. Sofern die Europäische Kommission ihren eingeschlagenen Weg fortsetzt, ist der Schutz geistigen Eigentums im europäischen Wettbewerbsrecht aufgrund einer ausschweifenden und fehlerhaften Anwendung der Essential-Facilities-Doktrin nicht mehr ausreichend gewährleistet. Die Immaterialgüterrechte verlören dadurch aber entscheidend an wirtschaftlicher und rechtlicher Substanz, da sie auf ein bloßes Recht auf Lizenzgebühren reduziert würden.[865] Denn was nützt eine vom nationalen Gesetzgeber anerkannte und garantierte Exklusivstellung inklusive der Befugnis, den Wert seiner schöpferischen Leistung auszubeuten, wenn von ihr aus Gründen des Konkurrenzschutzes kein Gebrauch gemacht werden darf?[866]

Daher verdeutlicht die Kommissionsentscheidung mehr als alle bisher dargestellten Fälle das Risiko einer vollständigen Aushebelung nationalen Immaterialgüterrechtsschutzes durch die vorrangige Anwendung des europäischen Wettbe-

862 Capobianco, E.L. Rev. 2001, 548, 555; Korah, Antitrust L.J. 2002, 801, 829; Lober, GRUR Int. 2002, 7, 8; Schwarze, EuZW 2002, 75, 80; Narciso, I.P.Q. 2003, 445, 465; Abermann, S. 143; Schommer, S. 187.

863 Vgl. schon Treacy, ECLR 1998, 501, 503.

864 Diese Befürchtungen äußerten schon Subiotto, ECLR 1992, 234, 242; Schnelle, EuZW 1994, 556, 562; Stollhoff, S. 21.

865 Vgl. Beschluss des Präsidenten des EuG vom vom 26.10.2001 – *IMS Health Inc./Kommission*, Rs. T-184/01 R – Slg. 2001, II-3193, 3249, Tz. 125, wonach die Reduzierung des Urheberrechts auf ein rein wirtschaftliches Recht, Gebühren einzunehmen, den Wesensgehalt des Rechts verkürzt und grundsätzlich geeignet ist, dem Rechtsinhaber einen potentiell schweren und nicht wiedergutzumachenden Schaden zuzufügen.

866 Schwarze, ZUM 2003, 15, 18.

werbsrechts und insbesondere der Essential-Facilities-Doktrin.[867] In diesem Zusammenhang ist der Kommission daher anzuraten, sich die „neue Sensibilität" des Europäischen Gerichtshofs zu eigen zu machen, der das Verhältnis zwischen europäischem Wettbewerbsrecht und gewerblichen Schutzrechten im Konfliktfall zu Gunsten des Schutzes des geistigen Eigentums gewichten will.[868] Vor diesem Hintergrund und unter Berücksichtigung des Schutzzwecks des Art. 82 EG, der allein den Wettbewerb und gerade nicht das Schicksal einzelner Marktteilnehmer in den Vordergrund rückt, ist die Erteilung der Zwangslizenz unter Anwendung der Essential-Facilities-Doktrin im vorliegenden Fall nicht zu rechtfertigen.

2. Das Gericht erster Instanz

Der Präsident des Gerichts erster Instanz setzte den Vollzug der Kommissionsanordnung im Verfahren auf einstweiligen Rechtsschutz mit zwei Beschlüssen vorläufig aus.[869] Zur Begründung führte er neben verfahrensrechtlichen Bedenken im Hinblick auf das Ausmaß der ausgesprochenen einstweiligen Anordnung insbesondere an, dass die Kommission maßgebliche Unterschiede zwischen dem zu beurteilenden Sachverhalt und dem *Magill*-Verfahren verkannt habe und daher ernsthafte Zweifel an der Richtigkeit der von der Kommission zugrundegelegten rechtlichen Analyse bestünden.[870]

Bemerkenswert ist in diesem Zusammenhang, dass der Präsident seine einstweilige Anordnung sehr ausführlich begründete und zum Verhältnis von Urheber- und Wettbewerbsrecht auch unter prinzipiellen Gesichtspunkten Stellung bezog. So wies er beispielsweise darauf hin, dass die Eigentumsordnung der Mitgliedstaaten gemäß Art. 295 EG besonderen Schutz genieße und Eingriffe in diesen Bereich daher nur mit besonderer Umsicht erfolgen sollten.[871]

Auch dies ist ein Beleg dafür, dass die Kommission in der *IMS Health*-Entscheidung eine umstrittene Neuorientierung im Verhältnis des Schutzes geistiger Eigentumsrechte im europäischen Wettbewerbsrecht vorgenommen hat.[872] Dass

867 Schwarz van Berk, S. 72; Hoeren, Hoeren, MMR 2004, 459, 460, sieht den Rechtsstreit als „Meilenstein hin zu einem europarechtskonformen Zwangslizenzierungssystem."

868 Vgl. Schwarze, EuZW 2002, 75, 79; Meinhardt, S. 19.

869 Beschlüsse des Präsidenten des EuG vom 10.08.2001 – *IMS Health Inc./Kommission*, Rs. T-184/01 R – Slg. 2001, II-2351, 2366 und vom 26.10.2001, Slg. 2001, II-3193, 3260.

870 Beschluss des Präsidenten des EuG vom 26.10.2001 – *IMS Health Inc./Kommission*, Rs. T-184/01 R – Slg. 2001, II-3193, 3234 ff., Tz. 89 ff.

871 Beschluss des Präsidenten des EuG vom 26.10.2001 – *IMS Health Inc./Kommission*, Rs. T-184/01 R – Slg. 2001, II-3193, 3234, Tz. 91.

872 So auch Schwarze, ZUM 2003, 15, 19.

die von ihr vollzogene Ausweitung des Anwendungsbereichs der Essential-Facilities-Doktrin auf dem Gebiet des Immaterialgüterrechts vom Gericht erster Instanz in einer Hauptverhandlung als rechtmäßig gebilligt worden wäre, erscheint vor diesem Hintergrund sehr zweifelhaft.[873]

3. Die Vorabentscheidung des Europäischen Gerichtshofs[874]

In seinem mit Spannung erwarteten Urteil im Zuge eines Vorabentscheidungsverfahrens nach Art. 234 EG in gleicher Sache[875] bestätigte und konkretisierte der Gerichtshof seine bisherigen Rechtsprechungsgrundsätze zum Missbrauch einer marktbeherrschenden Stellung durch die Ausübung geistiger Eigentumsrechte und zu den Möglichkeiten einer kartellrechtlichen Zwangslizenz im Rahmen des Art. 82 EG.[876] Stellenweise wird in dem Urteil auch eine klare Hinwendung des Gerichts zur Essential-Facilities-Doktrin gesehen,[877] obgleich keine ausdrückliche Bezugnahme auf die Doktrin erfolgte.

a) Urteil

Der Gerichtshof urteilte im Ergebnis, die Lizenzverweigerung eines marktbeherrschenden Schutzrechtsinhabers stelle nur dann einen Missbrauch einer beherrschenden Stellung dar, wenn drei Bedingungen kumulativ erfüllt seien: Erstens müsse das lizenzersuchende Unternehmen beabsichtigen, auf dem nachgelagerten Markt neue Erzeugnisse oder Dienstleistungen anzubieten, die der Inhaber des Immaterialgüterrechts nicht anbietet und für die eine potentielle Verbrauchernachfrage besteht. Zweitens dürfe die Lizenzverweigerung nicht aus sachlichen Gründen gerechtfertigt sein. Drittens müsse die Weigerung geeignet sein, dem Schutzrechtsinhaber einen nachgelagerten Markt vorzubehalten, indem jeglicher Wettbewerb auf diesem Markt ausgeschlossen wird.[878]

Im Rahmen seiner Urteilsfindung wiederholte das Gericht zunächst einen Rechtsprechungsgrundsatz des *Bronner*-Verfahrens, wonach eine Ressource an-

---

873 Korah, Antitrust L.J. 2002, 801, 831; Narciso, I.P.Q. 2003, 445, 465.
874 EuGH, 29.04.2004 – *IMS Health/NDC Health*, Rs. C-418/01 – Slg.2004, I-5069.
875 Das LG Frankfurt am Main hatte dem Gerichtshof mit Beschluss vom 12.07.2001 gemäß Art. 234 EG drei Fragen nach der Auslegung von Art. 82 EG zur Vorabentscheidung vorgelegt.
876 Jung, ZWeR 2004, 379, 403; Hoeren, MMR 2004, 459, 460; Hirte/Roth, EWiR 2005, 211, 212; Bartosch, RIW 2005, 241, 242; Gaster, CR 2005, 247, 251.
877 Heitz, ZESAR 2005, 146, 147.
878 EuGH, 29.04.2004 – *IMS Health/NDC Health*, Rs. C-418/01 – Slg.2004, I-5069, 5086, Tz. 52.

gesichts der beabsichtigten Aufnahme wettbewerblicher Aktivitäten auf einem bestimmten Markt nur dann als unentbehrlich eingestuft werden könne, sofern jedem interessierten Unternehmen allein oder in Zusammenarbeit mit anderen Wirtschaftsteilnehmern technische, rechtliche oder wirtschaftliche Hindernisse entgegenstünden, die eine Entwicklung von Alternativprodukten unmöglich machten oder zumindest unzumutbar erschwerten. Für die Annahme wirtschaftlicher Hindernisse müsse seitens des Antragstellers dargelegt werden, dass die Entwicklung alternativer Leistungen auch dann noch unrentabel wäre, wenn sie in vergleichbarem Umfang hergestellt oder erbracht würden wie von dem marktbeherrschenden Einrichtungsinhaber.[879]

In diesem Zusammenhang müsse bei der Ermittlung der Unerlässlichkeit der streitgegenständlichen Ressource daher zum einen der Grad der Einbeziehung der Nutzer in die Entwicklung der geschützten Produkte oder Dienstleistungen berücksichtigt werden. Zum anderen sei auch der Anpassungsaufwand, den potentielle Nutzer bei der Umstellung auf ein Konkurrenzprodukt betreiben müssten, für die Annahme wirtschaftlicher Hindernisse bei der Entwicklung eines Konkurrenzprodukts relevant.[880]

So sei denkbar, dass die intensive Einbeziehung der Pharmaunternehmen in die Entwicklung der urheberrechtlich geschützten Segmentstruktur eine technische Abhängigkeit der Nutzer schaffen konnte, so dass es für die betreffenden Industriebetriebe wahrscheinlich mit einem großen technischen und finanziellen Aufwand verbunden sei, auf den Erwerb regionaler Absatzberichte umzustellen, die auf einer anderen als der 1860er Struktur beruhten. In diesem Fall wäre der Anbieter einer alternativen Struktur unter Umständen gezwungen, seinen Kunden finanzielle Konditionen anzubieten, die seine Wettbewerbstätigkeit zwangsläufig unrentabel werden ließen, wenn sie in einem zum Schutzrechtsinhaber vergleichbaren Umfang ausgeübt würde.[881]

Im Anschluss daran unterstrich der Gerichtshof in Anlehnung an die Leitsätze aus dem *Magill*-Urteil, das ausschließliche Recht der Vervielfältigung gehöre zu den Vorrechten des Schutzrechtsinhabers, so dass selbst ein marktbeherrschender Ausschließlichkeitsberechtigter nicht allein durch die Verweigerung einer Lizenz als solches seine Stellung im Sinne des Art. 82 EG missbrauche.[882] Nur bei Hin-

879 EuGH, 29.04.2004 – *IMS Health/NDC Health*, Rs. C-418/01 – Slg.2004, I-5069, 5079, Tz. 28.
880 EuGH, 29.04.2004 – *IMS Health/NDC Health*, Rs. C-418/01 – Slg.2004, I-5069, 5080, Tz. 30.
881 EuGH, 29.04.2004 – *IMS Health/NDC Health*, Rs. C-418/01 – Slg.2004, I-5069, 5079, Tz. 29.
882 EuGH, 29.04.2004 – *IMS Health/NDC Health*, Rs. C-418/01 – Slg.2004, I-5069, 5081, Tz. 34.

zutreten außergewöhnlicher Umstände könne die Ausübung eines ausschließlichen Rechts ein missbräuchliches Verhalten darstellen.[883]

Als ein außergewöhnlicher Umstand komme die drohende Ausschaltung jeglichen Wettbewebs auf einem der wesentlichen Einrichtung nachgelagerten Markt in Betracht, selbst wenn es sich bei diesem nur um einen potentiellen oder rein hypothetischen Markt handele. Hierfür sei allein entscheidend, dass zwei verschiedene Produktionsstufen unterschieden werden können, die dadurch miteinander verbunden sind, dass das vorgelagerte Erzeugnis ein für die Lieferung des nachgelagerten Erzeugnisses unerlässliches Element ist.[884]

Ob im Ausgangsverfahren zwei Märkte in diesem Sinne vorliegen und die Lizenzverweigerung von IMS überhaupt geeignet ist, jeglichen Wettbewerb auf dem Markt für die Lieferung von Daten über den regionalen Absatz von Arzneimitteln in Deutschland auszuschließen, überließ der Gerichtshof der Überprüfung durch das vorlegende Landgericht Frankfurt am Main.

Abschließend stellte das Gericht klar, dass eine Lizenzverweigerung nur dann – vorbehaltlich einer sachlichen Rechtfertigung – als missbräuchlich eingestuft werden könne, wenn durch sie die Entwicklung des Marktes zum Nachteil der Verbraucher, mit anderen Worten die Entstehung eines neuen Produkts, verhindert würde. Einzig in diesem Fall überwiege das Interesse am Schutz des freien Wettbewerbs das Interesse des Schutzrechtsinhabers an seinem geistigen Eigentum und seiner wirtschaftlichen Handlungsfreiheit.[885]

b) Rechtliche Würdigung

Den Entscheidungsgründen des Gerichtshofs wurde eine außerordentliche ordnungspolitische Sprengkraft zugesprochen, da es in der Sache um nichts weniger als um die Beantwortung der Frage gegangen sei, wie der infolge der Technologisierung zunehmende Konflikt zwischen Innovations- und Produktwettbewerb zu entscheiden sei.[886]

Deutlich geworden ist, dass der Europäische Gerichtshof in konsequenter Fortsetzung seiner diesbezüglichen Ansätze in den Urteilen *Magill* und *Bronner* nur im Ausnahmefall und unter sehr engen Voraussetzungen den Schutz freien Wettbewerbs vor dem Immaterialgüterrechtsschutz präferiert. Gleichzeitig hat er

---

883 EuGH, 29.04.2004 – *IMS Health/NDC Health*, Rs. C-418/01 – Slg.2004, I-5069, 5081, Tz. 35.

884 EuGH, 29.04.2004 – *IMS Health/NDC Health*, Rs. C-418/01 – Slg.2004, I-5069, 5084, Tz. 44 f.

885 EuGH, 29.04.2004 – *IMS Health/NDC Health*, Rs. C-418/01 – Slg.2004, I-5069, 5085, Tz. 48 f.

886 Hirte/Roth, EWiR 2005, 211, 212.

der extensiven Herangehensweise der Europäischen Kommission in diesem Verfahren in mehreren Gesichtspunkten eine deutliche Absage erteilt.[887]

So hat der Gerichtshof ausdrücklich und zu Recht betont, dass die Verhinderung des Entstehens eines neuen Produkts infolge der Lizenzverweigerung als Voraussetzung für das Vorliegen außergewöhnlicher Umstände im Sinne des Art. 82 EG unabdingbar sei.[888] Diese Beschränkung, augenscheinlich inspiriert durch Art. 82 lit. b) EG, ist auch notwendig, um den wesentlichen Gegenstand des Ausschließlichkeitsrechts wirksam zu schützen und dem Inhaber die exklusive Vermarktung seines Produkts zu sichern.[889] Gleichzeitig beseitigte der Gerichtshof die seit *Magill* bestehenden Zweifel, ob es sich bei der Neuheit des Produkts nur um ein zusätzliches oder aber um ein notwendiges, also kumulatives Begründungselement handelte.[890]

Zudem hat das Gericht klargestellt, dass es die Grundsätze seiner Essential-Facilities-Rechtsprechung wohl nur in Sachverhaltskonstellationen anwenden wird, in denen der Inhaber des Immaterialgüterrechts auf dem abgeleiteten Markt nicht tätig ist.[891] Insofern erscheint im vorliegenden Fall auch eine Anwendbarkeit der Doktrin zweifelhaft. IMS war als marktbeherrschende Schutzrechtsinhaberin selbst auf dem dem Urheberrecht nachgelagerten Markt für die Lieferung über den regionalen Absatz von Arzneimitteln in Deutschland tätig. Die Anordnung einer Zwangslizenz an NDC würde somit einen direkten Wettbewerber entstehen lassen, der lediglich ein bereits existierendes Produkt mit geringfügigen Abweichungen anbieten will, so dass von einer Produktidentität ausgegangen werden muss.[892] Damit würde aber lediglich ein Imitations-, nicht aber der erwünschte Innovationswettbewerb eröffnet und die mit dem immaterialgüterrechtlichen Schutz bezweckte Steigerung von Innovations- und Investitionsanreizen in ihr Gegenteil verkehrt. Eine Zwangslizenz ist aus diesem Grunde abzulehnen.[893]

Bemerkenswert ist allerdings das Abrücken des Gerichtshofs von seiner bisherigen Rechtsprechung und von der wettbewerblichen Systematik der Essential-Facilities-Doktrin, indem er betont, dass es für eine Zwangslizenzierung nicht

887 Wirtz/Holzhäuser, WRP 2004, 683, 688.

888 a.A. Kommission, Entscheidung v. 03.07.2001, ABl.EG 2002 Nr. L 59/42, Tz. 180 – *NDC Health/IMS Health*; Eilmansberger, CML Rev. 2005, 129, 160; Schommer, S. 236.

889 Heitz, ZESAR 2005, 146, 147.

890 Leistner, ZWeR 2005, 138, 150; Thyri, WuW 2005, 388, 393; a.A. und gegen eine selbständige Bedeutung dieses Kriteriums noch Deselaers, EuZW 1995, 563, 565; Markert, WuW 1995, 560, 564; Jestaedt, WuW 1995, 483, 484; Mennicke, ZHR 1996, 626, 653 f.; Müller, EuZW 1998, 232, 236; Giudici, S. 130.

891 Buhrow/Nordemann, GRUR Int. 2005, 407, 414.

892 Zustimmend wohl Bartosch, RIW 2005, 241, 244.

893 Zimmerlich, WRP 2004, 1260, 1270.

mehr auf das Vorhandensein zweier verbundener, voneinander abgeleiteter Märkte im klassischen Sinne ankommt.[894] Es ist nicht erforderlich, dass das begehrte Immaterialgüterrecht selbst einen echten vorgelagerten Markt – also einen Markt, auf dem tatsächlich Handel mit Immaterialgüterrechten betrieben wird und der sich von dem Produktmarkt, zu dem die Erzeugnisse gehören, die mit Hilfe des Ausschließlichkeitsrechts hergestellt werden, unterscheidet – darstellt.[895]

Vielmehr reicht es entgegen der herkömmlichen Lesart der Essential-Facilities-Doktrin im Bereich des materiellen Sacheigentums jetzt aus, dass ein potentieller oder auch nur hypothetischer Markt bestimmt werden kann, wenn das vorgelagerte Erzeugnis, zu dem Zugang begehrt wird, nicht durch den Inhaber des Ausschließlichkeitsrechts gesondert vermarktet wird. Diese Marktgattung soll immer dann gegeben sein, wenn zwischen zwei Produktionsstufen unterschieden werden kann und das vorgelagerte Erzeugnis (die immaterialgüterrechtlich geschützte Ressource) ein für das nachgelagerte Erzeugnis (das Produkt, für dessen Herstellung das Immaterialgüterrecht begehrt wird) unerlässliches Element ist.[896]

Indem der Gerichtshof damit aber den Markt für den Zugang zur wesentlichen Einrichtung als vorgelagerten Markt fingiert – und zwar unabhängig davon, ob das beherrschende Unternehmen die Vorleistung auf diesem überhaupt vermarktet –, kann der Schutzrechtsinhaber nunmehr gezwungen werden, nicht nur Zwangslizenzen in getrennten Märkten zu gewähren, sondern auch potentiellen Wettbewerbern gewisse Nutzungsrechte einzuräumen. Zur wettbewerbstheoretischen Rechtfertigung dieses weitgehenden Verständnisses lässt sich wohl nur anführen, dass eine Zwangslizenz anderenfalls dann nicht gewährt werden könnte, wenn das marktbeherrschende Unternehmen den Zugang zum abgeleiteten Markt unmittelbar über sein Schutzrecht steuert, weil es kein physisches „Vorprodukt" vermarktet.[897] Gerade bei Immaterialgüterrechten würde eine Sichtweise, die nur auf real existierende Märkte abstellen würde, ansonsten zu einer Verfestigung des status quo führen, da geistige Eigentumsrechte bereits aufgrund der mit ihnen einhergehenden Ausschließlichkeitsbefugnisse die Tendenz zu einer Verfestigung der Marktmachtstellung auch auf anderen Märkten aufweisen.[898]

---

894 Wirtz/Holzhäuser, WRP 2004, 683, 688; Jung, ZWeR 2004, 379, 403 f.; Heitz, ZESAR 2005, 146, 147.

895 Leupold/Pautke, EWS 2005, 108, 111; Bartosch, RIW 2005, 241, 247.

896 Vgl. Leistner, ZWeR 2005, 138, 151: „[...] the two-market requirement has been watered down to a mere formalistic test, which actually seems to be no more than a restatement of the indispensibility criterion."

897 Wirtz/Holzhäuser, WRP 2004, 683, 689; in diese Richtung auch Eilmansberger, EWS 2003, 12, 16; Spindler/Apel, JZ 2005, 133, 135 f.

898 Spindler/Apel, JZ 2005, 133, 135.

Eine Ausnahme wird hier somit dann gelten müssen, wenn der Ausschließlichkeitsberechtigte auf dem streitgegenständlichen Markt bereits nachgefragte Produkte anbietet. Zukünftig wird daher zu entscheiden sein, was unter „Angebot“ zu verstehen ist. Die bloße Ankündigung künftiger Produkte seitens des Schutzrechtsinhabers wird hier kaum ausreichen. Er muss daher auf bereits bestehende oder sich in fortgeschrittener Entwicklung befindliche Produkte verweisen können.[899]

Problematisch erscheinen die Ausführungen des Gerichtshofs zur Berücksichtigung des Grades der Einbeziehung der Nutzer in den Entwicklungsprozess einer immaterialgüterrechtlich geschützten Ressource.[900] Gegen eine enge Zusammenarbeit zwischen Einrichtungsinhaber und potentiellen Nutzern bestimmter Produkte oder Dienstleistungen ist auf den ersten Blick nichts einzuwenden. Vielmehr stellt es sich als Ausdruck des freien Wettbewerbs dar und bekundet nicht mehr und nicht weniger als die nachvollziehbaren Bemühungen des Schutzrechtsinhabers, am Markt Wettbewerbsvorteile gegenüber Mitwettbewerbern zu erhalten, indem er seine Produkte fortwährend an die Bedürfnisse der Kunden anpasst. In diesem Zusammenhang ist zudem zu berücksichtigen, dass sich die Nutzer freiwillig für diese Form der Zusammenarbeit entschieden und auf eine mögliche Einbeziehung anderer Anbieter in den Arbeitskreis verzichtet hatten.

Inwiefern daher dem vorausblickenden, kundenorientierten und wettbewerbskonformen Verhalten des Schutzrechtsinhabers der Hauch missbräuchlichen Verhaltens anhaften kann, erschließt sich nicht. Das Ausnutzen eines so geschaffenen Wettbewerbsvorteils durch die Lizenzverweigerung ist dem Ausschließlichkeitsberechtigten unter dem Aspekt des „first mover advantage“ zuzubilligen. Rechtliche Relevanz kann die Einbeziehung der Kunden in die Projektentwicklung also allenfalls für die Frage der individuellen Zuordnung der Inhaberschaft des Immaterialgüterrechts haben.

Zusammenfassend ist festzuhalten, dass einen marktbeherrschenden Schutzrechtsinhaber im Falle des Fehlens missbräuchlicher Verhaltensweisen eine Pflicht zur erstmaligen Lizenzerteilung nur dann treffen wird, wenn die Ressource von niemandem ersetzt werden kann und bisher nur unzureichend zur Befriedigung der Verbraucherinteressen eingesetzt wurde. Anderenfalls wird auch innerhalb des europäischen Rechtssystems der Ausschluss jeglichen Wettbewerbs durch Immaterialgüterrechte grundsätzlich akzeptiert. Damit weist das Urteil des Europäischen Gerichtshofs der Essential-Facilities-Doktrin einen engen Anwen-

---

899 Hoeren, MMR 2004, 459, 460.

900 So auch Leistner, ZWeR 2005, 138, 154.

dungsbereich im europäischen Wettbewerbsrecht im Zusammenhang mit immaterialgüterrechtlich motivierten Abschlussverweigerungen zu.[901]

4. Ergebnis der Entscheidungspraxis

Die Untersuchung der einschlägigen Urteile hat gezeigt, dass die europäischen Gemeinschaftsorgane unter gewissen einschränkenden Voraussetzungen bereit sind, den Schutz nationaler Immaterialgüterrechte unter Rückgriff auf kartellrechtliche Befugnisse und gestützt auf Art. 82 EG – und damit auch unter Anwendung der Essential-Facilities-Doktrin – zu beschränken, wenn der Schutzrechtsinhaber den ihm aus Gründen der Innovations- und Investitionssicherung eingeräumten Wettbewerbsvorsprung missbraucht.

Deutlich geworden ist dabei zuletzt durch das Urteil in Sachen *IMS Health*, dass eine kartellrechtliche Zwangslizenz nur dann gewährt werden wird, wenn diese nicht für einen bestimmten Wettbewerber, sondern gleichzeitig zum Schutz des Wettbewerbs als solchem notwendig ist, mit anderen Worten, die Entwicklung eines Marktes ansonsten negativ beeinträchtigt wird.[902] Die damit einhergehenden Versuche, gleichzeitig einen interessengerechten Ausgleich zwischen den Zielen des Immaterialgüterrechts auf der einen und denen des Wettbewerbsrechts auf der anderen Seite zu finden, können aber wohl noch nicht als beendet angesehen werden.[903]

Insbesondere ist in der wettbewerbspolitischen Diskussion nach wie vor stark umstritten, unter welchen Umständen gewerbliche Schutzrechte missbräuchlich ausgeübt werden. Eine Klärung dieser Streitfrage ist insofern von großer Bedeutung, da Art und Umfang einer Investitionssicherung durch Immaterialgüterrechte einen unmittelbaren Einfluss auf die Wettbewerbsfähigkeit und die Bewertung eines Unternehmens haben.[904]

Als gesicherte Erkenntnis erscheint bislang lediglich, dass nur schwerwiegende Verletzungen der wettbewerblichen Zielsetzungen des europäischen Missbrauchsverbots nach Art. 82 EG eine kartellrechtliche Zwangslizenzierung von Immaterialgüterrechten legitimieren können, da diese stets die ultima ratio zu

---

901 Höppner, EuZW 2004, 748, 748; Körber, RIW 2004, 881, 887; Thyri, WuW 2005, 388, 393; Eilmansberger, CML Rev. 2005, 129, 157.

902 Höppner, GRUR Int. 2005, 457, 459.

903 Eine weitere Klärung der gesamten Problematik ist von dem derzeit beim Gericht erster Instanz anhängigen Verfahren der Europäischen Kommission gegen Microsoft zu erwarten; vgl. dazu Kommission, Entscheidung v. 24.03.2004, Case COMP/C-3/37.792, C (2004)900 final – *Microsoft*.

904 Wirtz/Holzhäuser, WRP 2004, 683, 683.

bleiben hat.[905] Der Europäische Gerichtshof wird daher Art. 82 EG nur in seltenen Ausnahmefällen und nur bei Hinzutreten hoch anzusetzender außergewöhnlicher Umstände als Grundlage für die Auferlegung einer Zwangslizenz gegenüber einem marktbeherrschenden Schutzrechtsinhaber und damit nur ausnahmsweise für einen Eingriff in die aus dem jeweiligen Schutzrecht folgenden Kernbefugnisse des Rechtsinhabers nutzen, um ein angebliches missbräuchliches Verhalten zu beenden.[906]

Dies ist einerseits in Sachverhaltskonstellationen wie der *Magill*-Entscheidung vorstellbar, in denen dem Gerichtshof bereits die Schutzwürdigkeit des in Rede stehenden mitgliedstaatlichen Immaterialgüterrechts insgeheim zweifelhaft erscheint. Hier wird er – entgegen aller an einer derartigen Entscheidungspraxis zu übenden Kritik – wohl bereit sein, den eigentlichen Gestaltungsspielraum der nationalen Gesetzgeber zu beschränken.

Ansonsten wird der Gerichtshof zukünftig nur intervenieren, wenn der Schutzrechtsberechtigte ein Verhalten offenbart, das darauf abzielt, die Aufrechterhaltung des Wettbewerbs durch Mittel zu behindern, die von denen eines normalen Produkt- und Dienstleistungswettbewerbs abweichen. Davon kann aber selbst dann noch keine Rede sein, wenn – wie in der Entscheidung *IMS Health* – ein marktbeherrschendes Unternehmen lediglich auf eigenständige Innovationsleistungen zurückzuführende Schutzrechte gegenüber Mitwettbewerbern geltend macht, die diese Leistungen missachten und nachahmend zu ihrem Vorteil ausbeuten wollen. Ein solcher Nicht-Leistungswettbewerb ist nach den Vorschriften des EG-Vertrages keinesfalls schützenswert.[907]

---

905 Vgl. Mailänder, FS Schmidt, 271, 280: „Zwangslizenzen müssen ein nur ausnahmsweise verfügbares Sanktionsmittel bleiben, um missbräuchlichem Verhalten entgegenzuwirken. Sie dürfen dagegen nicht zur Hypothek einer für besondere Leistung gewonnenen, gesetzlich geschützten Alleinstellung werden und damit den Leistungswettbewerb durch Zwangsmaßnahmen unterlaufen."; Ebenroth/Bohne, EWS 1995, 397, 401.

906 Zustimmend Greaves, ECLR 1995, 244, 247; Deselaers, EuZW 1995, 563, 564; Bechtold, EuZW 1995, 345, 346; Mennicke, ZHR 1996, 626, 634; Montag, EuZW 1997, 71, 75; Harrington, Ent. L. Rev. 2001, 133, 136; Korah, Antitrust L.J. 2002, 801, 814; a.A. Stollhoff, S. 154, der meint, die Schwelle für das Vorliegen außergewöhnlicher Umstände sei vom Gerichtshof bewusst niedrig angesetzt worden.

907 In diesem Zusammenhang sind von dem Endurteil in der Rechtssache *Microsoft* für den europäischen Rechtskreis weitere Präzisierungen zu den Voraussetzungen der Essential-Facilities-Doktrin im Zusammenhang mit gewerblichen Schutzrechten zu erwarten. Von Interesse ist insbesondere, ob es die Gemeinschaftsgerichte für gerechtfertigt halten, dass ein Konkurrent durch die Anordnung einer Zwangslizenz den gesamten wettbewerblichen Vorsprung des Marktführers aufzuholen und somit mit diesem gleichzuziehen vermag.

Sollte daher ein Interessent zukünftig versuchen, sein Zugangsbegehren unter Zuhilfenahme der Essential-Facilities-Doktrin zu begründen, um sich einer ihm gegenüber nachteilig auswirkenden Durchsetzung der Ausschließlichkeit eines gewerblichen Schutzrechts zu erwehren, obliegt es allein ihm, die außergewöhnlichen Umstände darzulegen, die seinen konkreten Fall aus dieser angebrachten Betrachtungsweise herauszuheben vermögen.

E. Rechtsvergleichende Zusammenfassung

Angesichts der jüngsten Entscheide lässt sich festhalten, dass in der europäischen Entscheidungspraxis die Möglichkeit einer kartellrechtlichen Zwangslizenz, gestützt auf die Essential-Facilities-Doktrin, im Grundsatz anerkannt ist. Im Unterschied zum Ursprungsland der Doktrin ist ihre Anwendung auf immaterialgüterrechtlich geschützte Positionen zumindest implizit bereits erfolgt, während dies in amerikanischen Urteilen, bis auf eine erstinstanzliche Ausnahme, noch offen ist.

Insbesondere die Europäische Kommission scheint gerade einen Rollentausch vornehmen zu wollen, da sie sich und das europäische Wettbewerbsrecht mit ihrer *IMS Health-Entscheidung* als Vorreiter im Hinblick auf die Anwendungsmöglichkeiten der Essential-Facilities-Doktrin im Bereich der Ausschließlichkeitsrechte präsentieren wollte, während amerikanische Gerichte weiterhin den besonderen Wert und die positiven Auswirkungen des Schutzes der Immaterialgüterrechte auf Innovation und Forschung in den Vordergrund stellen und äußerst restriktiv mit der Verhängung von Zwangslizenzen umgehen. Indes wurden der Kommission von den Gemeinschaftsgerichten im Nachgang zu ihrer Entscheidung Grenzen aufgezeigt, die wieder eine Anlehnung an die zurückhaltendere amerikanische Spruchpraxis erkennen lassen.

Nach Auswertung der im Bereich der Immaterialgüterrechte ergangenen Rechtsprechung dies- und jenseits des Atlantiks und aufbauend auf dem bekannten MCI-Test soll im folgenden eine systematische Darstellung der Anwendungsvoraussetzungen und –möglichkeiten für eine kartellrechtliche Zwangslizenz gestützt auf die Essential-Facilities-Doktrin im Bereich des Immaterialgüterrechts erfolgen.

I. Bestehen eines vor- und nachgelagerten Marktes

Die untersuchten Entscheidungen amerikanischer und europäischer Spruchkörper haben gezeigt, dass für eine Anwendung der Essential-Facilities-Doktrin die Situation eines Primär- und Sekundärmarktes vorliegen und der Zugang zum nachgelagerten Markt vom vorgelagerten Markt abhängig sein muss.[908] Schließlich ist der wettbewerbspolitische Hintergrund der Doktrin – in Anlehnung an Elemente der Monopoly Leveraging Theorie – gerade in der Verhinderung eines Marktmachttransfers auf getrennte, (noch) nicht beherrschte Märkte zu sehen.[909] Auf das Erfordernis zweier voneinander abgeleiteter Märkte zu verzichten, würde daher die Grundsituation und die wettbewerbstheoretische Rechtfertigung der Essential-Facilities-Doktrin verkennen.

Nur wenn ein vorgelagerter und ein nachgelagerter Markt als eigenständige Märkte im Sinne des Kartellrechts zu qualifizieren sind, kann eine marktbeherrschende Stellung auf dem einen Markt auf dem anderen missbräuchlich instrumentalisiert werden.[910] Das eine wesentliche Einrichtung auf einem Primärmarkt kontrollierende Unternehmen benutzt diese dann als Hebel zur Übertragung seiner Marktmacht vom Primär- auf den Sekundärmarkt, um durch den so bewirkten Wettbewerbsausschluss einen Vorteil zu erlangen.[911]

Dabei muss das marktdominante Unternehmen den Zweitmarkt nicht beherrschen. Ausreichend ist bereits, dass der Wettbewerb auf dem benachbarten Markt erheblich beeinträchtigt wird, weil damit bereits die Funktionsfähigkeit des Wettbewerbs im Sinne der Zielsetzungen des Kartellrechts in Frage gestellt ist.

II. Kontrolle eines marktbeherrschenden Unternehmens über eine wesentliche Einrichtung

Wie bereits zuvor geschehen, wird diese Voraussetzung der Essential-Facilities-Doktrin in drei Bestandteile untergliedert:

---

908 Koenig/Loetz, EWS 2000, 377, 378; Lober, GRUR Int. 2002, 7, 11 f.; Casper ZHR 2002, 685, 700; Eilmannsberger, EWS 2003, 12, 14; Wirtz/Holzhäuser, WRP 2004, 683, 688 f.; Spindler/Apel, JZ 2005, 133, 135; Thyri, WuW 2005, 388, 393; Eilmansberger, CML Rev. 2005, 129, 161 ff; Meinhardt, S. 154 f.; Schommer, S. 209; Mailänder, FS Schmidt, 271, 277; a.A. Fine, PLI 2002, 735, 744; Pitofsky, PLI 2002, 775, 795, die das Erfordernis zweier Märkte nicht für zwingend halten. Mit dieser Ansicht verkennen sie aber die Voraussetzung der Wesentlichkeit der Einrichtung, die auf den Zutritt zum abgeleiteten Markt abzielt.

909 Zustimmend Mennicke, ZHR 1996, 626, 650; Kobak, PLI 2002, 577, 584; Stollhoff, S. 229; Shin, S. 189; Stapper, S. 73; Giudici, S. 126; a.A. Bartl, S. 187 ff.

910 Heinemann, ZWeR 2005, 198, 201.

911 Wirtz/Holzhäuser, WRP 2004, 683, 688 f.

1. Immaterialgüterrechtlich geschützte Ressource als Einrichtung

Im zweiten und dritten Kapitel dieser Untersuchung wurde dargelegt, dass die amerikanischen und europäischen Rechtsanwender den doktrinalen Einrichtungsbegriff generell in einem weiten Sinn verstehen. Zusätzlich wurde eingangs dieses Kapitels festgestellt, dass die Essential-Facilities-Doktrin auch im Bereich gewerblicher Schutzrechte zur Anwendung gelangen kann. Daher findet sich kein überzeugender Grund, eine immaterialgüterrechtlich geschützte Ressource aus dem Terminus der Einrichtung herauszunehmen.[912]

In diesem Zusammenhang ist sich in Erinnerung zu rufen, dass bei einer streitgegenständlichen Einrichtung nicht in erster Linie ihre materielle oder immaterielle Beschaffenheit für ihre Subsumtionsfähigkeit unter die Doktrin maßgebend sein kann, sondern vielmehr auf ihre kommerzielle Nutzbarkeit, ihre ökonomische Bedeutung und das durch sie vermittelte Ausschlusspotential abzustellen ist.[913] Und diesbezüglich kann ein geistiges Eigentumsrecht – vergleichbar zum Sacheigentum – seinem Inhaber durchaus eine Ausschließlichkeitsposition vermitteln, deren wettbewerbliche Folgewirkungen unter Zuhilfenahme der Doktrin abgemildert werden können.

2. Wesentlichkeit der immaterialgüterrechtlich geschützten Ressource

Die Inhaberschaft einer geschützten Ressource bringt für sich allein noch nicht gleichzeitig den Besitz einer wesentlichen Einrichtung im Sinne der Essential-Facilities-Doktrin mit sich.[914] Vielmehr ist anhand des konkreten Einzelfalls zu beurteilen, ob das lizenzbegehrende Unternehmen auf einen tatsächlichen oder potentiellen Ersatz anstelle der Zwangslizenzerteilung verwiesen werden kann.

Bei dieser Abschätzung herrschen im Bereich der Immaterialgüterrechte naturgemäß große praktische Schwierigkeiten. Das Erstellen einer verlässlichen Entscheidung seitens der Kartellbehörden bzw. der Gerichte wird durch den fortwährenden Wandel auf den Märkten der Informationstechnologien erschwert. Anders als bei körperlichem Sacheigentum, wie beispielsweise Hafenanlagen oder Schienen- bzw. Stromnetzen, entwickelt sich auf diesen Märkten aufgrund der Geschwindigkeit des Innovationsprozesses zum Beispiel die Technik für Be-

---

912 Crowther, E.L. Rev. 1995, 521, 525; Mennicke, ZHR 1996, 626, 651; Lober, GRUR Int. 2002, 7, 10; Eilmansberger, EWS 2003, 12, 15; Shin, S. 146; Sprickmann Kerkerinck, S. 152; Kübel, S. 230; mit Einschränkung Ridyard, ECLR 1996, 438, 446; zweifelnd White, C.T.L.R. 1995, 110, 114; a. A. Glasl, ECLR 1994, 306, 311; Montag, EuZW 1997, 71, 75; Meinhardt, S. 162; Schommer, S. 223.

913 Zustimmend Stapper, S. 215 f.

914 Wooldridge, I.P.Q. 1999, 256, 257; Spindler/Apel, JZ 2005, 133, 138.

triebssysteme, Computerprogramme oder Ton- bzw. Datenträger infolge sich wandelnder Verbraucherpräferenzen und technologischen Fortschritts ständig weiter. Damit können Ressourcen, die aus heutiger Sicht als wesentlich eingeschätzt werden, bereits in naher Zukunft als technisch überholt und unwesentlich angesehen werden.[915] So werden gegenwärtig VHS-Videosysteme zusehends von DVD-Systemen verdrängt, nachdem zuvor bereits mit der Durchsetzung der CD-Technik Venylplatten an Bedeutung verloren hatten.

Vor diesem Hintergrund ist die Wesentlichkeit einer Einrichtung im Falle von Immaterialgüterrechten nur dann anzunehmen, wenn das lizenzbegehrende Unternehmen sowie beliebige potentielle Konkurrenten keine Möglichkeit haben, eine ähnliche Technologie oder ein vergleichbares System zu entwickeln, um auf dem vor- oder nachgelagerten Markt als Wettbewerber des Schutzrechtsinhabers auftreten zu können.[916] Nur in dieser Konstellation kann durch Ausübung des Ausschließlichkeitsrechts ein anderer Markt gesperrt und eine bereits bestehende Marktdominanz auf einen weiteren Markt übertragen werden.[917]

Eine solche für den Wettbewerb besonders problematische Situation ist aber nur dann gegeben, wenn die durch das Immaterialgüterrecht geschützten Werke, Produkte oder Verfahren technisch den einzigen Zugangsweg zu dem betreffenden Markt darstellen (fehlende technische Substituierbarkeit), objektiv keinem Wettbewerber die technisch mögliche Schaffung eines anderen Marktzugangs zugemutet werden kann (fehlende wirtschaftliche Substituierbarkeit) oder rechtliche Hindernisse dem lizenzbegehrenden Konkurrenten unmöglich machen oder zumindest unzumutbar erschweren, ohne Nutzung des geistigen Eigentumsrechts tätig zu werden. Mit anderen Worten darf es keinem Marktteilnehmer nach objektiven Maßstäben möglich sein, das betreffende Schutzrecht zu substituieren.[918]

Ein derartiges Angewiesensein auf das Schutzrecht kommt insbesondere dann in Betracht, wenn es sich bei diesem um ein grundlegendes bzw. standardsetzen-

---

915 Diese Schnellebigkeit zeigte sich auch im IMS-Verfahren. In weniger als 3 Jahren war es den lizenzbegehrenden Unternehmen möglich, eine Alternative namens „3.942-Block-Struktur“ erfolgreich in den Markt einzuführen, so dass von einer Wesentlichkeit der 1860er Struktur nicht gesprochen werden kann; vgl. Kommission, Entscheidung v. 13.08.2003, ABl.EG 2003 Nr. L 268/70 f. – *NDC Health/IMS Health* – Tz. 10, 13.

916 Vermut, Colum.-VLA J.L. & Arts 1997, 27, 53; Wirtz/Holzhäuser, WRP 2004, 683, 689; Leistner, ZWeR 2005, 138, 153; Abermann, S. 141.

917 Preovolos, PLI 1999, 251, 257; Jung, ZWeR 2004, 379, 398.

918 Thyri, WuW 2005, 388, 392, merkt treffend an, regelmäßig sei die Entwicklung innovativer Alternativen möglich, so dass es am Kriterium der Wesentlichkeit fehlen werde.

des[919] Recht handelt.[920] Die mit derartigen Standards verbundenen Netzwerkeffekte können strukturelle Marktzutrittsschranken hervorrufen und ihrem Inhaber damit ein nur schwer angreifbares Monopol von besonderer Dauerhaftigkeit verleihen.[921] Konkurrierende Unternehmen sind unter diesen Umständen auf eine Lizenz angewiesen, um überhaupt Wettbewerb initiieren und dem Standard entsprechende Produkte anbieten zu können, da alternative Technologien allenfalls eine geringe bzw. gar keine Marktakzeptanz erreichen würden.[922]

Dennoch darf es aber auch in diesen Fällen keinem anderen risiko- und investitionsbereiten Wettbewerber möglich oder zumutbar sein, einen vergleichbaren eigenen Standard zu schaffen. Bei der Beurteilung dieser Frage berücksichtigen zumindest die europäischen Entscheidungsorgane seit der Rechtssache *IMS Health* zum einen den Grad der Einbeziehung der Nutzer in die Entwicklung der geschützten Ressource, da dadurch eine Abhängigkeit der Nutzer von diesem Produkt entstanden sein könnte. Zum anderen ist nunmehr auch der Anpassungsaufwand, den Kunden bei der Umstellung auf ein alternatives Produkt betreiben müssten, für die Einstufung der Wesentlichkeit relevant.

In jedem Fall muss sich aber das Immaterialgüterrecht als de-facto-Standard durchgesetzt haben, was nicht mit der Tatsache des Bestehens eines Ausschließlichkeitsrechts gleichgesetzt werden kann. Denn nicht jedes Immaterialgüterrecht stellt gleichzeitig einen Industriestandard dar, der einer kartellrechtlichen Begrenzung bedarf.[923]

---

919 Technische oder ökonomische Standards zeichnen sich durch sog. Netzwerkeffekte aus, die es anderen risiko- und investitionsbereiten Wettbewerbern kaum möglich machen, einen vergleichbaren Standard zu schaffen. Sie sind dadurch gekennzeichnet, dass der Nutzen, den ein Konsument aus dem Produkt zieht, mit der Anzahl der Nutzer dieser Ressource exponentiell steigt. Diesbezüglich ist der ökonomische von dem formalen Standard zu unterscheiden, der erst nach einem formalisierten Festsetzungsverfahren von entsprechenden Organen als Norm festgesetzt wird.

920 Mills, J. Pat. & Trademark Off. Soc'y 1998, 101, 112; Eilmansberger, EWS 2003, 12, 22; Höppner, EuZW 2004, 748, 750; Zimmerlich, WRP 2004, 1260, 1270; Leupold/Pautke, EWS 2005, 108, 110; Spindler/Apel, JZ 2005, 133, 136; vgl. zu de-facto-Standards ausführlich Stapper, S. 203 ff.

921 Spindler/Apel, JZ 2005, 133, 137.

922 In einem solchen Fall der Nichtangreifbarkeit einer schutzrechtsgesicherten Ressource sind schließlich keine nennenswerten Prozess- oder Produktinnovationen mehr zu erwarten.

923 Spindler/Apel, JZ 2005, 133, 138.

3. Marktbeherrschende Stellung aufgrund der Schutzrechtsinhaberschaft

Unbestritten verschaffen gewerbliche Schutzrechte ihrem Inhaber, zumindest für einen befristeten Zeitraum, spürbare Wettbewerbsvorteile, weil dieser aufgrund der ihm zustehenden Ausschließlichkeitsbefugnisse etwaigen Wettbewerb durch andere Anbieter desselben Produkts verhindern kann. Nichtsdestotrotz entspricht es einhelliger Auffassung auf beiden Seiten des Atlantiks, dass die bloße Inhaberschaft geistiger Eigentumsrechte noch keine beherrschende Stellung des Rechtsinhabers auf den Märkten zur Verwertung der geschützten Ressource begründet, da nicht ausgeschlossen werden kann, dass er trotz seiner Ausschließlichkeitsposition lebhaftem Wettbewerb ausgesetzt ist.[924]

Hinter dieser Annahme steht die Überlegung, dass eine beherrschende Stellung immer nur auf einem bestimmten Markt möglich ist, der in sachlicher Hinsicht vor allem nach dem Kriterium der Austauschbarkeit der in Rede stehenden Produkte oder Dienstleistungen mit anderen abzugrenzen ist. Da diese notwendige Substituierbarkeit auch bei immaterialgüterrechtlich geschützten Erzeugnissen durchaus vorliegen kann, zieht die Gewährung von Ausschließlichkeitsrechten nicht zwangsläufig eine wirtschaftliche Monopolstellung nach sich.[925] Dem Schutzrechtsinhaber wird nur die Möglichkeit zur ausschließlichen Verwertung seines Rechts eingeräumt. Dabei handelt es sich zunächst nur um eine formale und noch keine materielle Wettbewerbsbeschränkung. Monopolisiert wird durch das Ausschließlichkeitsrecht lediglich das geschützte Recht selbst.[926]

Infolgedessen kann – bei strenger Unterscheidung zwischen der Feststellung der Marktmacht eines Unternehmens einerseits und dessen Eigentum an gewerblichen Schutzrechten andererseits – ein Ausschließlichkeitsrecht allein nur in äu-

---

924 Vgl. für die europäische Ebene: EuGH, 29.02.1968 – *Parke Davis*, Rs. 24/67 – Slg. 1968, 85, 112 (Patent); EuGH, 18.02.1971 – *Sirena*, Rs. 40/70 – Slg. 1971, 69, 84, Tz. 16 (Warenzeichen); EuGH, 08.06.1971 – *Deutsche Grammophon/Metro*, Rs. 78/70 – Slg. 1971, 487, 501, Tz. 16 (Urheberrecht); EuGH, 15.06.1976 – *EMI/CBS*, Rs. 96/75 – Slg. 1976, 913, 952, Tz. 19 (Warenzeichen); EuGH, 06.04.1995 – *RTE und ITP/Kommission*, C-241 u. C-242/91 P – Slg. 1995, I–743, 822, Tz. 46 (Urheberecht); für die amerikanische Auffassung siehe *In re Independent Service Organizations, et al. v. Xerox Corp.*, 203 F.3d 1322, 1325 (Fed. Cir. 2000); Antitrust Guidelines, Sec. 2.2.: "The Agencies will not presume that a patent, copyright, or trade secret necessarily confers market power upon its owner."; Temple Lang, Fordham Int'l L. J. 1994, 437, 519; Gupta, Ent. L. Rev. 1995, 242, 242; Hartley, ALI-ABA 1998, 249, 254; Casper, ZHR 2002, 685, 698.

925 Skinner, ECLR 1994, 103, 105; Ebenroth/Bohne, EWS 1995, 397, 398; Heinemann, ZWeR 2005, 198, 202; Beier, FS Quack, 15, 29 ff; Böck, S. 15; Decker, S. 61; Stapper, S. 89.

926 Casper, ZHR 2002, 685, 686; Wirtz/Holzhäuser, WRP 2004, 683, 684; Bartl, S. 79.

ßerst seltenen Ausnahmefällen und bei Vorliegen besonderer Umstände zu einer marktdominanten Stellung führen.[927] Der Inhaber eines Immaterialgüterrechts ist demnach erst dann als marktbeherrschend einzustufen, wenn er – unabhängig von seinem gewerblichen Schutzrecht – in der Lage ist, dynamischen Wettbewerb in einem bestimmten Bereich vollends zu unterdrücken.[928]

Für diese Einschätzung kommt es entscheidend darauf an, wie der relevante Markt abgegrenzt wird. Beinhaltet der konkrete Markt nur die Einrichtung, die durch das Immaterialgüterrecht geschützt ist, kann dies mit einer marktbeherrschenden Stellung des Schutzrechtsinhabers einhergehen.[929] Dies ist insbesondere dann der Fall, wenn er in Ermangelung von Anbietern gleichartiger oder substituierbarer Leistungen der einzige Anbieter eines bestimmten Produkts ist, so dass potentielle Nachfrager ihren bestehenden Bedarf nur bei ihm befriedigen können.[930] Eine derartige Wettbewerbssituation, die aber allenfalls bei Pionier- bzw. Schlüsselerfindungen, die zur Industrienorm für ein Produkt geworden sind, denkbar erscheint, versetzt das berechtigte Unternehmen bei seiner wirtschaftlichen Betätigung in die Lage, befreit von wettbewerblichen Schranken, allein durch eine fortgesetzte Kontrahierungsverweigerung den Eintritt von Wettbewerbern in den relevanten Markt zu verhindern.[931] Häufig werden allerdings Alternativen zu den geschützten Ressourcen des Schutzrechtsinhabers bestehen, so

927 Ebenroth/Bohne, EWS 1995, 397, 398; Dittmann, S. 200; Beckmerhagen, S. 327.

928 Vgl. EuGH, 18.02.1971 – *Sirena*, Rs. 40/70 – Slg. 1971, 69, 84, Tz. 16; EuGH, 08.06.1971– *Deutsche Grammophon/Metro*, Rs. 78/70 – Slg. 1971, 487, 501, Tz. 17; EuGH, 06.04.1995 – *RTE und ITP/Kommission*, C-241 u. C-242/91 P – Slg. 1995, I–743, 822, Tz. 47; Greaves, E.I.P.R. 1998, 379, 381; Stothers, E.I.P.R. 2002, 86, 90.

929 Meinhardt, S. 38; Abermann, S. 139; Stapper, S. 90.

930 Vgl. EuGH, 06.04.1995 – *RTE und ITP/Kommission*, C-241 u. C-242/91 P – Slg. 1995, I–743, 822, Tz. 47; *Jefferson Parish Hosp. Dist. No. 2 v. Hyde*, 466 U.S. 2, 16 (1984): "[I]f the Government has granted the seller [of a product] a patent or similar monopoly power over a product, it is fair to presume that the inability to buy the product elsewhere gives the seller market power"; im weiteren Verlauf des Urteils, 466 U.S. 2, 37 Fn. 7 (1984), kritisierte Richter O'Connor die allgemeine Fehlmeinung, dass ein Patent automatisch Marktmacht nach sich ziehe: "[...] a patent holder has no market power in any relevant sense if there are close substitutes for the patented product." ; Opi, Fordham I. P., Media & Ent. L. J. 2001, 409, 442; Buhrow/Nordemann, GRUR Int. 2005, 407, 413, bezeichnen derartige geistige Eigentumsrechte treffend als „sole source".

931 Böck, S. 15; Dittmann, S. 201; Decker, S. 68; Grabitz/Hilf-Jung, Art. 82 EGV, Rn. 76.

dass potentielle Konkurrenten auf die Möglichkeit eines Substitutionswettbewerbs verwiesen werden können.[932]

III. Fehlende Duplizierbarkeit der geschützten Ressource

Die fehlende Duplizierbarkeit der durch ein geistiges Eigentumsrecht geschützten Einrichtung wird häufig bereits zusammen mit der Voraussetzung der Wesentlichkeit geprüft, da eine eindeutige Abgrenzung hierzu nicht immer leicht zu finden ist. Insbesondere im Zusammenhang mit gewerblichen Schutzrechten, die oftmals auf langjährigen kosten- und personalintensiven Entwicklungsarbeiten beruhen, besteht nun die immanente Gefahr, dass Trittbrettfahrer versuchen werden, von den vorangegangenen Leistungen eines Schutzrechtsinhabers zu profitieren und fehlende Duplizierbarkeit zu reklamieren.

Insofern sind – auch unter Berücksichtigung des gesetzlichen Zwecks der Gewährung von Ausschließlichkeitspositionen – erhöhte Anforderungen an die Erfüllung dieser Anwendungsvoraussetzung zu stellen. Die Essential-Facilities-Doktrin darf nicht herangezogen werden, um etwaige Innovationsschwächen einzelner Konkurrenten auszugleichen. Daher muss der gerichtliche Fokus, vergleichbar zu den Fällen der Zugangsbegehren zum körperlichen Sacheigentum, allein auf die Schaffung bzw. Erhaltung wirksamen Wettbewerbs gerichtet werden.[933] Insofern scheint das Kriterium einer mangelnden Duplizierbarkeit im Bereich des geistigen Eigentums und damit eine Beeinträchtigung freien Wettbewerbs überhaupt erst denkbar, wenn eine immaterialgüterrechtliche Ressource zu einem Industriestandard[934] geworden ist.[935] In diesem Fall droht unter Umstän-

932 Götting, JZ 1996, 307, 308; Cotter, Antitrust Bull. 1999, 211, 228: "[...] a variety of substitutes exist for most patented inventions, copyrighted works, and trademarked articles; relatively few intellectual products confer the power to monopolize any given market."; Stothers, E.I.P.R. 2002, 86, 92; Heinemann, ZWeR 2005, 198, 202.

933 Korah, Antitrust L.J. 2002, 801, 820; Eilmansberger, EWS 2003, 12, 16 f., sieht dieses Kriterium grundsätzlich als ungeeignet und verfehlt an, da es zu sehr auf die Interessen des Wettbewerbers abstelle.

934 Ein Industriestandard ist dadurch gekennzeichnet, dass er aufgrund einer generellen Verbraucherakzeptanz einen signifikanten Marktanteil erreicht hat (z.B. das Betriebssystem Windows oder die Segmentstruktur von IMS). Die Kunden stehen einem Wechsel zu einem konkurrierenden Produkt wegen der zu erwartenden hohen Umstellungskosten und der gravierenden Umstrukturierungsmaßnahmen oftmals ablehnend gegenüber.

935 Vermut, Colum.-VLA J.L. & Arts 1997, 27, 55; Mills, J. Pat. & Trademark Off. Soc'y 1998, 101, 112; Papciak, Berkeley Tech. L.J. 1999, 323, 333, Fn 90; Zimmerlich, WRP 2004, 1260, 1270; Leupold/Pautke, EWS 2005, 108, 110; Schindler, S. 137; Abermann, S. 124.

den die Monopolisierung mehrerer Märkte – zum einen des Marktes um die geschützte Ressource selbst und zum anderen der nachgelagerten Märkte für Dienstleistungen oder Produkte, für die eine Nutzung des gewerblichen Schutzrechts unausweichlich ist.

Grundsätzlich ist natürlich möglich, dass neben tatsächlichen oder rechtlichen Hindernissen auch zu erwartende Kosten einer alternativen Produktentwicklung die Duplizierung der geschützten Ressource ausscheiden lassen können. So zeigt sich der Europäische Gerichtshof nunmehr in der Entscheidung *IMS Health* bereit, im Rahmen einer Rentabilitätsprüfung berücksichtigen zu wollen, ob potentielle Kunden des Alternativprodukts aufgrund ihrer vorherigen Einbindung in die Entwicklung der geschützten Ressource nur bei Gewährung solcher finanzieller Konditionen zu einem Wechsel bereit wären, die ein vergleichbares Substitutionsprodukt für den Wettbewerber zwangsläufig unrentabel werden ließen.

Durch diese Herangehensweise modifiziert der Gerichtshof die Essential-Facilities-Doktrin in einem wesentlichen Punkt. Denn ursprünglich und zuletzt noch in der *Bronner*-Entscheidung wurde eine fehlende Duplizierung infolge mangelnder wirtschaftlicher Substituierbarkeit vordergründig bei öffentlich subventionierten Unternehmen bzw. ehemals regulierten Industriebereichen angenommen.[936] Diese Sichtweise entspricht auch dem eigentlichen Leitbild der Doktrin, nämlich Zugang zu wesentlichen Einrichtungen zu verschaffen, um durch einen Abbau zu unrecht bestehender Marktzutrittsschranken freien Wettbewerb auf vermachteten Märkten zu ermöglichen.

In der Rechtssache *IMS Health* hingegen hat zu jeder Zeit freier Wettbewerb bestanden und IMS lediglich unternehmerische Weitsicht bewiesen und bestehende wettbewerbliche Freiheiten ausgenutzt, indem sie eine Arbeitsgruppe mit Vertretern der Pharmaindustrie zur Verbesserung der Segmentstruktur gegründet hat. Diese Option stand auch anderen Marktteilnehmern offen und die finanzielle Unterstützung der Industrie kann nicht mit dem Erhalt öffentlicher Subventionen gleichgestellt werden. Bedenken gegen die Auffassung des Gerichtshofs bestehen dann auch insofern, als er seine kartellrechtliche Analyse zu stark auf die Bedürfnisse und Möglichkeiten des lizenzbegehrenden Konkurrenten verengt und die beachtenswerten Eigenleistungen der Schutzrechtsinhaberin bei der Entwicklung ihrer Datenstruktur vernachlässigt.

---

936 Vgl. Schlussanträge des Generalanwalts Jacobs, 28.05.1998 – *Bronner*, C-7/97 – Slg. 1998, I-7791, 7813, Tz. 66: „Ich schließe nicht aus, dass die Kosten für die Schaffung einer gleichwertigen Einrichtung allein schon eine unüberwindbare Hürde für den Marktzutritt darstellen können. Dies könnte insbesondere für die Fälle gelten, in denen die Einrichtung unter wettbewerbsfreien Voraussetzungen, z.B. teilweise mittels öffentlicher Finanzierung, geschaffen wurde."

IV. Die einfache Lizenzverweigerung als kartellrechtlich nicht sanktionierbares Verhalten

Die Grundsätze der Privatautonomie und der Eigentumsgarantie werden sowohl vom amerikanischen als auch vom europäischen Kartellrecht als oberste Prinzipien der Privatrechtsordnung anerkannt. Als ein Element dieses liberalen Rechts- und Wirtschaftsverständnisses wird die Vertragsfreiheit – in ihrer positiven wie negativen Ausgestaltung – von beiden Rechtsordnungen grundsätzlich garantiert. Beiden Rechtssystemen gemein ist zudem die rechtspolitische Wertung, die dem Verhältnis zwischen geistigen Eigentumsrechten und kartellrechtlichen Vorschriften zugrunde liegt. Hiernach ist es im Interesse eines andauernden technischen, wirtschaftlichen und sozialen Fortschritts zum Wohle der Allgemeinheit notwendig, durch Gewährung ausschließlicher Rechtspositionen den Wettbewerb mit geschützten Erzeugnissen für eine gewisse Zeit zu beschränken, um damit einen Innovations- und Substitutionswettbewerb auf den betroffenen Märkten anzuregen.

Diesem Grundverständnis folgend, begründet zum einen allein die Inhaberschaft eines vom nationalen Gesetzgeber gewährten Ausschließlichkeitsrechts prinzipiell noch keine marktbeherrschende Position im Sinne von Sec. 2 Sherman Act bzw. Art. 82 EG. Zum anderen verhält sich ein marktdominanter Schutzrechtsberechtigter auch nicht bereits dadurch rechtsmissbräuchlich und wettbewerbswidrig im Sinne der Vorschriften, dass er potentielle Interessenten durch eine Lizenzverweigerung von der Nutzung seiner geschützten Ressource ausschließt.[937] Denn der Sinn und Zweck eines gewerblichen Schutzrechts liegt gerade in der grundsätzlichen Befugnis seines Inhabers, Dritte für einen gewissen Zeitraum von der Nutzung abzuhalten und eigenständig darüber zu entscheiden, ob dieses Recht überhaupt lizenziert werden soll.[938]

---

937 Vgl. *Rural Telephone Service Co., Inc. v. Feist Publications, Inc.*, 737 F. Supp. 610, 621 (D.Kan. 1990); EuGH, 05.10.1988 – *Volvo/Veng*, Rs. 238/87 – Slg. 1988, 6211, 6235, Tz. 8; Temple Lang, Fordham Int'l L. J. 1994, 437, 449; Reeves/ Arney/Boyko, PLI 1996, 403, 403; Greaves, E.I.P.R. 1998, 379, 382; Lober, GRUR Int. 2002, 7, 13; Kobak, PLI 2002, 577, 591; Marquardt/Leddy, Antitrust L.J. 2003, 847, 865 f.; Leupold/Pautke, EWS 2005, 108, 110; Abermann, S. 139; Sprickmann Kerkerinck, S. 117; Kübel, S. 204.

938 Ebenroth/Bohne, EWS 1995, 397, 401; Stern, E.I.P.R. 1998, 390, 394; Miller/ Sefton, PLI 2002, 625, 630; Spindler/Apel, JZ 2005, 133, 134; vgl. *United States v. Westinghouse Electric Corp.*, 648 F.2d 642, 647, (9th Cir. 1981): "The right to license [a] patent, exclusively or otherwise, or to refuse to license at all, is the „untrammeled right" of the patentee."; *Tricom, Inc. v. Electronic Data Systems Corp.*, 902 F. Supp. 741, 743 (E.D. Mich. 1995): "Under patent and copyright law, [the owner] may not be compelled to license [...] to anyone."; *Ethyl Gasoline Corp.*

Selbst wenn dem beherrschenden Schutzrechtsinhaber aufgrund seiner Lizenzverweigerung verschiedene Vermarktungsstufen vorbehalten bleiben und er dadurch die im Ausgangspunkt rein formale Wettbewerbsbeschränkung in eine materielle Wettbewerbsbeschränkung ausbaut, kann sein Verhalten nicht als missbräuchlich bewertet werden, da auch diese Folgeerscheinung zur Substanz geistiger Eigentumsrechte gehört und der Gesetzgeber dem Schutzrechtsinhaber diesen Wettbewerbsvorsprung im Interesse der Allgemeinheit zugebilligt hat.[939]

Den Stellenwert, den die Rechtsanwender beider Kontinente der freien Selbstbestimmung des Schutzrechtsinhabers im Hinblick auf eine Lizenzerteilung zumessen, wird nicht zuletzt dadurch deutlich, dass es keinen Präzedenzfall gibt, in denen ein amerikanisches Gericht ein marktbeherrschendes Unternehmen allein aufgrund einer Lizenzverweigerung gegenüber Konkurrenten kartellrechtlich zur Verantwortung gezogen hat.[940] Eine Verletzung des Sec. 2 Sherman Act durch die Ausübung rechtmäßig erworbener Ausschließlichkeitsrechte innerhalb des spezialgesetzlich gewährten Umfangs ist ausgeschlossen.[941]

Die europäischen Gemeinschaftsgerichte vertreten im Hinblick auf Art. 82 EG einen vergleichbaren Standpunkt. Danach kann eine Lizenzverweigerung durch marktbeherrschende Unternehmen niemals allein, sondern nur bei Hinzu-

---

v. United States, 309 U.S. 436, 456 f. (1940); *SCM Corp. v. Xerox Corp.*, 645 F.2d 1195, 1206 (2d Cir. 1981); *Service & Training, Inc. v. Data General Corp.*, 963 F.2d 680, 686 (4th Cir. 1992): "Data General may lawfully license to whomever it chooses."

939 Ebenroth/Bohne, EWS 1995, 397, 403; Montag, EuZW 1997, 71, 75; Jung, ZWeR 2004, 379, 395; vgl. auch Schlussanträge des Generalanwalts Gulmann, 01.06.1994 – *RTE und ITP/Kommission*, C-241 u. C-242/91 P – Slg. 1995, I-743, 767, Tz. 67: „[...] Der Zweck des Urheberrechts besteht [...] gerade darin, dem Inhaber die Möglichkeit zu geben, den Wettbewerb zu beschränken und diese Möglichkeit muß auch einem beherrschenden Unternehmen eingeräumt werden."; *In Re Independent Service Organizations Antitrust Litigation*, 989 F. Supp. 1131, 1135 (D. Kan. 1997): „There is no unlawful leveraging of monopoly power when a patent holder merely exercises its rights inherent in the patent grant."

940 Vgl. *Image Technical Services, Inc.. v. Eastman Kodak Co.*, 125 F.3d 1195, 1216 (9th Cir. 1997): "We find no reported case in which a court has imposed antitrust liability for a unilateral refusal to license a patent or copyright."; *Miller Insituform, Inc. v. Insituform of North America*, 830 F.2d 606, 609 (6th Cir. 1987): "A patent holder who lawfully acquires a patent cannot be held liable under Section 2 of the Sherman Act for maintaining the monopoly power he lawfully acquired by refusing to license the patent to others."

941 Vgl. *SCM Corp. v. Xerox Corp.*, 645 F.2d 1195, 1206 (2d Cir. 1981): "[...] where a patent has been lawfully acquired, subsequent conduct permissible under the patent laws cannot trigger any liability under the antitrust laws."; *Miller Insituform, Inc. v. Insituform of North America, Inc.*, 830 F.2d 606, 609 (6th Cir. 1987); *United States v. Westinghouse Electric Corp.*, 648 F.2d 642, 647 (9th Cir. 1981).

treten außergewöhnlicher Umstände als rechtswidrig qualifiziert werden, nämlich dann, wenn der Schutzrechtsinhaber den ihm zugestandenen Wettbewerbsvorsprung zu wettbewerbsfremden Handlungen missbraucht.[942]

V. Das Zusammentreffen von Lizenzverweigerung und missbräuchlichen Verhaltensweisen

Innerhalb der Kommentierungen zu den höchstrichterlichen Auffassungen besteht weitgehende Einigkeit dahingehend, dass das Vorliegen außergewöhnlicher, missbrauchsbegründender Umstände ein zusätzliches, über die einfache Lizenzverweigerung und das Innehaben einer immaterialgüterrechtlich geschützten wesentlichen Einrichtung hinausgehendes Erfordernis ist, um eine Verletzung von Sec. 2 Sherman Act bzw. Art. 82 EG unter Berufung auf die Essential-Facilities-Doktrin feststellen zu können.[943] Die Doktrin allein nach den für den Zugang zu Infrastrukturmonopolen entwickelten Kriterien bereits in jedem Fall der Wesentlichkeit eines Schutzrechts für den Marktzutritt anzuwenden, würde die Immaterialgüterrechte in erheblichem Umfang ihrer Schutzfunktion berauben und ihrer Anreizfunktion für die Innovationstätigkeit nicht gerecht werden.

Im Unterschied zum Sacheigentum bildet gerade die exklusive Verfügungsbefugnis einen Wesensgehalt des geistigen Eigentumsrechts, so dass nicht bereits dann, wenn eine Zugangsverweigerung den Wettbewerb auf einem abgeleiteten Markt beschränkt, ein Missbrauch vorliegen kann.[944] Schließlich ist die Ausbeutung der Marktgegenseite gerade die typische Kehrseite des gesetzlich gewollten Ausschließlichkeitsnutzens.[945] Vor diesem Hintergrund unterliegt die Feststellung des Missbrauchs einer marktbeherrschenden Stellung durch die Ausübung von Immaterialgüterrechten erhöhten Anforderungen, um der erwähnten Tatsache

942 Vgl. Schlussanträge des Generalanwalts Mischo, 21.06.1988 – *CICRA u. Maxicar/ Renault*, Rs. 53/87 – Slg. 1988, 6039, 6065, Tz. 59: „Die bloße Erlangung eines gewerblichen Schutzrechts [...] stellt daher keinen Missbrauch einer beherrschenden Stellung dar. Es ist ein zusätzliches Element erforderlich.“; vgl. auch Eilmannsberger, EuZW 1992, 625, 632; Harz, Emory Int'l L. Rev. 1997, 189, 199 f.; Lampert, NJW 1999, 2235, 2235; Fleischer/Weyer, WuW 1999, 350, 355; v. Bechtolsheim/ Bruder, WRP 2002, 55, 56.

943 Jebsen/Stevens, Antitrust L.J. 1996, 443, 460; Greaves, E.I.P.R. 1998, 379, 382; O'Rourke, Harv. J.L. & Tech. 1998, 1, 11; Opi, Fordham I. P., Media & Ent. L. J. 2001, 409, 450; Stothers, E.I.P.R. 2002, 86, 90; Casper, ZHR 2002, 685, 701; Schwarze, ZUM 2003, 15, 18; Buhrow/Nordemann, GRUR Int. 2005, 407, 414; Höppner, GRUR Int. 2005, 457, 459; Abermann, S. 129 f.

944 Wirtz/Holzhäuser, WRP 2004, 683, 684.

945 Eilmansberger, EWS 2003, 12, 18; Jung, ZWeR 2004, 379, 388.

gebührend Rechnung zu tragen, dass der angebliche Missbrauch unter Einsatz eines von der Gesetzgebung eingeräumten Rechts und nicht unter Anwendung verbotener Mittel erfolgt.[946]

In diesem Zusammenhang ist allerdings zu berücksichtigen, dass ein gewohnheitsmäßiges Abstellen auf außergewöhnliche bzw. missbrauchsbegründende Umstände erhebliche Rechtsunsicherheit in dem wirtschaftlich sehr sensiblen Bereich der gewerblichen Schutzrechte mit sich bringen kann. Unter Berücksichtigung der in den untersuchten Entscheidungen zu Tage getretenen Abwägungsfaktoren wird daher nachfolgend versucht, eine abstrakte Systematisierung derjenigen qualifizierten Wettbewerbsinteressen vorzunehmen, die ausreichend schwer wiegen, um die Ausübung immaterialgüterrechtlicher Befugnisse ausnahmsweise als machtmissbräuchlich erscheinen zu lassen.

Dabei wird sich zeigen, dass sich ein möglicher Weg zur Erzielung einer größeren Vorhersehbarkeit und eines gerechten Interessenausgleichs zwischen Immaterialgüter- und Wettbewerbsschutz an den Grundsätzen der Rechtsmissbrauchslehre orientieren kann. Hiernach handelt – unter Würdigung sämtlicher Umstände des Einzelfalls – allenfalls derjenige rechtsmissbräuchlich, der die eigene Rechtsposition unredlich erlangt hat, eigene Pflichten verletzt hat, kein schutzwürdiges Eigeninteresse besitzt, mit der Rechtsausübung gegen das Übermaßverbot verstößt oder sich widersprüchlich verhält.[947]

Zugrundeliegender Maßstab für die Feststellung der Missbräuchlichkeit sollte dabei sein, ob eine Maßnahme des Schutzrechtsinhabers im konkreten Fall noch dem Begriff des Leistungswettbewerbs zugeordnet und als solche trotz ihrer Behinderungswirkung gerechtfertigt werden kann.[948] In diesem Zusammenhang dürfen subjektive Absichten, Motive oder Beweggründe für die Beurteilung der Missbräuchlichkeit allerdings keine Rolle spielen.[949]

1. Vorbehalten eines abgeleiteten Marktes

Angesichts der Entstehungsgeschichte der Essential-Facilities-Doktrin könnte diese Verhaltensweise auf den ersten Blick ohne weiteres in die Kategorie des Rechtsmissbrauchs eingeordnet werden. Die Doktrin soll gerade wirtschaftliche Engpässe aufbrechen und so auf blockierten abgeleiteten Märkten Wettbewerb

---

946 Montag, EuZW 1997, 71, 78; Lober, GRUR Int. 2002, 7, 8; Jung, ZWeR 2004, 379, 391.

947 Jung, ZWeR 2004, 379, 391.

948 In diese Richtung auch Koenig/Loetz, EWS 2000, 377, 381; Thyri, WuW 2005, 388, 399; Eilmansberger, CML Rev. 2005, 129, 164 ff.; Beier, FS Quack, 15, 32; Decker, S. 90.

949 Meinhardt, S. 40; a.A. Eilmansberger, CML Rev. 2005, 129, 149 ff. und 170 ff.

schaffen.[950] Allerdings erscheint zweifelhaft, ob dieser wettbewerbspolitische Grundgedanke aus dem Bereich des Sacheigentums einschränkungslos in das Gebiet der Immaterialgüterrechte übertragen werden kann.

Zuzugestehen ist, dass die monopolausdehnende Wirkung einer Rechtsausübung in aller Regel wettbewerbsbeschränkende Folgen nach sich ziehen kann. Indes liegt es – anderes als in den nur das körperliche Sacheigentum betreffenden Konstellationen – gerade in der gesetzlich eingeräumten Substanz gewerblicher Schutzrechte, ihrem Inhaber verschiedene Vermarktungsstufen vorzubehalten, um dem Berechtigten die Möglichkeit zu gewähren, das Schutzrecht wirtschaftlich zu verwerten.[951] Somit wird das legitime Auskosten immaterialgüterrechtlicher Exklusivstellungen oftmals zwangsläufig zu einer Monopolausdehnung auf nachgelagerte Märkte führen. Damit ist aber gleichzeitig eine Anwendung der Essential-Facilities-Doktrin, die gerade den Zweck verfolgt, eine Monopolausdehnung auf abgeleitete Märkte und die damit verbundene Entstehung von Zutrittsbarrieren zu verhindern, aufgrund der gesetzgeberischen Intention von vornherein ausgeschlossen.[952] Das Vorhalten eines abgeleiteten Marktes stellt mithin eine zwar notwendige, aber nicht hinreichende Bedingung dar.

Folgerichtig ist die Doktrin um eine weitere Voraussetzung zu ergänzen, sofern unter ihrer Zuhilfenahme Zwangslizenzen zu immaterialgüterrechtlich geschützten Ressourcen begründet werden sollen. Zur Lizenzverweigerung müssen neben den Monopolausdehnungsaspekt noch weitere missbrauchsbegründende Umstände hinzutreten, um ein rechtsmissbräuchliches Verhalten des Schutzrechtsinhabers feststellen zu können.[953]

2. Fehlendes schutzwürdiges Eigeninteresse

Die immaterialgüterrechtliche Ausschließlichkeitsposition wird dem Schutzrechtsinhaber im öffentlichen Interesse unter anderem als angemessene Belohnung für seine vorangegangene Forschungs- und Entwicklungsarbeit sowie als hinreichender Ansporn für die Aufnahme von Substitutionswettbewerb gewährt.

Vor diesem Hintergrund ist die Ausübung der Ausschließlichkeitsbefugnisse wegen fehlenden schutzwürdigen Eigeninteresses als missbräuchlich einzustufen, wenn diese – etwa aufgrund der Blockade einer technischen Fortentwicklung –

---

950 Casper, ZHR 2002, 685, 695.

951 So ausdrücklich EuGH, 17.05.1988 – *Warner Brothers*, Rs. 158/86 – Slg. 1988, 2625, 2629, Tz. 13; Crowther, E.L. Rev. 1995, 521, 524 f.; Turnbull, ECLR 1996, 96, 101; Montag, EuZW 1997, 71, 75.

952 Stapper, S. 102.

953 In diese Richtung auch Lober, GRUR Int. 2002, 7, 14; Heinemann, ZWeR 2005, 198, 204; Sprickmann Kerkerinck, S. 153; Schommer, S. 150 f.

objektiv gegen die ureigenen Ziele des Immaterialgüterrechts selbst verstößt und nur als bloßer Vorwand für eine Wettbewerbsbeschränkung zweckentfremdet wird. Denn in derartigen Sachverhaltskonstellationen wird das mit dem Immaterialgüterrecht verfolgte Ziel der Innovationsförderung ins Gegenteil verkehrt.[954]

a) Schutzrechtsanhäufung zur gezielten Wettbewerbsblockade und Marktabschottung

In die vorgenannte Fallgruppe lässt sich insbesondere die gezielt zur Wettbewerbsblockade auf einem Primär- oder Sekundärmarkt eingesetzte Häufung oder Unterdrückung von Immaterialgüterrechten einordnen. Denn während beispielsweise ein Einzelpatent wegen eines uneingeschränkt fortbestehenden Substitutionswettbewerbs nur in seltenen Fällen eine dauerhafte Monopolstellung mit entsprechenden Steuerungsmöglichkeiten nach sich ziehen wird, birgt die gezielte Anhäufung von Patenten durch ein marktbeherrschendes Unternehmen, das keinen eigenen Nutzungs- und Verwertungswillen bezüglich der Schutzrechte besitzt, die Gefahr, dass es durch eine fortwährende Lizenzverweigerung das gesamte technische und wirtschaftliche Entwicklungspotential eines Marktes blockieren und damit letztlich den durch den Patentschutz bezweckten Forschungs- und Substitutionswettbewerb dauerhaft zum Nachteil der Wettbewerber und Verbraucher unterbinden wird.[955] Da aber funktionsfähiger Wettbewerb im öffentlichen Interesse grundsätzlich geboten ist, bewegt sich ein Marktteilnehmer, der seine Ausschließlichkeitsrechte allein zum Zwecke der Marktabschottung einsetzt, außerhalb des Schutzbereichs der ihm gewährten Immaterialgüterrechte und handelt damit rechtsmissbräuchlich.[956]

b) Verhinderung einer Angebotsverbesserung

Als weiterer einzelfallabhängiger Abwägungsgesichtspunkt, der den Wettbewerb gegenüber den Immaterialgüterrechten besonders schutzwürdig erscheinen lässt, ist auch die Intensität der Wettbewerbsbeschränkung aus Verbrauchersicht anzusehen. So kommt, zumindest innerhalb des europäischen Wettbewerbsrechts, eine

---

954 Jung, ZWeR 2004, 379, 392; Höppner, GRUR Int. 2005, 457, 461.

955 Zustimmend Kobak, PLI 2002, 577, 619; Lober, GRUR Int. 2002, 7, 16; Buhrow/Nordemann, GRUR Int. 2005, 407, 415; Grabitz/Hilf-Jung, Art. 82 EGV, Rn. 200; Meinhardt, S. 61; Mailänder, FS Schmidt, 271, 279; Abermann, S. 140; a.A. Beier, FS Quack, 15, 31.

956 Temple Lang, Fordham Int'l L. J. 1994, 437, 518; Stothers, E.I.P.R. 2002, 86, 92; Jung, ZWeR 2004, 379, 399; Körber, RIW 2004, 881, 881; Schindler, S. 20; Böck, S. 54.

Zwangslizenz eher in Betracht, wenn durch sie die Marktgegenseite mit einem wesentlich besseren Gut versorgt werden kann.[957]

Im andauernden Konflikt zwischen dem gewerblichen Schutzrecht und der wirtschaftlichen Handlungsfreiheit des Berechtigten auf der einen sowie dem Interesse am Schutz freien Wettbewerbs auf der anderen Seite soll letztgenannte nur dann überwiegen können, wenn die konkrete Lizenzverweigerung die Entwicklung eines Marktes zum Nachteil der Verbraucher verhindert.[958] Unter gewissen Umständen können, angelehnt an Art. 82 Abs. 2 lit. b) EG, europäische Verbraucherinteressen dabei einen derart starken Einfluss besitzen, dass sie einen Eingriff in gewerbliche Schutzrechte durch die Anordnung einer Zwangslizenz zu rechtfertigen vermögen. Indes lässt sich hieraus nicht der Rückschluss für das europäische Wettbewerbsrecht ziehen, dass Verbraucherschutzaspekte gegenüber Immaterialgüterrechten im Konfliktfall stets die Oberhand behielten, da der Gewährung von Ausschließlichkeitspositionen gerade der Gedanke zugrunde liegt, dass eine gewisse Einschränkung des Wettbewerbs auch aus Gründen der Innovationssicherung wünschenswert ist.[959]

Somit ist klärungsnotwendig, in welchen Situationen der Schutzrechtsinhaber durch seine Lizenzverweigerung eine Angebotsverbesserung zum Nachteil der Verbraucher hemmt. Innerhalb der europäischen Rechtsanwendungspraxis muss spätestens seit der *IMS Health*-Entscheidung dem Berechtigten die Verhinderung des Entstehens eines „neuen Produkts“, nach dem eine aktuelle oder potentielle Verbrauchernachfrage besteht, nachgewiesen werden können.

Die Umschreibung dieses Wettbewerbsverstoßes ist zwar nicht sehr konkret,[960] sollte aber seitens der Gemeinschaftsorgane zukünftig restriktiv ausgelegt werden. Bei der kartellrechtlichen Zwangslizenz handelt es sich als ultima ratio um einen hoheitlichen Eingriff in Eigentumsrechte des marktbeherrschenden Unternehmens zugunsten eines Konkurrenten. Schon aus diesem Grunde sind an die Neuheit des Produkts hohe Anforderungen zu stellen, um die Ausnahme nicht zur Regel zu machen.[961] Beim gegenwärtigen Stand der europäischen Spruchpraxis kann ein Erzeugnis daher keinesfalls schon dann als neu qualifiziert werden, wenn es lediglich zu Gütern des marktbeherrschenden Schutzrechtsinhabers in

957 Narciso, I.P.Q. 2003, 445, 467; Jung, ZWeR 2004, 379, 399.
958 Geiger, ECLR 2004, 311, 312; Spindler/Apel, JZ 2005, 133, 137; Gaster, CR 2005, 247, 252.
959 Ebenroth/Bohne, EWS 1995, 397, 402; Körber, RIW 2004, 881, 881.
960 Meinhardt, S. 96, hält den Begriff grundsätzlich für zu unbestimmt, als dass er als brauchbares Kriterium zur Feststellung eines Rechtsmissbrauchs dienen könnte; auch Deselaers, EuZW 1995, 563, 566, hält die Feststellung, ob ein bestimmtes Erzeugnis neu ist, in vielen Fällen für sehr schwierig.
961 Deselaers, EuZW 1995, 563, 566; Stapper, S. 71.

Wettbewerb treten würde, die dieser bereits für den Markt entwickelt, herstellt oder vertreibt.[962]

Der wettbewerbsrechtliche Vorwurf gegenüber dem Schutzrechtsberechtigten liegt darin, es Dritten durch seine Lizenzverweigerung unmöglich zu machen, ein neues Produkt einzuführen, es aber auch selbst – zum Schaden der Allgemeinheit – nicht zu tun.[963] Wettbewerber sollen daher keinen Zugriff auf immaterialgüterrechtlich geschützte Innovationsleistungen des Rechteinhabers bekommen, ohne selbst etwas für die Weiterentwicklung des Marktes zum Vorteil der Verbraucher zu tun.[964] Folglich muss das konkurrierende Erzeugnis des lizenzbegehrenden Unternehmens zumindest eine innovativ bedeutende oder qualitativ hochwertigere Weiterentwicklung gegenüber existierenden Produkten des Schutzrechtsinhabers darstellen und gerade dadurch besondere Bedürfnisse der Verbraucher befriedigen, die bislang nicht erfüllt wurden.[965]

Bei einem Verzicht auf diese funktionalen Produktdifferenzen würde anderenfalls jede noch so geringe Verbesserung einen Eingriff in immaterialgüterrechtlich geschützte Positionen, denen unter Umständen beträchtliche finanzielle Vorleistungen des Rechteinhabers vorausgegangen sind, erlauben.[966] Mithin darf es also nicht genügen, dass der Petent ein nahezu identisches Produkt lediglich – aufgrund der ersparten Innovationskosten – zu einem geringeren Preis anbieten will. Schutzzweck der kartellrechtlichen Vorschriften ist nämlich nicht das Interesse einzelner Wettbewerber an einer Gewinnmaximierung, sondern die Sicherstellung wirksamen Wettbewerbs mit möglichst optimaler Versorgung der Konsumenten.[967] Es muss deshalb im konkreten Fall feststehen, dass ein Versorgungsdefizit besteht, die Verbraucher ein qualitativ wesentlich verbessertes Pro-

---

962 Kaestner, S. 115; in diesem Zusammenhang merkt Hoeren, MMR 2004, 459, 460, treffend an, die bloße Ankündigung künftiger Produkte seitens des Rechteinhabers könne allein nicht ausreichen, um den Vorwurf des Rechtsmissbrauchs zu entkräften; er müsse vielmehr auf bereits bestehende Produkte verweisen können.

963 Höppner, GRUR Int. 2005, 457, 461.

964 Geiger, ECLR 2004, 311, 312; Leupold/Pautke, EWS 2005, 108, 114.

965 Pilny, GRUR Int. 1995, 954, 957; Wirtz/Holzhäuser, WRP 2004, 683, 690; Spindler/Apel, JZ 2005, 133, 137; Leupold/Pautke, EWS 2005, 108, 112; Höppner, GRUR Int. 2005, 457, 462.

966 Zuzustimmen ist insofern Schommer, S. 149, Fn. 359.

967 Vgl. insofern auch die Schlussanträge des Generalanwalts Gulmann, 01.06.1994 – *RTE und ITP/Kommission*, C-241 u. C-242/91 P – Slg. 1995, I-743, 775, Tz. 97: „Wenn es um ein Erzeugnis geht, das im wesentlichen dasselbe Bedürfnis der Verbraucher befriedigt wie das geschützte Erzeugnis, wiegt das Interesse des Inhabers des Urheberrechts schwer. Selbst wenn der Markt zum Schaden der Verbraucher begrenzt wird, muss die Befugnis zur Lizenzverweigerung als notwendig angesehen werden, um die Vergütung des Urhebers für seine schöpferische Tätigkeit sicherzustellen."; ebenso Montag, EuZW 1997, 71, 74.

dukt nachfragen und der Petent bei Erteilung der Lizenz – im Gegensatz zum marktbeherrschenden Unternehmen – bereit und in der Lage ist, die Nachfrage nach diesem Mehrwertprodukt zu befriedigen.

Sofern die zuständigen Kartellbehörden diese restriktive Herangehensweise beachten, werden Fälle, in denen eine Lizenzverweigerung tatsächlich die Entstehung eines neuen, qualitativ erheblich verbesserten Produkts verhindern kann, zwar rar bleiben.[968] Dennoch steht diese Sichtweise im Einklang mit dem Zweck des Immaterialgüterrechtsschutzes, wonach die Rechteinhaber nur vor imitierendem, nicht aber vor substitutivem Wettbewerb geschützt werden sollen; letzterer soll gerade durch die Einräumung diverser Schutzrechte gefördert werden. Verlangt man vom Lizenznehmer als Gegenleistung für die Einräumung einer Zwangslizenz die Entwicklung und Vermarktung eines neuen Produkts, für das eine potentielle Nachfrage besteht, so ist die Gefahr einer Lizenznutzung zu Zwecken rein imitierenden Wettbewerbs ausgeschlossen und damit dem Schutzzweck des Immaterialgüterrechts Genüge getan.[969]

c) Verminderte Belohnungsnotwendigkeit

Schließlich kann das schutzwürdige Eigeninteresse des Rechteinhabers an seiner Ausschließlichkeitsposition infolge einer fehlenden bzw. nur geringen „Belohnungsreichweite"[970] für seine unternehmerische Leistung bei der Schaffung des betreffenden Immaterialgüterrechts derart abnehmen, dass eine Lizenzverweigerung unter Berücksichtigung aller Umstände des Einzelfalls als rechtsmissbräuchlich bewertet werden muss.

Prinzipiell umfasst die Belohnungsreichweite eines gewerblichen Schutzrechts auch abgeleitete Märkte für bestimmte Endprodukte, sofern ein Ausschließlichkeitsberechtigter aufgrund eigener Anstrengungen ein Immaterialgüterrecht erwirkt hat, das unmittelbar auf die Erzeugung dieser Endprodukte abzielt.[971] Der Rechteinhaber besitzt dann auch die Möglichkeit, jegliche Lizenzierung seines geistigen Eigentums zu verweigern, selbst wenn sich die geschützte Technologie zu einem de-facto-Standard entwickeln sollte.[972] Denn auch eine derartige temporäre Marktmacht ist im System des Leistungswettbewerbs ange-

---

968 Diese Prognose wagt Drexl, IIC 2004, 788, 808.

969 Körber, RIW 2004, 881, 888; Leupold/Pautke, EWS 2005, 108, 115; Beckmerhagen, S. 338 ff.

970 Heinemann, ZWeR 2005, 198, 204.

971 Eilmansberger, CML Rev. 2005, 129, 165.

972 Heinemann, ZWeR 2005, 198, 204; Thyri, WuW 2005, 388, 398; a.A. wohl Opi, Fordham I. P., Media & Ent. L. J. 2001, 409, 433.

legt, und, sofern sie mit leistungsgerechten Mitteln verdientermaßen erworben wurde, grundsätzlich schützenswert.[973]

Ein anderes Ergebnis erscheint allerdings in Konstellationen billigenswert, in denen der Berechtigte das betreffende Schutzrecht nicht leistungsgerecht bzw. selbständig, sondern entweder illegal, überwiegend infolge einer branchenweiten Kooperationsstrategie oder infolge einer Unterstützung durch öffentliche Hilfsmittel geschaffen hat.[974] Dann haben das lizenzbegehrende Unternehmen und der Immaterialgüterrechtsinhaber gleichermaßen keine nennenswerten wettbewerblichen Leistungen erbracht und insbesondere der Schutzrechtsinhaber wird nicht gezwungen gewesen sein, eigene personal- und kostenintensive Erfindungsleistungen erbringen zu müssen.

Gleiches gilt, wenn eine bestimmte Ressource durch die zuständigen Behörden zu einem gesetzlichen Standard erhoben wird. Auch hier kann der Berechtigte nur schwerlich argumentieren, der durch eine nachfolgende Lizenzverweigerung erzielte Wettbewerbsvorsprung auf dem nachgelagerten Markt sei noch leistungskonform, da die Wesentlichkeit der Ressource ja gerade nicht oder nicht nur auf die Qualität oder die freiwillige Akzeptanz der Verbraucher zurückzuführen ist.[975]

Die vorzunehmende Interessenabwägung im Einzelfall fällt daher um so eher zu Lasten des Schutzrechtsinhabers aus, je weiter sich dieser infolge einer risikoärmeren Unterstützung durch die öffentliche Hand vom Grundgedanken des Ausschließlichkeitsrechts im Sinne einer Belohnungs- und Anspornungstheorie entfernt hat.[976] Im Rahmen dieser Interessenabwägung sind darüber hinaus noch die jeweilige Schöpfungs- bzw. Erfindungshöhe[977] sowie die dem Innovationswettbewerb in dem konkret betroffenen Wirtschaftszweig zugemessene Bedeutung zu berücksichtigen und die Frage zu klären, wie sehr die Gesellschaft zu seiner Ge-

973 In diesem Sinne wohl auch Temple Lang, Fordham Int'l L.J. 1994, 437, 486; Deselaers, EuZW 1995, 563, 564.

974 Müller, EuZW 1998, 232, 235; Korah, Antitrust L.J. 2002, 801, 839; Jung, ZWeR 2004, 379, 394; Thyri, WuW 2005, 388, 398.

975 In diesem Sinne auch Eilmansberger, EWS 2003, 12, 23; Eilmansberger, CML Rev. 2005, 129, 166.

976 Zustimmend Papciak, Berkeley Tech. L.J. 1999, 323, 338; Bergmann ECLR 2000, 59, 63; i.E. wohl auch Casper, ZHR 2002, 685, 702: "Je umfangreicher die Investitionskosten waren, umso höher ist die Schwelle für eine Zwangslizenz."

977 Diesen Aspekt berücksichtigend Narciso, I.P.Q. 2003, 445, 467 und Eilmansberger, CML Rev. 2005, 129, 165, der einfachen Nebenprodukten aus der Erzeugung eines anderen Produkts die Belohnungsnotwendigkeit abspricht; a.A. jedoch Buhrow/ Nordemann, GRUR Int. 2005, 407, 417, da das Schutzrecht unabhängig von solchen Überlegungen Ausschließlichkeit gewähre.

währleistung auf Anreize durch immaterialgüterrechtliche Ausschließlichkeitspositionen angewiesen ist.

In diesem Zusammenhang fällt zumindest für die europäische Rechtsanwendungspraxis auf, dass bisherige Grundsatzentscheidungen aus diesem Bereich vorrangig Lizenzierungsbegehren im Hinblick auf Immaterialgüterrechte betrafen, die entweder keine oder aber nur schwache innovative Eigenleistungen ihrer Inhaber erfordert hatten. So waren beispielsweise die an den Programmlisten bestehenden Urheberrechte in *Magill* nicht das Ergebnis einer besonderen unternehmerischen Leistung auf Seiten der Fernsehanstalten, sondern ergaben sich zwangsläufig aus ihrer Programmgestaltung bzw. –planung.

Diesbezügliches Neuland ist nunmehr durch das eingeleitete Verfahren in Sachen *Microsoft* betreten worden, so dass abzuwarten bleibt, welchen Stellenwert der Europäische Gerichtshof dieser Fallgruppe zukünftig zumessen wird.

3. Verletzung des Übermaßgebots

Dem Grundsatz nach kann die Ausübung gesetzlich gewährter Ausschließlichkeitsrechte zumindest für einen limitierten Zeitraum Einschränkungen für Wettbewerber und, daraus resultierend, Nachteile für Verbraucher mit sich bringen. Indes sind unter gewissen Umständen auch Sachverhaltskonstellationen vorstellbar, in denen diese grundsätzlich hinzunehmenden negativen Auswirkungen des Immaterialgüterschutzes in Relation zu seinem feststellbaren Nutzen und angesichts einer vom lizenzbegehrenden Unternehmen angebotenen Lizenzgebühr ausnahmsweise als übermäßig angesehen werden können. In eine derartige einzelfallbezogene Verhältnismäßigkeitsprüfung fließen zahlreiche Gesichtspunkte ein, die die Intensität des Immaterialgüterschutzes oder des Wettbewerbsschutzes und damit das Ergebnis der Abwägung beeinflussen.[978]

Die Basis für eine Missbrauchsbeurteilung innerhalb dieser Fallgruppe bildet der Gedanke des Schutzzwecks geistiger Eigentumsrechte. So ist allgemein anerkannt, dass Ausschließlichkeitsrechte den Wettbewerb nur insoweit beschränken dürfen, wie es die Reichweite des betroffenen Immaterialgüterrechts zulässt. Verweigert der Berechtigte die Erteilung einer Lizenz, kann es, wie unter a) bereits erläutert, in erster Linie nicht darauf ankommen, ob er dadurch Marktmacht von einem Produktmarkt auf den nächsten überträgt. Vielmehr muss er versuchen, seine – rechtmäßig erlangte – Monopolstellung auf einen Markt zu übertragen, der vom Umfang des ihm gewährten Schutzrechts gerade nicht mehr umfasst

978 Jung, ZWeR 2004, 379, 394.

ist, für den er, mit anderen Worten, das Immaterialgüterrecht gar nicht erhalten hat.[979]

Allerdings kann dieser Ansatz in Einzelfällen, in denen ein Immaterialgüterrecht ungewöhnlich breit wirkt und daher gleich eine Vielzahl von Märkten im wettbewerbsrechtlichen Sinn umfasst, zu unbilligen Ergebnissen führen. Immerhin bestünde für den Schutzrechtsinhaber grundsätzlich die legale Möglichkeit, alle betroffenen Märkte unter Hinweis auf das Ausschließlichkeitsrecht zu monopolisieren.[980] Ein derart breit wirkender Immaterialgüterschutz ist aus Gründen der Anreizsicherung zumindest dann nicht mehr nachvollziehbar bzw. erforderlich, wenn er unter Umständen, wie beispielsweise im Falle von Netzwerkmonopolen oder technischen Standards, die Innovationsmöglichkeiten auf nachgelagerten Märkten zum Nachteil der Verbraucher gefährden würde.[981] Anderenfalls könnten die in diesen Konstellationen typischerweise entstehenden Netzwerkeffekte strukturelle Marktzutrittsschranken errichten und dem Rechteinhaber ein nur schwer angreifbares Monopol von besonderer Dauerhaftigkeit verleihen. In diesen seltenen Fällen sind an eine Verletzung des Übermaßgebotes daher geringere Anforderungen zum Wohle des Wettbewerbs zu stellen.

4. Widersprüchliche Verhaltensweisen

Der Schutzrechtsinhaber kann sich auch durch widersprüchliches Verhalten dem Vorwurf des Rechtsmissbrauchs aussetzen. Dies ist unter anderem dann denkbar, wenn er ohne objektiv nachvollziehbare Gründe bestehende Geschäftsbeziehungen oder Lizenzierungspolitiken beendet oder abändert und hierdurch bereits be-

---

979 In diese Richtung gehen *Image Technical Services, Inc. v. Eastman Kodak Co.*, 125 F.3d 1195, 1216 (9th Cir. 1997); *Lasercomb America, Inc. v. Reynolds*, 911 F.2d 970, 978 (4th Cir. 1990); *Advanced Computer Services of Michigan, Inc. v. MAI Systems Corp.*, 845 F. Supp. 356, 370 (E.D. Va. 1994); vgl. ferner *Eastman Kodak Company v. Image Technical Services, Inc., et al.*, 504 U.S. 451, 479, Fn. 29 (1992), als der Supreme Court feststellte: "[...] power gained through some natural and legal advantage such as patent, copyright or business acumen can give rise to liability if a seller exploits his dominant position in one market to expand his empire into the next."; *Rural Telephone Service Co. v. Feist Publications, Inc.*, 737 F. Supp. 610, 621 (D.Kan. 1990); Sec. 2.2 Antitrust Guidelines: "[...] As in other antitrust contexts, however, market power could be illegally acquired or maintained, or, even if lawfully acquired and maintained, would be relevant to the ability of an intellectual property owner to harm competition through unreasonable conduct in connection with such property."; Lande/Sobin, Harv. J.L. & Tech. 1996, 237, 242; Gerber, Va. L. Rev. 1988, 1069, 1105, Fn. 136 mwN an Fällen.

980 Beckmerhagen, S. 172.

981 Pilny, GRUR Int. 1995, 954, 960 f.; Spindler/Apel, JZ 2005, 133, 137; Beckmerhagen, S. 194.

stehenden Wettbewerb nachträglich zum Nachteil der Marktgegenseite beschränkt.[982]

In diesen Konstellationen ist grundsätzlich zu unterstellen, dass ein gebotener Wettbewerbsschutz die Interessen des Rechteinhabers durch den zwangsweisen Fortbestand einer bereits einmal freiwillig gewährten Lizenz gegen Zahlung einer angemessenen Lizenzgebühr nicht unzumutbar beeinträchtigt.[983] Denn die vorangegangene selbständige Vermarktung der geschützten Ressource macht deutlich, dass das primäre Motiv für die Herstellung und Entwicklung der Einrichtung gerade nicht darin bestand, die Wettbewerbsposition auf einem nachgelagerten Markt zu stärken. Unter diesen Umständen wird die Anordnung einer Zwangslizenz daher auch keine negativen Wirkungen für die Innovationstätigkeit des betroffenen Unternehmens entfalten.[984]

Außerdem kann ein widersprüchliches Verhalten des Schutzrechtsberechtigten den Verdacht begründen, dass er sein Immaterialgüterrecht nur zur Rechtfertigung einer missbräuchlichen Monopolausdehnung vorschiebt. Dies ist beispielsweise dann naheliegend, wenn er willkürlich den Vertrieb einer immaterialgüterrechtlich geschützten Ressource vollständig einstellt, obwohl diese noch nachgefragt wird und Bezugsunternehmen an ihn als marktbeherrschenden Berechtigten derart gebunden sind, dass ihre Fähigkeit auf dem abgeleiteten Markt tätig zu sein, entscheidend von der Aufrechterhaltung der bestehenden Lizenzierungspolitik abhängt.[985]

5. Diskriminierende Lizenzierungsbedingungen

Als rechtsmissbräuchlich können auch nicht auf sachlichen Gründen beruhende, diskriminierende Lizenzierungsbedingungen angesehen werden.[986] Der Schutzrechtsinhaber ist gehalten, aktuellen oder potentiellen Mitwettbewerbern eine einmal gewährte Lizenz zu grundsätzlich gleichen Bedingungen zu gewähren. Insofern folgt aus diesem Diskriminierungsverbot eine Pflicht zur Gleichbehandlung aller Konkurrenten sowohl bezüglich der Höhe der Lizenzgebühren als auch

---

982 Perlstein, J. Suffolk Acad. L. 1996, 85, 109 f.; Reeves/Arney/Boyko, PLI 1996, 403, 419 f.; Meinhardt, S. 134.

983 Jung, ZWeR 2004, 379, 400; Leupold/Pautke, EWS 2005, 108, 115.

984 Eilmansberger, EWS 2003, 12, 19.

985 Vgl. für die europäische Spruchpraxis EuGH, 05.10.1988 – *Volvo/Veng*, Rs. 238/87 – Slg. 1988, 6211, 6235, Tz. 9; EuGH, 05.10.1988 – *CICRA u. Maxicar/Renault*, Rs. 53/87 – Slg. 1988, 6039, 6073, Tz. 16, beipielhaft für Lizenzen für Ersatzteile von Autokarosserien für Modelle, die noch in Gebrauch sind.

986 Vgl. Schlussanträge des Generalanwalts Mischo, 21.06.1988 – *CICRA u. Maxicar/Renault*, Rs. 53/87 – Slg. 1988, 6039, 6065, Tz. 60 f; Casper, ZHR 2002, 685, 703; Körber, RIW 2004, 881, 882; Beckmerhagen, S. 356; Kübel, S. 247 ff.

bezüglich der Objektivität der Auswahlkriterien bei der Lizenzvergabe. Im europäischen Rechtssystem ist diese Sichtweise in Art. 82 Abs. 2 lit.c) EG als besondere Missbrauchsform normiert.

6. Kopplungsgeschäfte

Das Bestreben des Schutzrechtsberechtigten, die Erteilung einer begehrten Lizenz zur Nutzung seiner immaterialgüterrechtlich geschützten Ressource von der Abnahme nicht geschützter Produkte oder weiterer Lizenzen abhängig zu machen, die weder sachlich noch nach Handelsgebrauch zum Vertragsgegenstand in Beziehung stehen, ist ebenfalls als rechtsmissbräuchlich einzuordnen.[987] Derartige Kopplungspraktiken zeichnen sich dadurch aus, dass gewerbliche Exklusivrechte auf Gegenstände ausgedehnt werden sollen, auf die sich das vom Petenten begehrte Ausschließlichkeitsrecht seinem Schutzumfang nach gerade nicht mehr erstreckt. Sie bergen daher die besondere Gefahr, dass ein marktbeherrschendes Unternehmen in unzulässiger Art und Weise seine durch das Immaterialgüterrecht vermittelte Marktmacht auch in andere, angrenzende Märkte auszudehnen versucht. Dieser Gesichtspunkt ist ebenfalls als besondere Missbrauchsform bereits in Art. 82 Abs. 2 lit. d) EG niedergelegt.

7. Willkürliche Unterlassungsklagen

Vornehmlich in den Vereinigten Staaten wird in willkürlich erhobenen Unterlassungs- bzw. systematischen Schutzrechtsverletzungsklagen gegen aktuelle oder potentielle Wettbewerber ein missbräuchliches Verhalten des Rechtsinhabers erblickt.[988] Allerdings ist diese Missbrauchsform eng auszulegen. Schließlich ist die Befugnis des Inhabers, seine Rechte gerichtlich geltend machen zu können, Ausdruck eines allgemeinen Rechtsgrundsatzes.

Missbräuchlich ist die Klageerhebung daher nur, wenn sie vernünftigerweise nicht mehr als Geltendmachung der Rechte des marktbeherrschenden Schutzrechtsinhabers zu verstehen ist und nur dazu dient, den Konkurrenten zu belästigen. Aufgrund ihrer offensichtlichen Aussichtslosigkeit verfolgen Kläger mit derartigen Prozessen (sog. sham litigation) einzig und allein das Ziel, potentielle

---

987 Vgl. *Zenith Radio Corp. v. Hazeltine Research, Inc.*, 395 U.S. 100, 136 (1969); *SCM Corp. v. Xerox Corp.*, 645 F. 2d 1195, 1206, Fn. 10 (2d Cir. 1981).; Mills, J. Pat. & Trademark Off. Soc'y 1998, 101, 115; Körber, RIW 2004, 881, 882; Meinhardt, S. 57.

988 Mills, J. Pat. & Trademark Off. Soc'y 1998, 101, 114 f.; Grabitz/Hilf-Jung, Art. 82 EGV, Rn. 199; Decker, S. 118 ff.

Wettbewerber finanziell und rufschädigend zu belasten und so den Markteintritt zu verzögern bzw. zu verhindern.

VI. Zumutbarkeit der Lizenzerteilung

Aufgrund des Ausnahmecharakters der Zwangslizenzierung ist dem Schutzrechtsinhaber stets die Möglichkeit einzuräumen, sein Verhalten mit von ihm verfolgten legitimen Geschäftsinteressen zu verteidigen. Daher befasst sich die letzte Anwendungsvoraussetzung der Essential-Facilities-Doktrin erneut mit der Frage der technischen und wirtschaftlichen Realisierbarkeit der Lizenzeinräumung auf Seiten des Schutzrechtsinhabers. Dieser verstößt mit seiner Geschäftsabschlussverweigerung nur dann gegen Sec. 2 Sherman Act bzw. Art. 82 EG, wenn er keine sachlichen Rechtfertigungsgründe für sein Verhalten vorbringen und beweisen kann.

Parallel zu den Überlegungen für Zugangsgesuche zu physischen Infrastruktureinrichtungen trägt der Schutzrechtsberechtigte zunächst die Darlegungs- und Beweislast im Hinblick auf das Bestehen eines Rechtfertigungsgrundes für seine Lizenzverweigerung.[989] Anschließend ist es die Angelegenheit des lizenzersuchenden Unternehmens, Tatsachen und Beweise vorzutragen, die eine mögliche Rechtfertigung wieder entkräften.[990]

Auf den ersten Blick wird die Zumutbarkeit der Lizenzerteilung leicht zu bejahen sein. Im Zusammenhang mit Lizenzierungswünschen zu immaterialgüterrechtlich geschützten Ressourcen sind – im Gegensatz zu Zugangsbegehren zu physischen Infrastruktureinrichtungen – praktische Hindernisse, wie beispielsweise Kapazitätsengpässe, fehlende fachliche, technische oder kommerzielle Voraussetzungen bei dem potentiellen Mitwettbewerber oder die Beeinträchtigung des vorherrschenden technisch-qualitativen Standards des Betriebes nicht vorstellbar.[991] Das lizenzersuchende Unternehmen benötigt lediglich die Offenlegung bestimmter technischer Informationen oder verschlüsselter Systemvoraussetzungen, was dem Schutzrechtsberechtigten ohne nennenswerten finanziellen bzw. praktischen Aufwand möglich sein sollte.[992]

Während also auf der einen Seite rein praktische Rechtfertigungserwägungen in den Hintergrund treten, müssen wirtschafts- und wettbewerbspolitische Aspekte im Zusammenhang mit der Zwangslizenzierung von Immaterialgüter-

989 Kobak, PLI 2002, 577, 583; Bartosch, RIW 2005, 241, 246.
990 Reeves/Arney/Boyko, PLI 1996, 403, 432.
991 So auch Lober, GRUR Int. 2002, 7, 14.
992 Vermut, Colum.-VLA J.L. & Arts 1997, 27, 53.

rechten in einer Gesamtbetrachtung jedoch an Bedeutung gewinnen, um möglichen negativen Auswirkungen einer Zwangslizenz auf den Wettbewerb und den Schutzrechtsinhaber bereits vorab gebührend Rechnung zu tragen. Dabei ist überwiegend anerkannt, dass allein das Bestehen eines Immaterialgüterrechts nicht als ausreichender, objektiver Rechtfertigungsgrund für eine rechtsmissbräuchliche Lizenzverweigerung angesehen werden kann. Denn Ausschließlichkeitsrechte werden gerade nicht als besonders priviligierte, den kartell- und wettbewerbsrechtlichen Beschränkungen entzogene Eigentumsrechte eingestuft.[993] Genauso wenig genügt das Bestreben des Schutzrechtsinhabers, durch die Lizenzverweigerung eigene Marktanteile halten zu wollen, den Anforderungen eines sachlichen Rechtfertigungsgrundes.[994]

Im Ergebnis ist für das Vorliegen einer objektiven Rechtfertigung einer Lizenzverweigerung somit eine einzelfallabhängige Abwägung der widerstreitenden Interessen vorzunehmen, in der unter anderem mögliche negative Auswirkungen einer Zwangslizenz auf die Interessen des Lizenzgebers, ihre langfristigen Auswirkungen auf Innovationen und Investitionen in dem betroffenen Wirtschaftsbereich, der Grad der Wettbewerbsbeeinträchtigung und die Höhe der vom Schutzrechtsinhaber erbrachten Investitionsleistungen eine entscheidungserhebliche Rolle spielen.[995] Derartige Abwägungsaspekte weisen zwar einen allgemeineren Charakter als die üblichen Rechtfertigungsgründe eines marktbeherrschenden Unternehmens auf, werden aber am ehesten den gesetzgeberischen Intentionen in Bezug auf die Gewährung geistiger Eigentumsrechte gerecht und sollten daher im Rahmen von Zugangsbegehren zu geschützten Ressourcen auch entsprechend berücksichtigt werden.

Wie im Verlaufe der Untersuchung gezeigt, wird mit der Essential-Facilities-Doktrin regelmäßig das Ziel verfolgt, zusätzlichen Wettbewerb auf einem der wesentlichen Einrichtung nachgelagerten Sekundärmarkt zu schaffen. Durch den Kontrahierungszwang zwischen Einrichtungsinhaber und zugangsbegehrendem Unternehmen sollen zum einen Vorteile für die Verbraucher entstehen. Zum anderen soll, insbesondere im Zusammenhang mit physischen Infrastrukturmonopolen, durch eine Mitbenutzung bereits vorhandener Einrichtungen eine Duplizierung von Infrastrukturen vermieden werden, um gesellschaftliche Ressourcen zu schonen. Diesen positiven Grundüberlegungen stehen allerdings mit einem möglichen Verlust von Innovations- und Investitionsanreizen sowie der Gefahr einer übermäßigen Regulierung des Wettbewerbs erhebliche wirtschaftliche und

---

993 Höppner, GRUR Int. 2005, 457, 458; Giudici, S. 60; a.A. Lande/Sobin, Harv. J.L. & Tech. 1996, 237, 267; Vermut, Colum.-VLA J.L. & Arts 1997, 27, 58.

994 Deselaers, EuZW 1995, 563, 568; Lober, GRUR Int. 2002, 7, 14; Kaestner, S. 131.

995 Mennicke, ZHR 1996, 626, 656; Spindler/Apel, JZ 2005, 133, 138; Sprickmann Kerkerinck, S. 118; Shin, S. 187.

wettbewerbspolitische Risiken gegenüber, die auf dem Gebiet geistiger Eigentumsrechte eine besondere Bedeutung erlangen.

Diese mit der Essential-Facilities-Doktrin verbundenen Risiken können nur deshalb in Kauf genommen werden, weil die zwangsweise Öffnung nichtduplizierbarer Einrichtungen regelmäßig die einzige Möglichkeit darstellt, Wettbewerb auf monopolistischen Märkten zu schaffen.[996] Begreift man die Doktrin daher als schwerwiegenden, aber in bestimmten Fällen notwendigen Eingriff in das Wettbewerbsgeschehen, muss das Risiko des Verlustes von Innovationsanreizen bei der Anwendung der Doktrin im Rahmen einer Einzelfallabwägung berücksichtigt werden. Sofern sich mögliche Folgewirkungen eher als Wettbewerbshindernisse und damit als kontraproduktiv herausstellen sollten, muss die Abwägungsentscheidung daher zugunsten des Schutzrechtsinhabers getroffen und seine Lizenzverweigerung als objektiv gerechtfertigt angesehen werden.

1. Die Notwendigkeit eines Innovations- und Investitionsschutzes für den Rechteinhaber

Der befristeten Gewährung gesetzlicher Ausschließlichkeitsrechte liegt die rechtspolitische Wertung zugrunde, dass eine zeitweise Beschränkung des Wettbewerbs zu Innovationswettbewerb anregen und gleichzeitig dem besonderen Interesse des Rechtsinhabers an einer Entlohnung für seine Forschungs- und Entwicklungsleistungen Rechnung tragen soll.[997] Die wettbewerbsrechtliche Anordnung einer Zwangslizenz gegenüber einem marktbeherrschenden Unternehmen unter Zuhilfenahme der Essential-Facilities-Doktrin kann sich nachteilig auf dieses aufeinander abgestimmte Verhältnis auswirken, wobei der Grund dafür allein in den Wirkungen des Rechtsentzugs auf den Wettbewerb als solchen und nicht nur wegen seiner Bedeutung für den betroffenen Rechtsinhaber zu sehen ist.[998]

Grundsätzlich werden Unternehmen nur dann bereit sein, finanzielle Risiken einzugehen und in die Entwicklung neuer Technologien zu investieren, wenn sie im Erfolgsfalle auch ungestört und vor allem ungeteilt die Früchte ihrer Leistungen genießen können. Die Zubilligung eines kurzfristigen wettbewerblichen Vorteils für die Entwicklung einer bestimmten Ressource ist damit eine unverzichtbare Voraussetzung für weitere unternehmerische Innovations- und Investi-

996 Schwarz van Berk, S. 256.
997 Subiotto, ECLR 1992, 234, 237; Mennicke, ZHR 1996, 626, 654 f.; Robinson, Cornell L. Rev. 2002, 1177, 1210.
998 In diese Richtung wohl auch Soma/Forkner/Jumps, Berkeley Tech. L. J. 1998, 565, 604.

tionsleistungen.[999] Dies gilt insbesondere in Wirtschaftsbereichen, in denen infolge kurzer Produktzyklen und eines rasanten Innovationstempos die Alleinstellung des Innovators ohnehin nur von kurzer Dauer ist.

Die zwangsweise Öffnung derartiger wesentlicher Einrichtungen unter Anwendung der Essential-Facilities-Doktrin birgt die Gefahr des Verlustes von Innovationsanreizen, da sich durch sie die Ertragschancen des marktbeherrschenden Unternehmens auf nachgelagerten Märkten zugunsten der Mitwettbewerber vermindern.[1000] Mit der fehlenden Aussicht auf mögliche Wettbewerbsvorteile und Pioniergewinne schwindet aber auch der Ansporn, in Zukunft riskante und kostenintensive Investitionen zur Entwicklung neuer Produkte vorzunehmen.[1001] Immerhin wissen auch innovative Unternehmen zu Beginn ihrer Forschungs- und Entwicklungsarbeit noch nicht, ob und wann sich ihre Investitionen bezahlt machen werden. So könnte sich beispielsweise ein kapitalintensives Forschungsprogramm just nach seiner Vollendung auf einmal technisch veränderten Gegebenheiten, wandelnden Verbraucherpräferenzen oder neuen, marktregelnden behördlichen Richtlinien gegenübersehen.[1002] Diese substantiellen Risiken und Unsicherheiten werden Unternehmen aber nicht mehr billigend in Kauf nehmen, sofern sie befürchten müssten, dass Mitwettbewerber quasi einen Freifahrtschein zur Nutzung erhalten, sobald sich gezeigt hat, dass die mit leistungsgerechten Mitteln entwickelte Ressource im Markt erfolgreich ist.[1003]

Zwar könnte man argumentieren, vorwiegend große Unternehmen seien in der Lage, eigene Forschungsabteilungen zu unterhalten und dadurch im Innovations- und Produktwettbewerb erfolgreich zu sein. Indes darf nicht verkannt werden, dass auch zahlreiche mittelständische Unternehmen oftmals hochspezialisiert sind

---

999 Glazer/Lipsky, Antitrust L.J. 1995, 749, 786; Beckmerhagen, S. 300.

1000 Soma/Forkner/Jumps, Berkeley Tech. L. J. 1998, 565, 604; Piraino, Nw. U.L. Rev. 1998, 1, 26, Fn. 147; Opi, Fordham I. P., Media & Ent. L. J. 2001, 409, 450; Schwarz van Berk, S. 256; Shin, S. 45.

1001 Hylton, B.Y.U.L. Rev. 1991, 1243, 1261; Lober, GRUR Int. 2002, 7, 15; Gitter, Am. Bus. L.J. 2003, 217, 222; Schindler, S. 221; Hohmann, S. 117.

1002 Die Schnelligkeit technologischer Veränderungen wird am Beispiel der Telekommunikationsindustrie deutlich, in der bis vor wenigen Jahren noch die Verfügungsmacht über Kupferdraht nennenswert Marktanteile sicherte. Nunmehr sieht sich diese Technologie durch Mobilfunk, Fiberglaskabel und Satellitentechnologie vermehrten Angriffen ausgesetzt. Kupferdrahtkabel sind mittlerweile keine Grundvoraussetzung zum Anbieten von Telefondienstleistungen mehr.

1003 Piropato, U. Chi. Legal F. 2000, 369, 405; *SCM Corp. v. Xerox Corp.*, 645 F.2d 1195, 1206 (2d Cir. 1981): "[...] a patent holder ordinarily should be allowed to exercise his patent's exclusionary power even after achieving commercial success; to allow the imposition of treble damages based on what a reviewing court might later consider [...] to be too much success would seriously threaten the integrity of the patent system."; in diese Richtung auch Stothers, E.I.P.R. 2002, 86, 91.

und im Rahmen ihrer Spezialisierung hochinnovativ arbeiten. Gerade diese Unternehmen sind aber aufgrund ihrer Finanzsituation um so mehr auf die zeitlich befristete Aufrechterhaltung ihrer Monopolstellung angewiesen. Dies gilt insbesondere in Konstellationen, in denen die Nutzung einer sehr kostenträchtigen Produktinnovation begehrt wird, die sich gerade durch die zeitliche Vormachtstellung auszahlen soll.

Besonders in Situationen hohen unternehmerischen Risikos sollten daher Aspekte des Innovations- und Investitionsschutzes als Rechtfertigungsgründe für eine zeitlich befristete Lizenzverweigerung anerkannt werden. Eine vorschnelle und unangemessene Anwendung der Essential-Facilities-Doktrin in diesem sensiblen Bereich könnte anderenfalls die dynmischen Anreize des Wettbewerbs zerstören und dem angestrebten wirtschaftlichen und technischen Fortschritt langfristig durch eine Erstarrung der Marktstrukturen und des Innovationsprozesses mehr schaden als kurzfristig nutzen.[1004] Lediglich in seltenen Ausnahmefällen, die durch vollkommen untragbare Wettbewerbsverhältnisse, beispielsweise infolge einer Marktabschottung oder ungewöhnlich breit wirkender Immaterialgüterrechte und den daraus resultierenden schweren Nachteilen für die Verbraucher gekennzeichnet sein müssen, verbleibt dann noch ein Anwendungsspielraum für die Doktrin.

Eine andere Beurteilung einer möglichen Rechtfertigung einer Lizenzverweigerung ergibt sich indes, falls die immaterialgüterrechtlich geschützte Ressource nicht allein auf die Leistungskraft des Rechteinhabers zurückzuführen ist. Sofern die Entwicklung, Errichtung oder Erhaltung der fraglichen Einrichtung ganz oder zu einem überwiegenden Anteil mit öffentlichen Mitteln gefördert oder die Ressource zu einer Zeit entwickelt wurde, in der das marktbeherrschende Unternehmen über ein rechtlich abgesichertes Monopol verfügte,[1005] bestehen gegen eine uneingeschränkte Anwendbarkeit der Essential-Facilities-Doktrin keine Bedenken.[1006] In Fällen staatlicher Unterstützung hat der Schutzrechtsinhaber die fragliche Ressource gerade nicht durch eigene Leistung und unter Anwendung wettbewerbskonformer Mittel erlangt, da ihn zu keiner Zeit größere Investitions- bzw. Kostenrisiken trafen. Vor diesem Hintergrund vermag dann auch das Argument eines Innovations- und Investitionsschutzes nicht zu überzeugen. Vielmehr über-

---

1004 Glazer/Lipsky, Antitrust L.J. 1995, 749, 786; Ridyard, ECLR 1996, 438, 438; ähnlich Speta, Nw. U.L. Rev. 1999, 1277, 1282; Schwarz van Berk, S. 256.

1005 Dies gilt selbstverständlich auch in Fallkonstellationen, in denen die Verfügungsberechtigung über die betreffende Einrichtung im Wege der Privatisierung der staatlichen Verwaltung einem neuen Rechtsträger übertragen wurde.

1006 Wooldridge, I.P.Q. 1999, 256, 262, Fn. 28; Schwarz van Berk, S. 257; i.E. auch Shin, S. 45; a.A. und diesem restriktiven Ansatz ablehnend gegenüberstehend Giudici, S. 57.

wiegt hier der wettbewerbliche Nutzen einer Zwangslizenz, gestützt auf die Essential-Facilities-Doktrin, die innovationsstimulierende Wirkung gesetzlicher Ausschließlichkeitsrechte.

2. Der drohende Verlust von Innovationsanreizen durch Trittbrettfahrer

Die Existenz sogenannter Trittbrettfahrer liegt grundsätzlich in der Natur des freien Wettbewerbs, da jeder Marktteilnehmer bestrebt ist, seinen Gewinn zu erhöhen und gleichzeitig eigene Kosten möglichst gering zu halten. Während auf den Trittbrettfahrer infolge einer gerichtlichen Zwangslizenz mit Ausnahme der zu entrichtenden Nutzungsgebühr keine Investitions- und Innovationsaufwendungen zukommen und er seine Produkte deshalb zu günstigen Konditionen am Markt positionieren kann, entstehen dem Schutzrechtsinhaber mitunter beträchtliche Aufwendungen, die er im Falle eines zu leichtfertig ausgesprochenen Kontrahierungszwangs unter Umständen nicht mehr ausgleichen kann.[1007]

Nebst den finanziellen Nachteilen für den Rechteinhaber kann eine ausgedehnte Anwendungspraxis der Essential-Facilities-Doktrin zudem zu einer abkühlenden Innovations- und Investitionstätigkeit der zugangsbegehrenden Mitwettbewerber führen, da diesen der Anreiz genommen wird, das Marktangebot durch ihren Erfindungsreichtum, eigene Problemlösungen oder verbesserte Ressourcen zu bereichern, um entscheidende Marktanteile zu gewinnen.[1008] Unter Inkaufnahme kurzer Wartezeiten würden vielfach unternehmensinterne Forschungs- und Entwicklungsarbeiten zurückgefahren, um anschließend Nutzungsansprüche unter Zuhilfenahme der Doktrin gegenüber aktiven Rechteinhabern geltend zu machen.[1009]

Sofern ein derartiges Verhalten überhand nähme, würde technischer Fortschritt zum Schaden der Verbraucher behindert.[1010] Ein derartiges Ergebnis widerspricht aber sowohl den Zielen des Kartellrechts als auch denen des Immaterialgüterrechts, nämlich zu Innovation und Wettbewerb gleichermaßen anzure-

---

1007 Meinhardt, S. 8.

1008 Robinson, Cornell L. Rev. 2002, 1177, 1191; Schindler, S. 221; Hohmann, S. 116; Schwarz van Berk, S. 256.

1009 Vgl. *AT&T v. Iowa Utilities Bd.*, 525 US 366, 428 f. (1999); Troy, Colum. L. Rev. 1983, 441, 462; Ahern, Antitrust L.J. 1994, 153, 177; Hovenkamp, Colum. Bus. L. Rev. 1995, 1, 97 f.; Piraino, Nw. U.L. Rev. 1998, 1, 31, Fn. 174; Piropato, U. Chi. Legal F. 2000, 369, 406.

1010 Areeda, Antitrust L.J. 1989, 841, 851; Speta, Nw. U.L. Rev. 1999, 1277, 1283; Sheehan, W. Comp. 1999, 67, 87. Dieses Gefahrenpotential wird durch die Darstellung der negativen Auswirkungen der ehemaligen sozialistischen Lizenzierungspraktiken bei Beier, GRUR 1998, 185, 188, besonders deutlich.

gen.[1011] Wohl vor diesem Hintergrund ist zumindest im amerikanischen Rechtssystem die Absicht des Schutzrechtsinhabers, die dynamischen Anreize des freien Wettbewerbs durch eine Vermeidung des Trittbrettfahrertums zum Wohle der Verbraucher erhalten zu wollen, als sachlicher Rechtfertigungsgrund für eine Lizenzverweigerung ausdrücklich anerkannt.[1012]

Sofern der Rechteinhaber allerdings eine bestehende Lizenzierungspolitik bezüglich seiner geschützten Immaterialgüterrechte gegenüber Mitwettbewerbern beendet, verliert dieser Rechtfertigungsgrund an Bedeutung. In dieser Konstellation hat der geistige Eigentümer bereits auf sein ausschließliches Nutzungsrecht verzichtet und dadurch bewusst in Kauf genommen, dass seine Konkurrenten ihre Marktposition durch die Nutzung seiner Innovationsleistung stärken können.[1013]

3. Die Festsetzung unzureichender Lizenzbedingungen

Als weiterer Rechtfertigungsgrund für eine Lizenzverweigerung ist unter Umständen auch die Nichterzielung angemessener Lizenzierungsbedingungen anzusehen.[1014] Die Rentabilität der in die Entwicklung eines erfolgreichen Produkts geflossenen eigenen Anstrengungen stellt für ein Unternehmen einen zentralen Anreiz im Wettbewerb dar. Überlegene unternehmerische Leistung sollte daher zunächst geschützt werden, selbst wenn dadurch gegebenenfalls eine Behinderung von Mitwettbewerbern entstehen könnte.

Gerade Ausschließlichkeitsrechte werden gewährt, um dem Rechteinhaber die zeitlich begrenzte Möglichkeit zu geben, über den von ihm festgelegten und vom Markt akzeptierten Monopolpreis einen angemessenen Gewinn für seine vorausgegangene kreative Forschungs- und Entwicklungsarbeit zu erlangen.[1015] Diese Einnahme- und Gewinnmöglichkeiten dürfen auch einem marktbeherrschenden Unternehmen selbst bei Vorliegen der übrigen Tatbestandsvoraussetzungen der Essential-Facilities-Doktrin nicht genommen werden, da anderenfalls der Wert

---

1011 Vgl. *Image Technical Services, Inc.. v. Eastman Kodak Co.*, 125 F.3d 1195, 1218 (9th Cir. 1997): "Such an effect on patent and copyright holders is contrary to the fundamental and complementary purposes of both intellectual property and antitrust laws, which aim to „encourage innovation, industry and competition.“

1012 Vgl. *City of College Station v. City of Bryan, Tex.*, 932 F. Supp. 877, 888 (S.D. Tex. 1996): "[... a] monopolist's goals of discouraging free riding [... can] be legitimate business motivations.“; Vermut, Colum.-VLA J.L. & Arts 1997, 27, 57; Hartley, ALI-ABA 1998, 249, 257.

1013 Leupold/Pautke, EWS 2005, 108, 115.

1014 In diese Richtung auch Deselaers, EuZW 1995, 563, 568; Mennicke, ZHR 1996, 626, 657; Müller, EuZW 1998, 232, 235; Stothers, ECLR 2001, 256, 262; Marquardt/Leddy, Antitrust L.J. 2003, 847, 849; Shin, S. 182.

1015 Mennicke, ZHR 1996, 626, 656; Meinhardt, S. 65.

des von ihm mit eigener intellektueller und finanzieller Leistung geschaffenen Schutzgutes beschädigt würde.

In diesem Zusammenhang ist noch einmal in Erinnerung zu rufen, dass der eigentliche Wert eines Immaterialgüterrechts durch die Anordnung einer Zwangslizenz in jedem Fall beeinträchtigt wird, da es grundsätzlich im Wesen eines jeden gewerblichen Schutzrechts liegt, dass sein Inhaber andere von der Nutzung auszuschließen berechtigt ist. Wenn diese Berechtigung aber mittels der Essential-Facilities-Doktrin schon unterlaufen wird, dann muss dem Schutzrechtsinhaber zumindest die Möglichkeit eingeräumt werden, als Gegenleistung für die Lizenzeinräumung entsprechende Gebühren zu nehmen. Denn es ist wohl mehr als fraglich, ob das verpflichtete Unternehmen ebenso viel in die Entwicklung des zu einer wesentlichen Einrichtung erstarkten Immaterialgüterrechts investiert hätte, wenn es die Zwangslizenzierung hätte voraussehen können.

Diese Grundüberlegungen vorausgeschickt, sollte zunächst erneut zwischen geschützten Ressourcen, die in einem staatlich geförderten und damit wettbewerbsfreien Umfeld und solchen, die unter normalen Wettbewerbsbedingungen und somit mit vollem unternehmerischen Risiko geschaffen wurden, differenziert werden. Denn nur in letzterem Fall muss der Schutzrechtsinhaber einen vollen Ausgleich für seine getätigten Investitionen bekommen, der sich nicht nur in einer anteiligen Kostenerstattung für die Entwicklung der Ressource beschränken darf, sondern darüber hinaus auch die erwarteten Pioniergewinne aus einer exklusiven Einzelvermarktung des geistigen Eigentumsrechts beinhalten muss.[1016] Sofern die Interessen des Schutzrechtsinhabers nämlich nicht entsprechend gewürdigt werden, droht sich die Anreizfunktion der ausschließlichen Rechte erheblich zu reduzieren,[1017] da die zuständigen Gerichte im Falle einer unter Rückgriff auf kartellrechtliche Normen angeordneten Zwangslizenz grundsätzlich auch gehalten sein werden, in die Preisgestaltung des Marktes einzugreifen.[1018]

In diesem Zusammenhang ist aber bereits zweifelhaft, ob Gerichte im Hinblick auf Sachnähe, Personal und Flexibilität organisatorisch überhaupt in der Lage sind, entsprechende Regulierungs- und Überwachungsaufgaben dauerhaft zu übernehmen und gefällte Entscheidungen an sich ändernde Umstände entspre-

---

1016 In diese Richtung auch Deselaers, EuZW 1995, 563, 568; Montag, EuZW 1997, 71, 76; Schommer, S. 238; Stapper, S. 41; Schwarz van Berk, S. 213.

1017 Troy, Colum. L. Rev. 1983, 441, 462; Werden, St. Louis U. L.J. 1987, 433, 475; Marquardt/Leddy, Antitrust L.J. 2003, 847, 856, Fn. 30.

1018 Seitens der Gerichte kann es nicht genügen, lediglich die Lizenzierung anzuordnen. Sofern fortdauernde Rechtsstreitigkeiten über die einzelnen Nutzungsbedingungen vermieden werden sollen, kommen sie nicht umhin, konkrete Ausgestaltungen der Lizenzverträge vorzugeben.

chend zügig anzupassen.[1019] Denn grundsätzlich werden Kartellgerichte weder ihrem Zuschnitt noch ihrem Selbstverständnis nach für langfristige und breitflächige Kontrollfunktionen ausgestattet sein. Zudem bestehen weder im amerikanischen noch im europäischen Rechtssystem konkrete rechtliche Vorgaben für die Entgeltberechnung.

Somit erscheint insbesondere eine sachgerechte Bemessung der konkreten Gewinnaussichten ohne ein ausreichendes technisches Hintergrundwissen und gestützt auf eine wirtschaftliche Prognose hinsichtlich der zukünftigen Entwicklung der in Rede stehenden Branche, die aufgrund von Innovationen und wechselnden Verbraucherpräferenzen sowieso schnell obsolet sein kann, zumindest in den Fällen sehr problematisch, in denen zuvor noch keine Lizenz erteilt worden war und ein Kontrahierungszwang mit einem neu auf den Markt tretenden Konkurrenten begründet werden soll.[1020] Hat der geistige Eigentümer hingegen bereits in Geschäftsbeziehungen zu dem zugangssuchenden Unternehmen gestanden oder Mitwettbewerbern Lizenzen zu bestimmten Konditionen erteilt, können die zuständigen Gerichte zum Zwecke der angemessenen Ausgestaltung des streitgegenständlichen Lizenzbegehrens auf existierende Vertragsbedingungen zurückgreifen.

Folglich muss eine Zwangslizenzierung unter Zuhilfenahme der Essential-Facilities-Doktrin ausscheiden, sofern eine einzelfallabhängige Prüfung ergibt, dass angesichts besonders hoher und eigenfinanzierter Entwicklungskosten auch die Erhebung von Lizenzgebühren eine entsprechende Amortisation nicht ermöglichen würde, sondern der Schutzrechtsinhaber zu ihrer Erzielung auf die exklusive Nutzung der von seinem Ausschließlichkeitsrecht geschützten wesentlichen Einrichtung angewiesen ist.

1019 Vgl. *Verizon Communications Inc. v. Law Offices of Curtis V. Trinko, LLP.*, 540 U.S. 398, 408 (2004): "Enforced sharing also requires antitrust courts to act as central planners, identifying the proper price, quantity, and other terms of dealing – a role for which they are ill-suited."; gleichlautend die Schlussanträge des Generalanwalts Jacobs, 28.05.1999 – *Bronner*, C-7/97 – Slg. 1998, I–7791, 7814, Tz. 69: „[...] würde dies dazu führen, dass die Gemeinschafts- und die nationalen Behörden und Gerichte die Gemeinschaftsmärkte umfassend regeln müssten, was in weiten Bereichen der Wirtschaft eine Festsetzung der Lieferpreise und eine Festlegung der Lieferbedingungen mit sich brächte. Ein solches Vorgehen wäre nicht nur undurchführbar, sondern langfristig auch dem Wettbewerb abträglich und wohl kaum mit einer freien Marktwirtschaft vereinbar."; vgl. auch Beier, GRUR 1998, 185, 188; Sheehan, W. Comp. 1999, 67, 74, Fn. 31; McCurdy, E.I.P.R. 2003, 472, 476.

1020 Bücking, GRUR 2002, 27, 35.

F. Zusammenfassung

Angesichts der großen wirtschaftlichen Tragweite einer wettbewerbsrechtlich erzwingbaren Marktöffnung im Zusammenhang mit der Vermarktung von Ausschließlichkeitsrechten hatten das amerikanische und das europäische Rechtssystem eine Antwort auf die Frage zu finden, ob und inwieweit es Konkurrenten möglich sein soll, bestehenden immaterialgüterrechtlichen Schutz unter Berufung auf das kartellrechtliche Instrumentarium der Essential-Facilities-Doktrin zu untergraben, um Zugang zu gesetzlich garantierten Ausschließlichkeitspositionen der Schutzrechtsinhaber zu erlangen.

In diesem Zusammenhang mussten sich die Rechtsanwendungsorgane insbesondere mit dem zwischen dem Kartell- und dem Immaterialgüterrecht bestehenden natürlichen Spannungsverhältnis auseinandersetzen. Darüber hinaus galt es die durch eine Vielzahl spezialgesetzlicher Regelungen belegte Tatsache zu berücksichtigen, dass die nationalen Gesetzgeber offensichtlich bemüht gewesen waren, bereits im Vorfeld etwaiger Rechtsstreitigkeiten einen gerechten Ausgleich zwischen dem Ausschließungsinteresse des Schutzrechtsinhabers und der freien Verfügbarkeit geistiger Eigentumsrechte zu finden. Gerade weil gewerbliche Schutzrechte funktionsbedingt den Wettbewerb beschränken, muss von der Prämisse ausgegangen werden, dass die jeweiligen Rechtsordnungen diese Wirkung bewusst in Kauf genommen haben. Jeder kartellrechtliche Eingriff in die Exklusivitätsbefugnisse birgt damit das Potential, diesen gesetzlichen Ausgleich der widerstreitenden Interessen langfristig zu stören, indem sich der geistige Eigentümer zusätzlichen und unkalkulierbaren Ausnahmen im Hinblick auf seine Ausschließlichkeitsstellung ausgesetzt sieht.

Vor diesem Hintergrund ist es zwar auch zukünftig in erster Linie Aufgabe der Gesetzgebung, die konkrete Reichweite und den genauen Umfang gewerblicher Schutzrechte zu bestimmen, um für alle Beteiligten frühzeitig die erforderliche Rechtsklarheit und Rechtssicherheit zu schaffen und damit die wohlausgewogene Balance zwischen Innovationsförderung und Wettbewerbsanreizen zum Wohle der Verbraucher sicherzustellen. Insbesondere im europäischen Rechtssystem sollte daher die Harmonisierung nationaler Immaterialgüterrechte vorangetrieben werden, um potentielle Konflikte zwischen ihnen und dem europäischen Wettbewerbsrecht möglichst auszuschließen.[1021]

Allerdings wird es wohl – nicht zuletzt aufgrund der Dynamik der Wettbewerbsmärkte – weder der amerikanischen noch der europäischen Legislative trotz sorgfältigster Arbeitsweise möglich sein, in abstrakt generellen Regelungen jede denkbare Konfliktsituation zwischen dem Kartell- und dem Immaterialgüterrecht

---

1021 So auch Gitter, Am. Bus. L.J. 2003, 217, 293 ff; Kaestner, S. 257 ff.

vorauszusehen und interessengerecht zu lösen. Insofern sind Ausnahmesituationen vorstellbar, in denen die Essential-Facilities-Doktrin bei wohlüberlegter Anwendung ein durchaus sachgerechtes Hilfsmittel zur Konfliktlösung darstellen kann. Allerdings sollten kartellrechtliche Eingriffe auf dem Gebiet geistiger Eigentumsrechte – nicht zuletzt aus den bereits angesprochenen Subsidiaritätsgründen – stets mit großer Zurückhaltung erfolgen.[1022] Diese restriktive Herangehensweise entspricht dann auch der Ansicht des amerikanischen Justizministeriums, wie sie in Sec. 3.1 der Richtlinien für die Lizenzierung geistiger Eigentumsrechte zum Ausdruck kommt.[1023]

Die untersuchten Entscheidungen haben gezeigt, dass sowohl im amerikanischen als auch im europäischen Rechtssystem im Rahmen einer Einzelfallabwägung maßgeblich berücksichtigt wird, ob eine auf die Doktrin gestützte Zwangslizenz langfristig negative Einflüsse auf die Innovationsanreize haben könnte. Danach erscheint eine Anwendung der Essential-Facilities-Doktrin vor allem in Konstellationen sachgerecht, in denen die Entwicklung der geschützten Ressource ganz oder zu einem überwiegenden Teil mit öffentlicher Unterstützung gefördert wurde, was dem Rechteinhaber eine besonders dauerhafte, durch Netzwerkeffekte abgesicherte Monopolstellung verschafft hat.

Ansonsten sollte eine Lizenzierungspflicht im Rahmen von Sec. 2 Sherman Act und Art. 82 EG nur dann in Erwägung gezogen werden, wenn die Vorenthaltung von Immaterialgüterrechten als Mittel eines Machtmissbrauchs geschieht. So handelt ein marktbeherrschender Schutzrechtsinhaber nur dann wettbewerbswidrig, wenn er unter Berufung auf seine Ausschließlichkeitsposition neben der schlichten Lizenzverweigerung Befugnisse in Anspruch nehmen will, die weder dem Umfang des geistigen Eigentumsrechts zugerechnet, noch dem Begriff des Leistungswettbewerbs zugeordnet noch gerechtfertigt werden können. Dieser restriktiven Herangehensweise widersprach auf europäischer Ebene zuletzt die Kommissionsentscheidung in Sachen *IMS Health*, die aber vom Europäischen Gerichtshof wieder in die richtigen Bahnen gelenkt wurde.

Im Unterschied zum amerikanischen Recht kann in der Europäischen Union seit der *IMS Health*-Entscheidung eine Zwangslizenz auch dann angeordnet werden, wenn durch sie eine Produktverbesserung zum Wohle der Verbraucher erfolgen kann und diese ein entsprechendes Interesse an der Angebotsverbesserung besitzen. Im amerikanischen Rechtssystem kommt eine Zwangslizenz indes nur

1022 Vgl. nur Lande/Sobin, Harv. J.L. & Tech. 1996, 237, 248; Greaves, E.I.P.R. 1998, 379, 384; McCurdy, E.I.P.R. 2003, 472, 479; Schwarze, ZUM 2003, 15, 26; Marquardt/Leddy, Antitrust L.J. 2003, 847, 848; Lober, GRUR Int. 2002, 7, 13 bezeichnet die Funktion der Doktrin richtigerweise als "einschränkendes Korrektiv".

1023 "The Agencies will not require the owner of intellectual property to create competition in its own technology."

in Betracht, wenn hierdurch Sinn und Zweck des betroffenen Schutzrechts nicht gefährdet werden. Ein etwaiges Verbraucherinteresse findet dagegen keine Berücksichtigung.

Trotz dieser unterschiedlichen Perspektiven dürften die Ansichten aber nur selten zu unterschiedlichen Ergebnissen führen. Es dürfte insoweit Einigkeit bestehen, eine Zwangslizenz unter Berufung auf die Essential-Facilities-Doktrin nur in Ausnahmefällen anzuordnen.

5. Kapitel: Zusammenfassung der wesentlichen Ergebnisse

Die Essential-Facilities-Doktrin findet ihren Ursprung im amerikanischen Kartellrechtssystem, innerhalb dessen sie entgegen aller Kritik vornehmlich von der instanzgerichtlichen Rechtsprechung als alternative Methode zur Feststellung eines kartellrechtlichen Verstoßes gegen das Monopolisierungsverbot des Sec. 2 Sherman Act angewendet wird. Die Doktrin stellt eine Ausnahmefallgruppe zum Grundsatz der freien Geschäftspartnerwahl dar, deren Sinn und Zweck darin besteht, eine Monopolausdehnung und eine damit verbundene Wettbewerbsbeschränkung auf einem abgeleiteten Markt zu verhindern. Indes kann von einer umfassenden Anerkennung der Doktrin in den Vereinigten Staaten nicht gesprochen werden, was nicht zuletzt an dem fortwährenden Zögern des U.S. Supreme Court liegt, zur Doktrin einmal ausführlich Stellung zu beziehen.

Im europäischen Wettbewerbsrecht trieb zunächst die Europäische Kommission die Rezeption des kartellrechtlichen Instrumentariums im Zuge ihrer Deregulierungs- und Liberalisierungsbemühungen im Rahmen ihrer Anwendungspraxis zur Generalklausel des Art. 82 EG voran. Zwar mangelt es auch innerhalb des europäischen Rechtssystems an einer ausdrücklichen höchstrichterlichen Anerkennung der Doktrin. Indes zeigen nicht zuletzt die Urteile in Sachen *Magill*, *Bronner* und *IMS Health* das zumindest stillschweigende Bemühen des Europäischen Gerichtshofs um eine Konkretisierung der Prüfungsvoraussetzungen beim Zugang zu wesentlichen Einrichtungen. Daher kann die Essential-Facilities-Doktrin im europäischen Recht als anerkannte Prüfungsmethode missbräuchlichen Verhaltens marktbeherrschender Unternehmen angesehen werden, die ihren Anwendungsspielraum vorrangig in Sachverhaltskonstellationen finden kann, in denen die erstmalige Eröffnung von Wettbewerb auf bestimmten Märkten im Vordergrund steht.

Die eigentliche Legitimation der Doktrin wird auf beiden Seiten des Atlantiks übereinstimmend in der Verhinderung eines Marktmachttransfers von einem Primär- auf einen nachgelagerten Sekundärmarkt gesehen. Für den gesicherten Nachweis einer Kartellrechtsverletzung verlangen die Entscheidungsorgane daher, dass ein marktbeherrschendes Unternehmen ohne sachlichen Rechtfertigungsgrund interessierten Dritten den Zugang zu einer Einrichtung verweigert, die entweder überhaupt nicht oder nur unter unzumutbaren Anstrengungen substituiert werden kann. Auf eine Nutzung dieser Ressource sind die Petenten aber unabdingbar angewiesen, um überhaupt als Mitwettbewerber des Einrichtungsinhabers auf dem der wesentlichen Einrichtung nachgelagerten Sekundärmarkt in Erscheinung treten zu können.

Zunehmenden restriktiven Ansichten amerikanischer Berufungsgerichte sowie des Europäischen Gerichtshofs ist es zu verdanken, dass die Anforderungen im Hinblick auf eine fehlende Duplizierbarkeit der fraglichen Einrichtung mittlerweile sehr hoch sind. Beide Rechtssysteme ermöglichen nur noch in Ausnahmefällen einen Eingriff in die Privatautonomie marktbeherrschender Unternehmen. Ein Kontrahierungszwang ist nur dann denkbar, wenn die in Rede stehende Einrichtung unter tatsächlichen, wirtschaftlichen oder rechtlichen Gesichtspunkten vollkommen alternativlos ist. Schließlich sollen vorteilhafte Ausgangspositionen in einer marktwirtschaftlich geprägten Wettbewerbsordnung grundsätzlich dem Wirtschaftsteilnehmer einschränkungslos zustehen, der sie sich unter Anwendung ordnungsgemäßer Mittel in einem freien Leistungswettbewerb erarbeitet hat.[1024] Anderenfalls spräche die Rechtsfigur gerade denjenigen Wettbewerbern die erforderlichen Leistungsanreize ab, die lediglich schneller, flexibler oder effizienter als ihre Konkurrenten im Marktgeschehen agieren.

Weder im amerikanischen noch im europäischen Kartellrecht genügt es den zuständigen Gerichten für die Anordung eines Kontrahierungszwangs, dass allein der Mitwettbewerber auf die Nutzung der wesentlichen Einrichtung angewiesen ist, um seine geplante Geschäftstätigkeit wahrnehmen zu können. Vielmehr entspricht es einhelliger Auffassung, dass die Intention der wettbewerbsrechtlichen Vorschriften von Sec. 2 Sherman Act und Art. 82 EG im Schutz des Wettbewerbs als Ganzes und nicht in der Behütung einzelner Wettbewerber liegt. Eine grundsätzliche Pflicht marktbeherrschender Unternehmen, ihren Wettbewerbern Zugang zu einer wesentlichen Einrichtung zu gewähren, ist daher weder mit dem amerikanischen noch mit dem europäischen wettbewerbspolitischen Leitbild vereinbar.[1025]

Ein gerichtlich auferlegter Kontrahierungszwang erscheint demzufolge auch nur dann gerechtfertigt, wenn durch ihn wirksamer Wettbewerb auf einem von der wesentlichen Einrichtung abgeleiteten Markt geschaffen werden kann, auf

1024 Eilmansberger, CML Rev. 2005, 129, 132 f.; Martenczuk, EuR 1999, 565, 569 hält zutreffend nur diese restriktive Handhabung für wettbewerbspolitisch sinnvoll, da eine ausschweifende Anwendung der Doktrin anderenfalls zu einer „heimlichen Sozialisierung“ privat finanzierter Infrastrukturen führen könnte.

1025 Vgl. nur Beschluss des Präsidenten des EuG vom 26.10.2001 – *IMS Health Inc./Kommission*, Rs. T-184/01 R – Slg. 2001, II-3193, 3257, Tz. 145, wonach der Hauptzweck des Art. 82 EG darin besteht, Wettbewerbsverzerrungen zu verhindern und insbesondere die Interessen der Verbraucher zu wahren, und nicht, die Situation einzelner Wettbewerber zu schützen.

dem anderenfalls vermachtete Marktstrukturen fortbestünden.[1026] In diesem übergeordneten Zusammenhang darf die individuelle Wettbewerbsfähigkeit des Petenten keine Rolle spielen. Diese Sichtweise hat der Europäische Gerichtshof in seiner *Bronner*-Entscheidung besonders deutlich hervorgehoben, in der er die Zumutbarkeit der Duplizierung einer fraglichen Infrastruktur nicht aus Sicht des klagenden Konkurrenten, sondern vom Standpunkt eines leistungsfähigen Wettbewerbers aus beurteilt und dadurch sehr hohe Anforderungen an die eigenen Anstrengungen des Konkurrenten gestellt hat.

Schließlich muss die Zugangsgewährung dem Einrichtungsinhaber auch zumutbar sein. Um diese Voraussetzung zu widerlegen, stehen ihm vielfältige Rechtfertigungsgründe, wie beispielsweise fehlende Kapazitäten, Beeinträchtigungen des technisch-qualitativen Standards seines Betriebes oder mangelnde Finanzkraft des Anspruchstellers zur Erbringung von Nutzungsgebühren, zu.

In beiden Rechtssystemen haben sich Kommentatoren zurecht gegen eine ausschweifende Anwendung der Essential-Facilities-Doktrin ausgesprochen.[1027] Die Wahrnehmung der individuellen Wirtschaftsfreiheiten – auch seitens marktbeherrschender Unternehmen – verkörpert einen zentralen Grundgedanken der freien Marktwirtschaft in den Vereinigten Staaten von Amerika und in der Europäischen Union. Eine zunehmende Anzahl hoheitlicher Eingriffe in die Stellung marktdominanter Unternehmen im Wettbewerb birgt daher die Gefahr, die Planungssicherheit der Wettbewerbsteilnehmer derart zu erschüttern, dass sie von dauerhaften finanziellen Engagements und wirtschaftlichen Risiken Abstand nehmen.

Sofern der Inhaber eine wesentliche Einrichtung aus eigener Kraft und mit leistungsgerechten Mitteln errichtet, geschieht dies grundsätzlich in der Erwartung, die Einrichtung ausschließich für eigene Zwecke nutzen zu können. Die Enttäuschung dieser Erwartungshaltung kann zu einer Minderung des unternehmerischen Anreizes zur Verbesserung bestehender bzw. zur Entwicklung neuer Einrichtungen führen. Zudem schwinden durch all zu leichtfertig ausgesprochene Zugangsgewährungen auch auf Seiten der Petenten die Anreize, in die Entwicklung eigener Ressourcen zu investieren, da der wirtschaftliche Zwang, eine eigene Einrichtung entwickeln und auf den Markt bringen zu müssen, mit der Möglichkeit abnimmt, an bestehenden fremden Ressourcen teilhaben zu können.

1026 Vgl. nur Deselaers, EuZW 1995, 563, 566; Mennicke, ZHR 1996, 626, 654; Müller, EuZW 1998, 232, 235; Overd/Bishop, ECLR 1998, 183, 184; Casper, ZHR 2002, 685, 695; Abermann, S. 129 ff.

1027 Vgl. nur Temple Lang, Fordham Int'l L. J. 1994, 437, 439: „This principle must be treated with caution [...]"; Harz, Emory Int'l L. Rev. 1997, 189, 223: „The doctrine [...] must be carefully applied [...]"; so auch Montag/Leibenath, EWS 1999, 281, 286.

Folglich droht das gesamtwirtschaftliche Investitionsklima negativ beeinflusst und technischer Fortschritt zum Nachteil der Verbraucher behindert zu werden. Diese kommen zwar kurzfristig in den Genuss zunehmenden Wettbewerbs, werden aber langfristig um die Vorzüge hochentwickelter Innovationen gebracht.

Insofern erscheint es sachgerecht, den Anwendungsbereich der Essential-Facilities-Doktrin auf Konstellationen zu beschränken, in denen die wesentliche Einrichtung ein nicht angreifbares natürliches Monopol verkörpert oder mittels staatlicher Subventionen bzw. zu einem Zeitpunkt geschaffen wurde, zu dem der Einrichtungsinhaber noch eine staatlich anerkannte Monopolstellung innehatte. In diesen Fällen hat der Einrichtungsinhaber seine marktbeherrschende Stellung gerade nicht aufgrund eigener Anstrengungen und unter Einsatz leistungsgerechter Mittel erlangt, sondern wurde durch staatliche Regulierung und öffentliche Hilfen zumeist über Jahre vor Wettbewerb, Konkurrenz und damit auch vor jedem unternehmerischen Risiko geschützt. Somit bedarf es auch keiner besonderen Honorierung seiner unternehmerischen Leistung.

Folglich erscheint die alleinige Verfügungsbefugnis des Berechtigten über eine wesentliche Einrichtung im Hinblick auf die Zugangsbegehren seiner Mitwettbewerber immer dann weniger schutzwürdig, wenn der Anreizgedanke in Fällen mangelnder privater Eigenleistungen und legitim erlangter Wettbewerbsvorteile des Marktbeherrschers vernachlässigt werden kann. Und besonders im Falle unangreifbarer natürlicher Monopole ermöglicht oftmals erst ein Kontrahierungszwang unter Zuhilfenahme der Essential-Facilities-Doktrin die Eröffnung von Wettbewerb auf den der wesentlichen Einrichtung nachgelagerten Märkten.

Die bedachtvolle und restriktive Handhabung der Essential-Facilities-Doktrin muss erst recht im Zusammenspiel mit Immaterialgüterrechten Bedeutung erlangen, um deren spezifischen Charakteristika und der ihnen durch Spezialgesetze gewährten besonderen Sicherungen ausreichend gerecht zu werden.[1028]

Geistige Eigentumsrechte spielen insbesondere auf dynamischen Märkten eine bedeutende Rolle. Auf diesen ist es – anders als im Falle physischer Infrastruktureinrichtungen – indes oftmals sehr schwierig, von unüberwindbaren Monopolstellungen zu sprechen, da technischer Fortschritt und wandelnde Verbraucherpräferenzen eine scheinbare Unangreifbarkeit bestimmter Strukturen kurzfristig überwinden können. Die seitens der Kartellbehörden und –gerichte in diesem sensiblen Rechtsgebiet zu erstellenden Prognosen zur Feststellung zumutba-

---

1028 Vgl. *Image Technical Services, Inc.. v. Eastman Kodak Co.*, 125 F.3d 1195, 1218 (9th Cir. 1997): "Without bounds, claims based on unilateral conduct will proliferate."; Burling/Lee/Krug, Iowa J. Corp. L. 1999, 527, 528; Opi, Fordham I. P., Media & Ent. L. J. 2001, 409, 451; Buhrow/Nordemann, GRUR Int. 2005, 407, 417.

rer Duplizierungsmöglichkeiten einer wesentlichen Ressource müssen daher mit großer Sorgfalt erfolgen.

Die Entscheidungsorgane sollten vor der Anordnung einer auf die Essential-Facilities-Doktrin gestützten Zwangslizenz stets hinterfragen, ob und gegebenenfalls zu welchem Preis sie damit ihr Ziel, den Schutz des Wettbewerbs, tatsächlich erreichen. Es gilt bereits den Anschein zu vermeiden, es könnte einfacher sein, als Trittbrettfahrer auf eine Marktöffnung durch die Wettbewerbsbehörden zu Lasten einer rechtmäßig erworbenen marktführenden Position zu spekulieren, als eine mit erheblichem Einsatz und Risiko verbundene konkurrierende Wettbewerbsposition aufzubauen.

Immaterialgüterrechte werden nicht nur im privaten sondern auch im öffentlichen Interesse geschützt. Zwar mag ihre Ausschließlichkeit für sich allein betrachtet eine Wettbewerbsbeschränkung darstellen. Sie ist jedoch eine Wettbewerbsbeschränkung um des Wettbewerbs willen. Sie verdient einen möglichst umfassenden Schutz, weil sie das Mittel ist, zur Schaffung weiteren geistigen Eigentums größtmögliche Anstrengungen zu unternehmen, was schließlich zu einer Belebung des Wettbewerbs führt. Ausschließlichkeitsrechte beschränken insoweit nur den imitierenden Wettbewerb und fördern gerade den substituierenden, also innovativen Wettbewerb. Konsequenterweise muss der Schutzrechtsinhaber grundsätzlich vor Konkurrenz bei der Verwertung seines geistigen Eigentums geschützt sein. Dieser berechtigte Schutz kann auch nicht deshalb geschmälert werden, wenn die Lizenzverweigerung bzw. die Verwertung eines Ausschließlichkeitsrechts allein den eigenen wirtschaftlichen Interessen dient.[1029]

Stärker als im Falle wesentlicher Einrichtungen physischer Natur droht daher eine zu oberflächliche Anwendung der Doktrin eine Schwächung des Wettbewerbs nach sich zu ziehen, wenn legitime Wettbewerbsvorteile und Innovationsanreize zunichte gemacht werden. Daher ist unbedingt erforderlich, dass unter Anwendung der Doktrin verfolgte Bestrebungen zur Aufrechterhaltung des Wettbewerbs durch Gewährung des Marktzutritts neuer Wettbewerber in einem interessengerechten Verhältnis zum Schutze der durch Immaterialgüterrechte gewährten Rechtspositionen der Rechteinhaber stehen. Hierfür ist ex-ante eine Interessenabwägung im Einzelfall, insbesondere mit Blicken auf die Funktion des

---

1029 Vgl. zuletzt Beschluss des Präsidenten des EuG vom 26.10.2001 – *IMS Health Inc./Kommission*, Rs. T-184/01 R – Slg. 2001, II-3193, 3256, Tz. 143 mit Hinweisen auf weitere Grundsatzentscheidungen des EuGH in diese Richtung: „Der bloße Umstand, dass die Antragstellerin ihr Urheberrecht [...] aus wirtschaftlichen Gründen geltend gemacht und durchzusetzen versucht hat, schmälert nicht ihre Berechtigung, das ihr nach nationalem Recht zustehende ausschließliche Recht geltend zu machen, um eine Vergütung für die Innovation zu erhalten."

betroffenden Schutzrechts und auf die zu erwartenden ökonomischen Langzeitwirkungen, erforderlich.

Im Rahmen dieser Interessenabwägung kommt dem Umstand besondere Bedeutung zu, dass es nachgerade die Aufgabe geistiger Eigentumsrechte im Sinne ihrer Anreiz- und Belohnungsfunktion ist, dem Rechteinhaber eine zeitlich befristete Monopolstellung zu verschaffen. Wird die Ausschließlichkeit eines Immaterialgüterrechts beschränkt, so reduziert dies Innovations- und Investitionsanreize. Solange der Berechtigte sein geistiges Eigentumsrecht auf Märkten beansprucht, die vom Umfang seines Ausschließlichkeitsrechts noch umfasst sind, darf eine Zwangslizenz also nur ausnahmsweise in Erwägung gezogen werden. Denn sie soll grundsätzlich nicht verhindern, dass der geistige Eigentümer eine angemessene Belohnung für seine schöpferische Tätigkeit erhält. Daher erscheint eine Anwendung der Essential-Facilities-Doktrin auch im Bereich geistiger Eigentumsrechte vor allem in Sachverhaltskonstellationen interessengerecht, in denen die Entwicklung der geschützten Ressource ganz oder zu einem überwiegenden Teil mit öffentlicher Unterstützung gefördert wurde und die eigene Leistung des Schutzrechtsinhabers in den Hintergrund tritt.

Ansonsten ist eine Zwangslizenz, gestützt auf die Doktrin, im Falle einer Lizenzverweigerung nur dann zu rechtfertigen, wenn gewichtige Wettbewerbsbehinderungen feststellbar sind, die daraus resultieren, dass der Berechtigte seine Ausschließlichkeitsposition rechtsmissbräuchlich ausnutzt. Denn verweigert der geistige Eigentümer einem potentiellen Konkurrenten lediglich die begehrte Lizenz, nimmt er grundsätzlich nur die ihm seitens des Gesetzgebers übertragenen ausschließlichen Rechte wahr. Darüber hinaus wird der Schutzrechtsberechtigte nicht nur gezwungen, auf sein Ausschließlichkeitsrecht zu verzichten, ihm wird sogar die Pflicht auferlegt, einen gegen ihn gerichteten Wettbewerb aktiv zu unterstützen. Die Zwangslizenz ist nämlich einem Unternehmen zu erteilen, das sich mit der Absicht trägt, mit dem marktbeherrschenden Lizenzgeber in Wettbewerb zu treten.

Die wettbewerbspolitische Intention kartellrechtlicher Vorschriften dies- und jenseits des Atlantiks zielt indes nicht darauf ab, marktbeherrschende Unternehmen zu verpflichten, Wettbewerb gegen sich selbst zu eröffnen, sondern sie daran zu hindern, möglichen Wettbewerb durch missbräuchliche Verhaltensweisen zu unterdrücken. In diesem Sinne handelt ein marktbeherrschender Schutzrechtsinhaber wettbewerbswidrig, wenn er neben der schlichten Lizenzverweigerung Befugnisse in Anspruch nehmen will, die weder dem Umfang des geistigen Eigentumsrechts zugerechnet noch dem Begriff des ordnungsgemäßen Leistungswettbewerbs zugeordnet werden können und die er nicht objektiv rechtfertigen kann.

Unter Beachtung der vorgenannten Überlegungen müssen die Inhaber geistiger Eigentumsrechte weder in den Vereinigten Staaten von Amerika noch in der

Europäischen Union befürchten, infolge einer Lizenzverweigerung einer Flut kartellrechtlicher Zwangslizenzen unter Berufung auf die Essential-Facilities-Doktrin ausgesetzt zu werden. Die Entscheidungen der amerikanischen Berufungsgerichte sowie die jüngsten Ausführungen des Europäischen Gerichtshofs haben die grundsätzliche Bedeutung gewerblicher Schutzrechte hervorgehoben und zurecht sehr hohe Anforderungen an die Anordnung einer gerichtlichen Zwangslizenz gestellt.

Unter Berücksichtigung aller Umstände des Einzelfalls wird die Einschränkung immaterialgüterrechtlicher Befugnisse durch die Essential-Facilities-Doktrin nur unter „außergewöhnlichen Umständen" in Betracht kommen.[1030] Neben der hohen Schwelle der Unerlässlichkeit der geschützten Ressource für eine Tätigkeit auf einem ihr nachgelagerten Markt ist auch immer ein schwerwiegendes rechtsmissbräuchliches Verhalten des Schutzrechtsinhabers zu fordern, das mit den Regeln des ordnungsgemäßen Leistungswettbewerbs nicht mehr in Einklang zu bringen ist.

Die Grenze der Unerlässlichkeit wird – mit Ausnahme tatsächlich nicht angreifbarer, marktverkoppelnder de-facto-Standards, die eine unverzichtbare Zugangsvoraussetzung für komplementäre Produkt- oder Dienstleistungsmärkte darstellen – angesichts einer nahezu immer bestehenden Substitutionsmöglichkeit aber wohl nur sehr selten erreicht werden. Und in diesen Fällen droht ein Eingriff in die Ausschließlichkeitsfunktion keine Nachteile für Innovations- und Investitionsanreize nach sich zu ziehen, da der Schutzrechtsinhaber durch die Akzeptanz seiner Ressource als de-facto-Standard regelmäßig bereits erhebliche Gewinne erzielen konnte, er infolge der Lizenzierung, die lediglich zu einer Öffnung der Komplementärmärkte führt, seine Monopolstellung auch nicht verlieren und zudem zusätzliche Einnahmen in Gestalt der Lizenzgebühren erhalten wird.

Bei einer derart strengen Wesentlichkeitsprüfung jedes zur Lizenzierung beanspruchten Ausschließlichkeitsrechts ist eine Entwertung der Immaterialgüterrechte nicht zu befürchten. Vielmehr verdeutlichen derartige Ausnahmefälle, dass geistige Eigentumsrechte auf beiden Seiten des Atlantiks einem allgemeinen rechtlichen Rahmen unterliegen, zu dessen Bestandteilen das Wettbewerbs- und Kartellrecht und damit auch die Essential-Facilities-Doktrin gehören.

1030 Vgl. Beschluss des Präsidenten des EuGH vom 11.04.2002 – *NDC Health/IMS Health und Kommission* – Rs. C-481/01 P (R), Slg. 2002, I-3401, 3430, Tz. 64.

FSC
www.fsc.org
MIX
Papier | Fördert
gute Waldnutzung
FSC® C083411

Kolibri 360 GmbH
Ferdinand-Jühlke-Straße 7
99095 Erfurt, Deutschland
produktsicherheit@kolibri360.de

Druck:
CPI Druckdienstleistungen GmbH
im Auftrag der
Kolibri 360 GmbH
Ferdinand-Jühlke-Str. 7
99095 Erfurt